高等学校教师教育创新培养模式"十二五"规划教材编委会

丛 书 主 编　　靖国平

丛书副主编　　（以姓氏笔画为序）

　　　　　　　王　文　　王　锋　　孔晓东　　邓银城
　　　　　　　吴亚林　　李经天　　张相乐　　胡振坤
　　　　　　　徐学俊　　黄首晶　　谢新国　　雷体南
　　　　　　　熊华生

编　　　委　　（以姓氏笔画为序）

　　　　　　　邓晓红　　卢世林　　叶显发　　刘启珍
　　　　　　　金克中　　姜　庆　　赵厚勰　　曹树真

2010年度湖北省高等学校省级精品课程

班主任工作教程

主　编　熊华生

中国·武汉

内 容 简 介

本书结构合理,可读性、实用性强。本书挑选的案例绝大部分出自于一流班主任之手,凝聚着实践智慧和高超的教育艺术,有真实的教育情境,内涵丰富,可从多方面解释,值得读者琢磨。本书旨在站在班主任角度,帮他们出主意,维护他们的利益,一心一意为班主任提供有用知识和建议。

图书在版编目(CIP)数据

班主任工作教程/熊华生主编. —武汉:华中科技大学出版社,2013.1(2024.7 重印)
ISBN 978-7-5609-8374-5

Ⅰ.①班… Ⅱ.①熊… Ⅲ.①班主任工作-高等学校-教材 Ⅳ.①G451.6

中国版本图书馆 CIP 数据核字(2012)第 216331 号

班主任工作教程 熊华生 主编

策划编辑:曾　光
责任编辑:董　田
封面设计:龙文装帧
责任校对:马燕红
责任监印:张正林
出版发行:华中科技大学出版社(中国·武汉)　　电话:(027)81321913
　　　　　武汉市东湖新技术开发区华工科技园　　邮编:430223
录　　排:华中科技大学惠友文印中心
印　　刷:武汉科源印刷设计有限公司
开　　本:787mm×1092mm　1/16
印　　张:24　插页:2
字　　数:539千字
版　　次:2024 年 7 月第 1 版第 12 次印刷
定　　价:49.80 元

本书若有印装质量问题,请向出版社营销中心调换
全国免费服务热线:400-6679-118　竭诚为您服务
版权所有　侵权必究

总序

教师兴则教育兴,教师强则教育强。当今世界,大力加强教师队伍建设,创新教师教育培养模式,提高教师专业化水平,是世界各国教育改革与发展的一项共同目标。我国新近颁布的《国家中长期教育改革和发展规划纲要(2010—2020年)》提出:"教育大计,教师为本。有好的教师,才有好的教育。""加强教师教育,构建以师范院校为主体、综合大学参与、开放灵活的教师教育体系。深化教师教育改革,创新培养模式,增强实习实践环节,强化师德修养和教学能力训练,提高教师培养质量。"

教材建设与开发是创新教师教育培养模式、促进教师专业化发展的一个重要手段,也是深化教师教育改革、提高教师培养质量的一项重要举措。2009年6月,教育部启动实施"教师教育创新平台项目计划",明确提出要努力创新教师培养模式,加强教师教育学科群建设,深化学科专业、课程教学改革。在这种背景下,我们组织一批教学经验丰富、研究成果突出的高校专业教师,根据教师教育创新培养模式,以及教师专业化发展的新形势、新目标和新任务,以华中科技大学出版社为平台,编写了"高等学校教师教育创新培养模式'十二五'规划教材",包括《教育学教程》、《心理学教程》、《现代教育技术教程》、《课程与教学论教程》、《中国教育史教程》、《外国教育史教程》、《教师伦理学教程》、《学与教的心理学》、《学校心理咨询与辅导》、《公关心理学》、《班主任工作教程》、《多媒体课件设计与制作》、《教育科研技能训练》、《教师教学技能训练》和《教师语言艺术训练》共15本。

通过教材建设与开发创新教师教育培养模式,探索教师专业化成长之路,是一种新的尝试,也是一项比较复杂的系统工程。本系列规划教材的编写,以《国家中长期教育改革和发展规划纲要(2010—2020年)》精神为指导,在坚持教材编写的科学性、创新性、系统性、规范性等基本原则的基础上,力图从以下三个方面进行有益的探索。

(1) 在传承教育学专业基础知识的基础上,突出教师教育教材编写的实践取向。教师教育教材体系的变革,是当前创新教师教育培养模式的一个重要课题。教师教育教材的编写,既要体现系统、严密、扎实的教育理论知识,又要突出丰富、生动、具体的教育实践情境;既要注重将抽象的理论知识引入鲜活的实践领域,还要注意将日常实践经验导向富有魅力的理论阐释。其重点和难点在于达成理论与实践两方面的动态平衡和相互转化,并始终专注于教材的现实取向和实践立场,以克服理论脱离实际、知识与能力相分离、所学非所用等方面的流弊。本系列规划教材的编写,力求在简明介绍、评述相关理论知识及其背景的基础上,凸显教材的实践取向和实用价值。如《班主任工作教程》《多媒体课件设计与制作》《教育科研技能训练》《教师教学技能训练》《教师语言艺术训练》等教材,都充分体现了这种取向。

(2)在坚持教材编写为教师服务的基础上,突出教材编写的学习者取向。任何教材的编写,既要考虑教师"教"的需要,也要考虑学习者"学"的需要,好教材通常是教师"好教",学生"好学",教学一致,师生相长。本系列规划教材的编写,力求在为从事教师教育的专业教师提供优质的课程与教学设计的基础上,坚持"以学习者为主,为学习服务"的基本原则。基于创新教师教育模式所要达成的目标,教师的"教"须要满足于学生的"学","教材"须要趋向于"学材"。尽管许多教材名曰"教程",但我们更倾向于将它转化为"学程",追求"教程"与"学程"的有机统一。同时,在教材编写过程中注重学习资源与问题情境相结合、文字表述与图表呈现相结合、文本学习与思想交流相结合、知识掌握与能力训练相结合。

(3)在坚持教材编写的普适性、通用性原则的基础上,突出教材编写的区域性特色。湖北是我国的教育大省,湖北教育尤其是教师教育在中部地区具有重要的比较优势与特色。未来10年湖北将努力从教育大省迈进教育强省,而教师教育必将是我省基础教育改革与发展的一项重点工作。本系列规划教材的编写者以湖北省属高校专业教师为主,旨在充分利用湖北省丰富的高校教师教育方面的教学和研究资源,以及广大中小学校教育教学改革的先进经验,凸显教师教育教材编写的区域特色和比较优势。同时,也注意充分吸收其他地区教师教育的理论和实践成果。

本系列规划教材的编写,是一次较大规模的集体劳动的成果。湖北大学、江汉大学、长江大学、三峡大学、湖北师范学院、湖北第二师范学院、湖北民族学院、黄冈师范学院、孝感学院、咸宁学院、襄樊学院、荆楚理工学院、郧阳师范高等专科学校等10余所院校的百余名专业教师的热诚加盟,华中科技大学出版社领导和各位编辑的大力支持,各路同仁的精诚团结与通力合作,使本系列规划教材的编写得以顺利进行。编委会同仁深知编写系列规划教材是一件非常不易的大事,有的教材或许存在某些问题、差错,热诚欢迎广大读者及时指出,以便我们在下次修订时改正、完善。

本系列规划教材适用于高等师范院校学生和综合性大学师范专业学生学习,同时可作为在职教师培训教材和专业教师教学参考用书。

靖国平
2010年11月30日

前 言

一、本书结构

本书分为三部分：理念篇、方法篇和专业发展篇，共14章。

理念篇（第一至四章）探讨学生观、班级观、班主任观和班级管理观。

学生观：学生既是教育对象，也是管理对象，从某种程度上讲，学生还是游戏对家，同时，又是班主任的助手与伙伴，是教育的主体。学生的主要任务是学习，学习成绩很重要；同时，学生是儿童、孩子、活生生的人，提高生活品质和生命质量同样也很重要。

班级观：班级授课制意味着以学生团队为单位开展教学，而我国特有的班级制度让这个教学团队成为一个生活团队、行政单位、学校的一个"单位"。学生在校的大部分时间是在班级这个小环境中度过的，班级对学生发展有着巨大的作用。于是班级在作为一个教育主体的同时，作为一个教育客体出现在班主任面前。

班主任观：中小学教师有两个岗位，一个是学科教学，另一个就是班主任岗位。班主任是班级的管理者和班级教育力量的协调者，同时也是促进学生发展的教育者。跟学科教学一样，班主任工作也是中小学教师的主业，是一种专业性岗位。

班级管理观：无可否认，班级管理的属性是管理。好的班级管理应具备民主、法治和自主的特征。班级管理本身还应当具备教育与生活品性。理想的境界是，将管理活动升华为教育活动，成为师生生活的组成部分。

方法篇（第五至十一章）是本书的主体部分，篇幅最大。王晓春老师把班主任工作划分为三大块：常规管理（日常管理）、班集体建设（班风建设）和问题学生诊疗。其中，班集体建设、问题学生诊疗本身属于常规管理，只是因为班集体建设、问题学生教育太重要，占用时间也很多，所以单列出来。本书增加了应急事件处理与安全教育这一章（第九章），在逻辑上刚好与常规管理相对。两对概念：常规管理与应急管理，集体教育与个别教育，构成了方法篇的主体部分。

本来班级活动与班级组织建设（班干部选拔、培养与管理）、制度建设（班规的制定与执行）、文化建设（教室装饰、班级人际关系、学风、班风等）一起，是班集体建设的重要组成部分，可放在同一章来探讨，但由于班级活动包括的内容多，本身也有一些特殊性，所以就另辟一章（第七章）。

班级教育力量整合（与领导相处、与科任老师协作、与家长沟通及与其他教育力量协调）是班主任工作的重要内容，由于它与常规管理、应急管理、集体教育及个别教育都有密切联系，却不能简单地将它归属于任何一方，所以只能把它另列一章（第十章）。

班级管理的类型与战略可以当做方法篇的总结与反思。对于班主任工作而言，战略强调要关注全局，不能"只见树木，不见森林"；不能陷入烦琐事务中，而要抓重点和关键工作；不能只埋头拉车，而要抬头看路，注意反思与超越。魏书生老师对自强、育人、教书三者关系的把握；王晓春老师有关常规管理、班集体建设和问题学生诊疗三者的处理；万玮老师对班主任，特别是年青班主任与学生之间"形"与"势"的比较分析，其实都是在讲战略问题。班主任工作也需要战略思维。

班主任专业发展与德性修养非常重要，所以把这些内容单独作为一篇（第十二至十四）章，以示重视。

二、本书编写追求

编一本书，总有一些想法和追求。我们的追求有五个方面。

（1）为师范生和班主任编一本结构合理、有可读性、实用性强、在日后工作中能用得上的教材。大部分读者不会去从事班主任研究，而是去做班主任。因此，教材不能仅是知识的堆集与罗列，而应是行动的导引。做一个好的班主任，一是要有正确的理念，二是要有一些管理方法和技巧，三是要有高的素质与修养。本书正是从这三个方面着手，也算是一种新的尝试。

（2）内容丰富，有含金量。为了少犯错误，少引起争议，许多类似教科书编写得四平八稳，内容以套话居多。这样的教科书读多了，给读者的印象是班主任书籍是枯燥的、乏味的、没有实际作用的。但事实不是这样，我国有许多一流的班主任，他们在实践中创造了精彩的班级生活。同时，他们的文章也写得很好，鲜活生动，实用性强，蕴藏着无穷的实践智慧。没有接触这些智慧的结晶，脱离他人的经验而从头探索，甚至盲干，这对班主任，特别是对我们的中小学生，都是一个巨大的损失。我们在编写此书的过程中，尽可能地把这些好的东西编入书中，并鼓励读者直接阅读更多的一线班主任的著作。

（3）突出案例的重要性。本书挑选的案例绝大部分出自一流班主任之手，凝聚着实践智慧和高超的教育艺术，有真实的教育情境，内涵丰富，可从多方面解释，值得读者琢磨。好的案例具备独立的价值，而不仅仅是对理论苍白的解释和附庸。

（4）学会站在班主任的立场考虑问题。教科书必须从教育事业高度考虑问题，要把学生利益放在第一位，同时，也要学会站在班主任的角度，帮他们出主意，维护他们的利益，提醒他们少犯错误。要告诉班主任真实的学校和班级情景，告诉他们学生是友好的、善良的、可爱的，同时要告诉他们学生也会犯错误，也会有缺点，以免他们发现书本中的描述与现实差别太大。要告诉他们在班级管理中如何不出事故、少犯错误，与学生和家长打交道时如何少生纠纷。

（5）开放性。班主任工作具有艺术性，有许多不确定性，需要根据情景进行分析。本书特意选择一些话题，如班主任是否需要学习"兵法"等，本书只搜集资料与多方观点，不作倾向性结论，为教师的教学和学生的学习提供自由发挥空间。对于提供的案例,只部分提供点评,留下一些案例让读者来点评。

必须说明,上述目标只是我们编写的追求。由于受编者水平和一些客观条件的限制,不当之处,恳请相关专家和读者批评、指正。

三、本书编写分工

本书的编写人员是多元的。这些成员中,有长期从事这门课程教学的大学教师,有相关杂志的编辑,还有一线的优秀班主任老师。

本书由熊华生、王皓统稿。本书的具体分工是:第一章,蔡涛;第二章,王立华;第三章、第七章、第八章和第十二章,熊华生;第四章,李迪、向凌云;第五章,胡瑾;第六章和第十一章,王皓;第九章,陈雪娇;第十章,屠大华;第十三章,刘永存;第十四章,杨晓峰。

感谢广大工作在中小学一线的班主任老师。他们撑起了中小学教育的一片天,同时又创造了丰富的案例。感谢《班主任之友》杂志,本书引用了其中大量的内容。感谢班主任工作研究者,本书多次参考和引用他们的著作与文章。

本书的出版要感谢靖国平先生的邀请。感谢华中科技大学出版社的耐心催稿与精心编辑加工。

目 录

第一篇 理 念 篇

第一章 学生与学生观 ……………………………………………………… (3)
 第一节 了解学生 ………………………………………………………… (3)
 第二节 学生是班级管理的对象与主体 ………………………………… (9)

第二章 班级 ………………………………………………………………… (14)
 第一节 班级是班级授课制的产物 ……………………………………… (15)
 第二节 作为正式组织的班级 …………………………………………… (20)
 第三节 不同学科视野内的班级理解 …………………………………… (25)
 第四节 不同地域范围的班级理解 ……………………………………… (28)

第三章 班主任岗位 ………………………………………………………… (32)
 第一节 班主任制 ………………………………………………………… (32)
 第二节 班主任职责与任务 ……………………………………………… (37)
 第三节 将班主任工作作为主业 ………………………………………… (39)

第四章 班级管理观 ………………………………………………………… (43)
 第一节 班级管理的民主与法治品性 …………………………………… (43)
 第二节 班级管理的教育品性 …………………………………………… (51)
 第三节 班级管理的生活品性 …………………………………………… (56)

第二篇 方 法 篇

第五章 班级常规管理 ……………………………………………………… (63)
 第一节 班级常规管理概述 ……………………………………………… (63)
 第二节 每日常规 ………………………………………………………… (74)
 第三节 阶段性常规管理 ………………………………………………… (79)

第六章 班集体建设 ………………………………………………………… (96)
 第一节 班集体建设概述 ………………………………………………… (96)

第二节 班规的制定和执行 …………………………………… (97)
  第三节 班干部的选拔和培训 ………………………………… (108)
  第四节 班级文化建设 ………………………………………… (116)
  第五节 班风建设 ……………………………………………… (124)
第七章 班级活动 …………………………………………………… (137)
  第一节 班级活动概述 ………………………………………… (137)
  第二节 主题教育活动 ………………………………………… (140)
  第三节 例行性班会 …………………………………………… (157)
  第四节 第三类班级活动 ……………………………………… (160)
第八章 问题学生指导 ……………………………………………… (172)
  第一节 问题学生概念、分类与诊疗 ………………………… (172)
  第二节 学习困难学生指导 …………………………………… (189)
  第三节 行为问题学生 ………………………………………… (195)
第九章 班级突发事件的处理 ……………………………………… (205)
  第一节 班级突发事件概述 …………………………………… (205)
  第二节 班级突发事件成因分析与处理原则 ………………… (206)
  第三节 班级突发事件的应对策略 …………………………… (208)
第十章 班级教育力量的整合 ……………………………………… (231)
  第一节 班级教育力量整合的意义 …………………………… (231)
  第二节 校内教育力量的整合 ………………………………… (232)
  第三节 校外教育力量的整合 ………………………………… (248)
第十一章 班级管理的类型与战略 ………………………………… (254)
  第一节 班级管理的类型与境界 ……………………………… (254)
  第二节 班级管理的战略问题 ………………………………… (269)

第三篇 专业发展篇

第十二章 班主任专业发展 ………………………………………… (281)
  第一节 班主任专业化概述 …………………………………… (281)
  第二节 专业型班主任特征 …………………………………… (289)
  第三节 优秀班主任专业成长历程 …………………………… (294)
第十三章 专业发展的途径 ………………………………………… (313)
  第一节 专业阅读 ……………………………………………… (313)
  第二节 行动研究与专业写作 ………………………………… (318)
  第三节 专业发展共同体 ……………………………………… (334)
第十四章 班主任的德性修养 ……………………………………… (343)

附 录

附录一 中小学班主任工作规定 …………………………………………（365）
附录二 《中华人民共和国未成年人保护法》 …………………………（367）
参考文献 ……………………………………………………………………（374）

第一篇 理 念 篇

第一章 学生与学生观
第二章 班级
第三章 班主任岗位
第四章 班级管理观

学习目标

　　今天,我们应该怎样看待学生?班主任又是什么样的角色,有怎样的使命?班级究竟对学生、对班主任意味着什么?班级管理的属性与待征又是什么?学生、班级、班主任的主客体关系是怎样的?这些是我们在谈论班主任工作时首先要解决的问题。因为,无论什么样的方法技巧,如果没有正确的学生观、班级观、班主任观和班级管理观,都不可能行走得太远。

第一章 学生与学生观

阅读提示

（1）学生作为成长中的人，在成长过程中有哪些困境，我们该如何看待这些困境？

（2）学生既是班级管理的对象，又在班级管理中处于主体地位，似乎是一对矛盾的综合体，我们该如何理解这一点？

第一节 了解学生

对一名班主任而言，没有什么比了解自己的学生更重要的事了。这就像是一个园丁若想培育好植物，就必须先了解它的生长属性、适宜的生长环境和在不同的成长阶段所呈现出的不同的生长特征，并依此制定出科学而合乎自然生长规律的培植方案，避免出现揠苗助长或者延误生长周期的状况。

班主任工作也是这样。当你接手一个班级，面对一群孩子时，你了解他们的生理和心理特点，了解他们这个年龄段所特有的喜怒哀乐与他们的内心需求吗？了解你的学生，是走向合格班主任的第一步。

一、学生是成长中的人

"大自然希望儿童在成人之前，就要像儿童的样子。如果我们打乱了这个次序，就会造成一些早熟的果实，它们长得既不丰满也不甜美，而且很快就会腐烂；我们将造成一些年纪轻轻的博士和老态龙钟的儿童。儿童是有他特有的看法、见解和感情的；如果想用我们的看法、想法和感情去代替他们的看法、想法和感情，那简直是最愚蠢的事情。"①

卢梭的话一言以蔽之，即学生是成长中的人，儿童的思维模式、行为模式与成人截然不同，不可简单地认定儿童时期就是成人的准备期。教育者（包括教师和家长）有一种错觉，即成年人天生比儿童强，天生比儿童健全、理性。当前教育模式的形成，包括社会行为习惯、品德教育课程，完全是以成人的视角和立场来设立，按照成人确认的"好"对儿童进行规范和教育的，忽略了儿童自己的独立性和创造力。

---

① ［法］卢梭.爱弥儿［M］.李平沤,译.北京:商务印书馆,1978.

长期从事儿童哲学和文化研究的专家刘晓东曾提出"成人僭妄"的理念,他指出:有的方面成人比儿童强,成人可以教导儿童;而有的方面儿童比成人强,成人难以望其项背,因而成人应当谦虚地向儿童学习,比如,成人培育儿童的创造力和想象力的做法就是可笑与自不量力的。

然而,这种致命的自负行为时常出现在我们的教育中,成人往往以一种教育的权威对儿童个人生活的自由、个人想象空间进行剥夺,自觉不自觉地将成人文化强加给儿童,自以为掌握了儿童的成长规律,而实际上却忽视了儿童自发生活的意义,全面控制了儿童的生活和成长。

有一家媒体曾经做过这样的实验:媒体工作者与家长和他们的孩子一起分享一个平底锅流浪的故事,故事的结局是这个原本被人忽略的平底锅后来成了鸟窝,许多鸟在它身上栖息、生蛋、长大、飞出去又飞回来,故事说完后,媒体工作者问家长们:"平底锅除了做鸟窝以外,还可以做什么?"

家长们搜肠刮肚,好不容易挤出了猫狗食物盘、花盆等容器类用品的答案。但同样的问题,小朋友给出的答案可妙了,例如:可以打坏人、当乐器、磨亮了当镜子、加上长针、短针当时钟、巨人的乒乓球拍等,完全超出了平底锅原有的功能。由此可见,孩子们的创造力远超成人。

为什么孩子随着年龄的逐渐增长,想象力的光芒却渐渐暗淡了呢?主要的原因是,成人总是在有意无意中扼杀孩子的想象力。成人常常会说,"别做白日梦了!"、"别浪费时间了!"、"那是不可能的!"、"这根本就不像!"、"标准答案不是在这里吗?"……

殊不知,梦想也好,幻想也罢,都是促成想象的原动力。绘画时头发要涂黑,涂成绿色就是错误的;人要走在地上,在空中漫步就是错误的;太阳是红色的,画成黑色的就是错误的……时至今日,许多的以前认为的不可能早已变成可能:头发可以染色,每天头顶不一样发色的人并不少见;连眼球的颜色都可以借着隐形眼镜而改变;武侠片里功夫高手吊着钢丝飞檐走壁,动作还很优雅呢!……没有什么是不可能做到的。退一万步来说,不可能又怎样呢?孩子为他们创造出来的"可能"所设想的理由,远比"不可能"来得珍贵。

我们希望把今天的儿童塑造成什么样的人才或者塑造成一种什么样的状态,这个问题实际上关联着一个对儿童世界的看法、了解、理解及态度的问题。对儿童本身没有正确的认知和理解,没有一个恰当的态度,就谈不上讲什么样的教育是培养儿童的好的教育,就无法站在一个真正的教育者的立场,去做好教师、做好班主任。

二、学生成长的困境

蒙田在其作品《蒙田随笔集》中是这样描述、评价他中学时代的体罚室的:"这里是被监禁的青年人真正的监狱。在他们尚未堕落之前,人们在惩罚他们的同时使他们堕落。去办公室看看吧,您只会听到受处罚的孩子的叫声,看到盛怒的教师……为了唤醒那些幼小的胆怯的心灵对功课的渴求,那张又肥又红而且恐怖的脸,那只教鞭武装的手会如何引导他们呢？这是危险且极不公正的做法。"

这是16世纪时，法国作家蒙田对当时学校教育的抨击，言辞不无激烈，然而时至今日，打造"无恐惧教室"仍是当前教育的一个重要命题。

在相当程度上，受教育对儿童来说，意味着被纳入一种制度化、成人化与功利化的活动中；学习对于儿童来说，是一种不可逃避的任务。无论东方还是西方，受教育儿童的困境，在世界各国的教育中都不同程度地存在。

在日本，20世纪80年代出现了一种教育病理现象——教育荒废，主要表现为儿童恶作剧、自杀、逃学、行为不良、校内暴力，以及偏重偏差值的激烈的考试竞争和体罚等。日本临时教育审议会指出，教育荒废，实质上是儿童心理的荒废，隐藏着与儿童的人格崩溃相关联的危险。

在韩国，尽管高等教育毛入学率已达到80％，位居世界前列，但韩国教育部发布的一份报告称，许多韩国儿童正在成为学习的奴隶，有的小学生一天的学习时间长达17个小时，平均学习压力已超过日本。

再看我国，伴随着改革开放，我国经济社会发展迅速，教育也取得了长足的进步，普及九年制义务教育的成功推进与高等教育规模的跳跃性扩张，在相当程度上实现了前所未有的教育公平。然而，基础教育阶段学生学业负担过重，片面追求升学率的问题一直没有得到有效的解决。

当前受教育儿童普遍存在的困境主要表现在以下三个方面。

1. 生活受控制，缺乏自主与生活乐趣

"工具主义教育理论指导教育过程（课堂生活）理解为一种技术，它把课堂看成车间、作坊，它试图用一种完美的技术来控制这个空间，以提高整个教育工作的效率。它通过对教师的行为方式的技术设计来控制学生的活动，学生实质上受到双重的控制，一是知识的控制，一是教师的控制，而教师也受到教学法专家的控制。这样，'教学法专家→教师→学生'这一控制持续贯穿于整个教学过程之中，使得教育变成了一架高效运转的机器，每一个人都是这架机器上的零件。"[①]

在这个成人主宰的世界里，儿童对于自己的生活和学习缺乏参与权和控制权。现实生活中，儿童往往按照成人的规则被建构着。以下是一名高二女生写给一个青少年权利保护栏目的一封信。

> 我是一名15岁的高二女生，平时是个出名的"维权青年"。在家里，父母偷看我的日记，我生气地责备他们侵犯我的隐私权。在学校里，班主任要我们把自己假期里做了什么详细写下来交给她，我不交；她搞"评差"活动，评出班里不守纪律的人，我每次都弃权。为了这些，我和父母吵架，他们竟说，我是未成年人，没资格讲人权；我跟班主任顶嘴，惹得她看到我就讨厌。我只不过是在维护我的基本权利不受侵害，却得不到大家的理解，

---

① 周浩波.教育哲学[M].北京：人民教育出版社，2000.

甚至有时,连身边的朋友也不懂我……①

一种根深蒂固的"预成论儿童观"把儿童看成小大人,认为儿童与成人没有本质区别,应按照成人的要求行动,为增加未来生活和发展实力而提前进入各种训练中,而不管孩子是否适合,是否有兴趣,是否真的需要,擅自决定儿童的生活方式和生活规律,表现出成人自我中心主义的压制与强迫。

在儿童的日常生活中,与学习有关的压力是他们面临的最主要压力,且呈现出增长的趋势。社会性竞争过早地侵入儿童的世界,巨大的压力扭曲了儿童的学习动机和人格发展,导致儿童认知需要缺乏、竞争需要强烈、人际关系不良,使他们失去快乐。对一些心理承受能力较差的儿童来说,沉重的学业和发展压力容易使他们对未来产生不可预知的疑惑和恐惧,产生厌学、讨厌生活的情绪,甚至采用极端手段来逃避压力。

2. 权益受侵犯、基本需求得不到保证

其一,相当多的儿童在受教育过程中受到过不同程度、不同形式的体罚。近年来,随着教育观念和儿童权利意识的提升,体罚的现象较之过去已大大减少,然而,在升学率、及格率、优秀率的压力下,部分地区、部分教师对学生的体罚现象仍然存在,且屡屡见诸报端。与此同时,各类惩罚性的作业、严格的批评等隐性体罚仍普遍存在。在不少儿童的眼里,学习就是一场竞争,学校就是竞争的战场,其他同学就是竞争的对手,因此,他们经常处于紧张不安之中,难以享受学习本身的乐趣。

其二,难以享有休息权和娱乐权。睡眠是人类生活中不可缺少的一种生理需要,对于正处于身体发育阶段的儿童来说尤为重要。拥有充足而高质量的睡眠和业余生活是他们身心健康发展的重要保障和基本需要。但不容忽视的是,我国相当大比例的儿童在这些基本需要方面没有得到满足。2006年,《中国青年报》对1 783名中学生做了在校学习时间及睡眠的问卷调查,结果显示:由于学生普遍在校学习时间过长,学业负担过重,近七成中学生每天睡眠不足7个小时。即使是在学校之外的课余时间,儿童的休息权和娱乐权也难以得到保障。在功利主义的片面成功观的影响下,繁重的家庭作业和各式各样的辅导班、兴趣班进一步挤占了儿童本已狭窄的生活和娱乐空间,剥夺了儿童自主发展、自由发展的权利。

3. 萎缩的童年,过早的成人化

20世纪90年代,一本名叫《童年的消逝》的书引起了世界儿童文学圈的巨大关注,作者是美国媒体文化研究学者尼尔·波兹曼。作者尖锐地指出:在美国,童年正在消逝!他提出的证据是:儿童的服装正在成人化;传统的儿童游戏正逐渐消逝;十二三岁少年的棒球队里,球员们寻求的不是快乐,而是名誉;成人犯罪与儿童犯罪的区别正在缩小。他认为,导致童年消逝的原因是电视及互联网媒体的出现,使儿童一览无余成人的秘密,成人文化侵占挤压了儿童世界。

---

① 资料来源:中国青少年计算机信息服务网。

我国同样面临这样的问题。电视作为视听大众文化,一方面给儿童生活带来了新的乐趣;另一方面却剥夺了儿童游戏和交往的时间,剥夺了儿童体验实际生活的机会,使得儿童离自己的文化越来越远。大众文化通过互联网和电视等媒介,在儿童不该知道、不想知道,也没有兴趣知道的年龄,强制灌输给他们成人文化,他们却没有权力也没有能力去拒绝,这也正是导致童年消逝的重要原因。

三、走进儿童的心灵

"一个只在上课时隔着讲桌跟学生会面的人是不会了解儿童心灵的;而不了解儿童,就不可能成为教育者。对这样的人来讲,孩子们的思想、情感和意愿都是不可理解的。教师的一张讲桌有时会变成一堵高大的石墙,教师在墙后向他的'敌人'——学生发动'进攻';但更多的情况则是讲桌变成包围的堡垒,'敌人'围攻它,而躲藏在里面的'指挥官'则手足无措。"[①]

1. 学生是《儿童权利公约》保护的群体

依据国际《儿童权利公约》的界定:"儿童是指18岁以下的任何人,除非对其适用之法律规定成年年龄低于18岁。"这正对应了我国基础教育阶段全过程,也就是说,小学、初中、高中阶段接受教育的学生,基本均被纳入这个范畴之内。

除了规定儿童的年龄范畴外,大多数国家在世界儿童问题首脑会议上达成了共识,即儿童是一个完整的人,他(她)享有人的基本权利,如生存权、全面发展权、受保护权,以及全面参与家庭、文化和社会生活的权利等。这主要包括四个方面的内涵:①儿童是人,具有与成人一样的人的一切基本权益,具有独立的人格;②儿童是一个全方位不断发展的整体的人,应尊重并满足儿童各种发展的需要;③儿童是自主建构的个体;④每一个儿童都是独一无二的。

2. 儿童是完整的、独一无二的人

要走进儿童的心灵,首先要了解儿童,了解他们多元而丰富的世界。

儿童是完整的人,和所有成人一样,有着人类共同的最基本的需求;儿童又是独一无二的,每一个儿童都存在着天然的差异。对于教育者而言,应在理解儿童是完整的人的基础上,尊重儿童的独立性和创造性,同时,也要在了解儿童差异性、儿童世界多样性的基础上,实施适当的、符合儿童成长规律的教育,这是有效教育的基础。

儿童的差异性主要体现在这样几个方面:首先是先天差异或自然差异,比如性别、种族等;其次是后天差异或社会环境,比如家庭环境、居住城市等;更重要的是智能和生理差异。美国著名教育学者霍华德·加德纳在1983年提出了"多元智能"的观点,即人的智慧除了存在智商方面的差异,还有智能分布领域的差异,这就是因材施教的理论依据。如何去发现儿童的智能差异,让他们在优势领域的智力得到最大限度的发展,是教育者的主要任务,即培优、助优远胜于补差。我们都知道有些智能

[①] [苏联]B. A. 苏霍姆林斯基. 把整个心灵献给孩子. 唐其慈,等,译[M]. 天津:天津人民出版社,1981:5.

差距是很难弥补的,比如,一个五音不全的孩子,很可能即使付出很大的努力,也很难成为一个歌唱家。

每一个儿童都是带着这样的巨大差异进入校园、来到我们面前的,如果仅仅用一种尺度来衡量,则会造成教育的不公平。苏霍姆林斯基说,多一把尺子,就会多一批好学生;陶行知也提出,通过解放儿童的头脑、解放儿童的双手、解放儿童的嘴巴、解放儿童的眼睛、解放儿童的空间、解放儿童的时间来培养儿童的创造力。所以,我们说关爱儿童、尊重儿童,这种关爱和尊重就是要回到儿童的立场,在他们的优势领域成全他们,在他们有缺陷的地方理解他们,真正走进他们的内心世界。一个合格的教师应该有这样的信念:如果你的整个教育行为更宽松,那么对孩子的缺陷性问题就能够更宽容,对孩子的智能优势就能发现得更准确,你的教育方法和评价方式就会更加多样化和个性化。

一个容易走入误区的问题是,我们时常会用后天的、异化了的社会评价标准来将孩子归类。比如:很多男孩在小学阶段很顽皮、好动、注意力不集中,有时还经常犯同样的错误,于是,教师常常轻易地将这些孩子归入坏孩子的行列。但是,我们并不知道,其实"你的教鞭下有瓦特,你的冷眼里有牛顿,你的讥笑中有爱迪生。你别忙着把他们赶跑。可不要等到坐火车、学微积分、点电灯,才认识他们是你当年的小学生。"儿童身上的潜质、特异性和创造力,只有在他状态最好的时候才能显现,这需要更宽松的教育环境,也需要教师对生命抱有敬畏的态度,只有这样,才能对生命的可能性充满期待,用非常细致的眼光观察,从细微的端倪中透视孩子的未来。

资料链接 1-1-1

《儿童权利公约》的四项原则

《儿童权利公约》于 1989 年 11 月 20 日由第 44 届联合国大会决议通过,1990 年 9 月 2 日生效。该公约旨在保护儿童权益,为世界各国儿童创建良好的成长环境。

《儿童权利公约》的四项基本原则如下。

(1)无歧视。每一个儿童都平等地享有公约所规定的全部权利,不应因儿童或其父母或法定监护人的种族、肤色、性别、语言、宗教、政治或其他见解、民族、族裔或社会出身、财产、伤残、出生或其他身份而有任何差别。

(2)儿童利益最大化。涉及儿童的一切行为,必须首先考虑儿童的最大利益。

(3)确保儿童的生存权和发展权的完整。所有儿童都享有生存和发展的权利(两者完整兼具),应最大限度地确保儿童的生存和发展。

(4)尊重儿童的意见。任何事情涉及有主见能力的儿童,均应听取他们的意见。对儿童的意见应按照其年龄和成熟程度给以适当的看待。

第二节 学生是班级管理的对象与主体

一、班主任和学生在班级管理中的矛盾

2009年,教育部印发的《中小学班主任工作规定》明确规定,班主任负有认真做好班级的日常管理工作,维护班级良好秩序的职责。

既然是管理,就存在管理与被管理、控制与被控制的关系,这本身就是矛盾的关系。何况,在班级活动中,学习和纪律方面师生双方的参与度很高,因此,班主任和学生之间总是不同程度、不同形式,也是不可避免地存在矛盾。

下面两段文字对师生普遍存在的心理状态的描写,比较具有代表性。

班主任:我刚接手一个班的时候,首先建立规则,面对全班学生将规则讲清楚;这样再抓"撞枪口"的学生(知道规则还要违背的学生),严厉批评。这样在学生中会由"畏"而生"敬"。学生对班主任还是要有紧张感。

学生:一方面尊重老师,一方面尽量保持自己的个性,不想被学校的"模式"框住。①

教师有传统习俗赋予的习惯性权威,有显性条文赋予的管理权力,从上面的例子可以看出,学生在班级管理中的畏来自对外在规则与秩序的服从,虽然制定规则形式上有学生的参与,但实质上规则常是既定的传统和惯例,或者由班主任定下,学生并没有真正参与,且缺乏平等的交流沟通,难以实现真正的教育效果,学生表现出敷衍行事、阳奉阴违的态度就不难理解了。

二、当前班级管理的几种理念

1. "兵法"出炉

"我们的目标本质上与学生是一致的,可是为什么师生间还充满了'战争'?我们对学生的爱心学生难道感觉不到吗?我们所做的一切难道不是为了学生吗?好了,现在可以不必有这样的疑虑了,我们所缺少的只是对规律的认识,让我们吃力和痛苦的力量不是来自学生,而是来自违反规律。改变我们的工作方法吧!学生抗拒的不是我们给他的内容,而是我们给他的方式。"②

在目前的班级管理领域,已经有诸多著述和经验,其中有许多关于班级管理、班级教育的具体技术,这些技术已被编成各种"大全",或者被冠以"兵法"、"绝招"等名称。

以2004年华东师范大学出版社出版的《班主任兵法》为例,作者万玮直截了当地指出:"我们教师与学生交往,是要学会'斗智斗勇'的","我看学生是俯视的,总揽全

---

① 刘云杉.学校生活社会学[M].南京:南京师范大学出版社,2000.
② 万玮.班主任兵法(修订版)[M].上海:华东师范大学出版社,2009:168.

局,高屋建瓴……我的工作效率非常高,说出来可能大家都不太相信,我这个班主任到了后期,只是在上课时才跟学生见一下面,平时根本就不去班级,可是我这个班却是整个年级里行为规范最好的一个班级。"他还强调,"斗智斗勇"就是教师要把自己放在和学生平等的地位上,学生虽然聪明,但是教师"智胜一筹"。碰到问题,不是埋怨,不是发火,而是动脑筋,想办法,因地制宜,随机应变,想出最佳的方法来,最终圆满解决问题。

《班主任兵法》分为实践篇和理念篇,呈现如下鲜明的观点和趋向。

其一,力争保持辨证的师生观。不过于幼稚或过于理想化("把自己当成学生"),因为"教师和学生永远是属于两大阵营"。

其二,具有整体性的管理思路。对于学生这个"对手",教师要做到"在战略上藐视对手,在战术上重视对手",广泛、深入地了解学生问题成因并解决。

其三,突出教师的教育智慧。每一个有效的招数都是心理战,因为它是以研究学生的心理作为基础的。

2. 不同的声音

然而,随着《班主任兵法》的畅销,各种争议接踵而来。名师李镇西专门撰文《班主任:兵法用来对付谁?》并直言:班主任需要智慧,需要艺术,需要策略,需要谋划,但不需要"兵法"!千万不要以学生为敌,哪怕是无意识的。他指出:"教育者不可能不讲智慧,这里的'智慧'就包括了技巧与方法,但技巧和方法绝不是'兵法'。教育智慧饱含着民主的思想,散发着人性的芬芳。教育有时甚至离不开善意的'欺骗'与必要的惩罚,但即使是所谓'欺骗'与必要的惩罚,出发点依然是对孩子的爱和尊重。如果说教育方法是'术',那么教育思想就是'道'。离开了'道',所谓'术'的功效是有限的,有时候甚至是苍白的。对教育来说,爱、民主、尊重、信任……永远是最根本的'道'。只有教育之'道',才能赋予具体的'术'以生命。而且我还要强调的是,'道'是普遍的——科学的教育理念古今中外都是相通的,而'术'是特殊的——任何有效的方法都是因时而异、因地而异、因事而异、因人而异的。班主任工作乃至整个教育,首先是发自内心对学生的爱和现代民主思想,方法、技巧从来都是第二位的,而且这些方法与技巧从来都是在特定条件下才有效,绝没有'放之四海而皆准'的什么'万能钥匙'。"

无独有偶,主要从事班主任工作研究、现已从北京教育科学研究院基础教育研究所退休的王晓春还专门开了一个"评《班主任兵法》"的系列帖子,逐条批评书中的观点。不少网友甚至发出质评:"你对学生'以毒攻毒',学生不可以'以牙还牙'吗?"

教育理论界也提出质疑:采用这些"兵法"的目的,应不仅是"管住"学生,更应是"管活"学生;教育机制不限于"兵法",在先进思想和有效技巧之间,还应有中间层面的策略与措施。正如李伟胜老师所言:"对于这些已有的和不断创造出来的技术,我们不会忽视,因为我们需要吸收、借鉴,从中获得更多启发;但我们不会停留于这些技术,即使这些技术本身已经达到出神入化的境地,甚至成为教师的'绝招'。这是因为,我们看到,伴随着现代教育技术越来越发达、教育模式越来越精致,许多人越来越迷失在它们之中,却远离了整体的思考,尤其是具有独创性的整体思考;此时,技术越纯熟,就有可能在'教书匠'的道路上走得越远,但其境界难有实质性的提升。"

三、学生是班主任的助手

当前班级管理的几种模式和争议,究其本质,是学生在班级管理中的地位和角色问题。强调班主任和治班技巧,是以班主任为班级管理的主导,突显的是班主任对于班级和学生的管理功能;而强调爱、民主和尊重的育人理念,突显的则是班级管理中的教育性。

我们认为,在日常班级管理中,学生和班主任的关系应是平等、相互促进和共同成长的。班主任应在充分尊重学生意志和成长需求的基础上,引导学生参与班级管理工作和活动的策划、组织及执行,从这个意义上说,学生是班主任的助手。它具有以下三个方面的内涵。

(1) 学生是班主任的助手是对学生主体性的认同。教师的一切教学、班主任的一切工作组织和指导都是通过学生这一主体来完成的,班级的管理只有体现学生的意志,才能顺利进行并最终完成。

(2) 学生成为班主任的助手是学生自我价值的实现形式。价值是人的自我实现需求,表现为自我实现和社会实现,自我实现是自我期望满足,社会实现是对他人的满足。传统教育上,学生的主要职责就是学习,学生的成绩就是一切。现代教育认为,评价学生不仅在于学生个人成绩,还在于其在班级管理和建设中所发挥的作用。这种多元评价既为学生提供了实现自我价值的舞台,同时也给他们提供了为班级服务、为他人服务的机会,进而可以实现社会价值。

(3) 学生成为班主任助手有利于提高班主任的治班水平和效果。班主任与学生接触得更加密切,就像亲密的棋手,既可互相提高棋艺,又可收获友谊,共享快乐。班主任对学生的了解和熟悉程度是其他老师所不能比拟的,使学生有可能成为班主任的助手。

学生成为班主任的助手主要基于以下两个原因。

1. 它是班主任工作的内在需求

班主任工作千头万绪,几乎所有事务都与学生有关。如果脱离了学生,离开了学生的配合与帮助,那么,班主任的工作就不可能完成,甚至不可能进行。在实际工作中,了解学生只是第一步,还应懂得学生,关切学生内心的不同需要,只有这样,才能找到班主任工作的路径。要想完成并完善班主任工作,还需要借助学生的帮助,让与学生之间的交流沟通成为班主任工作的一部分。另外,班主任的工作繁多复杂,如果事事躬亲,不仅是不可能的,还会弄得自己心力交瘁,这就要求班主任把学生能够自主管理好的一些工作交给学生管理,既磨炼学生,提高能力,也减轻班主任的负担。现实中不乏成功的例子,如魏书生在带班中得出的结论:在班级管理中,学生能做的事,班主任就不做,发挥好学生的主动性和积极性,那么,全班45名学生,就是45名助手。

2. 学生有能力完成班主任交代的工作任务

班主任的诸多工作大致可以分为三大类:事务性工作、协调性工作和决策性工作。至于学生能够承担哪些辅助工作,可以分别来看。

(1) 事务性工作方面。事务性工作是指班主任工作中最基础和繁杂的工作,包括常规性工作和突发性工作①。常规性工作是学校工作及所带班级班主任工作的具体工作,具有周期性和统一性,如管理班级的日常事务、思想教育工作等。突发性工作一般指偶然发生的需要及时处理的工作,如学生打架、学生生病、学校临时安排的工作等。事务性工作的主要目的是维持学校的教学秩序,工作量大而且具体。以打架为例,如果两个学生打架,一般都会有同学事先知道,还会有同学在旁边目睹打架发生,那么,事先知道的学生可以自己先晓之以情、动之以理劝告预打架同学不要打架,也可以告诉班主任这两个同学的矛盾,这样就可以避免打架的发生;目睹的同学可以劝架,避免给同学和班级造成更严重的后果。不难看出,借助学生的帮助,班主任的工作量会大大减少。

(2) 协调性工作方面。协调性工作指班主任通过协调处理内外部关系来促进班集体的管理和建设的工作。内部协调工作包括与学校领导、科任老师和学校各部门的协调工作;外部协调工作包括与社区、社会组织和家长的联系、沟通工作。这部分工作主要是一些交际沟通工作,以学生的能力特点看,并不能单独做好这方面的工作。但是,在与科任老师、家长等的联系与沟通方面,学生还是能够发挥一定作用的。实际上,与科任老师和家长的协调工作很多都是通过学生来完成的,如科任老师之间的调课通知就是通过学生干部或课代表来完成的;同家长的联系沟通更是需要学生起中介和桥梁作用。虽然学生能起的作用不大,但是能够实实在在帮助班主任减轻工作负担。

(3) 决策性工作方面。决策性工作包括班级规划、班级目标、学习指导、学生心理健康指导等②。决策性工作看似是一些战略性工作,事实上与学生是最为相关的。这部分工作能否实现,关键在于是否符合班级实际情况和学生成长规律。在实际工作中也必须有班级学生参与、广集意见,才能做出切实可行的决策。

班主任的三大类工作是前后递进和互相补充的,无论哪方面工作,都要让学生参与进来,发挥集体智慧,形成合力,班级的建设才会取得更好的成效,学生的全面发展才可能成为现实。

> **资料链接 1-1-2**
> **如何处理学生的破坏性行为?**
>
> 教师在课堂上会时不时遇到学生的破坏性行为,教师对之采取什么措施,除了依据学校的相关明确规定外,还取决于教师对学生破坏性行为的判断和他的专业准备。

---

①② 彭跃红:新理念下班主任工作艺术的追求[M].南昌:江西人民出版社,2008:24.

> 学生在课堂上轻微的破坏性行为包括故意干扰其他学生的学习、分散他们的注意力，无故大声讲话，对教师和同学出言不逊，骚扰、威胁同学等。比较严重的破坏性行为不仅破坏课堂的学习环境，还具有一定的攻击性，会给课堂造成紧张氛围或危机。
>
> 引发学生破坏性行为的，有可能是学生跟教师或其他学生的冲突，也可能是课程本身或学生的个人问题。无论是什么情况，教师都可以采取如下步骤。
>
> 第一步，跟学生通情达理地谈话。了解学生的破坏性行为是他自己的问题，还是跟教师直接相关。通常，教师跟学生单独谈话远比当众训斥和警告更能解决问题。
>
> 第二步，如果教师通情达理，但学生在课堂上的破坏性行为依旧，教师可以和学生签订一个行为协议，明确规定学生在课堂上应该怎么做，不应该怎么做，以及相应的结果。
>
> 教师还可以跟学校主管学生纪律的部门反映，由专门人员找学生谈话，观察他在课堂上的行为，或出面协调学生和教师的沟通。
>
> 如果教师在课堂上遇到了严重的破坏性行为，师生人身安全受到威胁，这时，确保师生的安全就是第一位的。首先，教师要保持冷静，让当事学生离开教室，避免干扰升级。如果该学生不离开，且破坏性行为还在继续，而身边又没有电话可打，教师可以考虑和其他同学撤离教室，立即寻求校园保卫人员或警方的帮助。
>
> 资料来源　今天怎样"管"学生. 李茂. 上海：华东师范大学出版社，2008.

【思考与实践】

1. 在现实生活中，学生是未成年人，作为班主任，应如何看待学生的一些有趣的行为？

2. 低年级的学生比较稚嫩，有必要体现他们在班级管理中的主体地位吗？高年级的学生学习任务繁重，因而没必要把时间浪费在一些比较务虚的事情上，对于这个观点，你是怎样理解的呢？

第二章 班 级

阅读提示

（1）你知道班级的由来吗，我国的班级和他国的班级由来是一样的吗？

（2）正式班级一般具有哪些特征，它和非正式班级有哪些区别？

不同国家对班级有不同的理解。现代意义上的班级是随着班级授课制的出现在西方社会率先提出、使用的，与我国古代早就使用的班级不是一回事（班级在我国古代指的是官位等级）。另外，在国外，班级既包括学班，也包括学级，但在我国，班级仅指学班，而学级用年级来代替。现在，班级工作是学校工作的基本组成部分，从这个意义上分析，班级的教育、教学质量直接影响学校的办学水平。

资料链接 1-2-1

班级在我国古代指的是官位的等级，在一些古籍中曾多次出现。比如："高下失序则位轻，班级不固则位轻"（《申鉴·政体》）；"下延胤息，叨践班级"（《代谢男师损等官表》）；"官久非难也，连其班级，自非才宜，不得傍转以终其课，则事善矣"（《晋书·刘颂传》）。

随着社会、教育的发展，人们对班级的认识在不断变化。最初，不少人认为班级是一个教学单位。随着制度化教育的发展，人们认为班级也是一个行政管理单位。当学生的主体意识逐渐被唤醒，班级又被视为一个共同学习的单位。社会的发展使学校远离了世外桃源的封闭环境，班级于是又被视为一个小型的社会。

我们怎样认识班级决定了我们将怎样发挥班级的功能。如果认为班级只是一个教学单位，那么班级的主要功能就是更好、更富效率地完成教学任务；如果认为班级只是一个行政管理单位，那么班级的主要功能就是保证学生不出问题，学校活动井然有序；如果认为班级只是一个学习场所，那么班级的主要功能就是保证学生知识技能的获取与学习水平的提高；如果认为班级是一个小型的社会，则班级的主要功能就是在促进学生的学业成功的同时，更要关怀学生人格的成长与完善。

综合上述两个方面的情况，如何认识班级的内涵，不仅是教育理论界关注的一个基本问题，更是困扰着实践改革的一个前提问题：对班级内涵认识的差异，会非常明显地带来整体思路与具体改革策略的差异；许多班主任在教育改革中出现的问题，也都与对班级的认识偏差有关。

那么，该如何给班级一个完整的界定呢？换言之，应该从哪些角度来理解班级呢？

第一节 班级是班级授课制的产物

我国春秋时期的私学、西汉的都授、汉代以后的私塾、宋代的三舍法、明朝的国子监，欧洲的巴特里制、利森制、座堂制、拉萨尔分组等，虽然具有班级的某些特征，但缺少班级的本质属性。班级授课制产生后，自然而然地产生了班级。

一、班级授课制的历史沿革

班级授课制是学校教育发展到一定历史阶段的产物。在它产生之前，无论是我国还是外国的古代教育（奴隶社会和封建社会的教育）均采用个别教学的形式。以中国封建社会的私塾为例，个别教学的形式有如下特点：教师只对一个或几个学生授课，经常是教完一个学生之后再去教另一个学生；教学没有固定的学习年限，没有年级和班级的编制；没有固定的开学时间和结业时间，没有课程表，学生可以随时入学和退学。班级授课制是在文艺复兴之后教育逐渐大众化的前提下，出于由一名教师同时教授大量学生以取得教学效果的思考，而逐渐确立起来的。在教育史上，最先采用这种教学方法的是15世纪末德国的纽伦堡和萨克森选帝侯国的人文主义学校。1485年的《纽伦堡学校规程》和1528年的《萨克森选帝侯国学校规程》规定，应将学生划分为三个阶段的班级，各个班级配以不同的古典教科书教授之。

夸美纽斯第一个为采用班级授课制提供了理论依据。他在《大教学论》中倡导节约时间和精力、大量生产的教学方式——班级教学组织，提出了依据年龄分班，各学年分别设置不同学科的方案。

不过，班级授课制在学校教育中的普及是极其缓慢的。它的广泛普及经历了此后将近两个世纪的时间。也就是说，一方面，17世纪以后资本主义的发展，尤其是18—19世纪产业革命及随之而兴起的产业主义，产生了在广大民众中普及知识与技术的需要；另一方面，基于启蒙思想的社会民主化运动，尤其是18世纪的民主革命及伴随而来的民族主义运动的结果，要求将教育从少数特权阶级的手中解放出来，向国民大众开放，这就是教育的民主化过程。

19世纪初，英国的贝尔（Andrew Bell）和兰卡斯特（Joseph Lancaster）推广的导生制，极大地刺激了这种班级授课制的发展。1797年，贝尔在英国介绍了让年长儿童教授年少儿童的方法。

在导生制中，设置等级，以便能够同时将教学进度一致的儿童分成若干班级，对各个班级分阶段地分配教材。导生制节省了学校教育的经费，所以受到全社会的注意，赢得了社会人士对学校教育的支持。在一般国民对学校教育的支持下，普及了更好的学年编制法。

裴斯泰洛齐在布格多夫和伊弗东的学园里，不是按年龄阶段而是按能力（成绩）划分学生，按不同学科分成若干不同的班级，同时教学。在每天晨会之后安排八小时的课,课与课之间有休息时间,饭后有游戏时间,以消除儿童的疲劳。他还把所有学科的知识分解成最单纯的要素,教学内容从最单纯的要素出发,视儿童的发展程度,即心理发展顺序,逐渐复杂化;同时,裴斯泰洛齐根据他的基础教养的方法论,编制并使用了各门学科的教科书。裴斯泰洛齐的班级教学方式同他崇高的教育精神与一连串新的教学方法一起,在鲁普士的学校里得到了实施。1806年,受拿破仑蹂躏的普鲁士把民族的复兴寄托在对国民教育的充实上。许多人被派遣到裴斯泰洛齐那里,学习裴斯泰洛齐主义,期望他们学成后从根本上改革教育。1872年的《国民学校和师范学校的一般规程》规定,在单级学校中也分成三个阶段,当学生数超过80名时,分成两个班级;超过120名时,编成三个班级。

裴斯泰洛齐的方法和普鲁士的制度也传到了美国。19世纪30年代到60年代,是美国学校教育的兴盛期。这个时期的教育领导者们对发展班级授课制替代历来的个别教学兴致勃勃。首先从英国引进了导生制,其次,贺勒斯·曼(Horace Mann)和亨利·巴纳德(Hery Barnard)等人引进了裴斯泰洛齐的班级授课制,斯托(C. E. Stowe)、贺勒斯·曼、库曾(V. Cousin)等人考察了普鲁士的实际情形,介绍了普鲁士的学校制度和教学方法。在这种影响下,到19世纪末,美国广泛普及了按能力程度划分年级班级,分别由一名教师负责各班的制度。

这样,在国民教育制度确立的同时,欧美的班级授课制也确立了,明治时代传到日本。明治五年(1872年)颁发的《学制》,以法国等国的学校制度为楷模,使国民人人负有就学的义务。但在学制上尚无关于班级的规定。在明治十年(1877年),全国普及了学校,同时教学替代了原先的个别教学。从明治十年末至20世纪20年代,就学率逐渐上升,教员数量有了某种程度的保障。把学生分成若干班级实施教学的班级授课制,逐渐得到了采用。

我国直到1862年清政府在北京开办的京师同文馆,才第一次采用班级授课制这种组织形式。

二、班级授课制的基本特征

(1) 按年龄和知识水平将学生编班。把学生按照年龄阶段和知识水平分别编成固定的班级,即同一个教学班学生的年龄和知识程度大致相同,且每班的人数比较固定,通常是30～50人。这与个别教学大不相同。

(2) 把教学内容按学科和学年分解为小的教学单元——课。课是教师教学的基本单元。首先将教学内容按学科和学年进行划分,以确定各年级要掌握的内容。然后在此基础上,按照具体的教学内容及实现这种教学内容的教学手段、教学方法分成更小的部分。这每一小部分的教学内容和教学活动就叫做"课",教学通常就是一课接着一课地进行。

(3) 教学在规定的课时内进行。每门学科的总课时数、学年课时数、周课时数,一般根据固定的课程计划来确定。各班的课时表规定每日的课时安排。每节课的时间都是统一和固定的。课与课之间有一定的间歇和休息。

(4) 教学场所较为固定。班级授课在教室和实验室进行,场所是固定的。课堂中的座次也是相对固定的,但学生的座次安排可采取不同的形式,如可采用秧田式、圆桌式、马蹄式、会议式等。

三、班级授课制的独特优势

(1) 有利于大规模培养人才,扩大教学规模,提高教学效率。一个教师可以同时教三四十个学生,教学效率得到了极大的提高。这样,在教师数量不变的情况下,可以大大扩大教学规模。

(2) 有利于发挥教师的优势,突出教师的主导作用。与学生相比,教师在知识、阅历、经验及个人素质方面,占绝对优势,应该起到主导作用。教师要想在全体学生面前充分发挥其优势,必须有一个能全面展示教师主导作用的机会。班级授课制恰恰是能反映这种要求的一种教学组织的形式。

(3) 有利于发挥班集体的教育作用,促进学生个性健康发展和学生的社会化进程。良好的班集体具有积极的教育作用。只有处在能称得上是班集体的班级,才能受到集体的教育,才能形成健康的个性,才能顺利完成必要的社会化进程。

资料链接 1-2-2

马卡连柯认为,作为一个集体必须具备以下几个特征。

(1) 集体有共同的奋斗目标,只有在追求这个共同目标的过程中才能把集体组织起来,形成集体的伟大力量。

(2) 集体的建立与巩固必须以组织性和纪律性作为根本条件之一。在集体中,个人的目的和利益必须服从集体的目的和利益。

(3) 集体有具一定组织制度的管理机构,这一管理机构有权代表集体,并行使各种职责。

(4) 有正确的集体舆论。

---

(4) 有利于科学文化知识的传授,确保学生获得系统、连贯的知识。班级授课制是按国家统一课程标准,编制统一课本,实行以分科课程为主的教学。大部分科目都是按知识的逻辑体系进行排列的,这有助于学生系统、连贯地掌握知识。

(5) 有利于进行教学管理和教学检查。相同年龄和相近知识水平的学生编入一个班级,其心理水平、自觉程度和认识水平相近,因此便于教学管理。同一年级的学生使用相同教材,按照同一进度上课,有统一的教学要求,关于教学质量的评价标准基本相同,对教师的要求也是大体一致的,因此,便于对教师的教学活动进行检查,评价教师的教学质量。

四、班级授课制的不足

(1) 学生的独立性与自主性受到很大限制。教师是教学的组织者,只有在教师的有效组织下,班级教学活动才能顺利进行。但教师对课堂的设计、组织和控制极大地限制了学生的独立性,什么时候学习、学习什么、以什么样的速度学习,这些都由教师来安排。

(2) 学生大多是接受性学习,不利于培养学生的创新精神和实践能力。班级授课制更适合讲授式的教学内容,这种学习往往重接受、轻创造,重理论、轻实践,重结果、轻过程,学生的探索机会和实践机会少得可怜。

(3) 教学内容程序化、固定化,不能反映学生的实际需要。当知识被程序化、固定化之后,知识就离生活越来越远了,开始出现知识世界与生活世界的断裂与疏离。

(4) 教学时间和教学内容预先设计,不能及时吸纳一些新的、必要的科学成果。班级授课制的教学时间和教学内容都是预先设计好的,某个具体时间进行什么样的内容,学生应该掌握到什么程度,是为了实现一个什么样的目标,在课程标准和教学计划中都有明确而翔实的规定。施教者想加入新内容,是非常困难的,它涉及的不仅是加的问题,还有如何压缩已有教学内容的问题。

(5) 不能很好地照顾学生个性的发展。班级授课制为学生准备了统一的教学进程表、统一的教学评价标准、统一的课程内容。这有利于管理,有利于评价,但不利于学生的个性发展。

五、班级授课制的改进探索

(1) 推行学生走班制。在未来的学习型社会,中小学将根据年级设固定的班级,各班级有固定的辅导导师。导师主要辅导整体水平处在某个年级水平的学生,但各班级的学生是流动的,学生可根据自己所处的年级水平自愿选择班级。学生甚至可以不在学校完成学业,而选择在自己认为合适的地点完成,如在家自学等,但最后要参加学校组织的考试。

(2) 落实小班化教育。小班化教育即在学生较少的班级中开展教育教学活动的组织方式。小班化教育从理论到实践,从形式到内容,都将发生革命性变革,其最终目的是促进每个学生的个性发展。

(3) 实行分层教学。所谓分层教学,即在班级集体教学中,依照课程标准的要求,从不同实际出发,确定不同层次的要求、设计不同的教学方法、给予不同层次的辅导、组织不同层次的检测,使学习基础不同的学生,人人有兴趣,个个有所得,在各自的"最近发展区"得到充分发展的一种教学模式。

(4) 网络教育对班级授课制的改进。现代网络教育对班级授课制产生了积极的影响。首先,现代网络教育能够充分照顾学生的个性差异,有利于教师根据不同学生的特点,选择不同的教学方法,安排不同的教学进度。其次,现代网络教育提供的丰富信息资料和虚拟实验,能够弥补学生实践活动的不足。最后,现代网络教育给学生提供了广阔的活动自由和发展空间,有利于培养学生主动探索和开拓创新的能力。

(5) 用电子教材弥补统一授课的不足。电子教材就是现行授课方式的多媒体化。电子教材可以通过网络传到各个学校,学生可根据自己的实际进度在多媒体教室随时观看全国名师的授课视频,家有计算机的学生也可在家观看。

(6)中小学实行个性化学制。个性化学制就是学生根据自己的实际情况决定中小学完成的起始时间和时间长短。能力强、潜力大的学生可提前完成,而能力差、潜力小的学生可延长学时,以保证达到相应的小学和中学毕业水平,从而避免出现现行免试升初中制度造成的零分也能升学的荒唐现象。

六、班级授课制的个性突破[①]

无班级授课制是一种打破了过去单一的灌输型教学体制的新的教学模式。学校不再为学生分班级或分配固定教室,不同学年入学的学生因选择同一门课而在同一个教室。学生根据自身情况和各自不同的兴趣爱好,制订自己的学习计划,选择不同的学段课程和适合自己的任课老师,从而使学习成为一种主动自觉的行为。这一改革的典型范例是芬兰在高中学段进行的尝试。

1. 实行弹性学制和学段制

芬兰将过去固定的三年高中学制改为较有伸缩性的 2~4 年学制。不同的学生可以根据自身的智力、学习基础、学习计划进展和学习兴趣等不同情况,在完成学校规定学分的基础上,自己决定用 2 年、3 年或 4 年完成高中教育。有的学校,学生甚至可以把高中阶段的学习延长到 5 年,但这要提出充足的理由,并得到校长的批准。

每一个学年不再分为固定的上、下两个学期,而是分为 5~6 个学段。每个学段包括 6~7 个星期,各学段最后一个星期为考试周。每个学段集中开设 5~6 门课程,学生在一个学段中可以选择 8 门课程。大部分的高中学校还根据高中生的群体特点和注意力集中时间的科学测试,将每节课的授课时间从 45 分钟改为 75 分钟。一些欧洲国家的高中学校普遍认为 75 分钟一节课为高中学生最佳授课时间。

2. 编制模块课程,扩展选修空间

《芬兰高中教育课程框架大纲》规定了高中阶段的课程分为三类:①必修课程是每所学校必须开设的课程,也是每个学生必须完成的课程,共有 45~49 门;②专业课程是对必修课程的拓展和加深,地方和学校可以根据国家的指导性建议设立,共有 60 门左右;③应用课程为学生提供一些专门的知识,可以是对已经学过的科目的进一步学习,也可以是其他科目,主要由学校自主设置,也可以与其他教育机构合作开设,国家不作统一要求。

3. 实行宽松、有效的教育管理

当一种新型的教学模式确定之后,最为迫切的是相应的制度保障。实施无班级授课制以后,学校建立了学生顾问制度、指导员制度、学生自我管理制度,实现了宽松体制下的有效管理。

(1)学生顾问制度。每个学校都设有专业的学生顾问,其专职工作就是解答学

---

① 整理自:田友谊.无班级授课制:芬兰高中教育体制改革透视[J].外国中小学教育,2003(12).

生学习、生活中遇到的各种问题。

（2）指导员制度。新生入学伊始，无固定的班级，学生被分为25个人左右的不同管理小组，每组有指定的指导员。指导员由学校教师担任，主要负责学生的日常事务，组织每星期一次的例会，向学生传达学校的教学计划，安排集体活动，解决学生日常生活中遇到的问题。指导员在行政上受专业学生顾问的领导，具体执行学校及学生顾问对全校工作做出的计划和安排。

（3）学生自我管理制度。一些品学兼优的高年级学生经选拔可担任新生辅导员工作。具体做法为：进入第二学年的学生，可以申请报名担任低年级学生的辅导员，以自身的经验和体会帮助新生尽快适应高中学习生活，增加对无班级授课制的了解，指导新生如何选课和制订学习计划，熟悉校园生活，结识新同学等。毕业时，学校向担任过辅导员的学生颁发证明其工作经历的辅导员证书。学校还有学生自己的学生会组织，学生代表（两名）可以参加校董会和全体教师的会议。

4. 师资队伍的高学历化和学生评价的多元化

推行无班级授课制以后，芬兰所有的高中教师都必须具备硕士以上学历，并通过教师资格考试。教师竞争机制被学校正式引入，迫使教师必须不断给自己充电，学习新知识、探索新方式、采用新手段，以取得更好的教学效果。

第二节　作为正式组织的班级

一、班级是一个功能发挥共同体

班级的形制特点和作用是通过班集体的创建与发展形成和产生的。班集体由整个班级所组成，以完成学校教育任务为共同目标，是有一定组织机构、规章制度的学生共同体。班集体具有作为集体有机整体的行为与特征，不是班级个体学生的总和，而是班级群体发展的高级形式。

就目前而言，不同角度中人们所确认的班级功能是有所不同的。从班级群体组织的维度来讲，班级作为一个以学生亚文化为特征的社会群体，是一个独特的社会化机构，具有促进学生社会化的功能；班级作为班级授课制的基层教育组织，是学生集体共同学习活动的组织形式，在教育过程中具有组织功能；班级对于集体中的个人来说，是一种巨大的教育力量，相对于个别教育，集体具有不可替代的、独特的、微妙的教育功能；班级作为一个以集体主义为价值导向的社会心理共同体，具有在集体建设中培养和发展个体的功能。从内容范畴的维度来讲，良好的班级群体一般都具有如下几方面的功能：教学功能、教育功能、管理功能、心理功能等。从集体特征的维度来讲，班级的功能则可体现在这样几个方面：目标功能、角色功能、规范功能和内聚功能等。而从个体成长的维度来讲，班级的功能主要表现在其社会化功能和个性化功能两方面。此外，从性质的维度来讲，班级存在本身所固有的利弊双重性质使班级既具有正向功能，也具有负向功能。

二、班级是一个生命发展共同体

在我国,"班级环境"是个很特殊的概念。班级中,学生个体的成长环境面临多重状态,同时也向我们展示出了环境有可能蕴藏的多重功能,尤其是班级环境所存在的社会化功能。班级对学校和教师而言,是对学生进行知识教学、思想品德教育、技能训练及课外活动等教育活动的基本单位;而对学生来说,则是学习与成长的人生场所,是认识世界、学会生存、交织着忧伤与快乐、酝酿着希望与收获的"生命舞台"。因此,班级应该是一个有生命特征的群体,是一个个体之间有机关联、个体对群体认同参与、个体在群体中共同发展的生命共同体。

这种群体应具有一种特定的环境或氛围,使群体成员之间的关系更具有合作性和发展性,帮助群体成员在与同伴共同参与的活动中充分展开自我思考和表达,如协商见解、贡献知识、承担责任等。这种群体应是一个温馨的港湾,一个温暖而又舒畅的场所。在这里,任何一位学生都能够找到安全感和归属感,得到无私的关注和关爱。班级成员之间有可能存在冲突,但这些冲突都是建设性的,是建立在改善共同的生活、提升个体发展的基础之上的。在这种群体中,师生能够互相依靠对方,每个学生都能在集体的动力下得到平等而自由的发展。学生犯错了,可以坦白、解释、道歉并得到宽容的谅解,而不是自我压抑,累积成心灵上的"肿瘤";学生跌倒了,其他人会帮助他及时站起来,没有冷漠、嘲笑与打击。

一些研究结果显示,学生,特别是暂时落后的学生之所以"沦落"为不受欢迎的人,之所以厌学、厌校,往往源于在班级里不能感受到应有的关注和关爱,难以寻求到符合自我特性的发展空间。全面关心学生的发展,就是要求教师对学生的关心要从其整个人生出发,要以学生的整体生命为教育和关怀的起点。从这层意义上讲,之所以认为传统的班级概念所传递出来的是一些机械的、贫乏的含义与感觉,是因为它对班级的定位是一个缺少精神诉求的认识与界定,将班级视为一个没有生命特征的教学行政组织。与之相反,将班级视为生命共同体,则正是要传递出其应有的生命特征的含义与感觉。

因此,如何提高班级的组织、管理与建设的水准,使每一个班级都真正成为师生的生命共同体,使每一个教师真正成为生命推动者,使每一个学生都真正成为生命发展的主体,应当作为当前基础教育领域的一个重要的研究范畴。

三、班级是一种生活共同体

1. 班级因其群体互动的密集与频繁特征,正逐步变为学生交往、竞争与合作等能力发展的主要训练基地

房屋住宅单元化结构的出现与面积的扩大,使当今的学生较之过去有了更好的物质生活条件和文化学习条件。就城市而言,子女一般都有个人单独的房间,个人的活动空间增大了,但与此同时,个人的心理空间也因缺少互动而变得苍白了。孤独、无力、郁闷,是许多当代子女特有的情感体验。

家庭互动的不足所带来的缺憾不仅仅是情感方面的，还表现为交往、竞争、合作等需要在互动中形成的能力的薄弱。在这一方面，班级生活在很大程度上起到了补偿作用，尤其是班级中的一些非正式群体的缔结，因其具有相近的背景、兴趣和思想等，又具有朝夕相处的条件和愿望，成员间会频繁互动，犹如兄弟姐妹，即便是争吵，也平添了成长的激素。当然，健康的交往与互动并非仅仅停留在自然的状态，当学生交往能力及人际适应的社会化主要依赖班级环境来训练和实践时，"班级水平"的辅导就显得更为重要，其辅导的重心也会因成员需要的新特点而不断调整和变化。

2. 班级以其人际氛围的温暖与支持，将越来越成为残缺家庭子女想要依托的精神港湾

近年来，随着离婚率、交通事故发生率、疑难病症发生率等的上升，生活在残缺家庭的学生的比率越来越大。

本来，班级一直就被视为是学生成长的第二家庭，即班级是学生除了家庭之外最重要的一个生活和发展的环境。而现在，当相当一部分学生已丧失了原有的家庭的温暖之后，他们自然会把班级提升为新的家园，在一定程度上，教师（尤其是班主任）则往往担负起代理家长的责任。因此，学生新的家庭背景已在一定程度上启动了班级教育的新课题——越来越多的学生渴望班级的亲情环境，渴望能够在新的家园寻找和建立一种亲密层的人际支持系统，以满足其尊重、交流和爱的需要，这使我们不能不考虑，如何在班级环境中营造出一种既不失学校身份，又能令学生满意的家庭氛围。显然，仅此一点，光靠传统的教育方式很难运作。在面对新问题的过程中，更多的是需要广大班主任的改变，不仅责任要变，关注点要变，身份也要变，而所有这一切，正好可以借助"班级为本"辅导模式的实施来渗透和完成。

3. 班级以其群体的力量和规范，已相对成为能够聚合并同化学生不同信仰和态度的思想熔炉

在文化多元态势和信息大潮的冲击下，当今学生的追求和信仰也出现了纷繁多元状态。突出个性、敢于创造、勤于批判，是他们的时代取向和追逐标杆。然而，在个性化形成的同时，信念与态度的起伏不定也是他们的一大特点。甚至有相当一部分学生因过于追求自我而最终迷失自我，失却了信仰和追求。

对于这样一部分学生，成人的教导往往难见其效，而班级环境则可相对地起到暗示和熏陶作用。可以这样说，在当今学生因诸多客观因素而不得不更多依赖和借助于学校中的班级来实现社会化成熟的过程中，班级环境成了学生树立某种信念的最重要的影响源。[①]

四、班级是一种学习者组织

班级由学生所组成。学生的首要属性是学习者，其基本任务是学习，是为将来

---

① 整理自：胡江霞. 论班级为本辅导模式在中国学校中的适切性[J]. 教育研究与实验，2007（1）.

进入社会生活作准备的奠基性学习。班级正是由几十个担负着这种奠基性学习任务的学生所构成的特殊社会组织。如果我们把作为社会组织赖以建立的组织目标称之为社会组织的生存目标的话,那么,在生存目标的指向性及由此而决定的功能对象方面,学校的班级同其他社会组织之间存在着根本区别。

一般来讲,其他社会组织的生存目标都是指向组织外部的。比如,制造产品与医治病人就分别是工厂与医院的生存目标,其生存目标并不指向组织(工厂和医院)之内,而是组织之外。衡量生存目标实现与否也不以组织成员(工人和医生)的自身发展状况为依据,而是以组织之外的某种变化为标准,譬如工厂制造多少产品、医院治愈多少病人等。也就是说,这些社会组织的生存目标具有外指向性。其所履行的首先是与组织成员自身发展无关的功能。在这个意义上,我们不妨将这些社会组织称之为"他功能性组织"。

相比之下,学校的班级则迥然不同。班级成员是担负着奠基性学习任务的学生,因而,班级作为一种社会组织而得以建立,不仅仅是为了实现某些外指向性的目标(譬如提高教学效率、便于学校管理),而且是为了满足学生自身的奠基性学习的需要。这是因为,在现代社会中,青少年学生的奠基性学习,尤其是价值文化的奠基性学习不可能在个体独处的空间里完成,而是必须借助于群体生活环境。班级组织正是社会向青少年学生提供的一种在校期间群体生活的基本环境。事实上,作为与外部宏观社会有着千丝万缕联系的一个微观社会系统,班级组织自身已成为学生的奠基性学习的重要中介乃至直接对象,班级组织中的各种规范、角色、人际关系等均是学生每天都在学习的隐性课程。

因此,班级并不只是一种管理性组织,且不论学校与教师有无明确的主观意图,班级首先是一种教育性组织。其所予以学生的教育可能与学校教育目标相符,也可能相悖,具体影响因班级组织的实际状况而异。

班级组织自身乃是一种无以替代的影响因素,具有非它莫属的教育价值,即它是学生个体社会化的基本场所。如果说,夸美纽斯在17世纪首创班级授课制时更多地看到的只是班级作为一种"大生产"组织在提高教学效率方面的价值的话,在现代学校教育中,人们更多地关注的则是班级作为一种社会组织对学生的社会性发展的影响。换言之,班级组织的生存目标不是指向组织之外,而是组织之内,即班级成员自身的奠基性发展。班级组织的生存目标具有内指向性。班级组织所具有的首先是与其成员的自身发展有关的功能,就此而论,也可把班级称为"自功能性组织"。[①]

五、班级是一种非成人组织

学生的另一个基本属性是非成人,尽管其身心发展水平会因年龄阶段而异,但

[①] 整理自:吴康宁.教育社会学视野中的班级:事实分析及其价值选择——兼与谢维和教授商榷[J].教育研究,1999(7):42-48,52.

就整体而言,相对于成人来说,学生是社会未成熟者。这导致了班级区别于其他社会组织的另一个重要特征——半自治性。

所谓半自治性,是指作为非成人组织的班级并非完全靠自身的力量来管理自身,而总是在一定程度上借助于组织外部的力量。如果说前述自身功能性是班级组织在功能对象方面的重要特征的话,那么,半自治性则是班级组织在运行机制方面的重要特征。这可由学生的下述非成人属性得到解释。

1. 从学生的自主意识水平看,班级组织的运行趋向于半自治

自主意识是自治的心理基础。由于学生的自主意识一般会因年龄阶段的递进而逐步增强,因而学生对于班级自治的期望程度也会因其年龄阶段而异。但是,第一,尽管学生并非成人,但其自主意识可以说是人的、因而也是学生的一种天性。学生对于控制自己的生活的尝试乃是其文化的重要组成部分。在这个意义上,应当说学生对于班级组织的运行有一种近乎天性的自治愿望。第二,由于学生终非成人,因而对于成人(在学校中便是对于教师)难免又会存有一定程度的依存意识乃至依赖意识。在整个中小学教育阶段,学生的这种依存意识都不会完全消失,唯因年龄阶段不同而异。在这个意义上,学生对于班级组织的运行又存在着一种近乎天性的求助倾向。由此看来,在中小学阶段,学生的自主意识与依存意识并存,两者互成反比;与之相伴,学生对于班级组织的运行则是自治倾向与求助倾向兼有,两者也互成反比。这样,从自主意识水平这一角度来看,班级组织的运行便趋向于半自治。

2. 从学生的组织调控技能来看,班级组织的运行滞限于半自治

组织调控技能是自治的技术基础。它至少包括:组织技能,即筹划、落实成员个体之间以及群体之间的各种竞争与合作活动的技能;平衡技能,即统筹兼顾组织内部不同群体与个人的愿望或需要的技能;协调技能,即当组织内部出现矛盾或冲突时,既明断是非,又息事宁人的技能;评价技能,即对成员个人、小群体乃至整个组织自身进行客观评价的技能等。显然,这些技能对于并非成人的学生来讲具有难度,难就难在这些技能常常是与作为成年特有标志的所谓"成熟"齐头并进的,而学生在校学习期间一般很少会达到属于成人标志的成熟(尽管并非所有成人皆成熟)。在活动的参与上,学生对于过程的兴趣与对于结果的兴趣易于各趋极端;在群体网络中,学生的自我中心与本位主义倾向往往更浓;在矛盾的处理上,学生的情感因素常常重于理智成分。所有这些都影响着学生掌握上述调控技能。学生一般很难完全凭自己的力量来管理班级的所有方面,解决班级中出现的所有问题,而是不得不时常依靠教师在组织调控技能方面的具体指导乃至直接干预。因此,即使学生具有很强的自主意识,但从组织调控技能这一角度来看,班级组织的运行也不会达到完全自治的水平,而是会滞限于半自治层次。

3. 从学生的相对社会地位来看,班级组织的运行被控于半自治

作为非成人组织,班级要受到社会代言人——教师的直接控制。教师一方面并非班级组织的实际成员,另一方面却又直接介入、指导乃至支配班级组织的日常运

行过程。这就在制度上形成了教师与学生的相对社会地位：教师是制度高位者，学生是制度低位者。这种相对地位差异，使得班级组织的运行通常被控制在半自治状态，主要体现在两个方面。第一，班级组织的运行通常会受到教师的基于教育目标的控制。教师代表社会对学生的发展过程的控制包括了对学生的正式组织——班级的运行的常规控制，舍此控制而让班级完全自治便意味着放弃学生社会化基本场所的教育建构工作。当然，培养学生的自治能力也是教育目标之一，但这并不意味着必须让学生完全自治。相反，教师的设计、引导乃至特殊情况下的直接干预乃是学生的班级自治实践必不可少的条件。所以，即使从培养学生的自治能力出发，班级自治也是一种有限度的自治。第二，班级组织的运行还要受到来自教师的基于权威意识的控制。至少在我国中小学，教师多半会将社会赋予其的正式权威地位与权力视为理所当然，以至于在与学生的互动过程中自觉地或不自觉地带有权威意识，并将班级视为施展权威的得天独厚的场所。此可谓教师的一种跨文化的社会心理现象。无论是权威型、放任型，抑或民主型的教师，其对于学生的权威意识都不会完全消除，其对于班级组织的控制也不会完全放弃，唯其方式不同而已，而方式的改变常常是为了更好地控制。这不仅已为不少研究所表明，也是我们每天凭经验即可感知的事实。①

第三节 不同学科视野内的班级理解

一、社会组织学视角下的班级

从社会组织学的视角来看，班级是以教学班为基础建立起来的规范化的社会组织。众所周知，教学班是班级授课制的基础，是学校为完成教育、教学任务而建立的，集教学、教育、管理于一体的组织形式。学校班级的管理目标、组织机构设置、纪律规范要求，以及教学活动的内容和方式等，基本上是先于学生而存在，且不以学生的意志为转移的。这是由学校教育、教学的目标、制度所决定的。班主任则是学校法定的班级管理者、教育者和指导者，是班级管理的主要责任人。这些对于学生而言，都是外在的，学生进入什么样的班级，将和哪些学生在一起学习，是无法自主选择和改变的。在班主任的组织、教育和引导下，班级根据学校教育的规范、要求，逐步建立起班级的组织机构和各种制度规范，形成责任依从的组织关系，形成一支班干部队伍，开展班集体自主管理，进行各种班级活动。但是，有目标、有组织、有规范的班级并不一定形成班集体。如果这些目标、规范不能内化为学生群体共同的目标和规范，也就不能体现出班级学生群体发展的需求和特点，那么，这种集体只能是形式化的，而不能算是真正的班集体。

---

① 整理自：吴康宁.教育社会学视野中的班级：事实分析及其价值选择——兼与谢维和教授商榷[J].教育研究，1999(7)：42-48，52.

根据组织特性，班集体应具有建立在共同愿景基础上的集体奋斗的目标，具有适应学生发展需要的组织管理制度和方式，具有适合班级特点且共同认同的规范。集体成员是班级组织管理的主体。班主任虽然是班级的管理者、教育者和指导者，但在班级中，应是一位平等的引领者。班集体的目标、组织规范既要与教育目标要求相一致，又应具有自己组织的个性。然而，具备班集体的社会组织学特性，仅仅是班集体形成、发展的基础和必要条件，还不能真正体现班集体的本质。

二、社会心理学视角下的班级

从社会心理学视角来看，班级是一个由几十个学生组成的社会心理共同体。班级成员虽然不能相互选择，彼此原本也不一定相互认识，但加入同一个班级后，在班级的共同活动和交往中逐渐形成了一种直接的人际关系，这种关系不仅是种工作关系，更是一种情感的、认知的、道德的关系；班级内会产生各种群体舆论、非正式群体和非正式规范，产生各种冲突、合作等。这些都是群体的社会心理现象。在班主任和其他教育者的正确教育和引导下，班级成员会在活动中形成和谐、真诚的人际关系和健康向上的集体舆论，在集体活动和工作中表现出凝聚力和团结性，形成良好的班风，使集体成员拥有"我们是一个整体"的心理认同感，这样，班级群体就形成了一个和谐、团结、向上的社会心理共同体。然而，成为和谐、团结、向上的社会心理共同体仅仅是一个班集体发展的关键性条件和重要指标，并不是班集体的本质所在。

三、管理学视角下的班级

管理学视角下的班级，又与上述视角不同。教育实践中经常采用的"班级管理"这个概念，以及大量的有关班级管理、班主任管理艺术的经验总结，就是这一视角下的产物。有学者提出，班级的科学管理包括全员自我管理、思想管理、规范化和制度化管理、系统管理、全面质量管理等；具体的研究内容包括班级管理者（班主任）、班级管理对象（学生）、班级管理内容（德育管理、智育管理、体育管理、课外活动管理）、班级管理过程（计划与总结等，突发事件的处理）、班级管理的原则和方法等。[①] 这一体系比较清楚地呈现了管理学视角下班级的独特性。

四、社会生态学视角下的班级

当前还有学者从社会生态学的角度，研究中小学班级中的社会性生态环境及这一生态关系中的学生发展问题。江光荣在其探索性的研究中，重点研究了班级环境、班主任的师生互动风格对学生成长的影响及其相互关系。该研究提出："班级环境是一种多维度的结构。以本研究探索的范围为限，这一结构包括师生关系、同学

---

① 郭毅.班级管理学[M].北京：人民教育出版社，2002.

关系、秩序和纪律、竞争,以及学习负担五个维度",而且,这五个维度对学生的发展都具有实质意义。①

五、文化学视角下的班级

这一视角下的班级研究,比较多地关注了班级文化研究、学生文化研究。比如甘剑梅从学校文化建设的角度审视班级文化问题,她指出:"班级作为一个'物质存在',它的外延就是教室和课堂,是学校的共性存在,但班级作为一个精神性的'文化存在',它又有自己的独立个性与精神气质,是学校中的'个人',这种自立的班级文化精神是建设学校文化的根基。……班级文化自立的基本特征体现为主体活动自主、文化精神的自立和教育者的人格自立。"②她提出了班级文化解放的观点,包括:班级文化解放的起点——超越知识权威、班级文化解放的现实依托——弥合分裂的文化主体、班级文化解放的目标——生成教育个性。③

六、教育学视角下的班级

从上述介绍来看,社会组织学视角更容易关注到组织、集体或群体及其内部的组织方式、互动方式问题;社会心理学视角更容易关注到心理氛围、人际关系、班主任的风格、个性等问题;管理学更容易看到班主任、小干部等主题;文化学更容易看到物质环境、精神状态。这些内容都存在于班级之中。

在教育学的视角下,我们首先需要关注的是班级中的学生成长问题。千千万万需要成长、处于发展中的学生,就生活在班级中,他们在班级独特的文化环境、组织制度与各种活动中,受到班级潜移默化的影响。当我们看到班级中的人的生活、成长问题时,班级也就不仅仅是单独的机构、组织、制度、环境或集体,而是一种整体的生活形态,综合性地对人的生命质量产生影响。我们坚持从关系的角度、动态发展的角度、综合整体的角度认识班级,必然要关注到班级的组织结构与运行方式、环境建设、活动等问题,但与其他学科不同的是,我们更加关注的是这些内容与人的发展间的关系及其内部相互影响、动态生成的关系,看到的是这些内容的整体性。

这样,班级中就有着一些非常基本的关系存在,包括人与自我的关系、人与他人的关系、人与组织的关系、人与事情的关系等。这些具体、特殊的关系,体现出的是班级自身的丰富性、整体性。各种关系在时间中相互影响、相互生成,共同形成多彩的班级和丰富的生命个体。

---

① 江光荣.班级社会生态环境研究[M].武汉:华中师范大学出版社,2002:277.
② 甘剑梅.谈班级的"文化自立"[J].教学与管理,2001(3).
③ 甘剑梅.论班级文化的解放[J].教育探索,2001(11).

资料链接 1-2-3

　　学生在学校生活(尤其是班级生活)中的发展情形可以通过图 1-2-1(个体经验世界与人类文化世界关系图)来理解。

内环：个体经验世界
外环：人类文化世界

图 1-2-1　个体经验世界与人类文化世界关系图

　　需要说明的是,个体经验世界与人类文化世界(学校生活世界为其代表)的关系,并非相互并列甚至相互分立的两个不同世界的关系。就静态的空间关系而言,个体经验世界属于学校生活世界的一部分,它与后者的其他部分之间相对区分;就动态的相互作用而言,个体经验世界与学校生活世界相互沟通,并在此过程中融入后者、拓展自身,同时拥有后者、超越后者。其中,最为关键的因素就是两者之间的沟通。①

第四节　不同地域范围的班级理解

一、国外典型的班级理解

　　第一种观点,是将班级作为一种社会体系进行分析,以塔尔科特·帕森斯为代表。他在《作为一种社会体系的班级：它在美国社会中的某些功能》一文中,明确地把班级作为一种社会体系进行分析。实际上,帕森斯是从讨论班级的社会功能的角度对班级形制进行定义的。

　　第二种观点,是将班级作为一种社会组织(或特殊的社会组织),以克鲁普斯卡娅、马卡连柯等人为代表。苏联学者的教育理论中,班集体建设一直带有极强的组织构建性质,关注的是形成集体、通过集体进行集体教育的思路,并将它作为评价集体水平高低的重要参考。

　　第三种观点,是将班级作为一种特殊的社会群体。美国社会学家 W.沃勒在他

---

① 李伟胜.更具专业品质的班级管理的教育思路[J].教育理论与实践,2010(3):26-29.

的《教学社会学》(1932年)中,把班级视为一种特殊的社会群体。有学者认为,沃勒"致力于将核心文化价值观传递给那些被教师认为未受教育的学生们。由于学生们被认为会对这些价值传递进行抵制,教学的本质就成了一种日常制度性控制的形式,这种控制的目的就是确保年轻的意志将会屈服于年长的智慧。"于是,他提出了课堂生态学建设问题。

二、国内外班级形制的不同

伴随不同的教育理念和相应的文化背景,各国的班级形制在发展中都形成了各自的特点,甚至在某些方面出现了质的不同。

1. 我国的班级仅指学班,而国外许多学校的班级指的是学班和学级

从语义学的角度分析,班级一词应该包括"班"和"级"。在夸美纽斯的著作中,班级就包括了学班与学级。学班是将有同一学习目的或学习任务的人群根据某一标准进行编排;学级是将不同班依照基于学习目的或学习任务上的连续状态,依次编排。目前,国外许多学校的班级就是包含这两层含义的。在我国,当"班"与"级"连用时,一般仅指学班,而不包括学级,而学级一般用年级来代替。

2. 我国各级各类学校的班级都是行政班,而国外许多学校的班级只是教学班

我国各级各类学校推行的班级制,都是作为学校的基本单位而存在的,这就使它具有一定的行政特质——班级成员、班级编制的相对稳定与结构化;班级不仅是一个教学共同体,它还是学校开展德育、文体等其他教育活动的基本组织单位或场所。

而西方一些国家的学校,其班级的意义仅仅体现在课堂教学和课堂环境上,如美国中学所实行的选课制;德国完全高中1972年以后取消班级制所执行的学程制;其他一些国家的学校取消年级、淡化班级概念所采用的完全学分制,等等。这些以课堂为中心的班级,基本上是流动、开放的,其稳定性与延续性都相对不足,这些学校如果说有班级存在的话,那么,这种班级至多仅仅是班级授课制意义上的存在,而不可能全面再现和承载"缩小的学校"的功能。

3. 我国各级各类学校的班级都是作为一个有集体特征的群体存在的,而不是个体的简单组合

群体有一定的目标、结构、规范和规模;群体成员间相互依存、相互影响,有较高的内聚性和组织性;群体的存在有一定的持续时间等,所有这些都是作为一个集体乃至群体所应具有的基本特征。目前我国所有学校的班级,从组建伊始几乎就都运行于或努力朝向于这样一些特征之中。而国外大部分学校,由于主要实行的是以学分制代替班级制,尽管教学的形式仍然是班级授课制,但这样的班级中,成员间联系互动的程度、持续的时间等,显然都是相当有限的,其基本单位对个体的影响更多地停留在学校意义或层面上。

就当前我国教育改革的现状来看,虽然一些学校也尝试着实行跨班、跨年级的选课制或学分制,但往往是必修课以行政班为基本单位,选修课以教学班为基本单

位,传统的行政班依然存在。之所以采取这种班级制与学分制相结合的模式,正是看到了班级集体特征的某些传统意义和内在功能,而且,这些功能是很难完全通过学校各类社团的活动来代替的,起码在短期内无论是从教育体制的变更上、个体社会化的习惯方式上,还是从个体心理的适应上,取代现有的班级教育形制都是相当困难的。

资料链接1-2-4

国内外班级研究的内容对比

(1) 中国内地:班级管理。研究内容包括以下四点。①班级管理的内涵:为实现班级教育目标而维持班级秩序、开展相关活动的管理工作。②班级管理的对象:学生集体和学生个体。有研究者提出,学生既是管理客体,也是管理主体。③班级管理的内容:根据不同思路,有多种划分内容的方法,如学生管理、班级文化、班级活动,德育、智育、体育、美育、劳动教育,了解和研究学生、保持组织纪律、培养班集体、组织课外活动,目标管理、平行管理、常规管理、民主管理,人际目标管理、工作目标管理、财物目标管理、信息目标管理。④班级管理的过程:计划、实施、评价、总结。

(2) 中国台湾:班级经营。研究内容包括以下三点。①班级经营的内涵:教师或师生遵循一定的准则,适当而有效地处理班级中的人、事、物等各项业务,以发挥教学效果、达成教育目标的历程。②班级导师的任务:教育辅导(包括学业辅导、职业辅导和生活辅导)、行政管理、综合性任务(包括知识传输、情意涵蕴、技能训练、培养行为习惯、方法训练、价值建构等)。③班级经营的内容:班级行政经营、班级教学经营、学生自治活动、班级常规辅导、教学环境布置、学习气氛营造。

(3) 美国:课堂管理。研究内容包括以下三点。①全面课堂管理的内涵:"不单单是管理学生的行为,更要创建互相扶持的集体,学生在这样的集体中可以满足发展需要和个人需要,从而努力勤奋学习,舒缓沮丧情绪,减轻心中痛苦。"②全面课堂管理的条件(包括五个方面,与本资料链接中下述的五条策略相对应)。③全面课堂管理的策略:理解学生的基本心理需要;创建课堂里良好的人际关系;采用提高学习动机的教学方法;有效地组织与管理课堂;矫正学生的不良行为。

资料来源 李伟胜.试析教育管理学视角的班级研究[J].上海教育科研,2006(10):4-7.

【思考与实践】

理解班级要有自己的感觉!

如果只记住不同学者对班级的主张,我们对班级的理解往往也就只记住了一些知识点,而没有自己的感觉。"仁者见仁,智者见智",每个教育工作者应该对班级有自己的理解,那才是一个有感觉的理解……

1862年,京师同文馆开始运用班级授课制组织教学,标志着班级授课制在我国正式出现。1902年,清政府颁布了《钦定学堂章程》,班级授课制在全国广泛推广。直到今天,班级授课制仍是国内课堂教学的基本组织形式,发挥着巨大作用。一个班主任怎样理解班级,将影响着他的班级建设、班级管理、班级教育的效果,你意识到了吗?

那么,怎样才能使自己对班级的理解有自己的感觉呢?不妨尝试一下这三种方案。

方案1 选择塔尔科特·帕森斯、吴康宁、谢维和等学者中的一位,按照自己的理解评析他们的主张、观点。需要注意的是,不要单纯地阅读他们关于班级探讨的文献,那样分析起来会很单薄。还应仔细阅读他们的其他教育著作、关注他们的研究专长与研究方向,以便理性地看待他们是在什么样的专业背景下来进行班级研究的。

方案2 选取一位中小学班主任作为访谈对象,设计一份关于班级认识、理解的问卷,根据答卷情况、访谈情况,分析、总结这位班主任关于班级的认识,并帮助这位班主任建立关于班级的更加理性的认识。

方案3 但柳松在《班级到底是什么——也谈班级的社会属性》[1]一文中提到:"承认班级是介于初级群体与社会组织之间的一种社会群体形式,从另一个角度来看,就是承认班级兼具初级群体与社会组织的特点,它在某一个阶段(时期)可能更多地具有初级群体的特点,而在另一个阶段(时期)则可能更多地具有社会组织的特点;就是承认班级的社会属性是变化的。然而,无论是吴康宁先生还是谢维和先生,都没有说明班级社会属性的可变化性。在他们看来,似乎班级的社会属性是无差别的、一成不变的。这与我国教育实践、教育改革的发展趋势并不一致。实际上,班级的社会属性是有差别的、可变的。"你怎样理解但柳松的观点?

---

[1] 但柳松.班级到底是什么——也谈班级的社会属性[J].天津市教科院学报,2002(3):32-34.

第三章 班主任岗位

 阅读提示

(1) 中国的班主任制和美国的班级管理制有什么区别和联系？

(2) 中国班主任的职责和美国班级任课老师的职责是一样的吗，有何不同？

第一节 班 主 任 制

不要认为，班级授课制必然形成班主任制，必然产生班主任岗位。中国与西方在班级管理形态上有很大区别。

不过在中国，在现代学制实施的那个时期，负责班级学生管理的教师，并不叫班主任，而叫"本科正教员"。1902年《钦定学堂章程》规定："学生每班应置教习一人，其教法则每一教习将所认定专教之一班学生按日分门教授。"1904年颁布的《奏定学堂章程》规定："凡初等小学堂儿童之数，六十人以上一百二十人以下，例置本科正教员一人；其力足添置副教员一人者听。"本科正教员负责全班教育工作。《奏定学堂章程》规定："本科正教员通教各科目"，"正教员任教授学生之功课，且掌所属之职务。"这就是人们所说的学级担任制。1912年所颁教学法令，除强调正教员通教各科目之外，还明确指出："正教员担任儿童之教育，并掌教育所属事务。"（《1916年 国民学校令施行细则》）。随着教育实践活动的展开，又出现了"级任教员"与"学级主任"的称谓。如1916年上海尚公小学组织一览表里就有"级任教员"这一教师职务。中学有"学级主任"，其所负职责恰恰与今日班主任一致。如1917年《江苏省立第一中学校学生操行考察规程》规定："学生操行成绩由学级主任、舍监、学监随时审察默记之，每月按照定式记录于操行考察簿一次"；"每届学期之末，学级主任将各生各月所得审察结果括为期末评定，汇交教务主任"。这种班级管理体式，在国民党统治时期，一直延续。但是，"级任教员"、"学级主任"与"班主任"有何差别？"班"和"级"，本来就是联系在一起的。"级"所表示的是学生的发展程度，"班"所表示的是一群人。如果没有"级"，只是一群人聚在一起接受教育也谈不上班级授课制。在班级授课制初起之时，"班"和"级"是统一的。夸美纽斯在《国语学校》中所设想的分班，就是按"级"来分班的。我国现代学制施行初期，所谓"班"，也是由于"级"而产生的。这时期的"班"只是按学年划分的垂直性的组织。随着就学人数的增加，学校规模的扩大，在同一水平的学生中，也划分了"班"。这样，"班"也有了水平组织的意义。汉语中的"班"，实际上也包含了"班"和"级"两层含义，所以在我们的语言中，"班"和

"班级"是同义的。

我国教育实践中最早使用"班主任"这一名称是在中国共产党领导的老解放区。1934年《中华苏维埃共和国小学校制度暂行条例》中即规定:"每班设主任教员一人,一班学生在四十名以上者,得增设助教员一人。"在1942年绥德专署教育科的《小学训导纲要》中,在强调教导合一时,提到了"班主任"这一名称。《小学训导纲要》中说:"实行教导合一制,必须加强班主任的责任,否则教导主任就忙不过来。"①

中华人民共和国成立以后,曾一度在中小学设级任主任,后又撤销级任主任改设班主任。在1952年颁发的《小学暂行规程(草案)》和《中学暂行规程(草案)》中,都明确地提出了班级设班主任。1988年,随《小学德育纲要(试行草案)》和《中学德育大纲(试行稿)》的颁发,同时颁发了小学和中学班主任工作暂行规定。2009年教育部颁发了《中小学班主任工作规定》,对班主任岗位作了更全面、更明确的规定。

根据《中小学班主任工作规定》,结合教育实际操作,我们可对班主任制的内涵作如下概括。

(1) 班级相对固定,学生们在同一班级,由不同的科任教师上不同的课;班级不仅开展教学,还开展体育活动、文艺活动,一起渡过休闲时光,是一个生活共同体;班级是学校中基层行政组织,可举行文体比赛、评定三好生、发放奖金等,它就是学校中一个具有一定独立性的单位。

(2) 班主任由学校从班级任课教师中选聘,担任班级的管理者和领导人(班主任是最小的官)。班干部的选派、学生教育与管理、学生的考评、班级活动的开展等,都由班主任决定。通俗地说,这个班交给了班主任。因此有学者称"现行班主任制是一种成文或不成文的班主任包办班务制"。

(3) 班主任具有协调科任教师,沟通家长,形成教育合力的职责。

(4) 班级层面的管理比重远远大于学校层面的管理(包括自主管理);班级层面的管理中,管理职能集中在班主任身上,科任教师只是协助。

要弄明白中国班主任制的特点,最好的办法是拿西方的学生管理做比较。

比如美国中小学的学生管理与中国有很大的区别。美国中小学只有课堂,没有班级。没有班级,也就没有了班主任。

资料链接 1-3-1

美国高中的班级管理制度

美国的公立高中,除了个别的学校以外,基本不存在类似于我国的"班"的概念,甚至,连"年级"的概念都比较模糊,原因就是美国的高中是学分制的。

美国高中的学分制跟我国大学实行的学分制差不多。首先,学生要知道,要想高中顺利毕业,就必须读够多少个学分;然后,学生必须知道必修的学分是多少,

---

① 陕甘宁边区教育资料小学教育部分(上)[M].北京:教育科学出版社,1981:277.

选修的学分是多少,每年要修够多少个学分才能"升级"(其实因为年级的概念模糊,你有没有升级,谁都不知道。)

虽然学分制这个概念,在全美的高中基本上都实行,但是,具体实行起来,每一所学校又各有不同之处。其主要原因是因为每一所学校的上课时间安排,或者说课程表,都有不同之处,完全呈现出百花齐放的局面。因此,在甲学校的学生,可能一天上6节课,每节课52分钟,每节课的学分是5分;而在乙学校的学生,可能一天上4节课,每节课的学分是10分。正是因为课程表的不同,每一个州的教育当局在管理学校的时候,规定的是学校全年的总体授课时间,而非每一堂课应该如何安排。

在美国的高中,理论上来说,学生到学校上课跟我们到超市买菜没有什么差别;假如一天要上六节课,挑六节自己喜欢的去上就行了。不过实行起来却不是那么简单。首先,因为课程有深浅,因此,某些课必须有要求(比如没有学过代数的学生就不可以选修微积分)。另外,学生还得关注毕业的要求,哪些必修,哪些选修;想读大学的学生从进入高中的第一天开始,就得选修那些对升读大学有帮助的课程……一句话,假如我国是在高二才实行文理分科的话,那么美国的高中在高一就开始了,而且学生自己必须自觉地作出决定。

因为美国高中的学生是没有班的,上课的时候是到老师所在的教室去上课,因此,在同一课堂里,可能有高中一年级的学生,也可能有高中四年级的学生。老师的任务就是在教室(通常也是该老师的办公室)等候学生来上课,上完课就走人,无所谓管理。

那么,学生来到了学校,谁负责管理他们的学习、生活、纪律呢?美国的高中是学校和学生两方面共同管理学生的。

首先是学校方面的管理。

(1)训导主任(dean)。训导主任是管理全校学生的大总管。他的任务主要是处理比较严重的学生违规行为,比如处理学生停学、开除等。因为美国是法治社会,很多时候,训导主任要跟当地警方和司法系统合作,管理一些问题学生或者监外执行的学生(学生犯法,但罪不至坐牢,法庭判监外执行,学生跟平常一样到学校上课,但全程在学校的监控之下)。学生严重违反课堂纪律,老师通常是不管的,填一张表,训导主任自然会找学生或者联系家长。假如在课堂上学生造反,导致授课无法进行,老师通常会通知学校保安,把学生带到训导主任办公室,其他的事情,就由训导主任和学生顾问去办了。

(2)学生顾问(counselor)。每一个学生,从一入学开始,就会被分配一个学生顾问。通常是一个学生顾问负责管理一个年级的学生,在旧金山是大约500名学生安排一个顾问管理。学生顾问的工作是指导学生如何选修课程,帮学生把选好的课输入到计算机。另外,他们也负责联络家长(比如学生逃学、功课不及格时)。有时,因为学生顾问都接受过心理辅导的训练,他们也可以为学生做心理辅导(用我们的话来说是思想教育)。心理辅导的对象通常有比较严重的问题,比如患上忧郁症、精神有问题、想自杀……因此,学生顾问所从事的工作基本上就是我国的班主任通常做的事情。在一些大型的学校,学生顾问的分工比较详细。比如,有学业顾问、健康顾问(如果青少年有不方便对其他人启齿的问题,可以找健康顾问谈)、大学顾问(负责指导学生如何申请大学、奖学金等)和职业顾问(负责指导学生如何找工作,并联系社会上的公司到学校召开招聘大会等)等。每一个顾问有不同的服务范围,学生可以得到全面的服务。

(3)家房老师(homeroom teacher)。一些高中在学生的课程表中有家房(homeroom)。有些人说家房老师就相当于我国的班主任。其实不然,家房老师主要负责在每天上课以前,或者是每天找一个时间,让同一年入学的学生聚在一起进行一些学生管理活动。比如,读一下针对某一个年级学生的通知、学生会(也称学生自治政府)的选举提名,这些都是由家房老师负责的。现在,越来越多的州要求统考,由于统考是针对高中某一年的学生进行的(比如加州的高中毕业考只让高中第二年和第三年的学生参加),家房也提供了一个聚集同一个"年级"的学生的机会(虽然他们并不一定都上同一个年级的课)。家房老师通常只维持秩序,不管学生的成绩或者纪律问题,因为家房老师通常也一样教书,并没有什么特殊优待。

其次是学生方面的管理。

美国高中没有班长、副班长、科代表之类的职位。学生自己的管理有两个层次,一个是通过学生会进行,一个是通过校长的学生内阁进行。

(1)学生会。学生会的职能是组织学生活动。小至协调各个俱乐部、社团的活动,大至全校性的舞会、节日游行,学校的电台、电视台、报纸,都是由学生会策划、组织的。校学生会是由各年级的学生会委员组成的。每当开学的时候,想当学生会委员的学生就会采取各种办法参加竞选,让同一个"年级"的学生认识自己,争取让他们在投票的时候投自己一票。每一个"年级"的学生会委员就成为校学生会的委员。然后,他们又在全校竞选一次,全校再给这些委员投一次票,得票最高的,就成为会长,其他人担任副会长、学生活动委员、秘书、财政委员四个官职。一个学期内要搞什么活动,都是由这一班人策划组织,包括去跟老师、校长谈判,得到他们的同意。甚至,在校区的教育董事会里面也有学生委员,且学生委员基本是各校学生会的委员经过投票选出来的。因为美国的高中没有班,学生可能在上每一节课的时候认识的同学都不同,因此,无法以班为单位组织活动。正是因为这样,学生会的人组织起活动来才特别困难,需要有很强的领导能力。这就是为什么通常学生会的人都可以进入好大学,因为成为学生会委员本身,就已经具备比较强的领导能力了——这正是各大学争相收揽的人才。

(2)学生内阁。学生会虽然是由学生民主选举产生的,但是,因为不是人人都投票,所以,这个民主并不是代表全体学生的民主。因此,有些学校,除了学生会以外,还有一个叫学生内阁的组织。学生内阁的成员是全校每一个家房老师选出来的学生代表。学生内阁每星期通常会跟校长开一次会,反映家房里面同学的要求。校长也通过他们,把学校对学生的期待,或者是一些头疼的问题,让他们带回家房让同学们讨论,并找出解决办法。

　　训导主任、学生顾问、家房老师、学生会、学生内阁等组成了美国高中独特的、多元化的管理层次。虽然没有班主任,但看起来,这种管理模式对于培养学生将来适应社会,是很有好处的。

　　资料来源　方帆.美国高中的班级管理制度[J].教书育人·校长参考,2007(10).

资料链接 1-3-2

中美班级管理运作比较[①]

中国(以中国内地为主,兼顾台湾)	美　国
1.班级相对固定。同年级的学生分在不同的班;同一个班级由不同的科任教师教授不同的课;以班级为单位开展教学、体育活动、文艺活动;班级是学校的基层行政组织,有组织机构,有共同的愿景,是一个具有中国特色的"单位"	1.课堂中学生群体是流动的,因为上同一位老师的课程而组织起来,课程结束,团体也就解散。上不同老师的课,有不同的伙伴和不同的团体
2.教室属于学生的领地,学生座位相对固定。作为一个有组织的群体,他们在自己的教室等待流动的教师来为他们讲课。同一班的学生的在校时间大约80%是在教室一起度过的,教室是他们学校生存的小环境	2.教室是教师的领地,学生轮流在不同教室上相应教师的课。学生是教室的过客,真正属于学生空间的,只有locker[②]

---

① 此表引自:熊华生.中美班级管理教科书比较研究.
② 李家成.美国Locker·中国教室——走进班主任研究的异域空间·之二.班主任之友(中学版),2012(4).

续表

中国（以中国内地为主，兼顾台湾）	美　　国
3.中国内地中小学有两种岗位，一是科任教师，二是班主任。班主任除跟科任教师一样担负教学工作之外，还担任一个班级的管理者和领导人。班主任还具有协调科任教师，沟通家长，形成教育合力的职责。中国台湾小学设级任教师，初中、高中设导师，与中国内地班主任工作很相似	3.美国中小学没有与中国内地相应的班主任岗位。普通教师的管理范围通常限于他的教室。家房老师只是把同一年上学的学生召集在一起，做一些上传下达的沟通工作，不对学生的纪律和成绩负责。学生顾问只对困难学生、行为不当学生进行指导与辅导，他们管理的对象是学生个体，而不是一个班级
4.班主任的工作对象是班级，他在进行班级管理。班主任管理范围不局限于课堂，校内公共场所、寝室、上学途中学生的行为，都纳入管理范围。班级管理的目的除了为教学创造良好的环境外，还有引导学生开展文体活动和社会实践，促进学生德智体美全面发展，提高学生生活质量。班级管理不只是一种促进教学的手段，本身也具备教育性	4.没有班级，也就没有班级管理，只有课堂管理。① 教师的管理范围是课堂，课堂管理的主要目的是创造一种有利于教与学的环境

　　班级授课制并不意味着必须采用班主任制。中、美两国中小学虽然都采用了班级授课制，但班级形态与学生管理方式差别很大。班主任制是一种很特殊的管理制度，首先是固定班级的形成，其后才有班主任这个岗位。从渊源来看，苏联最先采用班主任制（现在的俄罗斯也采用班主任制，不是唯一，而是最主要的学生管理形式）；1949年后中国内地一直采用，中国台湾虽然没有用"班主任"一词（小学用"级任教师"，中学使用"导师"，可统称"导师"），但其管理方式与中国内地很相近。

　　明确班主任制的内涵与特点，了解世界上不只存在班主任制这一种学生管理形式，有助于扩展我们的视野，比较中外学生管理形态，思考如何发挥班主任制的优势，克服班主任制的弊端。

第二节　班主任职责与任务

　　根据《中小学班主任工作规定》"职责与任务"一章的论述，班主任的职责与任务

---

① 李家成.是"课堂"管理，不是"班级"管理——走进班主任研究的异域空间·之一.班主任之友(中学版)，2012(3):4-6.

包括以下五项。

(1) 全面了解班级内每一个学生,深入分析学生思想、心理、学习、生活状况。关心爱护全体学生,平等对待每一个学生,尊重学生人格。采取多种方式与学生沟通,有针对性地进行思想道德教育,促进学生德智体美全面发展。

(2) 认真做好班级的日常管理工作,维护班级良好秩序,培养学生的规则意识、责任意识和集体荣誉感,营造民主和谐、团结互助、健康向上的集体氛围。指导班委会和团队工作。

(3) 组织、指导开展班会、团队会(日)、文体娱乐、社会实践、春(秋)游等形式多样的班级活动,注重调动学生的积极性和主动性,并做好安全防护工作。

(4) 组织做好学生的综合素质评价工作,指导学生认真记载成长记录,实事求是地评定学生操行,向学校提出奖惩建议。

(5) 经常与任课教师和其他教职员工沟通,主动与学生家长、学生所在社区联系,努力形成教育合力。

第一项讨论个别教育,即以个别学生为对象。这要求班主任充分关注每一个个体,了解他,走进他的心灵,尊重他的个性,因材施教。重点是对不同类型的学生,特别是困难生的个别教育与指导。

第二项明确班集体教育,即以学生集体为对象。通过班级组织建设、制度建设、文化建设,建立一个和谐的促进个体发展的班集体。

前两项可以说是班主任的主要工作与任务,占据绝大部分的精力和时间。

第三项探讨班级活动。班级活动是班集体教育的重要途径,为了突出它的重要性,单独作为一项工作来探讨。

第四项应当是班主任常规班级管理工作的一项,把它单列出来,是为了突出评定工作的重要性。

第五项明确形成合力,突显班主任是班级教育力量的协调者与沟通者。

校长或者政教主任找新任班主任谈话,经常会讲这样一句话:"这个班交给你了"。这句话分量很重。事无巨细,只要涉及这个班级的事务,都是班主任的责任;班级所发生的一切,班主任都得负责。这句话背后,是学校把过多的任务和责任加到班主任肩上,这种做法明显不恰当。

资深的班主任给新任班主任传授经验,会从以下三个方面来明确班主任的任务。

(1) 班级管得住。必须确保学生的安全,不出事摆在第一位。学生守纪律,学习和生活有秩序;没有学生、家长、科任教师及其他班的师生投诉你带的班。

(2) 成绩上得去。学校是学习的场所,学习成绩是硬标准。学风好,班上同学好学上进,成绩上得去。此外,还要完成学校交付的各项任务,对于学校的各项考核,都不能落后。

(3) 管理有创新。这是比较高的要求。班级管理要出经验,有亮点,比如,班会课能作为公开展示课,有好的经验可供其他班主任借鉴,最好能写出文章在杂志上面发表,受到教育行政部门的表彰。

第三节　将班主任工作作为主业

对于中小学教师来说,他们有两项工作:做班主任与科任老师。

在中小学,每3~4个教师,就有一位做班主任。假设人人做班主任的机会是均等的,那么,在教师生涯中,每个人有1/3左右的时间,承担着班主任工作。不论是从人数还是从时间上看,班主任工作都是一个非常重要的工作。

一、班主任工作的重要性

"课堂教学是以学科为载体,通过开发学科教育价值而养成个体独特的学科素养,通过学科实现对人之生命的滋养,更多存在于课堂教学场景下的活动。班级建设则是以班级中的日常生活和主题教育活动为载体,以形成个体独特的个性与班级个性为目的的教育活动。在主体上,课堂教学是由学科教师和学生共同构成,而班级建设是以班主任和学生为主体构成。班级建设需要与教学沟通,但不是处于为教学服务的附属地位,而是与课堂教学同等重要的两个领域,相互影响与渗透。"

班主任工作为什么这么重要呢?有学者从学习科学的视角进行了论述。

> **资料链接 1-3-3**
> 1. 在日常生活中学习
>
> 班级建设典型特征之一是聚焦学生的学校日常生活,通过学生学校日常生活的建设,实现对学生成长的促进。新基础教育研究中的班级建设改革"以生活空间为基本单元,以其基本内容构成为教育内容,直接促成学生学校日常生活的转变、更新与创建,努力营建一种充满成长气息的学校生活。"
>
> 在实践改革中,学生学习体现出源自日常生活、通过日常生活、回归日常生活的基本特征。"源自日常生活"直接体现为在日常生活中获取学习资源和学习机会。班级建设中的学习对学生的知识、能力、思维、人格发展等具有内在的智慧挑战,绝非简单应对就可实现;班级建设中的学习类型具有内在的丰富性,绝非单调划一;班级建设中的学习大量涉及个体与群体的互动,充满着多维互动的关系和动态生成的特征。"通过日常生活"直接体现为班级建设与学生学习过程的同构性。学生通过多方面的参与,直接成为班级建设的主体,班级建设的发展历程就体现着学生学习的具体过程。"回归日常生活"并非回归到学校以外的日常生活中,而是就体现在自己班级的发展之中,体现在创造出一种适合学生生活需要的班级生活中。学习科学家提醒过:"知识和技能必须拓展到最初学习时狭窄的情境以外。"但对于班级建设而言,这本身就是综合、统一的,班级生活本身就是学生学习状态的直接呈现。

2. 在融通中学习

班级建设中的学生学习主要不是自学,也不仅仅是合作学习,而是在与不同类型的学生组织、群体的互动中学习。在班级建设研究中,自小学一年级至初中三年级,学生能够建立有共同学习经验的群体,包括同桌、四人小组、小队、班集体、班级与年级社团、年级、跨年级交往群体、学校层面的学生组织等,更何况有大量的群体活动中的个体与群体交往。群己之间的融通,为学生学习提供了丰富的情境、机会与资源。

3. 在自主中学习

学习主体与学习内容、学习过程的关系,是学习研究的基本内容。班级建设中的学生学习体现出鲜明的自主性——以学生自主参与为基本前提,以学生自主、健康发展为核心目标。

在自主学习中,班级建设充满了生命意义,并积淀为对学生主动性的自觉保护。我们明确提出:"把班级还给学生,让班级充满成长气息。"具体到改革实践中,学生更是有着立体、全程的主动参与机会,班级建设的核心主体是学生,班级建设也就是学生自己生活的过程。

在自主学习中,班级建设充满了创新的特点,学习资源不断生成。从将一群学生组成一个群体,到建设成一个成熟的班级;从具体指导学生适应新环境、养成新习惯,到将他们送入高一级学校或社会;从一件件工作的具体策划,到努力实践,都充满着复杂性,体现为具体的过程。诸多因素的介入、生活本身展开的复杂性、主体本身的超级复杂性,使得班级建设必须面对复杂的过程。班级建设就在这一过程之中,使得学生真实地面对、迎接、创新、体验着真实世界与自我的发展。

长期、日常的班级建设中的学习,使得学生不断实现自我意识的觉醒与发展,不断形成自己作为班级生活主人的角色认知,更不断实现学习、生活、发展的自觉。在新基础教育之"教天地人事,育生命自觉"的核心理念下,学生也会体验到生命觉醒的独特,提升自主学习的意识与能力。

资料来源　李家成.论班级建设中学生发展的实现——基于学习科学的视角.东北师大学报(哲学社会科学版),2012(1).

有什么样的班主任,就有什么样的班级。在校长看来,班级稳定了,学校也就稳定了。家长更实际,既择校,也择班,希望将自己的孩子送到好班主任的手中。

二、班主任工作作为主业的政策支持

未确立主业之前,班主任工作只能是教学工作之外的一种兼职,一种副业,一种事务性工作,一种依靠奉献支撑、无专业尊重的"额外负担"。为了让班主任工作岗位分派下去,在少得可怜的津贴之外,开展评选优秀班主任活动,给一些荣誉,或者干脆硬性规定当班主任是职务晋升的必备条件,不想干也得干。作为兼职和额外负担的班主任工作,是不可能争取到专业化地位的,在这种情况下谈论班主任专业发展,只能是空谈。这种情况下的班主任工作具有以下特点。

(1) 从工作分配上看,通常是教学任务之外,兼任一个班主任。甚至有些班主任老师与其他科任老师担负等量的教学量,做班主任完全是额外的。

(2) 在报酬上,班主任津贴与班主任的付出严重不相称。

(3) 在职称评定上,语文、数学、外语、化学、物理、历史、地理、音乐、体育等科任老师可以评职称,但班主任不能评职称。在评职称时,以教学水平为依据,只是说做班主任在同等条件下优先。

(4) 教师教育课程设置中对班主任工作重视不够。在学科教学方面开设好几门相关课程,而"班主任工作"通常包含于"教育学"中,只是作为选修课。就算作为必修课,也只是一门课,那点课时根本覆盖不了众多的知识点。

(5) 班主任工作研究与指导缺乏相应的机构。在学校层面,语、数、外等学科都建有相应的教研室,经常开展业务研讨。班主任也经常被召集开会,但主要是工作布置,很少有业务上的研修与集体备课。

具有标志性的转折是 2006 年 6 月教育部颁发的《关于进一步加强中小学班主任工作的意见》,以及 2009 年 8 月 12 日教育部出台的《中小学班主任工作规定》。前者明确了班主任工作的主体地位:"班主任岗位是具有较高素质和人格要求的重要专业性岗位";"做班主任和授课一样都是中小学的主业,班主任队伍建设与任课教师队伍建设同等重要"。后者在此基础上进一步规定了"班主任工作量按当地教师标准课时工作量的一半计入教师基本工作量"。以前班主任工作是兼职,是工作之外额外负担的安排,决定了班主任异常繁忙,做班主任工作的时间都是挤出来的,哪有时间用于专业发展。现在把班主任工作量计入教师基本工作量,划出一定时间用于班主任工作,以及研修与专业发展,帮助班主任回归正常工作状态。工作量的规定意义十分重大,它是班主任作为主业的具体化和制度化。没有时间保障的主业地位是空的,而有了时间保障,主业地位才有确立的可能。

好的政策出台之后,落实成了关键。班主任工作作为主业,特别是"班主任工作量按当地教师标准课时工作量的一半计入教师基本工作量"规定的全面落实,需要增加大量教师编制,而编制增加的背后则是教育投入的增加,这不是教育行政部门所能决定的,还需要人事部门、编制办和财政部门的协同配合。在人员编制没能增加的情况下,学校对这一规定的落实就只能打折扣。为了落实班主任工作作为主业和班主任工作量的规定,教育行政部门要主动与其他部门沟通,上级教育行政部门要对这项规定的落实情况进行检查与督促。对于学校和班主任教师,也要在不同场合多呼吁落实这一规定,应当意识到这一规定实质上减轻了超负荷工作的教师负担,是在保护教师队伍的整体利益。

班主任工作作为主业应从两个层面来考虑。政策层面主要是政策的制定与相关配套措施的落实,比如工作量保证,准入、培训与研修制度,职称配套规定,相关津贴等。

【思考与实践】

1. 就我国目前的班主任制度来看,你认为怎样才能做好一名班主任?
2. 人们普遍认为,班主任工作纷繁复杂,千头万绪,责任重大而得到较少,作为班主任,你是这样认为的吗?如果是,该如何走出困境?如果不是,你是怎样看待的呢?

第四章 班级管理观

  |阅读提示|

(1) 民主是否是当代班级管理的出路?如果不是,那什么才是中国班级管理的前途?

(2) 班级管理就是管理,还需要将班级管理过程上升到教育品性和生活品性吗,为什么?

哈佛大学有一句名言:一个人的成长不在于经验和知识,更重要地在于他是否有正确的理念和思维方式。尽管如此,但我们必须明确:班级管理首先是一种管理,即我们是在管理的基础上,基于学生的精神生命的成长的愿景来谈班级管理理念的。那么,在班主任与未成年学生之间的一种天然的领导和被领导的不平等关系的现实生活中,如何才能提高学生的生命质量,并更好地促进学生个体的社会化和个性化呢?在教育理念和实践的创新时代下,一个基本的理念就是将民主与法治相结合应用于班级管理,以此提高学生个体的生命质量和促进学生的公民化教育。同时,在实践中,将班级管理过程的本身一方面看做是学生接受教育的过程和学生生活的教育事件,另一方面看做是学生现实生活的一部分。因此,本章将从班级管理的民主与法治品性、班级管理的教育品性、班级管理的生活品性来谈谈班级管理中应坚持的理念,期望能应用于班主任工作中,进而达到提高学生的生命质量及促进学生的社会化和个性化的目的。

第一节 班级管理的民主与法治品性

一、班级管理中的民主品性

要在班级中实现民主化管理,不妨先看看什么是民主。一般说来,民主主要体现在两个方面:一是指一种按照平等和少数服从多数的原则共同管理国家事务的国家制度;二是指一种文化形态,即民主文化,它是"关于民主的知识、理念、信仰、习俗、惯例、道德评价、社会舆论以及生活方式的综合,是民主制度、民主规则在思想、观念中的反映"。① 相应地,民主在社会生活中也具有以下基本特征。

---

① 徐稳.民主视域:多样文化研究[M].济南:山东人民出版社,2010:47.

第一,行使民主的主体之间的地位、权利、义务等一切都是平等的。

第二,民主的议事规则是少数服从多数,即人手一票,以票数的多少来决定事项能否被采用,这既尊重了少数人的权利,又尊重了多数人的意见。

第三,民主的选举和投票是自由而公正的,任何人都不得将自己的意志强加给他人,也不接受别人强加给自己的意志,即意志自由。同时,选举和投票的程序是公正的,不存在任何欺骗、舞弊行为,如果存在,则是反民主的。

从民主的内涵来看,班级管理中的民主是文化形态在教育生活中的呈现。这种呈现既包括教师在课堂教学中对民主理念、知识、惯例等的传播和学生学习的过程,又包括这些民主思想、观念在日常班级生活中的具体实践与运用。

二、民主在班级管理中的具体体现

(一)民主的核心是尊重

民主的核心是什么,不同的人可能会有不同的理解。我们认为,民主的核心是尊重。从民主的内涵和民主制度的现实运行来看,其中一个重要的原则就是少数服从多数,这体现的是既要尊重多数人的权益,又要尊重少数人的权利;从民主与自由的关系来看,民主制度的建立以平等、自由作为核心诉求,无论是平等还是自由的原则,都是以尊重他人的人格尊严和同等地位,以对他人自由的尊重为边界的,同时还意味着个体的平等参与社会事务和对个体在自由竞争中的胜者的能力的尊重。可见,民主的诉求虽不是尊重,但它以尊重人的生命、人的独立精神、人的活动为核心。那么,在班级管理中,民主是如何体现的呢?"简单地说,民主就是尊重学生,与学生一起商量,学生是班级的主人。"[①]班级管理中的民主具体表现在以下三个方面。

1. 尊重学生在班级管理中的主体地位和平等地位

学生既是班级管理的对象,又是班级管理的主体。学生作为班级管理中的主体具有能动、自主、创造的内在特性,同时,促进学生的主体性发展是民主化班级管理的重要原则。要实现这一原则,就必须在班级管理中确立学生的主体地位,充分发挥学生的主动性、积极性和创造性,并尊重学生的人格尊严,真正把学生当做与自己处于平等地位的人来看待,不注重年龄的长幼、知识的多寡之别。这种平等不是区别地对待个别学生的平等,而是班级里的每一位学生,不管是成绩差的,还是优秀的;不管是犯错的,还是没有犯错的;不管是贫穷的,还是富有的……只要是处在同一个班集体中,都要把学生当做一个平等的个体。这种平等的尊重要求在学生犯错时,禁止使用语言暴力、精神伤害等简单粗暴的方法;杜绝在师威被冒犯时的不理智情绪和不良行为。若是真正做到了这些,不仅能保持和谐的师生关系,还能激发学生自尊、自立、自强的品质,进而提高他们的生命质量。

2. 尊重学生在班级管理中的意见、建议及决定班级事务的权利

班主任与学生建立平等的关系,尊重学生在班级中的主体地位只是提高学生生

---

① 彭跃红.新理念下班主任工作艺术的追求[M].南昌:江西人民出版社,2008:11.

命质量的第一步。更多的是要听取学生的需要和保障学生在班级管理中的事务决定权。人之所以为人,就在于人有思想、能思考。即使是未成年的学生,同样也有自己独特的思考和表达能力,具体到班级管理也必然会有自己的理解和建议。尊重学生的意见和建议指尊重学生对老师的批评和对班级工作的建议,既包括正确的批评,也包含有失偏颇的批评,同时还包括有益的班级建设建议和利己而损害他人的不利建议。作为班主任——班级管理者,需要对所有这些意见和建议给予必要的重视,对于学生指出自己的错误,要保持一种理解、支持、谦虚的态度,要明白"人无完人,智者千虑必有一失"的道理,对待这种批评要及时改正并感谢学生对自己的帮助,绝不能以师威之道,掩盖自身的错误,甚至是对自己的错误进行辩护;对于学生不合理的批评与建议,要向学生解释,让学生能够理解和支持自己的做法,如果不能获得学生的认同,要以更加虚心的态度,让学生在以后的生活中能够理解。发扬这种民主作风,不仅不会降低班主任的威信,还能给学生树立好的榜样,融洽师生关系。此外,还应尊重学生自主决定班级事务的权利。学生决定班级事务可以首先通过民主协商制定出班规,然后通过民主投票决定班规条文是否执行,最后通过民主选举决定班级事务的管理者和执行方式。所要注意的是让每一个学生都能参与进来,听取每一个学生的意见和建议,让每一个学生都参与到班级的管理和执行中来。而作为民主化的班级管理者,无需代替学生行使这一切,所要做的是对学生的行为进行适当、合理的指导和建议。

3. 尊重学生个性化发展并对学生做出客观公正的评价

正如世界上没有两片相同的树叶那样,不同年级、不同年龄的学生,甚至同年级、同年龄的学生在个性方面也会有不同。正是这种不同,创造了世界的多样性,当然也就有了复杂性,同样,也为学生的个性化发展提供了前提。在民主化的班级管理中,不仅承认和尊重学生的个性,而且为学生的个性化发展提供条件。许多班主任提供有益的思考,有的在班级设置许多不同功能的职位,而职位管理者的选择则是根据学生的特点或特长,如魏书生老师曾在班级设置过负责养鱼的鱼长和养花的花长。鱼长讲起养鱼来眉飞色舞:"鱼分食用鱼、观赏鱼。观赏鱼又有两大类:热带鱼、温带鱼。温带鱼种类不多,价格也不算贵。热带鱼学问可就大了,在鱼市场上有上百种,听说北京的大观赏鱼市场上有数百种,价格最贵的,需上千元钱一对……",[①]这位鱼长有丰富的养鱼经验,与其他同学相比,这是一大特长,鱼长自然非他莫属了。而花长则是选择学习成绩好、心比较细的同学担任,而且大部分都是女同学。[②] 花长的选用主要是考虑到女同学细心的特点。不能不说魏老师的知人善任,既培养了学生的兴趣和负责精神,更难得的是为学生的个性化发展创造了条件,鱼长会被激励,养鱼知识将会更加丰富,花长在观察事物和办事上会更加细心、认真。学生的个性的多样性带来的是一个五彩缤纷的班级,同时,也给班主任、科任老

---

① 魏书生.班主任工作漫谈(修订本)[M].北京:文化艺术出版社,2011:153.
② 魏书生.班主任工作漫谈(修订本)[M].北京:文化艺术出版社,2011:155.

师对学生的评价提供了更高的要求,尤其是关乎学生全面发展的班主任。在应试教育中,一个特殊的现象就是唯分数论,即以学生考试成绩作为评价学生的唯一标准。而在民主化的班级管理中,学生的学业成绩只是所有评价标准之一,有的学生文艺天赋高,能歌善舞;有的学生文学修养好,修辞作对;有的学生体育好,运动能力强等,面对这一切,班主任应对学生做出客观、公正、合理的评价,不违事实、不违良心,只有这样,学生的个性发展才可期,世界的多样性才可盼。

(二)民主中的信任力量

民主产生于人类中世纪的思想禁锢和对自由、自我实现的渴望。以卡尔·兰塞姆·罗杰斯和亚伯拉罕·马斯洛为代表的人本主义心理学认为人有自我实现的需要,只要有适当的环境,人就会努力去实现自我并完善自我。可见,人类自我实现的需要一方面是对人类自身能力被钳制的反抗,另一方面是对自身力量、能力的肯定和信任。在班级管理中,学生都有自我实现的需要,而哪些学生能够实现自我及学生的自我实现程度取决于班级的管理方式。通常情况下,民主化的班级管理中,班主任能赋予更多的学生以信任,同时,学生也能得到更多的激励和实践机会。

1. 班主任放权是对学生信任的具体表现

在传统的班级管理中,班主任对班级的大小事务,事无巨细,都得管理。在单纯的应试教育下,取得了一定效果。随着社会竞争的加剧和个体发展的多样化需要,以及学生和老师的自我实现要求,传统的班级管理方式渐渐被遗弃,取而代之的是民主化班级管理方式。民主化的管理要求班主任将与学生管理相关的权力下放,学生自己能够办好的事都交由学生管理,班主任在学生的管理中只提供指导和建议。班主任的放权既是对学生的能力的锻炼,也是对学生能够管理好班级的能力的信任。只是班主任在放权的过程中,要考虑学生的年龄特点、性别特点、学生个体管理能力和班级学生的整体办事能力等。不同年龄、不同班级的学生有不同的生活经验,他们的管理能力就会有差别,且一般高年级学生比低年级学生管理能力强。同时,同年龄层次的学生和同阶段的学生也会因个人的智力、家庭教育等因素,而导致个人的管理能力大小不一。这就要求班主任既要考虑到班级学生的能力特点,又要通过多种途径、方式让更多的学生在班级管理中得到锻炼。魏书生老师在班级放权上有很好的办法:在班级中,他只是帮助选好常务班长,"大部分常务班长由我提名,同学通过,有时也会由我任命"。选常务班长看三点:"一,有组织能力;二,心地善良、胸怀开阔;三,头脑聪明、思维敏捷。""谁当常务班长,谁便有权确定以自己为核心的班委会成员由谁担任,就像谁当总统,谁提名组织自己的内阁成员一样。"[①]结果,一次出差回来,班长把魏书生老师任命的体育委员给撤了,并重新推举出了新的体育委员,魏书生老师"尽管有点不理解",但因为这是常务班长的"职权范围内的

---

① 魏书生.班主任工作漫谈(修订本)[M].北京:文化艺术出版社,2011:143.

事",便"也不好更改过来"①。同样的放权情形还体现在制定班规上:他的班级班规的制定是通过全班同学民主投票表决,对制定的班规,分工到各个负责同学监督执行。不难看出,民主化班级管理就是放权,给学生自己管理自己的机会,这种放权也体现了老师对学生的信任,以及对学生能力的肯定。正是这种信任,魏书生老师在外出开会回来后,班级的秩序照样运行良好。班级管理民主化就是给每个人自我实现的机会,让"班级的事,事事有人做;班级的人,人人有事做"②。这就是信任,信任每个人,你信任学生,学生就能管理好班级。老师的信任,可以激发学生的独立自主能力和学习生活的自觉性;老师坚定的信任,可以给学生以力量和信心,可以变消极因素为积极因素。

2. 学生的主动担责是对信任的最好理解

在民主化的班级管理中,一方面,老师对学生的信任,是对他人的信任过程,这种信任给予了学生施展的舞台;而另一方面,学生的主动担责是对自己能力的信任,也可以说,是一种自信。如果没有学生的自信——对自己能力的认识和肯定,那么,老师对学生的信任可能就是镜花水月,达不到理想的效果;同样,没有老师对学生的信任,学生的自信只能是一座海市蜃楼。老师的放权是信任的基础,学生的自信是班级管理得以实现的前提。学生主动担责也是对班主任的信任的最好回应。在民主管理中,学生自信的最好表现就是自荐。李镇西老师确定临时班委就是通过学生自荐的:在入学的第一天告知学生,班委通过自荐信确定,"第二天,有六位同学交上了愿意当班委干部的自荐信。于是,这六位同学便组成了临时班委";有时"如果自荐的同学太多,超过了临时班委需要的人数,那还是得经过发表演说、全班选举这个程序";"同学们选出来的班委依然是临时班委"。③ 魏书生老师说:"面对现代社会,人们应该有勇气向社会推荐自己,有勇气向别人、向集体介绍自己的特长,以使自己的特长及时被他人、被集体、被社会发现,及时服务于社会。"④他在自己的班级里也是鼓励学生自荐担责,并描述了一位同学的自荐日记:她自去年班上大合唱以来,就认为指挥很重要,去年同学们本来唱得挺好,如果指挥再出色些,一定能得第一名,于是产生了当指挥的愿望,并在家里偷偷看这方面的书,边看边练了一年多。今年又要歌咏比赛了,可选举指挥的那天,没有人知道她在家练习指挥的事,更没人知道她有想当指挥的想法,当然便没人推荐他,老师也没让同学们推荐她,她失掉了一个施展才能为集体争光的机会,感到十分失望。她在经过两天的思想斗争后,终于决定把自己的日记给老师看,从而获得了立刻上讲台尝试指挥的机会,并最终指挥了班级此次的合唱比赛。魏书生老师最后总结认为:"在现代社会,这一勇气尤为重要,自荐绝不单是为了施展自己的才能,更重要的,是有利于促进别人的进步,事业

---

① 魏书生.班主任工作漫谈(修订本)[M].北京:文化艺术出版社,2011:144.
② 魏书生.班主任工作漫谈(修订本)[M].北京:文化艺术出版社,2011:172.
③ 李镇西.做最好的班主任[M].北京:文化艺术出版社,2011:76.
④ 魏书生.班主任工作漫谈(修订本)[M].北京:文化艺术出版社,2011:160.

的发展,国家的繁荣。"①可见,通过自荐的主动担当既是对自己能力的一种认识,也是对自己能力的一种检验和肯定,更是对他人的信任和自信的最好诠释。

三、防止班级管理中的非民主作为

1. 防止民主的随意性

班级管理中的民主随意性是指一方面强调民主的理念规则的严肃性,而另一方面对民主的执行过于随意,或者干脆是说一套,做一套。这主要表现在班级的选举和班级纪律制度的执行上。一些班级在民主选举班干部时,由于一些学生对他人的认识偏差或个人私利的作祟,致使选出来的学生不太能够管理好班级,有时甚至出现学生操作选举的拉票、贿选现象。

如一位吴老师在班干部选举中就遇到了拉票行为的学生:本想在选举中采用不记名投票的方法,公开唱票,当场定人,结果平时班里"最油的"周雨竟获得了最高票数。原因是这位周雨同学搞起了拉票行为,胆小的吃不住他的威吓,胆大的顶不住他的利诱,几句大话和几袋小零食竟然就左右了吴老师的此次民主选举。

而一位李老师则这样描述班上的贿选现象。

> 那是2006年9月,学校要对家庭贫困的学生进行补助(我的学生多来自农村)。以前,我总是小心翼翼地操作这项事情,目的是给接受帮助的同学一些保护、一些尊重。我很信任自己的学生,凡是写了申请的,都能或多或少得到一些补助。但那年我们班申请贫困补助的竟有十二个同学,一时间很是惊诧,以我的观察,有的同学家庭并不困难。经调查得知,学生里有人发表言论:"干吗不写?十元钱也是钱啊!"如此看来,我们班部分学生并不认为接受本不应享有的补助有什么不好意思。今年的贫困生助学金,我该如何分配?还能谁写申请就给谁发钱吗?这样一来,说不定明年有一大半同学都会写申请。
>
> 于是,我和学生商讨,决定投票选举,候选人是写申请的同学。选举前我特意说:"大家回忆一下,候选的同学平时生活是否拮据。我不否认,有的同学家庭条件确实困难,他们没钱吃饭,却有钱买零食、烫染头发,对这样的同学,我们便不能选他们。"
>
> 我以为自己这样一说,选举会很公平。后来才知道,有人在投票的时候偷偷贿选:"选我!选我!我会请客!"还有人帮别人贿选:"选××,他当选了也会请客!"还有人说:"我选你了!等补助款下来你必须要请客的!"如此现象让大部分同学非常反感。后来的选举结果也激起了公愤,同学们纷纷说:"选的什么票,一点也不公平!也不看看自己的穿着打扮,还好意思申请贫困补助,别在那不知羞耻了!"被选上的同学听了自然也不开心,

---

① 魏书生.班主任工作漫谈(修订本)[M].北京:文化艺术出版社,2011.162.

一个个低着头嘀咕。我得知有人贿选,当机立断说:"申请表报上去,领导还会调查的,不属贫困之列的同学,自然不会得到补助,望同学们放心!"

上文介绍的两起现象都有一个共同点:不被老师认可的人被选中了,区别在于,一个是软硬兼施的拉票行为,选不选,都得选我;一个是赤裸裸的贿选行为,只要选上了,就请客。可能一些拉票行为,如竞选人宣传自己的班级服务理念以及一些形象宣传都属正常,这样的拉票行为是选举人对被选举人的认可,没有对选举人的意志强迫,而周雨同学的拉票行为是强迫他人意志的一种拉票行为,显然是违背民主的规则和严肃性的。而李老师遇到的贿选行为更是公然对民主规则的赤裸裸的蔑视。所以,在班级的民主管理中,既要遵守规则的严肃性,又要在规则的执行上具备严谨性,切不可随意而为。

2. 防止将班级民主管理当做班主任一个人的事

班级管理是一个多维的关系,既有班主任的责任,又有科任老师的责任。在班级民主管理上,应该是班主任和科任老师的通力合作,互相支持,互相配合,共同建设,方才可为;否则就会出现班主任在上一堂课上大讲特讲民主,而在下一堂课上,科任老师就做出非民主行为。这样,就会使民主流于形式,空有其表,而无实质内容。如一位音乐老师就是如此,市里领导到基层学校来,要对本年度教师课堂教学进行复评,复评包括三部分:听课、教师评议和学生评价。五年级某班的学生每人都拿到了一张对该班音乐教师的评价表。因为是匿名评价,所以,学生们毫不避讳地列举了这位教师的许多缺点,特别是上课经常接打电话和经常体罚学生两项。致使这位音乐教师复评等级没有如愿,还受到了学校领导的严厉批评。这位音乐教师回到课堂,把满肚子愤懑都倾泻到了学生身上,歇斯底里一番之后,又请来班主任协查,让原本可以对学生进行的一次真实的民主教育,变得面目全非,让学生一下子又回转到专制思维。所以,民主教育不仅是班主任的事,也是科任老师的职责,同时还是学生自己的事。只有三者都能认识到民主管理的职责,理解民主管理的规则,民主教育才可能实现。

3. 防止班主任管理权力的完全下放

教育是对学生的生命成全,同样,班级的民主管理也是对学生的生命成全。这种成全是在班主任的指导下完成的,而不是完全的放权,完全让学生自己负责。虽然权力的下放,一定程度上是班主任对学生的充分信任,是对学生能力的锻炼,但是,当学生管理权力被过分放大,就可能因权力而出现私利现象,因此,在班级的民主管理中,班主任可以放权给学生,让学生管理好自己的事,但不是放弃管理、监督和指引学生。很多班主任都遇到这样的现象:周一升旗穿校服是学校的规定,这需要民主投票吗?而且,对有些常规,班主任可以决定,但和专制无关。比如对学生的作业要求。老师说要做,有学生说不做,怎么办?民主吧,投票!结果怎样?学生都说不做作业!这是民主吗?本来,布置作业并要求学生做,这是教师的分内事。再如,天气寒冷,学校要求学生早上跑操,但学生想睡懒觉。怎么办?听学生的心声,投票吧！结果同学们都说不跑操……这是民主吗？当然不是。这些现象的存在就表明在民主的班级管理中，某些事项不一定需要民主通过才能写入班级制度，或者说，一些事项是班级管理的常态，不需要事事都要放权，而应区别对待。班主任在一些事务上的不放权并非意味着是对学生的不民主。因此，当班主任的一些行为与民主相抵触时，班主任决定是否放权应建立在是否是对学生的整个生命的有益成全的基础上。

4. 防止班级管理民主中的单向民主意识

实行班级民主管理的目的是培养学生的民主意识，进而推动整个社会民主的发展。民主意识既是老师对学生的民主、学生对老师的民主，也是学生相互之间的民主，而不是只有单向的民主，即不是老师对学生，而没有学生对老师的民主；不是学生对老师，而没有老师对学生的民主；不是甲学生对乙学生，而没有乙学生对甲学生的民主。然而，在民主管理的实践中经常出现单向民主现象。例如一位王老师就经历过单向民主行为，每学期期末学校都要求各班评选优秀少年，王老师有点犯愁：想公平选举，但怕评出的不是自己认可的那几个学生；想直接指定，又怕违规操作无法向全体学生家长和校方交代。正左右为难，办公室一同事指点迷津：这事其实很简单嘛，你把选票拎回办公室不就完了吗？王老师如梦初醒，连声称妙。王老师的行为就反映了学生充分相信了老师的民主规则，而老师却没有对学生执行民主规则，造成一次学生对老师的单向民主行为。当然，有时候也会出现民主既不是老师服从学生，也不是学生服从老师，而是师生、生生对民主规则的推崇。如李老师的班上曾经民主通过了一项规则：任何一个人在课堂上睡觉，全班都要被罚跑步。规则的出台缘于学生夜晚聊天，白天上课睡觉。虽然不是一项对大多数人有利的规则，但是在班级民主讨论中通过，于是在班上强制执行。尽管在执行过程中，仍有不同的声音，但在此规则未改变之前，全班还是照样遵守。这才是民主，不是一种单向的师生之间的服从关系，更不是单方面的民主关系，而是一种平等的相互对待。

四、班级管理的民主化必须以法治作为保障

法治原则要求法律对政府权力机关与对人民具有普遍拘束力，要求政府权力机关与人民共同尊重和遵守法律；同样，法治只认可民主机制通过的法律。这就说明民主是法治的前提，法治是民主的重要保障。如果没有民主，法治将黯淡无光，只能是专制者的附庸；如果民主不是建立一定法治基础上，那么，民主就可能成为多数人的暴政。因此，必须处理好民主与法治的关系。在班级民主管理中，由于班主任与学生之间具有天然的领导和被领导关系，这种不平等使得法治的作用更为明显。班级法治最主要的部分是班规，当然也包括其他与班级相关的校规和国家相关的法律法规。校规和国家相关法律是班级民主管理的外部规范环境，具有学生和班主任的不可控性，而真正发挥作用的是班规。班规是班级全体学生经过民主协商、民主投票通过的，是班级每一个成员愿望的表达，也规范着他们的日常行为。它保障了班级管理的秩序和班级教学的正常有效运转。对于班规在班级民主管理中的作用，李镇西老师是这样说的:"我到华东出差,整整半个月,班风良好,秩序井然。学生在我不在的情况下自己管理自己,班级各项工作和活动照常开展。期间,我班参加了学校的广播操比赛,还获初中部第一名、学校二等奖。……所谓'制度',就是我班的班规。……本来,由于种种或偶然或必然的原因,当初分班时,我班的调皮学生的人数是全年级之冠;但是现在,无论是自习还是午休,无论是做卫生还是课间操,无论是升旗仪式还是校外活动,这些调皮学生基本上也能遵规守纪,与集体意志保持协调。所以现在这个班的日常工作基本上不需我操心,一切都交给'制度'。"① 李镇西进一步指出,班规在学生的自我教育的演绎中,不再仅是一种要求上进的表达,而转化成参与班级管理的权利和义务。"通过一定的'制度'(班规),班集体所有成员都成了管理者,又都同时是被管理者"②,班级的民主管理就得到了法治的保障了。可见,班规在班级管理中并不仅仅意味着民主,而且说明了每一个班级成员都是班级的管理者、班级的主人,而法治对民主的保障也正体现了这一点。

五、班级管理的民主化不是完全自主的管理

班级民主管理是以师生、生生之间的平等和尊重为基础的,目的是培养和提高学生的自我管理能力,并在民主管理实践中培养学生的民主和法治意识。班级自主管理以学生为核心,将学生的成长、发展作为主要内容,着力培养和提高学生的自我管理、自我教育的能力,为学生的独立发展提供准备。无论民主管理还是自主管理都是以学生的自我管理为发展目标的,二者在教育的目的上是一致的。

班级的民主管理可以为班级自主管理创造良好的班风,建立健全各项制度,增强班级凝聚力。班主任要放下架子,走进学生中间,让学生感受到老师是其中的一员。在决定班级大小事务时,尽力帮助学生创设解决问题的条件和提供适当的建议,尽量让学生自己管理班级事务,培养学生的班级主人翁意识。平等对待班级每一个学生,无论男女生,无论优秀与否,无论犯有什么过错,都要一视同仁地对待和关注,让学生感受到班主任对他们的爱,为班级自主管理创造良好的环境。同时,通过班级自主管理,学生的自我管理、自我教育能力得到不断提高,反过来又能促进班级民主管理的水平,使学生更加尊敬老师,老师更加热爱学生。可见,班级民主管理与班级自主管理是相互联系、相辅相成的。

第二节 班级管理的教育品性

一、班级管理具有明显的教育品性

教育的一项基本功能就是促进个体的发展,包括个体的社会化和个性化。在当

---

① 李镇西.做最好的班主任[M].北京:文化艺术出版社,2011:86.
② 李镇西.做最好的班主任[M].北京:文化艺术出版社,2011:89.

代,这就要求班级管理不能仅仅是传统意义上的维持班级秩序的控制活动,而是一个向更高层次发展的教育活动——致力于培养和提高学生的精神生命。如果班级管理停留在维持班级秩序的低层次,那么,就可能演变成一种附属于学科教学或"灌输式"德育的事务工作,甚至可能会走向教育的反面,成为压制学生健康成长的力量。如一位班主任曾兴致勃勃地在研讨会中传经送道:"我们班得纪律卫生红旗的次数是最多的。若是某个星期纪律卫生流动红旗不在我们班,我会在班里大骂:红旗呢?红旗上哪里去了?那么,下一周,学生会想方设法把红旗夺回来……"这种纪律至上的班级管理只有两种后果:要么学生在纪律的压制下,毫无生机活力,缺乏创造力,甚至可能为了红旗,不择手段夺取;要么学生突破纪律约束,使班级纪律失效,不再争取红旗。不可否认,这种低层次的班级管理理念,也曾为社会培养了大量人才,而现在不能说其过时或者是被完全抛弃,但是,这种理念确实阻碍了人的自主性和创造力的发展。因此,需要改变这种班级管理理念,并确立班级管理中的教育品性。只有这样,班级管理才可能走出用粗糙的刚性纪律或炫目的绝招、"兵法"管制学生的泥藻,从而避免"以牺牲个性为代价培养集体主义精神,用冠冕堂皇的过时说教让孩子学会适应现成的生活,却不会开创新生活,用热闹的,甚至是豪华的活动培养孩子'鹦鹉学舌'的技能和'正确地做事'的能力,却使他们逐步丧失了'说自己的话'和'做正确的事'所需的思想活力"[①]。所以,只有把教育品性作为班级管理的首要属性,实实在在地把班级管理看做是一种教育活动,致力于培养学生的精神生命,"才可能更好地发挥其他功能,如服务于学科教学,培养学生的社会性和个性,开展心理健康教育"[②]。

二、与班级管理的五层境界相对应的教育内容的变化[③]

李伟胜将班级管理分为逐层提升的五层境界。

第一层是维持班级秩序,也是最基本的境界,即班级日常运转正常,井然有序,而不混乱,学生的发展也是循规蹈矩。这一境界是向更高层次发展的基础,是班级存在的条件。

第二层是营造学习氛围,即把学习作为班级管理的核心,以求形成集体学习的氛围和良好的学风。

第三层是形成班级合力。这一层境界使班级学生在知识学习外还有文化生活,通过更丰富的班级生活,同学之间形成团结的氛围,班级积极向上的整体形象和凝聚力得以形成。

第四层境界是学会自主活动。这一境界表现为学生在大多事务性工作方面无需班主任操心,自己就能管理好班级事务和开展各种活动。

---

① 李伟胜.班级管理[M].上海:华东师范大学出版社,2010:7.
② 李伟胜.班级管理[M].上海:华东师范大学出版社,2010:7.
③ 李伟胜.班级管理[M].上海:华东师范大学出版社,2010:14-20.

第五层境界为提升生命质量,这可能是班级管理的最高境界,着力点是提高学生个体和班级整体的生命质量。

李伟胜认为,五层境界之间并不一定是截然相异的,同时在实际班级管理中也不能在一个具体的班级与某层境界之间画等号。五层境界是班级管理需要逐步提升的过程,后一层总是在前一层的基础上发展与成熟的。与之相应的是我们需要在班级管理中找出相应的教育资源和目标。

在班级管理的第一层境界,班级的发展目标是遵照班规,并有效控制学生,保证和促进知识传授和德育工作的有效进行。班级管理的能动性就在于建立班规,并让学生遵守,不使任何学生游离规范之外。让学生在班规的教育中既知道遵守班规对个体和班级的积极作用,也让他们知道违反班规对个人和班级的不利之处。

第二层境界中班级的发展目标就是在教师的指导下,学生积极主动学习,师生之间、生生之间形成良好互动的合作学习氛围。班级管理的着眼点就在于让师生之间、生生之间保持良好的人际关系,并持续激励学生保持旺盛的学习兴趣和动力。

第三层境界的班级发展目标是在班级中有共同价值、共同的活动目标和任务,以及形成高凝聚力、高度组织化的集体。班级管理的着眼点就在于在学科知识之外寻找和建立让学生认同和愿意极力践行的班级文化。

第四层境界的班级发展目标是关注学生的个性、特长,在尊重学生的基础上,让学生自己自主管理好班级一切事物和活动。而班级管理就要鼓励学生展示自身特长,并把每一个学生都吸收到班级管理的事务中来。

第五层境界的目标就是培养学生的自主发展能力,让班级成为个体精神生命的家园。

这五层境界即班级管理的五层教育品性,每一层次都是班级管理教育品性的一次提升。班级管理在五层教育品性的提升中,使得学生的个体生命和精神得以保证和张扬。

三、提升班级管理教育品性的基本思路和策略

(一)班级管理的基本教育思路[①]

班级离不开个人,班级也不等同于个人的总和。只有班级中的每个个体获得成长和进步,才能说班级管理的教育品性获得提升。而每个个体的成长需要不是局限于个体独立狭隘的视阈,而是存在于整个班级,这就需要个体的成长与班级的目标契合。正是基于个体的经验,班级管理的教育思路体现为敞现—交流—辨析—共识—提升的过程。

敞现就是让学生打开心门,敞开心扉,展露一个真实的自我。让每一个学生展现自己的真实生活状态、生活体验和情感态度,让他人分享、了解自己。这可以通过

---

① 李伟胜.班级管理[M].上海:华东师范大学出版社,2010:48.

日记的形式展示出来。

交流就是让学生在展示真实的自己后,相互沟通,表达思想,更深刻地认识彼此。如在班主任的引导下,组织学生对班级生活、个体发展中的某些现象发表自己的看法。

辨析就是让学生明白事理价值,澄清模糊认识,弄清不理解认识。这个过程依靠学生不断成长的理性思维能力和个体人生经验,并在班主任的指导下,对事物的品质和道理作出清晰透彻的理解判断来实现。

共识是在辨析的基础上,能够达成让班级成员都同意的意见。这一意见不是少数人的,而是所有班级成员都认可的,并以此形成班级行动的指南。

提升是师生、生生交往中的一种高尚境界的追求。师生在达成共识后,为促进学生发展,依据共识,实现班级目标,提升学生生命质量。

班级管理教育思路的五个环节不是独立的,而是相辅相成的,也不是机械不变的,而应在灵活多样的班级管理事务中,抓住关键,提升班级管理的教育品性。

(二)班级管理的基本教育策略[①]

1. 理清班级事务,转化、开发班级事务的教育价值

我们总能看到,在林林总总的班级管理事务中,不同的班主任、不同的管理策略和境界,其班级管理的效果是大不一样的。有的班主任忙碌于琐碎的班级事务,让学生流于平庸的班级生活;有的班主任追求班级管理的卓越与高尚,让学生的班级生活流光溢彩,班级事务成为一个个鲜活的教育案例。

要成为一个优秀的班级管理者,提升学生精神生命质量,首先要分清班级事务中哪些是事务性问题,哪些是教育性问题。一般来说,事务性问题指班级生活中出现的,带有外在价值或目的的事项。它体现为必须完成的琐事、学生间的争执和突发的需要具体应付的事件。例如,上级布置的板报检查、早晨的体操、课间的眼保健操,学生间的拌嘴、打架事件,安全教育、突发疫情的挑战任务等。教育性问题则多指班级生活中出现的,以教育学生为目的的事项。二者形式上看似差不多,在性质上是有重大区别的。因此,既要看到它们之间在境界上的差别,也要看到各种事项的境界并不是固定不变的,不能把事务性事项仅当做简单的事务性问题对待,而要用一个班级管理者的专业眼光和智慧,将事务性问题开发成教育性问题。

其次要有意识、主动地将事务性问题转化为教育性问题。通常,人们总关注班级事务的数量的多少,而忽视班级事务的性质。在班级诸多事务中,我们不能仅把其看做是上级布置的任务,或是学生日常生活中正常出现的情况,这样一来,班级事务的管理就成为达成某种目的的手段,或是维持正常的教学秩序而解决的麻烦。这就没有从根本上看到这些班级事务的内在教育价值,更别说对其进行有价值的判断和辨析,甚至规划。唯有把这些事务看做潜在的教育性问题,在这些事务的处理中

---

① 李伟胜.班级管理[M].上海:华东师范大学出版社,2010:63-82.

激发学生的思考和认识,为学生营造良好的锻炼机会和开阔的发展空间,学生才能在一件件的小事中一点点地丰富生命,开阔视野,提高生命质量。

最后,要开发班级事务的教育价值,可从以下各方面着手。第一,将班级的常规管理事务转化为学生民主参与的机会。班级常规管理一大特点就是维持正常班级秩序,一些班主任的作法是将此作为控制学生的措施,而另一些班主任则是积极地让学生自己自主管理日常事务,让每一名学生都参与进来。第二,将上级规定的事务转化为激励创造的活动。魏书生曾讲了一个他当班主任时的事例:一天学校广播通知第二天市里有关部门利用学校进行招干考试,要求各班级做好大扫除,结果他带的班15分钟就打扫好了。原因就在于他的班级大扫除的任务都是固定的,谁承包什么任务,由自己报,然后生活委员再分配,确定承包任务。这就可以看到,学校规定的大扫除活动,在魏书生的班级也是如此富有激情和创意,不得不说,这与其班级事务管理方式有关,大扫除就成了教育和锻炼学生的一个机会。第三,将学生间偶然突发的问题转化为自我教育的契机。班级中每个成员都有自己的个性特征和生活经验,个体差异不可避免,因此,班级中出现分歧、争执就实属正常。懂得这点,班主任就可以从个体和班级集体发展需要出发,合理思考和处理班级中出现的噪声和争执,并因势利导,将其转化为教育学生的契机。第四,将家庭和社会生活内容转化为教育资源。学生的主要活动舞台是学校,但学生也是社会和其家庭中的一员。因此,作为班级的管理者就要充分发现和挖掘学生在除学校之外的生活场景中的教育资源,并在班级管理中开展对学生的教育行为,如网络游戏、学生的追星行为、一些家长的生活奋斗经历都可以成为教育学生的素材。

2. 认识、了解学生,培养学生的自主意识

班级管理的追求不仅在于班主任直接管理教育行为,这种管理教育行为只是一种被动的服从,并不一定能生成学生的内在需要。因此,班级管理教育的更高层次是将班主任的管理教育内化为学生自觉地追求发展的自我管理行为。要达到此目的,就需要从班主任和学生两个角度开展班级管理活动。以班主任来说,就是要认识和了解学生的成长和发展的需要。学生总是在与外界的交往互动中主动产生自己的发展愿望与目标,既有意识到的个体发展需要、群体发展需要和社会需要,也有未意识到的发展需要。因此,班主任在认识、了解学生的需要时应在把握一定的教育思想的前提下,切切实实地用心体会学生的立场、生活与需要,既要使用适当的技术、方法以便更好地认识学生,又要不过分迷恋方法、技术的精确性、科学性。只有以专业的班级管理思想为指导,系统、深入地认识学生的成长需要,才能理解学生的发展现状与发展目标。从学生来看,就是要在班主任的指引下,努力培养自主意识,形成主动发展能力。学生要培养自主意识,首先要对自己的现状和发展目标有一个清晰的认识。当然,这一认识并不是凭空得来,而是需要在接受老师的更高境界、更广阔胸怀、更清晰的思想和更好的办法的教育下,以及在学生群体之间的相互交流、沟通、欣赏和启发下形成对自己本人的需要的一个明确的认识。

3. 在生生交往中，促进学生的发展

人际交往不仅在社会生活中发挥巨大作用，相比学科教学，人际关系在班级管理中的教育价值更为直接、丰富。其中，师生关系和生生关系是教育活动的主体部分，是学生亲身投入的生命实践的核心领域。师生关系虽然也很重要，但是在教育价值上，生生关系更值得关注。在班级管理中，学生通过与他人互动交往中多尺度的衡量、多角度的反思，既开发了自己的某些潜能，又纠正了某些不良和错误的发展方向，从而获得对自身人格的同一性认知和对社会的成熟认知，最终将个人的发展融入班级的发展中，与班级一起共同发展。同时，班级也在学生个体的交往互动中，经过多视角的不同思想、不同选择之间的交流和碰撞，达成了更高成熟度和稳定性的共识，并在此基础上增强了班级的集体归属感和班级凝聚力。正是在这种既不失个体的个性，使个体充分发展成一个完整的人的前提下，学生生命质量才能够在班级的凝聚力作用下得到提升。要想在生生交往中，不断促进学生的发展，就要做到：在人际交往互动中，敞开心扉，深入交流，在交流中辨析责任；同时也要认识到个体的发展不是独立的，而是在与他人互动中，相互扶持，相互帮助中的共同进步；还要在真诚的合作交往中，升华体验，让合作、责任、民主深入心田。

第三节　班级管理的生活品性

一、班级管理具有鲜明的生活品性

"班级生活是学校教育生活的核心构成之一，是班主任与学生之间、学生相互之间、班级与班级之间、班级与学校之间多重主体多维互动、动态生成的学校生活，而且是班主任与学生生存于其中的生活。在这一生活中，班主任与学生的生存方式及具体的实践活动，直接生存着他们的生命质量。"[①]也就是说，班级管理在一定程度上就是班级生活的部分，或者说班级管理就是在班级管理思想的指导下，依照班级生活的特点，对班级生活进行的管理。显然，班级管理的内容就是班级生活，班级管理的目的就是促进班级生活合理健康地发展，进一步看，班级管理就是遵从学生的特点、学生的生活方式以及学生的学校生活规律，以此达到提升学生的生命质量的目的，即班级管理具有鲜明的生活品性。

若在班级管理中不确认这一品性，那么，班级的日常生活、学习生活、组织生活的管理就可能脱离学生的实际生活状态、脱离学生的成长与发展需要。更为严重的可能是不仅不能服务于学科的教学，而且会阻碍学科教学及其他工作的正常开展。只有确认班级管理的生活品性并以此为根据，才可能在实际工作中不断提高学生的生活、生命质量。

---

① 李家成.提升班主任工作的专业品性——基于生命成长教育的价值取向[J].新课程（综合版），2007(1).

二、班级管理的生活品性在班级生活中的具体体现[①]

1. 班级管理是对学生的班级生活的成全

班级管理是基于班级的组织结构、人际关系、班级文化、班级建设、学生心理以及班主任的工作方式等的管理，而不是空泛、抽象的管理。而所有的管理中，其核心是人，是对人的管理、人的生活的管理，即班级管理关注的是丰富、整体、活生生的个体在班级中"活"的状态。而其追求的是高生命质量的"活"。如果不能看清千千万万需要成长、处于发展的学生在班级中的生活状态，如果看不到班级独特的文化环境、组织制度和各种活动对班级成员的影响，就很难找到班级管理工作的出发点和工作中存在的弊端及其对学生生活造成的切肤之痛，也很难有改造班级现状、建设一个能够促进学生生命成长的班级的创造冲动。

当我们的班级管理工作自觉地从学生生活的特点和需要出发，就能发现班级作为学生生活的时空所蕴含的、促进个体生命成长的价值。这种影响在时间维度上具有全程性，即既不仅影响个体当下的发展，而且会积淀在个体的生命的内涵之中，融入个体生命的全程之中。在空间上，班级管理对师生的班级生活影响是全方位的，而且，班级管理具有日常性，学生每天都沉浸其中，耳濡目染，不知不觉中，班级管理下的生活方式已经与学生的生命融为一体。

2. 班级管理是对班级的整体、动态的生活形态的运行的有效调控

班级的生活形态不仅体现在一个个班级成员的个体形态方面，还体现在班级集体的形态方面；不仅体现在静态的机构、组织、制度、环境，还体现在集体的组织生活运行。班级管理不仅关注集体的组织方式、互动方式、集体心理和人际关系等，还要综合考虑班级中的组织结构与运行方式、环境建设、活动等。班级管理正是通过了解和认识班级内部相互影响、动态生成的关系，分析班级管理中不同领域已经出现的和可能出现的问题，从而确定班级建设具体改革的内容，如班级组织机构、运行方式、集体的整体心理氛围和相互间的人际关系等，进而在此基础上不断改进班级管理工作，达到对班级整体生活形态的有效平衡，提高班级集体的运行效率，增强班集体的凝聚力。

3. 班级管理是对班级生活、生命价值的不懈追求

班级生活既是个体的生活，表现为每个生活在其中的班级成员的个性生活，又是班级群体的集体生活，表现为集体成员共同一致的生活。班级管理不仅追求让每一生活在其中的个体获得自由发展的机会和个性成长的权利，直至让每个个体感到生命的幸福；同时，也努力追求在共同的目标下，让每一个个体感受到为班级奉献不是一种苦役，而是一种快乐。班级成员在班级生活中可以形成积极健康的精神与价值取向，还可以形成合理的行为方式与思维方式，可以在与他人的、集体的积极作用

[①] 李家成. 论教育学立场下的"班级"[J]. 思想·理论·教育, 2003(10): 30-33.

中,形成合理的个体与集体、社会的关系,从而促进在今后的人生中更好地生活与发展。反之,如果我们的班级生活管理不能提供一种积极的精神与价值追求,或者让积极价值的功能发挥不充分,那么,班级管理就不可能对学生产生有益的价值影响。无论是当下,还是将来的对班级管理的价值评价都会大打折扣,学生的生命质量就成为一个伪命题。

三、提高班级管理的生活品性的基本策略[①]

1. 以学生的特点为根据,学生的成长需要为出发点,在班级管理中成全学生

班级管理离不开班主任的参与、指导和组织,但是在许多情况下,班主任在班级管理中不知是因为学生的管理行为的幼稚,还是因为学生办事过于麻烦、拖沓,经常越俎代庖,以自己的意志代替学生的意愿。这就使得班主任的行为总是达不到预想的效果,还会给学生以压抑感。这就迫切需要我们的班级管理工作建立真正的"学生立场"。

班级是学生的,学生是班级生活的主体和主人,班级生活是学生实现自己生命成长的主要途径。因此,学生是班级管理和建设的价值之源。任何忽视学生当前生活状态与成长需要的班级管理,只会让学生陷入应对上级部门的各种检查、评比的被动局面,只会让学生在上级部门的各种价值理念中摇摆不定,而无法深入到学生自己的生命成长中。因此,在面对众多的而又具有无穷发展可能性的学生时,班主任不仅要想到怎样管理学生,更需要思考学生为什么会这样。只有思考了为什么,如何管理才会是对学生的一种成全。对学生班级生活的管理不是零散的、点状的,也不是临时应景之作,而是一个长期的、不间断的艰难过程,同时也是一个充满魅力、引人入胜的过程。只有创造出有益于学生成长的班级生活,让学生吸收到不同的生命营养,才能成全学生的生命。

2. 让学生在个人和集体的生活管理中,提高自主发展能力

每个人的生活都必须亲力亲为,任何其他人都不能替代,学生也不例外。每一个学生的成长需要、发展方式既是在班主任的指导下培养的结果,同时又是自己在个人生活体验中的主动选择的结果。因此,作为班级管理者的班主任不仅要给学生创设良好的生活舞台,还要创设坚实的实践平台。如在日常生活中,班级管理要教育和培养学生的良好生活习惯和品质:在校通过自我服务和班级日常劳动形成自立、自强、自主的品质;在家主动帮助父母做好家务,养成孝敬父母、勤俭节约的品质;在班级交往中,学会待人接物的礼仪,锻炼与人沟通的能力。在学习生活上,给学生创设良好的学习条件和自主发展的时间与空间,指引他们以自己的方式和步骤学习,在引导学生养成良好的学习习惯的同时,努力营造自主、创造性的学习氛围,激发学生的创新精神。在学生的身心健康上,引导学生养成良好的生活、卫生习惯,

---

① 李家成.让班级充满成长气息——当代中国班级建设改革的新可能[J].河南教育,2007(5):4-8.

使学生通过健康的生活方式,积极锻炼身体。同时又要指导学生正确认识自己和客观评价他人,勇敢面对困难,合理排解情绪,正确对待情感。

【思考与实践】

1. 著名的教育专家魏书生、李镇西都提倡班级管理的民主化,而且得到了许多班主任的认同。谈一谈你在班主任工作中,班级管理的民主化实践的得与失,并分析原因。

2. 如果说班级管理的教育品性和生活品性只是一种理念,那么,在班主任工作中,实践这些理念是难还是容易,难在哪里,容易又在什么地方?

第二篇 方　法　篇

第五章　　班级常规管理
第六章　　班集体建设
第七章　　班级活动
第八章　　问题学生指导
第九章　　班级突发事件的处理
第十章　　班级教育力量的整合
第十一章　班级管理的类型与战略

|学习目标|

  方法技巧既体现出一个班主任的工作理念,同时也实践学生观、班级观、班主任观、班级管理观等理念的具体途径。

  无论是具体的常规管理,还是综观全局的管理战略,一个有心的班主任,都会在工作中探索出最佳的方法技巧,并形成自己独特的管理风格。

第五章 班级常规管理

阅读提示

(1) 班级常规管理工作的具体内容是什么?
(2) 每日管理有哪些事情?
(3) 各阶段有哪些必做的管理工作?

第一节 班级常规管理概述[①]

为管理好一个班级,班主任要做的事情很多,但考虑最多的可能是对班级的常规管理及教育问题。

平时,如果我们走进不同的班级,就可以直观地得到一些不同的感受:有的班学生活动显得有条有理,有的班却让人感到有些乱。班级状况是不同的常规管理及教育效果的反映。

常规管理是班主任每日直接面向学生所做的组织、引导、协调、教育工作。这项工作做得好,不仅为学生在班级的学习生活创造愉快的环境,而且为学校进一步实施素质教育等打下良好的基础。因此,研究如何做好班级常规管理及教育是班主任的"必修课"。

一、班级常规管理的含义及其意义

(一)班级常规管理的含义

班级常规管理是教育者从培养人的要求和班级实际出发,对学生的日常行为及班级状况进行的经常性管理与教育。学生的日常行为和班级状况是学生个体和群体每日在自身的生命活动过程中,以及班级学习生活中表现出的最基本、最一般的行为表现及精神面貌,如到校出勤、课堂学习、课间活动、同学交往,以及学生的情绪、注意力、身体健康等状态。

从实际工作上来看,中小学班级常规管理就是班主任以《中小学生守则》、《小学生日常行为规范》和《中学生日常行为规范》的内容要求为依据,结合学校、班级情况,每日进行的经常性管理与教育。学生在班级中的日常行为大致可分五类:基本

---

① 本节内容参考黄元棋,屠大华.班主任工作新论[M].武汉:湖北人民出版社,2003.

思想表现行为、纪律日常行为、学习日常行为、活动交往日常行为和环境卫生日常行为。针对学生日常行为进行的管理及教育相应分为基本思想行为引导、纪律常规管理、学习常规管理、活动交往常规管理和环境卫生常规管理五类。

中小学生在校的日常行为是一个个生命个体在青少年阶段自然发生的生命性行为的一部分,也是作为学生角色每天在履行学习职责中发生的社会性行为的一部分。作为一种生命行为,它展现了青少年个体鲜活旺盛的生命欲求,有其天然的合理性,应该得到呵护和满足;作为一种社会行为,必然体现着社会的期望与要求,因而要受到一定的规范和制约。班主任对学生日常行为的管理既要考虑个体行为的合理性,同时要考虑个体行为的合社会要求性。

在班级实施的常规管理其实是一项工作的两个方面,管理中有教育,教育离不开管理。管理的核心内容为指挥、控制、组织、协调等活动,对班级的日常管理即要指导、规范和调控学生的行为和意向,使之按学校纪律要求及社会的道德、法纪规范去行动。而作为教育的一个方面,常规管理又是一种教育手段,最终是为了促进学生养成高尚文明的行为品质,使他们的生活健康文明,朝着国家、社会期望的方向更好更快地发展。

(二) 班级常规管理的意义

班级常规管理是班主任工作的一项重要内容,这项工作做好了,对全班学生及学校的教育教学工作都大有裨益。

1. 常规管理为班级创造了有序生活的平台

班级是一种集体学习、生活的组织形式。任何群体都需要组织管理,去协调人们的意愿与行为,以减少内耗,把群体提高成集体。

中小学的班级承载着丰富而又崇高的教育任务,需要建设一套有序的生活方式,使每个学生在集体中既能自由地生活,行为又能有所遵循,高质量地学习、锻炼、交往。而学会在集体中生活,学会交往,学会共处,学会与人合作,这些本身就是青少年重要的学习任务。

某一具体的常规管理为班级开展相应的教育创设必需的环境和条件。如,学习常规引导学生按一定的规程上课、自习、作业、考试,它是教学质量的保证之一。活动交往常规是学生之间、学生与老师间及与其他人之间交往的基本要求。坚持交往的基本规则,有利于形成班级和谐的人际关系,而良好的人际关系又是学生身心健康发展的必备条件。环境卫生常规则是养成学生讲卫生的文明行为习惯和保障身体健康及顺利学习的要求。

班级常规管理是学校教育的平台或基本渠道,因为不论任何先进的教育理念或改革措施,最终都要落实到常规的平台上来实施,或者说转化为常规的形式去实践,即便是以培养创新精神和实践能力为重点的素质教育,也要在学生日常的各种学习、交往活动中去运行操作。抓好班级常规管理,就抓住了学校教育的基本质量。

2. 常规管理是班主任管理班级的入手处

班主任受校长委托领导、管理一个班级,就要对全班几十名学生的德智体美发

第五章 班级常规管理

展负责。面对几十个性格各异的学生,责任重大,要做的事情太多太多。

面临千头万绪的工作,班主任,尤其是新班主任该从何入手呢?一个简便实际的做法是:从常规管理入手。

常规管理是对班级生活最基本行为要素——衣、食、学、行等的管理,常规就是针对这些要素建立起基本的秩序。一旦把班级最基本的秩序建立起来,就为全班学生的学习生活创造了一个基本而又良好的环境,也为学校的各种教育活动打造起一个载体。而且,常规管理的内容多为学生的日常行为,小而具体,看得见,摸得着,一旦认真抓,容易出成效。班级工作稍有成绩,老师、学生的成就感、自信心油然而生,就为班主任进一步开展工作打下了良好的基础,班主任也树立起了威信。所以,有经验的班主任接任一个新班后首先应重视的是常规管理。

3. 在班级管理中实施养成教育,促进学生个性的和谐发展

班级常规管理的内容都是学生中的一些具体的日常学习生活的小事,如要求学生按时到校、准时完成作业、保持教室环境卫生、课间不要追打疯闹等。这些事情都很平常,每天在每个班级、每个学生的身上都会发生,所以,对老师、学生来说是司空见惯的。但是用教育的理念看问题,"学校教育无小事"。所谓的小事恰恰是学生内在品质的外化反映。透过学生的一些细小外部行为,可以投射、分析他们内心的所思所想和情绪变化。例如:准时到校、不缺课是热爱学习、学习注意力集中的反映;对人有礼貌,说话和气是一个人文明素养的表现;随手把倒在地上的凳子扶起来,是关心集体的表现。正是这些具体行为,构成学生在校学习、生活、实践的内容和过程。也正是一些细小行为,日积月累,逐渐积淀形成孩子们的一项项品质。苏联教育家马卡连科从自己的教育实践中总结得出经验:教育无非就是练习正确的行为,从广义上来说就是组织青年合理的、有明确目的的多方面的活动,使他们习惯于遵守社会公认的行为标准和准则。因此,他要求教师要教会学生怎样运用声调、表情;怎样站、怎样坐,怎样从桌子边的椅子上站起来等,从细枝末节上管理、教育学生。

养成教育,是指在个体的幼年和少年时期,通过日常生活和学习过程中的具体事情对他们的言语、行为态度等进行训练,以培养他们良好的行为习惯和基本的做人品质。养成教育从大处着眼,从小处下手,是一种细致的积累式的教育,淤积日常行为的涓涓细流,而后汇成良好品德之川。"播种习惯,收获性格",养成教育强调从小进行训练,养成习惯,打好做人的基础。养成教育要求进行经常性练习,持之以恒,正所谓"少成若天性,习惯成自然"。

班级常规管理也是着眼于班级日常学习和生活中学生的言、行、心态而进行的指导、规范、训练,因此,与养成教育异曲同工;从教育工具的角度看,班级常规管理是学校实施养成教育的主要途径。

英国哲学家培根说过:人自幼就应该通过完美的教育,去建立一种好的习惯;习惯真是一种顽强而巨大的力量,它可以主宰人生。据心理学研究,小学是性格形成的关键时期;初中学生正处于身体生长的第二高峰时期和心理的快速发展期,他们的身、心突出表现为半幼稚半成熟的特点,其人生观、价值观都还处在形成过程中,

还很不稳定,也未成型,因此中小学时期乃是实施养成教育的好时机。当然,小学与初中的养成教育也应该有所区别。根据年龄特征,小学可将重点放在行为训练,如,通过训练小学生遵守课堂、自习、课间操等纪律的行为,养成他们文明守纪的习惯;通过训练他们做好清洁值日、保持教室清洁卫生的习惯,培养讲文明、讲卫生的素质等。初中阶段行为习惯的培养应更多一些理性的启迪与要求。如,通过训练初中生按时到校、坚持出勤,培养他们守时惜时、努力学习的品质;通过训练做好清洁卫生,培养他们认真负责的意识,讲究整洁卫生的好习惯。而好习惯一旦形成,孩子们将终身受益。

二、班级常规管理的特点及内容

（一）班级常规管理的特点

班级常规管理体现在对班级日常活动的各项管理中,具有如下特点。

（1）教育性。班级常规管理的过程是对学生进行教育的过程。

（2）内容广泛。班级常规管理涉及面大,内容全面而广泛。在某种意义上,班级是社会的缩影,班级管理是学校管理的一个缩影。

（3）工作琐细。班级管理是微观的管理,学校工作千头万绪,都要通过班级来实施和落实,因此,班级常规管理工作头绪多,事无巨细都要管。

（4）方法多样。常规管理的对象是未成年的中小学生,班主任只有在管理中,寓教于乐,选择和采用多种生动活泼的方式与方法才更容易使学生接受。因此,班主任要针对不同的教育内容和任务,根据不同年龄段学生的特点,采用恰当的管理方法,以期收到好的教育效果。

（二）班级常规管理的内容

班级常规管理涉及的内容多、范围广。比如:考勤、早读、收作业、早操、课间操、课前准备、课堂纪律、眼保健操、课间活动、自习、值日等;每天随时要关注学生情绪、学生个人卫生、学生健康状况、学生之间的矛盾、学生与科任教师关系等;每周每月每阶段还有升旗、班会、黑板报、排座位、教室环境布置、教室物品管理、节日庆祝活动、参加学校组织的各种竞赛等,还有选派学生干部、参加运动会、组织考试、统计成绩、评选三好学生、与家长联系、家访等,可以说,学生在校的所有活动及与学生身份相关的校外行为都在班主任常规管理的视野内,如前所述,班级常规管理包括以下五个方面。

1. 基本思想行为引导

思想是人通过实践又通过思维活动形成的观念、想法,它支配人的行为和情感。初中是学生形成人生观、价值观的关键时期。因此,对他们的基本思想进行引导、教育、规范,是常规管理的必要内容。

爱祖国是公民的基本思想道德要求,也是初中学生应具有的思想道德品质。通过教育,引导学生形成基本的爱国主义情感,即树立民族自尊心、自豪感和为振兴祖国而学习的理想。具体表现在行为上,就是要尊敬国旗,会唱国歌,认真参加每周一的升旗仪式。在升旗仪式上,着装整洁,肃穆,全神贯注,行注目礼。在日常学习中,有为参加祖国建设而学习的意愿和动机。

爱科学是正确的人生观、世界观的基本特征,也是初中学生在成长中需要形成的基本品德。在班级生活中,要求学生积极地学习并掌握科学知识,进而形成讲科学,追求科学,实事求是,反对迷信,远离邪教的科学精神。

尊重人是现代人应该具备的一种做人的基本态度。尊重人除了自我尊重以外,还要尊重他人。在班级生活中,要对人有礼貌,尊重老师的劳动,尊重同学们的人格。

2. 纪律常规管理

纪律常规管理是班级常规管理中最经常、最大量的工作内容。纪律是集体中协调成员行为、步调一致地去实现共同目标的行为规范系统。纪律能起到统一行动、统一意志的作用,它是集体有序生活、高效率工作与学习的保障。正如格言所说,"没有规矩,不成方圆";"步调一致才能得胜利"。除此之外,纪律还是一个班级班风具体而集中的反映。一个班级的纪律严整,能动能静,能反映学生们努力学习、积极上进的精神面貌;相反,如果一个班级的纪律松弛,那么,该班对学习、锻炼、卫生都可能表现懈怠。班主任通过纪律管理,除了为班级营造一个井然有序的学习生活的人文环境外,还要培养学生遵规守纪的意识和文明自律的品德素养。

实施班级纪律管理,指向的内容很多,具体主要有如下几方面。

(1) 到校出勤的纪律。这是学校及其班级开展所有教育教学活动的前提条件。要求学生坚持到校学习,勇于克服困难,不迟到,不早退,更不无故缺课。

(2) 课堂学习与自习的纪律。这是班级教和学的基本保证。要求学生上课时集中注意力学习,不做与学习无关的事,不打扰他人,紧跟老师的教学思路,积极思考,用心领会。

(3) 课间两操及休息的纪律。要求学生迅速、安静地集合,做操动作到位,课间文明休息,不大声喧哗,不做过于剧烈的活动。

(4) 晨会,包括一周一次的升旗仪式纪律。升旗仪式是进行爱国主义教育的重要机会,也是进行日常生活道德、理想情操教育的好途径,要求学生着装整齐,神情庄严,注意力集中,用心领会。

(5) 班级卫生值日纪律。要求学生打扫认真负责,同时保持教室日常环境整齐洁净。

班级的纪律常常呈现波浪起伏状态,任何班级都会既有纪律良好、精神振作的高峰,也有纪律松懈、情绪低落的低谷。因此,纪律的管理是动态的,纪律训练既不可能一"练"而就,也不可能一"训"永逸。班主任要审时度势,善于观察分析班上学生的情绪状态。在班级情绪低落时,要激发学生的热情和干劲;而在学生情绪高亢时,要导向有序,达到动而不乱、静而不呆的理想状态。

3. 学习常规管理

学习的意义对中小学生而言是十分重大的。它是少年儿童来到学校后承担的主要任务,是学生在校从事的最经常、最大量的活动,更为重要的是,它是学生成长为高素质社会成员的主要训练途径。学生通过学习掌握人类认识和改造客观世界的经验,逐渐形成自己对世界的一般认识,与此同时,个人经验也在学习生活中不断地得到积累和提升,二者结合形成自己的富有个性的世界观、人生观和价值观。

除了"学会",时代还要求每个青少年"会学",而学校这种高效的学习组织形式能够促进学生快速成长、全面发展。当然,在校学习是艰苦的劳动,它是社会交付给学生的一种任务,因此,学习者要有责任意识,要付出努力,要牺牲一些个人短时间的快乐才能学成。班主任肩负的重大任务是要把班级学生的学习活动管理好并促进获得优良的成绩,为此,要对学生的学习施以多层次、多维度的管理。针对学习的社会责任心而言,要进行学习态度的引导;针对学习掌握知识的过程而言,要进行学习过程环节的管理;针对学习是一种脑力活动而言,要对学习方法给以指导。具体说来,这一管理包括以下内容。

(1) 学习态度的管理及教育。要想培养学生好学上进、认真负责、勤勉严谨的学习态度,需要从教育和管理两个方面入手,由内向外、由外向内地双向引导。因为态度是由人的认识、情感、意向综合形成的,是一种由内向外的心理品质。如果单纯用控制、组织、协调的手段从外部管理,是无法奏效的,需要晓之以理,动之以情,示之以榜样,让他们了解学习的意义和乐趣,由内向外地生发正确的态度。当然,提出要求,进行纪律上必要的约束,如要求上课不做小动作,专心听讲,按时保质保量地完成作业等,如此由外向内地强化训练,也是非常必要的。

(2) 对班级学习态度的管理,有对学生个人的教育,更重要的是面向全班学生的工作,首先是要在班级形成良好的学风。班级学习风气直接影响每一个人的学习积极性,而学生个人的学习态度也会影响到班级的学风。二者相互影响、相互作用的关系甚大。班级的学风重在建设。班主任可以领导全班同学建立必要的学习制度,规范学习行为;举行一些学习活动,提高同学们的学习兴趣和动机水平;加强对学习环节的指导与协调,使学生在学习的每个环节都保持高涨的热情。

(3) 学习活动常规管理。它可分为课堂学习常规管理、课外学习和生活常规管理及考试常规管理。

《中学生日常行为规范》中有这样两条要求:上、下课时起立向教师致敬,下课时,请老师先行;上课专心听讲,勤于思考,积极参加讨论,勇于发表见解。这两条中包括三个方面的常规。第一,礼貌的常规。课堂上要表现对老师的尊敬及对老师劳动的尊重。第二,学习的一般要求,如专心听讲。第三,对积极主动性和个性的激励。要"勤于……"、"积极于……"、"勇于……",这是高层次的要求。要求学生在遵守课堂纪律的基础上,发展个性,在思维、学习中有创新精神,体现自觉纪律的实质,使遵守纪律和个性发展辩证统一起来。

课外的天地广阔,是中学生学习锻炼的好场所。尤其是我国实行双休日制以后,学生享有的课外学习活动时间更多。江泽民同志指出:"不能整天把青少年禁锢在书本上和屋子里,要让他们参加一些社会实践,打开他们的视野,增长他们的社会经验。"由于当前社会生活的丰富、复杂与多变,加之中小学生好奇心强、辨别力弱,因此,加强对学生课外学习和生活的研究,加强对课外的管理与指导不仅很有必要,也成为班主任的一项时代性课题。总的来说,课外管理要以课内为中心,用课内学习指导课外,使课外活动丰富课内学习,同时学会拒绝一些不适宜学生的社会活动。

《中学生日常行为规范》中有这样三条要求:生活有规律,按时作息,珍惜时间,合理安排课余生活,坚持锻炼身体;积极参加生产劳动和社会实践活动,积极参加学校组织的其他活动,遵守活动的要求和规定;遵守网络道德和安全规定,不浏览、不制作、不传播不良信息,慎交网友,不进入营业性网吧。对课外学习和生活,它总体上有三方面的要求。第一,进行自我作息的良好管理。第二,进行丰富的有益的课外活动和实践,锻炼身体,增长智慧与经验,锻炼意志、情感、思想与道德,这是课内无法满足的极有价值的学习。第三,辨别、抵制不适宜中学生的社会生活,这需要提高中学生的辨别能力和抗拒诱惑的能力。

考试是学校教学的一个重要环节。考试的目的在于检测教师教的质量、学生学习的质量,并通过考试督促学生进一步巩固、系统化已经学过的知识,同时,升学考试还具有选拔功能。因此,考试成绩能够说明一些问题,历来为学校、教师、家长、学生等各方所重视。

考试常规管理的要求在考试前、考试中和考试后均不同。考前要指导学生积极地进行系统复习,以迎接考试。考试中要沉着应考,诚实考试,考试不作弊。这是对学生最基本的行为要求,同时,也是对学生起码道德品质的检验。班主任要对学生进行考试道德、考试纪律的教育和要求,考试中要运用监督手段,杜绝舞弊现象。有些学校创办无监考考场,以提升学生的自我约束能力,这一做法是很好的。但是,在腐败之风的影响下,考试作弊现象似乎难以消灭。更有甚者,有些教师出于功利目的,纵容包庇学生在考试中舞弊,这种行为是极其错误的。这属于另外一类问题,不在常规管理研究之列。考试后,班主任则要领导学生分析考试中的成败得失,总结经验教训,以利再学习。同时,要做好各类学生的思想工作,尤其是要关心那些在考试中失利的学生。

4. 活动交往常规管理

活动交往常规指学生在生活、学习活动中,或在与人交往过程中应该具有的基本行为样式与举止态度。班主任要依据国家教育行政部门颁布的《小学生日常行为规范》、《中学生日常行为规范》和《中小学生守则》,对学生在校内外的基本行为举止给以训练、要求和规范,培养学生积极活动的态度,勇于实践锻炼的性格,尊重他人、真诚友爱的品质,以及辨别是非的基本能力。

学生在个人日常生活和学校学习生活中应有的文明规范行为是活动交往常规管理的主要内容。文明而又规范的日常行为举止是一个人文明素质的基本反映。根据《中学生日常行为规范》,对初中学生的个人日常行为主要从如下几个方面进行训练。

(1) 个人行为方面:①穿戴整洁、朴素大方,不烫发,不染发,不化妆,不佩戴首饰,男生不留长发,女生不穿高跟鞋。②讲究卫生,养成良好的卫生习惯。不随地吐痰,不乱扔废弃物。③举止文明,不说脏话,不骂人,不打架,不赌博。不涉足未成年人不宜的活动和场所。④情趣健康,不看色情、凶杀、暴力、封建迷信的书刊、音像制品,不听不唱不健康歌曲,不参加迷信活动。

(2) 爱护公物和环境方面。①认真值日,保持教室、校园整洁优美。不在教室和校园内追逐打闹喧哗,维护学校良好秩序。②爱护校舍和公物,不在黑板、墙壁、课桌、布告栏等处乱涂改刻画。借用公物要按时归还,损坏东西要赔偿。③爱护公用设施、文物古迹,爱护庄稼、花草、树木,爱护有益动物和生态环境。

(3) 遵守交通规则和公共秩序方面。①遵守交通法规,不闯红灯,不违章骑车,过马路走人行横道,不跨越隔离栏。②遵守公共秩序,乘公共交通工具主动购票,给老、幼、病、残、孕及师长让座,不争抢座位。

(4) 生活自理方面。①生活节俭,不互相攀比,不乱花钱。②学会料理个人生活,自己的衣物用品收放整齐。

(5) 正义感方面。见义勇为,敢于斗争,对违反社会公德的行为要进行劝阻,发现违法犯罪行为及时报告。

5. 环境卫生常规管理

环境卫生常规管理指要求学生讲究个人卫生,培养学生保持教室、校园及其他公共环境卫生的意识及习惯。

讲究个人卫生和保持公共环境整洁卫生是每个学生身体健康的需要。健康的体魄是青少年素质发展的首要条件;同时,洁净、优美的环境是学生在校愉快生活、用功学习的必要条件。此外,具有讲究卫生的习惯,具有保护环境卫生的意识,体现着现代文明人的素养。在社会物质文明日益发达、人们的物质生活日益富裕的条件下,人类与自然、与环境的矛盾也日益突出,人们靠攫取自然资源破坏环境获得物质享受的行为正在遭受大自然的惩罚,因此,联合国多次开会,签署可持续发展的战略协定。人类倡导保护生态、善待生物的新伦理道德。在中小学,对学生进行保护环境讲卫生的教育、训练,是班主任一项经常性的工作。

6. 安全常规管理

通过安全常规的教育及管理,形成学生维护安全的意识和自我保护的基本能力,以保证学生人身安全、健康成长,这是班级的安全常规管理活动。

把安全管理作为班主任开展班级教育管理的一个基本内容是十分必要的。现代教育的基本职责是满足人的发展需要和提升人的需要的层次,而安全健康地生存是人的第一位需要。少年儿童如刚刚露出地平线的太阳,他们既是个人生命的朝阳阶段,又是家庭的期望、社会的未来,他们的生命是极其宝贵的,然而又是脆弱的。有迹象表明,当前社会危害孩子安全的因素越来越多,发生在中小学生身上的人身事故也越来越多。因此,除了家长之外,学校各教职工都要在自己的职责范围内保护孩子们的生命安全和健康,并教育、引导孩子们懂得生命的珍贵,学会保护自己的人身安全。

安全常规管理的主要内容如下所述。

（1）交通常规。要教育学生遵守交通规则，不翻越交通护栏，过马路走人行横道，不在马路上玩耍，确保生命安全。许多学校组织的安全"小黄帽"活动很好，值得推广。

（2）活动安全。指在开展体育活动、社会实践活动中的安全教育与管理。由于在体育活动、社会实践活动中，学生处于一个开放甚至不可控的空间环境，受意外因素伤害的可能性大，因此是安全教育管理的重点。如游泳安全就是一个"老"而严重的教育管理问题，要教育学生不在不熟悉的水域中戏水，要在有大人带领的条件下去游泳，夏季不在学校午休时间私自外出游泳等。

（3）交往安全。近年来，由于社会经济活动的复杂和社会丑恶现象泛滥，中小学生中被勒索敲诈，甚至被绑架的事件也多起来了。班主任在班级中要开展这方面的教育与管理工作，要教给学生一些识别、防范的基本知识，并进行一些诸如"如何与陌生人打交道"、"在上学、放学的路上要注意什么"、"一个人在家时有人造访怎么办"等课题的训练，以形成学生基本的自我保护的意识和能力。例如，武汉市崇仁路小学举行的"遇到'洗钱'，我们该怎么办"的主题班会就是一个很好的尝试。

（4）居家安全。居家安全主要是防火、防盗，正确地使用煤气、家用电器等的教育，以保护人身安全和家庭财产安全。

> **资料链接 2-5-1**
> **班主任如何从日常管理中脱身**
>
> 　　班主任工作主要是三大块：班风建设、班级日常管理、问题学生诊疗。绝大多数班主任几乎把全部精力都放在中间这一块了。他们也希望建立良好班风，也想转变问题学生，但是他们做这两头的工作用的是日常管理法，也就是说，他们以为班风只是"管"出来的，问题学生只是"管"过来的，他们的班主任工作，干脆就是一个"管"字贯穿始终，或者说，"管"之外的班主任工作方法他们极不熟悉。然而引导班风主要靠的不是"管"，需要的是引导；问题生需要的是诊疗，也不是简单的"管"。这里要说的是：班主任工作三大块中，科技含量最低的是日常管理，对班主任专业能力要求最低的是日常管理；班风引导需要班风诊断能力、活动策划能力和相当的人格感召力；问题生诊疗需要有科学的思维方式。班主任把绝大部分精力用于日常管理，这不但说明学校对班主任工作方向的引导不恰当，而且证明校领导和班主任的专业能力有很大欠缺。需要动脑筋的"精细活"干不来，只好把本事都发挥在干"粗活"上了。鉴别一位班主任的水平高低、能力强弱，看他这三大块工作精力如何分配就清楚了。一个班主任用在日常管理方面的精力越小，说明他能力越强。班主任离开，班级日常管理能照常运转，才说明班主任是"帅才"、"将才"。他一定是建立了一种井然有序的班风，使班级成为一个稳定的、能够自我更新的系统，一定是把问题生教育得至少不在班里捣乱，才能"遥控"此班。这就告诉我们，想用强化日常管理的办法解决班风问题和

问题生问题,思路是不对的,恰恰相反,抓好班风建设,抓好问题生诊疗,班级日常管理才能顺利。

然而,日常管理的特点是开门见山。班主任一进教室,扑面而来的就是日常管理,不由分说就把你卷进琐事的漩涡里去了。所以,事实上任何一个班主任都做不到不顾日常管理而专心于引导班风和诊疗问题生,这是因为班主任工作三大块是难以分割的。优秀班主任治班也可能从日常管理入手,他们只是头脑比较清醒,不把思想完全限制在日常管理中,一边大致稳住班级,一边去抓班风建设和问题生诊疗。他们总是尽量减少用在日常管理方面的精力,抽出更多的时间关注班风建设和问题生诊疗。这后两个方面抓得越好,班级管理越省事,班集体的发展也就能进入良性循环。否则,没有好的班风和问题生教育做支撑,日常管理会麻烦不断,班主任穷于应付,更没有时间考虑班风引导问题,也没时间对问题生进行诊疗(时间都用来和他们较劲了),结果就会出现更多的问题,把班主任搞得焦头烂额、狼狈不堪。这正是校园中常见的情景。

语曰:有所不为,才能有所为。想学会"管",先要学会"不管"。班级管理关键是要有"减法意识",能不管的就不管,能少管的就少管,能让学生管的班主任就不出马。班主任的"钢"一定要用在刀刃上。

班主任要做到"脱身",关键是不要被眼前发生的事情牵着鼻子走。遇到任何事情,都一定要动脑筋评估一下轻重缓急。经验告诉我们,不管事情看起来多么紧急,思索的时间总是有的,人的思维比闪电还快。那些经常"不假思索"行事的人,不是没有思考的时间,而是没有思考的习惯。

各位班主任请注意,以下几种情况,您是可以考虑"不为"的。

(1)班主任工作边界之外的事情,可以"不为"。这叫做"知其不可为而不为"。比如辍学学生拒绝上学,班主任当然应该想些办法劝其复学,但是如果学生铁了心,家长也不在意或者管不了,班主任就不必花太大的精力在他身上,要知道还有更多的学生需要你,而这个学生,已经基本上越出了你的工作边界。

(2)普通同学能做的事情,小组长可以"不为";小组长能做的事情,班干部可以"不为";班干部能做的事情,班主任可以"不为"。但普通学生和班干部明明都做不到的事情(比如转变问题生),则千万不要让学生去"为",这时班主任必须亲力亲为。

(3)估计会做无用功,则"不为"。比如有个学生爱迟到,我已经和他谈了三次,每次都答应得好好的,下次照犯不误,显然,我再和他谈第四次就属于做无用功。我可以公事公办给予惩罚,也可以暂时把此事放下,下一步进行个案诊疗。总之我就不再用原来的思路和他谈话了,我要节约自己的精力。有的老师对我说:"这件事我都跟他说一百遍了,怎么他就是不听?"我就回答说:"据我看首先应该检讨的恐怕是您自己。同样的办法重复三次就足够了,话说一百遍,证明您十分缺乏效率观念,这种重复没有意义。"

（4）"芝麻"事件，可以"不为"。学生犯的错误，有很多是偶然的，有很多属于淘气，有些错连他自己都不知道怎么犯的。这些错误中的绝大部分对孩子的未来都不会产生什么坏影响，班主任完全可以装作没看见，或者提醒一下即可。很多班主任工作得特别累，就是对这些小事过于纠缠了。所以我常常劝其他班主任，一定要学会"没看见"的本事。千万不要认为这是不负责任。见错就管，那叫"事儿妈"，那叫"烦琐哲学"，不是负责任。

（5）情况不明，暂时"不为"。有些问题比较严重，或者属于倾向性问题，班主任是必须认真对待的，但是如果情况没有搞清楚，也宁可先放一放。比如班级失窃，很多班主任雷厉风行闹一阵，最后也没查清东西是谁拿的，全班同学却都陪着受了一次次"教育"，这基本属于浪费时间。还不如班主任静悄悄地把案子破了，再谈其他。

（6）个别事情处理起来会影响大局，暂时"不为"。比如上课有的学生不注意听讲或做小动作，教师可以提醒他一下，若不改，只要尚未影响大局，就可以先不理他，下课再说，甚至可以下课也不理他，向周围同学打听一下他怎么回事再说。许多教师遇到这种情况沉不住气，和个别学生你来我往地理论起来，置多数同学于不顾。这是因小失大，浪费精力。

（7）没做好准备，则"不为"。有些震动全班的问题，有些歪风邪气，有些品德型的问题生，是要适当进行斗争的。这种事和打仗一样，必须做好充分的准备，不可轻举妄动，要做到打则必胜。

（8）像节能、节水一样节约语言，省下时间来用于思考。有一次，我对一个欺凌弱小的学生进行教育，刺激性的语言加上柔和的劝说，真正是做到了动之以情，晓之以理。说了个把小时，见那学生服软了，低头认错，还挤出了几滴眼泪，便满意地放他走了。第二天，有老师告诉我，那孩子下楼时嘀咕：要不是我饿了，要回家吃饭，才不呢！后来，我想，这样的谈话于我们都是浪费时间和感情，自己受累了，但没价值，还不如先不理他，自己静静想点新招。所以，教育教学语言能精简一点就精简一点，像节能、节水一样节约自己的语言。

积少成多，聚沙成塔。班主任如果在上述八个方面都加以注意，一点一点砍去无用功，他一定会发现自己比原来轻松多了，从容多了。这样，他就可以抽出更多的精力来治本——想办法抓班风和问题生了。表面上他的工作放松了，不风风火火了，不急急挠挠了，其实科技含量增加了，更胸有成竹了。这就叫做潇洒。

资料来源　王晓春.做一个专业的班主任[M].上海：华东师范大学出版社，2008.

第二节 每日常规

《教育部关于进一步加强中小学班主任工作的意见》要求班主任要做好班级的管理工作,加强班级的日常管理,维护班级良好的教学和生活秩序,并对做好班级管理工作提出了具体要求。班级日常管理的内容主要包括:考勤;自习纪律;课间活动、课前准备与课堂纪律;收作业;课外活动;学生宿舍管理及就餐管理等。

一、考勤

班级学习采用的是统一学习时间、统一学习内容、统一学习地点,以及由同一教师进行知识讲授和练习的学习方式,这种集体学习方式必须有统一的作息时间、统一的行动做基础。因此,建立班级常规考勤制度就非常必要。

班级考勤的依据是《中学生日常行为规范》和《小学生日常行为规范》中的相关规定及学校的作息时间和相关制度。考勤范围包括课程表安排的课时及学校安排的政治学习、班会、实习、劳动、开会、早操、眼保健操、晚自习等集体活动。

班主任应加强对学生日常出勤情况的管理与统计,作好各科教学课的考勤。考勤工作关系着学生的学习习惯、行为态度、品德修养,甚至是生命安全,尤其是今天,学生的安全问题往往与考勤管理有着密切的关系。班主任如未能及时发现考勤中的问题,一旦学生出了安全事故,不仅其责任之重无法想象,而且内心也会因此背上沉重的负担。

> **资料链接 2-5-2**
>
> **考勤管理办法参考**
>
> 1. 常见的考勤量化办法
>
> 考勤中考勤分全勤、病假、事假、旷课、迟到、早退、迟到又早退等七个项目。每日考勤用学生点名册,每周考勤用学生考勤统计表。考勤量化的方式、方法如下所述。
>
> 考勤一般使用的符号是:全勤不记符号,或用"丨"表示;事假用"&";病假用"*";旷课用"○";迟到用"□";早退用"×";迟到又早退"§"。上课考勤由任课老师或班长等负责;自习课、早自习、晚自习由班长或其他班干部负责点名;早操、课间操、课外活动等由体育委员点名。每周由班长将出勤情况汇总交班主任或教导处,然后由班主任或教导处公布相应的处分。学期结束时,要对每个学生的考勤情况进行统计,并将其填写在学生学籍卡和成绩报告单上。
>
> 2. 考勤标准
>
> (1)没有请假、请假未获批准和超过假期而缺勤者为旷课;
>
> (2)老师点名或开始活动后进入者为迟到;

(3) 活动时未经老师允许而先行离开者为早退。

3. 考勤计算

(1) 考勤计算的基本单位为课时；

(2) 迟到、早退 3 次折合为旷课 1 课时；

(3) 迟到或早退超过半课时记为旷课 1 课时；

(4) 6 课时折合 1 天。

4. 考勤程序

(1) 课堂考勤由任课老师记录和保存。学生干部应协助任课老师搞好考勤工作，同学们对考勤有疑问，可与任课老师沟通核实，由任课老师或班主任更正。

(2) 学校安排的其他活动由班主任或负责该活动的老师考勤。

(3) 学生科负责复核和汇总全校考勤。

(4) 学生科定期向学校领导、班主任和学生通报考勤情况。

5. 考勤及审批手续

(1) 每学期开学时，所有学生必须按规定的时间到校报到。如有特殊情况不能按时到校报到的，应事先向学校请假，班主任应及时掌握学生的报到情况并主动与学生取得联系，沟通和了解具体情况。

(2) 学生上课、自习、早操、课间操、集会等场合均应进行考勤。

(3) 对学生的事假，应严格掌握，学生请事假必须经批准后方能离校，不得离校后才委托他人代为请假或补假。

(4) 学生因病不能坚持上课的，应经医生出具病假建议条，按有关规定批准后，方为有效。

(5) 学生请事假 3 天以内由班主任批准；3 天以上 7 天以内须经班主任签注意见，由学生科主任批准；7 天以上由主管校长批准。

6. 考勤注意事项

(1) 考勤的目的在于确保学生的正常学习和生活时间，养成良好的学习和生活习惯，促进学生健康发展。

(2) 考勤中要注意全面了解学生的真实情况，不要轻信学生，也不要过于武断，尤其不要对成绩不好的或者调皮的学生以刻板印象进行判断。

(3) 考勤制度的执行要考虑学生的实际困难，尤其是农村中小学，要考虑学生上学的路程远近，使考勤人性化。

(4) 考勤不是目的，只是监督教学出勤情况的一种手段。班主任应及时掌握全体同学的出勤情况，分析学生迟到、旷课的原因，并针对具体原因而进行教育，防止学生不良行为的发生。

(5) 考勤管理的办法很多，规则量化绝不是唯一的法宝，班主任在其他方面的管理建设，如班级文化的形成、班主任的言传身教、班主任细致的思想工作都是柔性但有效的标本兼治的良方。

二、自习纪律

自习课是由学生自行预习、复习和完成作业的课,它是学生提高自学能力的有效途径。自习有早自习、晚自习和平时自习。

> **资料链接 2-5-3**
>
> **如何上好早读?**
>
> 1. 明确早读任务
>
> 早读课最主要的任务当然是朗读与背诵,读什么、背什么、完成多少任务,就是教师要把握的重点。任务要适中,要让多数学生有信心完成任务。
>
> 2. 创造竞争向上的氛围
>
> 没有竞争就没有活力,事实证明,在早读课上引入竞争机制,能大大提高学生的积极性。笔者曾做过多次实验,一堂早读课开展"比一比、赛一赛,看哪一组背得快"活动,每一组通过背诵的,依次到黑板上签名,看哪一组通过率高,一节课下来完成任务情况出人意料,那些平时拖拉的学生为了本组集体的荣誉,竟然也不甘落后。早读结束,及时评比,以一些小奖品予以奖励,能大大提高学生的积极性。
>
> 3. 怎么读
>
> (1) 领读。学生的朗读水平参差不齐,个别学生也许会背诵这篇文章,但不一定就代表其已经会读这篇文章,能读好这篇文章。教师可在早读课上领读,也可以让一些朗读能力强的学生领读,让大家读准、读好、读出美感、读出享受。也可以让一些朗读能力差的学生读,边读边点拨,这样既可以提高学生的朗读水平,也可以培养学生的审美情趣,让学生在学习中得到美的享受。
>
> (2) 朗读比赛。个人与个人,一小组与一小组,展开多种形式的朗读比赛。可以听朗读带,看谁读得好,看谁读得快,看谁读得有感染力;可以组织诗歌朗诵;也可以进行分角色朗读,等等。
>
> (3) 背诵比赛。比一比,谁先完成任务,哪一组完成任务的人最多。看谁背的诗歌多,或选定一个主题,看谁背的诗句多……组与组比,男女生之间比,对表现突出、进步明显的要及时予以奖励,对落后的要予以指导。
>
> 总之,学生的主体性、教师的主导性在教学中无处不在,而且又辨证统一。教师在早读课中的主导性加强,则学生的主体性也相应地得到进一步体现。我们要努力走出早读课的一些误区,让早读课精彩起来,让学生在兴趣的海洋里快乐地掌握知识,培养能力。

三、课间活动、课前准备与课堂纪律

课间活动、课前准备与课堂纪律密切相关,课间活动的选择与课前准备是良好课堂纪律的保证。班主任在此也需要花一些心思。

（1）课间活动内容的选择,应遵守人性化、民主、平等原则,考虑安全、时间等因素,与学生共同协商,此外,课间易于发生的一些相关问题都要有预设与相应的解决措施。

（2）课前准备,要注意习惯养成,同时要采取一些有效的提示措施,如值日学生在黑板一角公布当天的课程安排、课代表提前通知相关的学具准备等。

（3）课堂纪律,除以班规约束外,更要注重培养学生尊重他人的习惯和意识,即时灵活地处理课堂中各类事件。同时,应做好与科任教师的沟通协调工作,利用各种机会树立教师威信。这些都是课堂纪律管理的有效途径。

四、收作业

作业问题是班主任经常面临的一个难题,各种逃避作业、忘交忘带等事件常常发生,也花费了班主任相当大的精力,要解决这个问题,就要从根上治理。

（1）与科任老师协调作业量及作业难度的科学性。

（2）建立有序快捷的收作业程序。

（3）在学生学习态度上下工夫。

案例欣赏 2-5-1

省时高效收理作业

带班之初,我与大部分班主任一样,要求学生将作业本交到课代表处,本以为只要课代表各司其职,便一切OK,事实却差之千里。

其一,早上有的学生来得早,有的来得迟,个别"不法分子"便利用这其间的时间差或补作业、或抄作业。其二,由于课代表往往分坐在不同的组里,于是学生需要满教室跑着交作业,个别马大哈还常常漏交,需要折回去再返回来补交,不仅浪费自己的时间,也干扰了他人早读。其三,课代表每天的早读时间基本泡汤,他们的时间和精力基本花在收理作业上,根本无暇自顾。于是早读时间就在一片乱糟糟、闹哄哄的氛围中流失。

可以说早读是为一天的学习状态定的第一个调子,这个调子定歪了,后继的学习状态自然不佳。修补早读效率,需要修理的第一扇"被打破的玻璃"就是交作业,这样才能有效阻止"破窗现象"了萌芽状态。

经讨论,决定调整岗位,每门学科设两名课代表,一名负责组织早读,一名负责理作业,其中负责理作业的课代表需是高个、有责任心的同学,将其安排在最后一排。每位同学将需上交的作业统一放置在一个文件袋里,然后根据就近原则(楼梯上来就是班级的后门)全班同学都从后门进,便可以最快速度交完作业。这样一来,效果大大改观:其一,可以有效避免补作业或抄作业现象;其二,学生交作业速度大大提高,不致拥堵一处,大大改善了早读氛围,一时班里早读井然有序。

> 但还有一个问题未解决,就是如何帮助课代表省时高效收理好作业,还他们的早读时间。
>
> 最后我们采用了这样的方法:将红、蓝标签和红、蓝笔搭配出四种组合:蓝框红字、蓝框蓝字、红框红字、红框蓝字,一种组合对应一个大组,每种组合从1开始编号,然后规定每组左一为1,右一为2,左二为3,右二为4……依此类推。这样课代表只需根据不同标签即可分出四大组,然后只需核对编号即可查找作业未交者,几秒钟便可搞定,大大提高了效率。
>
> 粘作业标签的另一好处是,学生可将名字统一写在该处,这样一来,课代表、任课教师查找人员很方便,否则,有学生将名字写在封三,有学生不写名字,那查找起来是相当费时的。
>
> 这一过程,我们也提倡诚信的自我教育和外在监督相结合。在学习委员处放一本子,不论何种原因未交的、未做的自觉记上自己的名字,这也是诚信教育的一个契机。但同时也需要有外在的监督机制,如果一味自行记载,有学生想浑水摸鱼却能屡屡得手,反而给他们制造了不诚信的土壤,这正是让课代表抽查作业的缘由。
>
> 案例来源　郑英.教育真性情·制度篇[J].班主任之友(中学版),2011(6)

五、课外活动

班级课外活动是指以班级为单位或是班级组织的在教学时间以外的多种教育活动,既包括校内的课外活动,也包括校外的各种教育活动。组织课外活动要注意以下三个问题。

(1)要有计划。有计划地安排好学生的课外活动内容。

(2)要协调。在学校计划、班级计划及学生个人意向间做好协调。

(3)考虑安全因素。注意活动本身,以及活动环境安全性上的各种隐患,做好相关的避免和防护工作。

六、学生宿舍管理及就餐管理

学生宿舍管理及就餐管理是针对寄宿学校和设有学生食堂,为学生提供住宿和餐饮服务的学校班级而言的。其管理主要由学校后勤服务集团负责,但作为班主任也不能袖手旁观。班主任在进行这部分工作时,可以做好以下五点。

(1)将宿舍及就餐相关事项纳入行为习惯、礼仪教育等素质养成教育的关注视野内。

(2)做好相关的提醒。

(3)深入了解容易发生的问题,有针对性地进行教育。

(4)可开展竞赛类活动,如文明宿舍评比等。

(5)偶发事件处理。偶发事件是指在教育过程中遇到的事先难以预料、出现频率较低,但必须迅速做出反应、加以特殊处理的事件。在班主任工作中,偶发事件是难以完全避免的。

第三节　阶段性常规管理

每周、每月、期中、期末,各个阶段都有相应的常规工作,需要常抓不懈,与班风、学风、班级文化建设等相互配合,相得益彰。

一、每周计划、升旗、班会等

(1) 可根据班主任例会,将例会内容认真记录在班主任工作手册上,对一周的工作进行总结和反思,对下一周工作做好计划,认真贯彻学校一周的工作要点和要求。

(2) 每周一的升旗仪式,组织学生按要求着装、站队、敬礼等,严肃认真,保证升旗仪式的教育作用。除对学生进行相应的要求、提醒外,还可以结合升旗仪式中,国旗下的讲话、上周工作小结等,即时对学生进行指导、教育,将升旗仪式作为一个重要的教育场合。

(3) 按要求开好每周班会,充分利用班会时间,对学生进行做人、求学等各方面的教育。班会可以是即时性的,也可以是有计划的系列主题。

二、每月黑板报

在学校,黑板报是第二课堂的一种很好的活动形式,同时也是一种有效的宣传工具。

(1) 组织办报小组,或小组轮办,以增加学生参与面,激发学生的责任意识与主人翁意识,同时也让黑板报真正成为学生关注的内容。

(2) 应该结合班级情况,在配合学校主题的情况下,就本班情况开辟互动栏目。

(3) 每月黑板报,学校可能有相应的主题安排,班主任可配合此主题开展各种活动。

(4) 交给学生办黑板报的知识,如版面设计、报头设计、标题设计、文字编排等。

三、座位编排

班级学生座位的编排看起来是小事,却关系到学生的学习情绪、班级课堂气氛和纪律面貌等,同时也直接影响到学生的学习效果,蕴涵着许多教育思想和教育原则。班主任在编排座位时,一定要考虑学生的生理因素、心理因素、智力因素及非智力因素,等等。

编排座位是班主任工作的常规内容,其中学问不小。在此,挑出一二进行分析研究。

其一,排座位涉及教育空间资源的分配,既影响学生的情绪状态和人格发展,也影响学生的学习效率和班级组织纪律。在学生座位的编排上要避免各式各样的有负师德的做法。曹翔亚老师在《班主任之友(中学版)》2002年第4期上就具体谈到了榜样席、帮教席、反省席、审判席、贵宾席、练功席、禁闭席、面壁席……编排座位时的种种怪招,令人警醒。

其二,对于编排座位中出现的问题,教师应视为教育契机,及时反思,机智解决。宁海侠在《班主任之友(中学版)》2005年第5期上指出,他一开始忽略了学生小彤的感受,认为她是一个"不管坐在哪儿都让人放心"的乖孩子,因而让她单独坐在了最后一排。而宁老师从小彤的委屈中意识到了问题的严重性,于是创造性地将这张单座从后排移到了前排并赋予它积极的含义,成为全班同学最向往的"首席座位",也成为他调动学生积极性的一个"法宝"。宁老师对编排座位的处理无疑是成功的,是老师工作艺术性与创造性的完美结合。

其三,编排座位不可孤立进行,需要科任老师根据班主任工作的整体计划协调统筹,既要考虑不同阶段的工作安排的侧重点和相互衔接,又要考虑同一时段的班级各项活动内容的结构关系,还要兼顾班集体与学生个体发展的需要。具体编排座位的方式选择,要根据学生年龄特点、现实特点及班级学生人际关系状况进行,不可简单地偏执一端,仅由学生商定或由老师指定,而应争取科任教师和学生家长的支持与建议。而且,时间安排上,不可仅限于学期初进行,可多次调整,增加每位同学与更多同学同桌、享有更多不同空间的机会。

为了使座位编排工作达到预期的要求,班主任还要注意以下问题。

第一,班主任要注意学生的身体、心理、学习、纪律等多方面的情况,听取同学对座位编排的意见,并做好思想准备工作,提倡先人后己的精神,无论坐在什么位置上,都应团结同学,好好学习,互相帮助,共同进步。

第二,班主任在排座位的时候,应杜绝人为的因素或学生家长的干预。有的家长对孩子管得太多,甚至连坐在什么座位上都要过问,他们往往通过非正常渠道争取将自己的孩子安排在最佳位置上,这应引起班主任的注意。

第三,座位排完后,班主任还要根据新出现的情况随时调整学生的座位,并按期有规律地调换全班座位,纵行座位可有规律地两周或适当时间调换一次。这可以调节学生的视线及听力,使脑神经得到均衡刺激,有利于学生的心理正常发展。

资料链接 2-5-4

(1)在教育在线班主任论坛上,铁马雪原老师将自己在多年教学中用过的编排座位的方法展现给大家。①按身高排座。接手新班级的时候,由于不了解学生,就按个头排座。将个别近视的学生和有特殊要求而打过招呼的学生尽量调到前面。根据学生的人数决定单双座。初一年级采用男女纵向单排。②按期中、期末的考试成绩排座。这个方法也很简单。成绩出来了,你坐哪儿,你自己就清楚了。③男女围式坐法。下围棋的都知道,当你用四枚棋子吃对方的时候,你必须用你的四个棋子把对方围住。具体地说,就是每个学生的四面都是异性。这个方法适合初二。④互助共进式。考试后,班级的前十名和班级的后十名自愿结成互助对子,根据两个人成绩的名次决定座次。⑤自愿组合式。按每个学生的意愿自由组合,然后按成绩排座。⑥扇形组座法。以讲台为中心,画半圆,按照座位的间距画出纬线,再从圆心引出若干经线,座位就定在焦点上。每个学生的视线都集中在老师的讲台上,彼此不挡视线,学生不用侧身看老师。⑦全动式。每个学生在每周一全部向右再向后挪一位。这样的话,每个人在一个位置坐一周,如果全班是40名学生,用一年的时间就可坐遍所有的地方。不同的年级采用不同的排法,这样做只有一个目的,就是为了学生。以学生为本,爱护每一个学生,是班主任的天职。

(2) 魏书生老师从实践中归整出点滴智慧,让学生以自愿组合的方式来安排座位。详细参见他编写的《班主任工作漫谈》一书。

(3) 福建省泉州市安溪第八中学陈炳贵老师,每次新学期开学时,都会在教室显眼的地方贴上一位有经验的教师特意写的打油诗。

教室的位置

读书学习在教室,教室里面有位置;
位置到底哪个好,哪个位置都很妙。
昂首挺胸坐前面,黑板字小也很现;
时有唾沫一点点,粉笔灰灰一片片。
不远不近坐中间,眼睛看字倒是欢;
挤进挤出不方便,另外空气不新鲜。
又斜又偏坐窗边,清脆鸟声在耳畔;
阳光普照脸和眼,头晕眼花有点闪。
晃晃悠悠坐后面,交头接耳较自在;
"个性"、"特长"尽展现,成绩下滑怎么办?
同学们啦要听清,前后左右和正中;
只要上课很认真,学习成绩往上撑。
个个位置都平凡,看你态度如何来;
人人位置都普通,看你是否很用功。

借此来为那些因为一次失利不能选到好座位而烦恼的学生解忧,让他们重新找回信心。[1]

四、每学期评语与评优

班主任每学期末都会对本班学生一学期来的思想品德、学习、体育、劳动、纪律和为人等方面的优、缺点作一个比较全面的评价,并指出今后应努力的地方,这是教

---

[1] 陈炳贵.我的座位安排法.班主任之友(中学版),2010(7).

育过程中的一个重要手段。而书写评语则成为班主任一项重要的常规工作。这看似极普通的工作，却蕴藏着教育契机和可贵的教育价值。著名德育特级教师张万祥老师认为：评语不是简单的文字堆砌，不是用套涂抹出的总结，而应该是以心灵为纸、以情感为墨、以爱心为笔而抒写的心灵名片。良好的评语不仅为学生的发展指明了方向，更是沟通师生的桥梁。我们要把撰写评语看做是为学生生命成长奠基的组成部分，是班主任教育工作发出耀眼光辉的一环。

怎样写好评语呢？一份较好的评语从结构上应包括三部分：一是肯定成绩，表扬优点；二是指出问题，批评缺点；三是指出努力方向。为便于学生愉快地接受和采纳，须掌握写评语的艺术，即言之有情，言之有理，言之有"文"。切忌：套话、空话连篇，反映不出某个学生区别于其他学生的"这一个"典型性格；报喜不报忧，一俊遮百丑，忽视成绩尖子生身上存在的不足；以指责替代评语，这常常表现在对品学兼差的学生不屑一顾，不愿做一分为二的分析，不愿去寻找他们身上的闪光点，使评语成为班主任对这些学生的一次严厉的批评教育；由于写多了，也就写滥了，而觉得无话可说；疏于区别对待，三言两语，大同小异，完成了事。

如何撰写学生评语，不同的老师有不同的做法。

有的老师自己写评语，但力求让每个学生都有所触动；有的老师以评语为载体，组织学生开展互写评语的活动；有的老师让学生自己给自己写评语；还有的老师将自评、互评、教师点评三者结合，给学生形式多样的评语。

资料链接 2-5-5

《班主任之友（中学版）》2004 年第 7 期上，陕西西安市第一中学的罗畅老师在《学生鉴定的写作支招》中指出：①写作思想——高度重视；②写作准备——知人知事；③写作基调——倾注爱心；④写作原则——鼓励发展；⑤写作技巧——因人而异。

把准了原则，在具体的方法操作上，老师们也是各显神通。湖北省巴东县民族实验中学的邓正宏老师编写的《巧用名字写评语》(《班主任之友（中学版）》2005 年第 12 期)及福建省晋江市侨声中学的许灵韬老师编写的《学生评语　数学作主》(《班主任之友（中学版）》2008 年第 4 期)等介绍的方法，都独具特色和实效。

《班主任之友（中学版）》2007 年第 5 期上，江苏常州前黄实验学校的马榴英老师倡导写成长评语，她具体谈到了自己写学生成长评语的方法。

在马榴英老师带的班，评语从开学就开始写，写在计算机里，好处是随时可以修改。描述良好行为的词语用蓝色表示，描述不良行为的词语用红色表示。一星期或者两星期后，利用自习课或者班会课让学生阅读，也可在课余时间查阅。并约定，每位学生都可以对自己评语的内容提出修改要求，比如说，对班主任使用的某个词语不满意，学生可以提出来换成自己喜欢的词语，用括号注明。但这种更换是有条件的，必须待自己的言行与该词语名符其实了，才能更换。

这一做法实施以后,学生犯了错误的时候,首先想到的是自己的评语会发生变化,进一步想到怎样通过努力来改写它。老师不再简单地批评或训斥犯了错误的学生,而是打开计算机,与他商量,原来使用的某个词语已不适合了,需要换成另一个词语,并告诉他(她),什么时候改正了错误,什么时候再改回来。

学期结束前,每位学生将在计算机里看到这一学期中自己的变化、进步和成长。他们为自己的进步而欣慰,为自己的错误而自责,为老师的信任和激励而信心百倍。一句话,成长评语贯穿教师教育的全过程。

案例欣赏 2-5-2

一堂评语课

时逢岁末,又到了该给学生写评语的时候了。

做了十多年的班主任,写了十多年的评语,在评语写法的演变过程中,我也在一步步地成长。关于写评语的一些新观念、新思想,我吸收得自是不少。只是这么多孩子每年要写两次,一个学生六年要写十二次,既要写出孩子的个性特点,留下成长的印迹,又不雷同;既要客观公正,又要新颖并富有激励性,写评语实在是件伤透脑筋的"苦"差事。

多年的"苦"促使我不断地思考如何"苦"中作乐,如何"投机取巧",如何才能既高效又低耗地写好评语。也许是冥思苦想的结果,也许是天遂人愿,在期末复习中的一天,搭班老师有急事,临时请我代一节课,因刚刚复习了两节语文课,学生也很累,如果再继续上语文课的话,效果肯定不好。这时我灵机一动,计上心来。

我拿起刚写的三位学生的评语草稿本,急匆匆来到教室。学生看见又是我,个个像泄了气的皮球一样。这更坚定了我把这堂课改上评语课的信念。

"同学们,老师这儿有三个同学的评语,现在想请你们评价一下老师写得是否恰如其人,如果你们能猜出老师写的是谁,说明我的评语是中肯的,否则就是失败的。"

同学们听后一个个兴奋起来,皮球里的气似乎一下子又鼓足了。

还没等我读完,同学们就争先恐后举手回答。他们的答案惊人地一致。我很得意。

同学们兴趣不减,露出渴望的眼神。

我双肩一耸两手一摊,遗憾地告诉他们:"很可惜,老师近段时间太忙了,只写好了三个同学的评语,不能满足你们的胃口了。"

一些调皮的学生开始摇头叹气,"皮球"有点瘪了。

"但是……"我故作神秘,"你们可以帮助老师呀!"

已经开始暗淡下来的眼神一下子又亮了。

我不紧不慢地说:"老师今天就请你们帮我写评语,怎么样?"

孩子们七嘴八舌地议论起来。

"注意……"我清清嗓子,声音提高八度,"现在请你们四人一组,自由组合,先各自说说自己身上的优点,再说说你组其他三个同学身上的优点,并一一记录下来。"

我故意打破以往上课讨论时固定的四人小组模式。教室里立刻像炸开了的锅,孩子们积极响应起来,寻找合作伙伴。

自由组合完成以后,教室慢慢安静下来,一些孩子开始思考自己身上的优点,变得有些不好意思起来……

说别人优点时的气氛却异常热烈,有的因有不同意见而争得面红耳赤。

这时,教室后角一组中三个同学高高地举起了手,我询问事由,其中一个站起来振振有词地说:"老师,我们组有人没有优点!"

我不由一怔,脱口而出:"怎么可能,他自己没说吗?"

"没有!"一个同学抢先答道,"他自己也说自己没有优点。"

我来到这一组,这个同学早已深深埋下了自己的头。

的确,这是一位屡犯错误,不但让老师头疼,连同学也畏而远之,几乎是大家公认的后进生。

当我瞥见那深深埋下头的他双肩似乎在微微发颤时,心不由一酸,不知为何,陡然间一种负疚的感觉袭遍全身。

是呀,不经意间一个学期滑过,其间,我对他的关注的确太少太少,而否定性评价又太多太多了。一堂评语课,竟让一个学生抬不起头来,无论如何我是有责任的。是弥补过失的时候了!

我走到这个孩子身旁,轻轻抚摩着他的头,弯下腰来,悄悄地对他耳语:"别着急,老师前几天还发现过你身上的优点呢,再仔细想想。"

埋下去的头抬起来,他看了我一眼,我看到了一丝感激与疑惑,瞬间的喜悦之光一闪而过,随之又暗下去。

我又郑重地对其他三人说:"每个人身上都会有优点,你们找不到别人身上的优点,可能是还不太善于发现,也可能是因过多注重别人身上的缺点而蒙蔽了双眼,请你们擦亮眼睛,再仔细找一找吧。"

我的话语再一次鼓起了这位同学的勇气,他的头又抬起来了,虽然眼神还很茫然。

我首先打破沉默,亲切地说:"晓刚,你还记得吗?有一次老师准备上公开课,急着用电池,是你马上从宿舍里拿来了崭新的电池,还直说不用我还呢!"

这个孩子不由瞪大了惊异的双眼,腼腆地笑道:"这也能算优点,我早就忘了呢!"

"当然是优点了,同学们,你们说是吗?"

"是……"此时全班同学的注意力都被吸引过来了,他们异口同声地大声回答。

接下来,其他学生还真为这名学生找到了不少优点。

下课铃响了,当我手捧一摞沉甸甸的评语稿,再次扫视一张张因兴奋而红扑扑的小脸准备说再见时,我看到教室最后排的那名学生眼里闪烁的分明是晶莹的泪花。

踏着铃声,带着幸福的笑容,迈着轻快的步子,我不由哼起了小曲……

案例来源　凌志根.一堂评语课[J].班主任之友(中学版),2006(5).

案例欣赏 2-5-3

评语的"评语"

著名哲学家黑格尔从神学院毕业的时候,老师写给他的评语是:"黑格尔,健康状态不佳,中等身材,不善辞令,沉默寡言,天赋高,判断力健全,记忆力强,作风正派,有时不太用功,神学有成绩。虽然尝试讲道不无热情,但看来不是一个优秀的传道士,语言知识丰富,哲学上十分努力。"

老师以平静的语气,真实、客观地刻画出了黑格尔"这个人"的个性、能力、取向、优点和不足。

看罢这则评语,我想到了我们教师给学生写的评语。相对于以往,现在的学生评语更科学中肯、更贴近学生,让学生感到可亲、可近、可信,收到了较好的效果。但同时也有些学生评语存在着这样或那样的不足。

1. 小题大做式评语

教师看到一位平时默默无闻的女学生自觉捡起教室里的纸屑,于是在给她的评语中写道:"你非常关心班集体,有着良好的行为习惯,每当你默默地捡起纸屑时,老师都为你暗暗地竖起大拇指。"

教师给一位乐于助人的学生的评语是:"你的心地十分善良,看到别人有困难的时候,你总是特别着急,想尽一切办法去帮助别人。比如,把铅笔借给同学啦,陪有病的同学去医务室啦,等等。看着这一切,我真为你高兴,因为一颗善良的心灵就是一席永恒的筵席,你会拥有更多的朋友,你会永远幸福快乐的。"

诗敏同学在课堂上常常与邻桌说悄悄话,老师要不时地提醒她。在评语中,老师是这样写的:"诗敏同学,你是一个聪明伶俐、活泼好动的小女生,也是个精美的小话匣子,一幅简单的图画都能被你说成一个生动而美丽的故事,就像你的名字一样充满了诗情画意。课堂上,你总能敏捷而准确地回答出问题,又能在课外组织同学搞好班级活动,大家都很喜欢你。但是,你的小话匣子经常在不恰当的时候打开,影响同学们听课,希望你以后注意,并能努力使自己成为一个精美而且有很好调控机能的'宝匣子',好吗?"

评语　这类评语只是描述了学生生活、学习中的一些琐碎小事或不良习惯,只是学生综合素质表现中的"冰山一角"。"一叶障目,不见森林";只见表象,未言本质。这类评语缺乏全面性,缺乏高度和深度,不能客观地反映一个学生的全貌,难以让家长全面了解自己的孩子,更难以为学生的发展指明方向。好的评语要对学生的表面现象去粗取精、去伪存真,求得学生灵魂深处的东西。评语既要概括、涉及学生在学习、纪律、体育等各方面的表现,又要让人看到学生在毅力、竞争意识、审美情趣、鉴赏能力等方面的优点与缺点。

2. 泛泛叙事式评语

"坦率地说,上半学期,除了你的名字外,你基本上没有引起我的注意。慢慢地,你让我刮目相看,的确,你在极力尝试,可见你并没有虚度光阴,真的为你高兴! 只是让我不解的是:你的数学高达95分,而地理只有38分! 另:校报上刊登的你的新作《新龟兔赛跑》的确很精彩。"

"通过几个月的相处,我认识了你,了解了你,也喜欢上了你。记得你刚刚来学校报到的时候,小小的你在妈妈的陪同下走进了教室,茫然地望着老师和同学,眼神里充满了担忧、陌生感和孤独感。但你很快就适应了学校的环境,开始了新的学习生活。

你是一个非常善良可爱的小女孩。每次看见老师你都会真诚、友善地微笑一下,然后用百灵鸟般柔和、动听的声音叫我一声'吕老师好!'你也曾对我说:'老师,我每次回家都对妈妈说,你对我很好的。'这一切都使我十分感动。你的笑在我的心灵深处留下了深深的烙印,你真是一位可爱的天使。读书不仅需要用功,还要用心,努力听好每一节课,做好预习和练习,及时复习,这样坚持一天并不难,然而千百次地做好简单的事,就能成就一番不简单的学业。沉住气,坚持就是胜利,会有那么一天的。"

评语　这种居高临下、以教导式的口吻写出的评语常常招致学生的反感,收不到预期的教育效果。素质教育形势下,教师的评语也应该体现民主和平等,如同亲朋拉家常一般。娓娓细语中道出老师的殷殷期望,让学生深切地感受到老师的真情,只有这样才能达到师生思想上的交流、情感上的沟通,并收到良好的效果。

像上面这类"啦呱式"评语,通篇就是一个个优美的小故事,虽然学生喜闻乐见,但通篇故事读完后,学生不会有太多的发现和收获,难以从道德素养、学习能力、交流与合作能力、运动与健康、审美与表现、创新意识与实践能力等各方面对自己有一个清醒的认识,更难以明确自己今后的努力方向。这类评语,充其量是日记式的记叙文,与真正的评语相比,没有做到言简意赅,且缺乏严肃性和权威性。

3. 哗众取宠式评语

某班主任为一名聪明伶俐但不注重基础训练、作业常常"偷工减料"的学生写的评语是:"知识技能像一座桥,人生也像一座桥,不可偷工减料,不能搞豆腐渣工程,否则,将来你的彩虹总有一天也会倒塌的!"

某班主任给一个缺少母爱、多愁善感的女生写道:"悲伤着你的悲伤,快乐着你的快乐,希望你能够多一些开心,少一些烦恼。"

一位班主任对一名爱发牢骚的学生的评语是:"高三,想说爱你不容易;×××,想说爱你也很难,生活就是痛并快乐着。世间自有公道,要做就做最好。"

某教师为寡言少语但爱思考的学生写道:"太阳不语,自是一种光辉;高山不语,自是一种巍峨……你爱凝思,自是一种风度,一种气质。"

评语　撰写评语,要采用学生喜闻乐见的形式,可考虑用散文或诗歌的笔法,注重趣味性和时代性,但更要注重有深刻丰富的内容,即评语要做到语重心长,能对学生产生心灵的震动。时髦的话语不是不能用,但应有个度,过度便有哗众取宠之嫌,甚至本末倒置。

4. 祝福式评语

"老师真的很喜欢你,在春节来临之际,我要深深地祝福你:幸福快乐,健康平安,天天向上!愿你的脸上永远都有灿烂的笑容!"

"祝福你,爱笑的小女孩!祝寒假愉快!祝你,永远是个快乐天使!"

评语　这类评语亲切、宜人,但言之无物,充其量是节日贺卡上的寄语,不能称其为评语。一则好的评语如同教师开出的一剂精神良方,学生可能因此而终身受益。

5. 褒贬失当式评语

"你有较强的自尊心和上进心,集体荣誉感强,尊敬老师,喜欢帮老师做事,与同学相处和睦,不计较个人得失,懂得谦让,爱劳动,能吃苦耐劳,诚实勇敢,积极参加体育锻炼,拾金不昧,上课积极举手,大胆发言,回答问题声音响亮。你真了不起,老师为拥有你这样的学生而骄傲!"

"文静秀气,学习踏实,办事认真,平时言语不多,但我知道你是一名尊敬老师、热爱集体、关心同学的好女孩。课堂上专注的神情,作业本上工整清楚的字迹,考试卷上优异的成绩……都告诉我你是一个勤奋上进的好学生。"

"你是一个乖巧听话的孩子,尊敬老师,与同学们和睦相处,热心助人,诚实勇敢,集体荣誉感强,自尊心强,有上进心,能吃苦,爱劳动,懂得谦让,遵守纪律,爱护花草树木,环保意识强,学习成绩优秀,课堂练习能独立完成,老师希望你以后在课堂上能多动脑思考,积极举手发言!"

评语　在倡导赏识教育的今天,我们许多教师以肯定、赞扬、激励的语气,以放大学生的闪光点、给学生更多的自信和尊重为前提,给学生写评语。不可否认,

> 这种评语能够激发学生的上进心,利于学生发现自己的长处。"爱过则溺纵",这些评语既像一篇篇表扬稿,将学生的优点和长处说得面面俱到,甚至夸大其词;又像化妆品,给学生脸上涂脂抹粉,把学生打扮成了"完美人",只见优点与特长,未见缺点与不足。学生看后沾沾自喜,不能正确认识、把握自己,家长无法了解自己子女的真实情况,家庭教育无从着手。
>
> 要体现评语的教育功能,教师在撰写评语时就要做到实事求是,注重客观性。评语要真实地反映出学生在学校的表现,对优点的赞扬要恰如其分,同时也不能掩盖学生的缺点和不足,不能因此错过教育时机。
>
> **总评** 好的评语是"花朵们"健康成长的催化剂、及时雨;是帮助下一代树立正确的世界观、人生观、价值观的指路灯、方向盘;也是学校与家庭、教师与家长沟通的桥梁、纽带。在撰写评语的时候,让我们重温陶行知先生的这句话:"真教育是心心相印的活动,唯有从心里发出来,才会打入学生心灵深处去。"班主任一定要用"心"去写好每一位学生的评语,千万不能人云亦云,随波逐流。
>
> **案例来源** 齐美利,侯晓玲.评语的"评语".班主任之友(中学版),2008(2).

五、其他管理事务

除了以上必做的管理事务,班主任还可以根据班级特点,开创个性的、自主性的管理事务,如班级日志、班级主页、班费、家长会等。

1. 班级日志

推行班级日志是一些班主任很愿意采用的一种班级管理方式。一般的做法是:每日由班主任指定专人负责,记录下每一天班级内发生的事情。在小学,记录的人员主要由班干部尤其是正、副班长担任;从记录的内容看,多是出勤或纪律情况的记载,尤其是上课讲话、做小动作的记载。班级日志像一本"生死簿",成为教师决定对学生惩戒与否的一个依据。随着年级的升高,尤其到了高中,班级日志从内容到形式都发生了很多变化:不少班级把班级日志改为心灵寄语;记录的执行也不再只是一些班干部的专利,班上每一位学生都参与其中;记录的内容则是班级中的每日大事、趣闻花絮、见解建议、苦恼困惑等。

事实证明,班级日志以独特的书面话语方式,见证着班级的日常生活,也见证着师生之间倾听、沟通、协商、抗衡等复杂的过程,成为架在老师和学生之间的桥梁,有利于班级的有效管理。

2. 班级主页

(1) 班级主页可以是展示学生个性特征的平台,成为班主任认识学生和学生间相互了解的一个重要渠道。

(2) 班级主页可以呈现学生日常生活,可以是班级的同学对班级每天发生的事情的记录,可以是班主任提供的视频、图片。家长、学生、科任老师,都可以从中比较清晰地了解彼此大致的生活内容,看到学生的成长故事,增加相互的了解。

（3）班级主页，可以让学生就班级、学校里每一件重要的事情，发表相关的评论，提升自我认识，班主任也可从中洞察学生们的心理状态、认识事物的方法乃至价值观、人生观。它是班主任对学生进行思想教育、学习方法教育、树立良好班风的重要依据之一。

3. 班费

目前班主任不能随意向学生收取钱款，但班级活动还是需要有相应的费用的，一般来说，可以通过公共活动获得集体资金来源，当然，必须得到班集体大多数成员同意，并全部用于学生身上或集体活动中。所以班费管理应该有合适的人选，班费的收支情况应该有具体明细的记载，并及时公布。

案例欣赏 2-5-4

名正言顺筹班费

自从看到某教师为收十元班费被家长投诉，看到某校班主任被有关部门责令将收取的班费全额退还学生（至于购买了东西的部分也由班主任自己填补）的消息后，才明白收班费也是一项富有思维含量和科技含量的活儿。

但凡当过班主任的都知道，班级好比一个家庭，少不得一些日常开支，搞个活动、发点奖品都需要班费。

这就让时下的班主任面临着两难选择：不向学生收，班级活动的必要开支就成了无源之水，这种情况下往往是班主任自掏腰包（虽然有政策说是由学校拨款给班级当班费，试问有多少学校在这一点是不打折扣的，又有多少班主任会就这个问题与学校较真！）；向学生收班费吧，万一遇到个较真的家长跟你顶起来，告到校长进而教育局长那，自己也是理亏的，如开头提到的某教师的遭遇，于是只能盼望家长个个通情达理、善解人意，可把希望放在别人身上，这是多么不保险的事。

回想初当班主任时，意气风发，出手大方，为让学生开心过圣诞，甩手给他们300元，让他们买点活动用品。其实我的本意是我大方一点，他们也替我节约一些，互相体谅，互相成全，彼此都很开怀。殊不知他们花个精光，最后只送我一个圣诞老人的头像就把我打发了，后面的日子还长着呢。症结何在？那费用是我给他们的，他们自然不会珍惜，唯有自己努力争取的，他们才会珍惜。

不免想到一个故事：由于春短，嫩草尚未发芽，只能用隔年的干草喂牛。那草咬起来干巴巴的，牛理也不理。后来主人不把干草放在食槽里，而是放在屋顶上，让牛伸着脖子才能吃到，结果牛吃得很香。这就是高屋喂草的计策。

班费是否也可让他们自行筹集？一来省去家长告状的后顾之忧；二来让他们体验一把"一粥一饭，当思来处不易；半丝半缕，恒念物力维艰"的真正内涵；三来也需要给他们提供学习节俭、理财、持家的机会。

主意已定，我有针对性地上了一堂以勤俭为主题的班会，结尾处动情地说：

"勤俭节约,它不是口号,而是行动,需要我们从自身做起,从点滴做起,从小做起。"然后话锋一转,"我们是否可以在这方面付诸行动,比如一天节约一毛钱?"学生嚷嚷没问题。我继续说:"同意这项行动的请举手。"学生个个整整齐齐地举起右手(有了班会的情感铺垫再加上当时的情境,有谁会不同意呢?),我从左边开始,让眼神在每位学生脸上停顿0.5秒,嘴里念叨着,一一用手轻点过来,学生看我这般严肃,把身子直了又直,挺了又挺,个个正襟危坐。终于"扫描"完毕,我不失时机地送上高帽子:"你们用刚才的行动证明,自己是言行如一的人,那我们就从明天开始筹集如何?"学生反对,认为应该从今天开始筹集,自然正中我怀。

其实我早算过一笔账,相比大多数班主任开学初收十元班费,我们一天一毛钱"划算"多了。因为一学期即便按四个月算,每位学生也能为班级"贡献"12元。想来自己还是挺"阴险"的。

生活委员有意见了:"一天一毛钱交我这儿,我要被烦死了。"其他人纷纷附和:"我们也觉得烦,每天都惦记着,多不安心。"又是说中了我的心意,我忙为他们解难:"要不这样,你们可以选择一次性筹集,一学期12元,也可选择分期筹集,类似'按揭',每月3元,如何?"学生纷纷赞同第二种方案,每月3元。当然我得强调,既然是勤俭节约行动,就不可为这笔费用额外伸手向父母要,同时把这事马上告之家长,明里让他们监督孩子,实则堵住他们的悠悠之口……培养孩子的勤俭美德,何错之有!

虽然比别人多走一步,其实是曲线救国,从此,不需再为筹集班费之事劳神、费心。

当然,班级编制了一张"班级基金收支细目表",包括日期、存入、支出、经手(生活委员签字)、审核(班长签字)、主管(班主任签字)、余额、备注等内容,张贴在"班务公开栏"里,每笔收支都明明白白、清清楚楚,每笔经费都是取之于民,用之于民,何患他人非议。

案例来源 郑英.教育真性情·制度篇[J].班主任之友(中学版),2011(6).

案例欣赏 2-5-5

天天·周周·月月

数年来,我一直从事初中班主任工作,把学生的思想品德教育放在首要位置,从习惯的培养、方法的指导、德育的渗透这三个方面进行教育。今天,我谈谈天天一番唠叨,周周一次洗礼,月月一次感恩的德育渗透。

一、天天一番唠叨

就像唐僧给孙悟空念紧箍咒一样,念得多了,学生们不愿多听也不会少听,不听也知道怎么做。有时为了不让老师念,就自觉做了。自觉做的次数多了,就变成了习惯。等习惯养成后,他自己也就主动念了,你也就无需管理了,真正达到了管理的最高境界——不管。

（1）每天一句温馨的话。根据班情的需要,我每天在黑板专栏中写一句话来体现我对学生的爱。如,天凉了,我写道:孩子们,天凉了,请注意保暖！复习紧张了,我写道:别急,我们必胜！不努力学习时,我写道:孩子们,你们怎么了？要认输么？一句句简单而充满鼓励的话语体现了我对他们成长的关注;一句句简单而包含爱心的话语使他们明白了我的严厉是一种爱,我的惩罚是一种负责的表现。

（2）每天一篇美文。每天都有犯错的学生。从这学期开始,第一个犯错者,让其在晚自习当众朗读一篇相应的文章,如:《我的明天,我做主》、《为梦想而努力奋斗》、《初73班班级誓言》、《健康,你第一》、《文明从我做起倡议书》等。通过朗读,培养了学生的朗诵能力,也使学生在读的过程当中认识到自己的错误,由衷地接受老师的批评。

（3）每天找一个学生谈话。我每天在新闻时间至少找一个同学谈话,谈话内容有学习、生活、交友等各个方面,谈话的对象是当天意志消沉者,谈话多以鼓励开导为主。通过谈话,使学生认识到老师重视他们,从而激发他们学习的欲望。

（4）每天琢磨一节课。我是政治老师,每个班一周两节政治课,不需要每天备新课,但我把学生每天的行为都变成教学素材,上课的时候随手拈来,既开发了教材,又让学生浅显易懂地理解了课本内容,无形中还教育了学生。久而久之,学生怕我把他们编入教学素材,便收敛了自己的行为,尤其是上政治课的这一天。

通过每天的这番唠叨,学生们明白了是非、美丑、善恶,逐渐变得文明起来,都希望变成一个有积极思想的人,一个渴望成功的人。

二、周周一次洗礼

思想要深入人心。思想一旦深入人心,就会变成行动。我每周对学生"洗脑"一次,让科学思想在他们的心中生根发芽。

（1）每周读一遍《初73班成功宝典》或《初73班班级誓言》。如《初73班成功宝典》中的观点:要么不做,要做就做得最好;态度决定命运,认真关系成败;细节成就完美,习惯影响一生等。《初73班班级誓言》中的观点:不做懦弱无能的退缩者,也不做毫无意义的彷徨者,我将带着从容的微笑赢得我志在必得的辉煌。通过宣誓,表决心,学生下周必定意气风发,干劲十足。

（2）每周写一篇感悟。精心准备的班会后,让学生写感想,题目自定,优秀文章作为范文宣读。通过感悟,我了解了学生的心理,也明白了他们成长中的烦恼,对他们无形中起到了教育作用。如"告别零食 合理消费"班会后,学生翟耀英写道:"以前,我总认为是李老师不让我们吃零食,通过这次班会,我才明白吃零食有这么多危害,我才明白我已花了父母这么多钱,我的月消费竟占家庭消费的1/3。"

（3）每周学一首歌曲。好的歌曲给人以心灵的震撼和积极向上的力量。如《感恩的心》《男儿当自强》《相信自己》《每当我走过老师的窗前》《母亲》《父亲》等。

（4）每周评一个明星。榜样的力量是无穷的。从这个学期开始，每周有一个班级明星诞生，我仿照"感动中国人物"颁奖活动，亲自精心撰写颁奖词，其余同学送贺词。通过这一活动，满足了学生的自尊需求，也教会了他们如何赞美别人，欣赏别人，让学生感受到生活的美，从而激发他们追求上进的欲望。如第一周明星——贾俊鹏，是一个耳朵失聪的孩子，但凭着自己的努力取得年级第89名的优异成绩，而且寒假作业做得非常认真，于是他理所当然成为周明星。我给他的颁奖词是："挫折中领略生命的坚强，不幸中体会生活的多姿。你用真诚的心、善良的情、奋斗的手、自信的腿赢得了一个男子汉的尊严。"同学程思凡送他的贺词是："你抹去我们的泪痕，用欢心的火焰燃尽那萦绕心头的惆怅；你用和煦的阳光照亮那阴晦的心情。你告诉我们天之骄子不言失败，天之骄子不言注定，擦干眼泪，继续前行。"

通过一周一次思想的洗礼，学生充满信心和斗志，主动向预定目标前进。这成为学生追求成功的内驱力。

三、月月一次感恩

懂得感恩的人才会高尚，懂得感恩的人才有教育的意义。

（1）每月带回家一个本。这个本叫成长记录本。每次放月假，我都会把每个学生一个月的表现以评语的形式告知家长，也会让学生把要带的东西记到本上。这个本架起了学校与家长交流的桥梁，也教会了学生打理自己的生活。

（2）每月举行一次活动。如：诗朗诵、演讲比赛、知识竞赛，母亲节、父亲节、教师节等大型的庆祝活动。这些活动丰富了学生的生活，也拉近了师生距离，使他们亲其师而信其道。

（3）每月写一封信。随着手机的普及，书信越来越远离了人们的生活，但书信作为感情的表达方式，有其不可替代的作用。要么我给学生写一封公开信；要么学生给我写一封信；要么学生给家长写一封信；要么家长给学生写一封信。通过书信，学生体会了父母、老师的良苦用心，父母、老师也明白了孩子的奋斗决心，亲情、师生情进一步升华。通过与家长的交流与合作，学生每次都是带着对父母的感动投入学习和生活，父母对他们的爱、老师对他们的情激发了他们奋发图强的勇气和信心。这成为学生追求成功的外动力。

（4）每月一汇总。初73班实行全方位考核制，每周汇总，每月总排名，前10名的同学获得奖状一张，发在回家之时，得奖者有优先批准出入证的权利并获得最优秀的评语。通过这一措施，加强了学生们的自律意识和竞争意识。

总之，学生有成功的欲望，有成功的内驱力和外动力，想不成功都很难。可见，

> 德育工作应放在首位,但对学生的德育渗透不是一朝一夕就可实现的,它需要有水滴石穿的精神及对教育事业的执着和激情。
>
> 案例来源　李瑞娟.天天·周周·月月[J].班主任之友(中学版),2009(6).

4. 家长会

可以根据各阶段学情的需要,组织全班性的或小范围的、综合性的或单个主题式的、学生在场的和家长单独参加的等各类家长会。

> **资料链接 2-5-6**
>
>

家　长　会

>
> 家长会,一般是由学校或教师发起的,面向学生、学生家长及教师的交流、互动,介绍性的会议或活动。
>
> 1. 家长会的几种主要形式
>
> (1) 发布会形式。这种形式的家长会针对一项或多项主题,以教师讲述和传达为主,以家长提问为辅。多为学校或班级有重大事项宣布;或学生面临升学,中考或高考的专题讲座;或类似一堂家长学校课程。其目的是准确、及时地向家长通报学生或学校教学情况、变化、日程等。
>
> (2) 会演慰问形式。这种形式的家长会通常由教师组织,以学生表演或学生作品演示,家长参观或鉴赏为主要内容。这种形式多是为了增加教师、学生、家长的三方互动,对一段时间内的学生学习成果进行展示,并且多安排在学期末或重要节日前举行。
>
> (3) 共同活动形式。这种形式的家长会的目的主要是在共同的活动中增进彼此的交流,多为幼儿园或小学采用。
>
> 当然家长会还有很多其他形式,比如以家长发言为主的家长会,以学生向家长提建议和意见的发言为主的家长会,或者以上各种形式结合的家长会。
>
> 2. 组织家长会的步骤
>
> 从班主任老师的角度出发,如何组织一场家长会呢?步骤如下所述。
>
> (1) 明确家长会的目的。确定家长会的主题,即通过这次家长会,需要达到什么样的目的,是通报学生的学习生活状况,还是辅导家长如何做好学生的考前准备工作等。只有明确了主题和目的,才能围绕这个主题组织家长会。
>
> (2) 确定家长会的形式。根据主题和内容的不同,选择和确定合适的家长会形式。总的来说,家长会的形式应该以内容来确定,而不是拘泥于形式本身。
>
> (3) 做好家长会前的"备课"。相信大多数教师,尤其是班主任,对学生和学校的情况是了如指掌的。但是有一些新的情况,仍然需要老师做一些对应的准备,比如刚刚出来的考试成绩情况,或教育部门、学校新发布的教育政策等内容。做到有问必答,有备无患。

(4) 确定家长会的流程。家长会的流程应从家长的召集准备开始,到会议的发言顺序、总体时间的把握等多个方面进行明确。通常以时间为顺序,把会议涉及的人、事、物尽量明确下来,比如明确发言的顺序、讨论的范围、会议的整体进行时间等。这一点十分重要。明确的流程,将帮助老师尽量避免疏漏和掌控会议全程。同时,这部分的内容有些还可以作为发言的内容,比如让与会的家长和同学知道接下来的会议内容等。所以,制订流程的步骤一定不可缺少。

　　(5) 拟订家长会的发言内容。无论是什么形式的家长会,作为教师的发言,都将是家长会的重要开场白或结束语。它将引领会议的议题和进程。所以,拟订一份家长会上的教师发言稿十分重要。

　　(6) 做好家长会的通知和召集。列示家长会的出席各方名单,然后将会议时间、主题等通过各种形式,及时通知到与会者。最好能够同时对明确赴会的名单有一个收集。

　　(7) 做好会场布置和家长的到会接待。在会议开始前,应做好家长的接待,位置安排,以及会场布置等工作,可以动员同学们一起来完成这个事项。

　　(8) 家长会的实质进行阶段。家长会开始,根据先前制订的计划和流程,灵活地进行会议。

　　(9) 做好家长会的活动或会议记录。可安排同学采用手记或录音等方式,做好家长会的会议记录,把家长会上遇到的问题,记录下来,供以后解决或借鉴。

　　(10) 送走家长,并适时做好家长会的总结。家长会的会议内容结束,在经过其他交流后,应动员同学做一些家长的欢送工作。同时教师应结合会议记录,做好家长会的总结。

　　(11) 向学生们有选择地通报家长会的内容。一些家长会是没有学生参与的,除了家长在与会后,会将会议内容和孩子交流之外,教师也应适当地向学生透露家长会的一些内容,起到疏导、解惑,以及安定同学内心猜测的效果。

　　(12) 做好家长会的回访,并跟进家长会后的重点问题。作为一个负责任的教师,当然不会认为一次集中的家长会就可以解决所有要求家长配合的难题,或解答家长所有的疑惑。所以适时地在会后回访或跟进,将有助于教师和家长的真正了解,以得到家长更好的配合。

【思考与实践】

　　1. 调查一下身边的同行常采用的学生座位编排方式有哪些,其中得到学生及家长和科任教师共同赞许的是哪种,为什么?

　　2. 请先在班上作一番调查:班上学生对目前教室的布置是否感到满意,为什么?你打算如何改进教室的布置,依据是什么?

　　3. 对学生的鉴定和评语写作上,如何让不同的学生、学生家长内心感到信服?请亮出你独特的做法。

4. 你怎么理解班主任班级日常管理工作是项琐碎的工作,同时又是一项艰巨的工作;是一门科学,又是一门艺术？请联系实际谈谈。

5. 想象你新接手一个班级时,会安排和落实哪些日常管理工作,并总结经验和教训。

第六章 班集体建设

 阅读提示

(1) 一个班集体的形成要考虑哪些因素?
(2) 好班规、班干部从哪里来?
(3) 如何打造独特的班级文化?
(4) 怎样形成良好的班风?

第一节 班集体建设概述

一、班集体建设的含义

班级组织建设的动态过程就是教育者通过各种手段将班级这一学校最基层组织培养成班集体的过程;它是班主任的中心工作,是学校教育教学和管理工作的基础,所以习惯上也把这一建设过程称为班集体建设。①

班级全体成员,在班主任的带领下,在教育目标的引领下,以个体生命的觉醒与成长、个性能力的和谐发展为宗旨,在以学习为主要目的的共同活动与交往中,在严格、缜密、科学的管理下,从偶然的聚合到最终的归属认同,成为教育的主体,通过发挥学生集体与个体能动性,形成和发展班集体的过程,就是班集体建设过程。

班集体建设是班主任最重要的基本功,是班主任开展工作时必须面对及完成的首要任务,是完成教育教学任务,贯彻教育方针,实现教育目标,培养学生良好的个性品质、公民素养、民主精神的基础。

班主任只有用心经营,精心组织,倾心建设,才能使班级成为一个真正的班集体。

二、班集体建设的内容与途径

班集体建设有着丰富的内容,不同的班级,其成员的组成不同,所处的环境不同,拥有的资源不同,其班集体建设的内容自然也就不同。一般来讲,班集体建设主要包括以下内容。

(1) 目标建设:包括总目标和分目标。从目标对象而言,有集体目标和个体目

---

① 张作岭.班级管理.北京:清华大学出版社,2010:91.

标;从时段上看,有最终目标和学段目标(学年、学期、季度、月、周)。

(2) 制度建设:包括已有规范的学习和具体化,班级有效规范(班规等)的构建与执行。

(3) 组织建设:包括组织机构的设立,干部的选拔、培养和任免。

(4) 文化建设:包括物质空间(温馨的教室、独立的课桌椅等)及精神家园的建设(如共同的奋斗目标、健全的组织系统、科学合理的班规和纪律、有号召力的班级的核心层、正确的舆论和良好的班风等)。

确切地说,班集体建设的各项内容水乳交融,你中有我,我中有你,主要通过学习活动、生活活动、主题活动、班团活动、社会实践活动等途径来实现。这里的分类,只是为了便于研究。本章将着重从班集体建设中班规的制定和执行、班干部的选拔和培训、班级文化建设、班风建设等实践层面来探讨班集体建设。

第二节 班规的制定和执行

一、班规的制定

一方面,班集体的制度建设中,有已有的制度规范,如《中小学生守则》、《中学生日常行为规范》、《小学生日常行为规范》和校规等一些人们习惯认可的制度规范,这类制度的建设着重在指导落实上,如何帮助学生了解内容、理解目的,并遵守,是班主任要思考的内容。

另一方面,班级有自行制定的制度规范。在班级规范中,一项重要的内容就是班规,即班集体为实现共同的奋斗目标而制定的规则,它既是社会规范在学校中的具体表现形式,也是班集体形成和发展的准绳。班级规范的内容很多,如学生在校学习的常规制度、课堂纪律及评比制度、学生作息制度、清洁卫生制度等。

(一) 规则的产生

规则是怎样制定出来的呢?杨茂秀在研究儿童哲学时曾做过一个思考实验。[①]

> 十个大班的小孩、孙老师和我一起上故事课。这是一个以故事为主导的儿童哲学教学实验。孙老师讲一个与众不同的会和人一起散步的鱼的故事:"有一个小孩的祖父训练一条鱼走路,过了一学期,小孩再来拜访祖父的时候,他祖父竟然带着那条鱼,到车站来接他。它用尾巴走路,像狗用后脚站着走路……"故事讲到这里,班里一名叫万里虹的小朋友就在地板上倒立起来,学鱼走路。他的动作使得故事很难继续进行,好几个小孩开始抱怨,也有好几个小孩开始想要倒立。怎么办呢?花果园的规矩是:小团体的规范可以在老师的引导下,由小朋友来开会制定。

---

① 杨茂秀.谁说没人用筷子喝汤.北京:首都师范大学出版,2012:1-3.

于是,就开会制定规则:听故事的时候,不可以倒立。

故事继续说下去……万里虹跟随着故事,一会金鸡独立,学"狗鱼"散步,一会把他旁边的周馥楼小朋友翻倒在地,学给"狗鱼"做人工呼吸,干扰故事进行。

小孩们又规定:听故事的时候,不可以金鸡独立,不可以学"狗鱼"散步;不可以把别的小朋友当鱼,做人工呼吸。

故事继续进行,万里虹继续有动作,规定不断地增加,形式是:听故事的时候,不可以……

最后周馥楼看起来非常苦恼的样子,她建议要找一个新的规定方式:"老师,我们的规定只能是规定不可以做什么吗?能不能规定只能做什么?"

后来,小朋友们经由讨论,得出一个规则:听故事的时候,只能静静地坐在地板上听。

我们从中可以得知一个集体的规则是怎样产生的。当老师在说故事时,因为万里虹不断地随着故事发展而动作不止,听故事的小孩们也不断地制定新规则,最后规则由繁变简——听故事的时候,只能静静地坐在地板上听。

这虽然是一个研究儿童哲学的实验,但由此我们可以得到关于制定规则的一些启示。

(1) 在集体生活中,规则是必不可少的。

(2) 好的规则实际上是在需要的基础上产生的。

(3) 我们通常只会制定"不能做什么",而"只能做什么"或者说"应该做什么"或许才真的是一种智慧的方式。

(4) 大家共同讨论出来的规则,更能够得到大家的认同,也更符合学生的实际需要,更为科学有效。

(5) 规则的制定是为了集体中每个个体能够更好地在集体中自律,保障集体生活的顺利进行,同时也能够使每一个个体的权利得到保护,以更好地发展自我。规则实际上有很好的教育作用。

(二) 制定班规的原则及方法

在制定班规的时候,要遵守以下五个原则。

1. 明确目的,要管理而非管制,要引导而非约束

蔡元培先生曾说:"教育是帮助被教育的人,给他们能发展自己的能力,完成他们的人格"。借助班规的规范,我们应该是帮助学生发展自我,完善自我,而不是逼迫学生就范。如湖南师范大学附属中学优秀教师黄雅芩提出的"十提倡",从正向的引导,明确了言与行的目标,大力弘扬优良作风,加强了班级作风的积极导向。所以,不能把班规的内容简单等同于处罚条例,应呈现多元的正面引导。除此,还可制订竞争机制,使学生在班规的执行中不断超越自我,同时也促进了班集体的形成与

发展。

2. 班规内容应具体简明、可操作性强

只有班规内容具体明确、可操作性强,才能使学生真正明白应该怎样做,从而达到规范自我、提升素质的目的。抽象概括式的词语,其实质是内涵的不可预知性,易导致操作的随意性。例如,"态度认真端正"、"如有违反,严惩不贷",怎样算是端正良好,违反班规将受到怎样的严惩,面对这种抽象概括式的表达,学生要么无所适从,要么置若罔闻,班规形同虚设。可操作性强的班规,如,关于手机管理,明确使用申报、卡号登记、开机时间、话费额度、使用区域等,以控制学生对手机的过度使用。

可操作性强还体现在语言的简洁明了、少用禁令、科学易记上,这将有利于学生快速确定参照基准。如有的老师将班规编成易于上口的歌诀。再如杨茂秀所做的思考实验中,"小朋友们经由讨论,得出一个规则:听故事的时候,只能静静地坐在地板上听。"这个规则以一个提倡代替了数条已经产生和将要产生的禁令,毕竟,上有政策,下有对策,禁止往往会处于被动。

3. 班规应有预见性

班规一般在建班之始制定,从制定的项目到内容,要对可能出现的行为事件作足预设,使学生在行为前能预见,行为中能参照,事后能对照评价,这样学生可以在自律自查和同学间的相互提醒监督中规范行为,从而保证整个班集体步调协调。即使是在教室空调使用这个小问题上,为了避免开关需求不同而引起的纠纷,陈宇老师在引导学生制定班级空调使用的规则时,作了如下规定。[1]

(1) 室内温度超过 30℃,开空调。

(2) 以湿度 60% 为标准,湿度每上升 10 个百分点,开空调的温度标准下调 1℃。

(3) 如果有人在不满足上述两条的情况下提出开空调的要求,则提出要求的同学必须向班级储蓄罐中放入一元钱支付增加的电费。该要求的有效期为两节课。

(4) 使用空调期间,严禁任何人在室内吃东西,每一节课的课间都需要开门开窗通风透气,以保持室内空气的清新。大家相互监督,违者将予以批评教育并扣除常规表现分 2 分/次。

(5) 夏季使用空调,温度统一设定为 25℃,不得任意调低温度。空调遥控器由生活委员管理,其他任何人不得擅自使用遥控器。

显然,陈宇老师充分考虑了在教室空调的使用过程中的天气情况、不同的需求及受益情况。

4. 注重科学性与人文性

班规的科学性主要体现在与社会行为规范、学校校纪的一致性上,且应该是必

---

[1] 陈宇. 班级教育管理制度综论(上)[J]. 班主任之友(中学版),2012(3).

要的、有针对性的、与学生的身心发展相适应的,应根据班集体现在或者将来可能存在的某种倾向来制定,不过高要求,亦不过低满足,不刻意追求数量的多与少,而应切合实际,注重班规在学生发展中的推动作用。一般来说,班规的主要内容会涉及学生的日常思想、品德、学习、生活、礼貌、纪律等方面,正如《第56号教室的奇迹》中所说,纪律必须合乎逻辑。

> 我从孩子们那儿听到最不公平、最不合逻辑的处罚通常是这样的:因为某个孩子在教室里捣蛋,所以老师就决定下午全班都不准打棒球。孩子们默默接受了处罚,但私底下却恨死了。大家心想:肯尼抢了银行,为什么蹲监狱的是我?再举另一个经典的例子:约翰没写数学作业,给他的惩罚是下午不准上美术课,或是下课时间不准离开座位。请问这两者有什么关联?[①]

此外,班规的内容、制定与执行的过程,都需人文化。站立在孩子的立场上,用孩子的视角来看待孩子在成长中的行为及需求,用孩子的心理来理解班集体,让孩子参与其中,能体现孩子的意愿,如:讨论集中法(不确定主题的自由讨论,集中整理)、议案法(由教师或班委会或学生拿出提议,班级讨论修改成文)。不仅如此,班规还应明晰边界,留有余地,让班规严肃而不失弹性。

> 踢足球本是正当的体育活动,但班里的足球风却影响了正常的班级秩序,为此,褚老师特地制定了一条班规:正常上课前后不准去踢足球。但效果却并不明显。褚老师就将班规直接改成了:学生在校期间不准踢足球。因为规范不当,学生的逆反心理反而更严重,经常故意和老师对着干,成为师生之间猫鼠游戏的导火索。于是,褚老师就踢足球的问题在班上开展了商讨会。从老师的禁令,到学生的讨论协商,褚老师都站在学生立场上,给予充分的理解与信任,班规最终成了班级凝聚力的给力者。褚老师找到原因,重点不在于班规的内容,而在于班规制定的过程和原则。在关于禁止踢球时间的新班规的讨论班会上,采纳了学生的意见,充分预设了各种情况,更在全体学生的共同参与下,将内容扩大到了其他领域,对其他班规也作了相应的修改和补充。事实证明褚老师没有做错。[②]

5. 班规应体现平等互制的特点

在班规中,还应该体现师生人格平等。作为班级成员的一部分,教师在班级生活的节奏中,所扮演的角色责任、权利,以及教育事件中所应执有的态度与行为,也应该在班规中有所约定,以体现师生在人格上的平等,也增加了班规面前人人平等的严肃性。首先,可以起到师表作用;其次,体现师生的人格平等;再次,对教师在教

---

① [美]雷夫·艾斯奎斯.第56号教室的奇迹.卡娜娜,译.北京:中国城市出版社,2009.
② 赵凯.好班规打造好班级.重庆:西南师范大学出版社,2009:26.

育实践中科学地处理问题可以起到规约的作用,避免教育行为的随意性;最后,对教师行为的规定本身也为教师实施教育提供了支撑,如规定学生按时上交作业的同时,约定教师及时批改作业,一方面可以督促教师提高工作效率,另一方面,在处理学生不交或迟交作业时,学生会觉得是依法办事,避免了敌对情绪。

在制定班级制度时,必须全方位思考,力争让班级制度清晰而精妙,简洁而高效,为创设有制度的有序氛围打下坚实基础。唯有如此,才有可能向没有制度的有序迈进,达到"功成事遂,百姓皆谓'我自然'"的理想境界。

二、班规的执行

与班规的制定相同,班规的执行也是为了促进学生的成长和班集体的良性发展,所以在执行班规时应当注意以下原则。

1. 注重落实

班规制定后不能是一纸空文,必须在教育教学实践中,在班级学习生活事件中运用才能发挥效应。

> 郭老师的班规中有这样一条,"早晨迟到者,在当天下午第四节课最后十分钟去运动场上跑步,男生6圈,女生4圈。此外,想借跑步锻炼身体的学生,也可以参加。"因为刚开始大家的执行情况不错,出于对学生的信任,郭老师由开始的天天检查变成随机检查。结果忽然发现,对迟到学生的惩罚性措施,却摇身一变,成了"奖励",让他们有机会提前去吃饭。[①]

可见严格、细致、平等、公正,勤于监督,及时评价都是落实班规的关键词,在实际的操作中,可动用班规考评学生的日常行为,亦可抓住契机运用班规来教育学生,还可用班规激励学生向着目标自强、自立、自律。

> 陈宇老师利用"班级工作悬赏分制"为每一名学生建立一份电子档案,全面记录学生在学习、常规表现和参与活动三方面的详细信息,电子档案采用Excel表格形式,由专人负责录入、编辑和更新。每名学生的学习分(40%)、常规分(30%)和活动分(30%)构成该生综合表现的总分,每学期的三好学生、优秀团员等综合性荣誉都是依据学生的综合表现的总分确定的。此外,班级还有各种单项的奖励评选,任何一方面表现突出的学生都有获奖的可能,而学生的电子档案则为此提供依据。[②]

班规与悬赏分结合在一起,使班规在班级日常及各项事件中得以落实,并且还起到了激励学生,人人争先的效果,同时也避免了学生在班级事件中利益(荣誉、评价、地位)需求的冲突。竞争与合作相辅相成,使班规在班集体的建设中发挥了不可

[①] 赵凯.好班规打造好班级.重庆:西南师范大学出版社,2009:42.
[②] 陈宇.班级教育管理制度综论(上)[J].班主任之友(中学版),2012(3).

忽视的效用。

2. 宽严适度

对班规的严守遵行，是必要的，如果朝令夕改，班规将会丧失必要的权威性，学生要么无所适从，要么视而不见，势必造成班级秩序的混乱，使班规成为束缚班级发展的桎梏；同时，在执行班规的过程中，还应该关注学生的主体地位，注意人性化的弹性处理，把握好班规的限度、掌握好执法的尺度，做到严中有爱、宽中有教，宽严适度，将尊重与要求相统一，班规的意义也才能真正得以彰显，学生才能真正地有所成长。

例如，同样是迟到，有的是长期的迟到习惯，有的是偶尔的生病例外，甚至有的是因做好事而有所耽搁，违反班规的原因不同，在具体执行相关处罚条文时，就需要具体对待，灵活执行了。

> 熄灯后小丽在寝室讲话，违反了学校规章制度，班级四项竞赛分数因此被扣1分，虽然小丽是初犯，但对于这种给班级抹黑的行为，按照班规，应当给予小丽同学擦黑板三天的惩罚，并且写一篇800字的叙述文。没想到平时恬静的她公开和老师叫板，誓不执行。经了解，小丽不想擦黑板，是因为个子矮，每次擦黑板都要跳起来，被同学笑称猴子。①

在制定具体的惩戒措施时，应充分考虑学生成长的不同需要，比如，可以让记忆力差的同学背诵古诗。班规制定需要有预见性，但如果没有提前预见，而在实施中发现问题，应本着促进学生成长的目的，适度地弹性处理，如果老师过于拘泥班规的条款，将会造成对学生的伤害，而班规本身所要警示的错误行为，所提倡的正确作法，并不能真正被学生所理解。

3. 逐步完善

确定班规时，我们不可能百分之百地预见未来所有的变化，因此，当情况有变时，除了灵活运用班规，事后还需要在旧班规的基础上，根据实际情况或补充、或细化、或调整，在不断的完善中，使班规越来越科学，从而适应学生、班级的发展变化，在班级事务的管理中发挥更大的作用。

> 赵老师在细致周密计划的基础上，先后召开了班干部会议及全班学生会议，商讨并制定了具体的每周之星的评选办法，却没有收到理想的效果。经反思，赵老师悟出其中的不妥之处：一是评选每周之星的活动是表扬过去的活动，并没有关注学生的今天和明天，缺乏强劲的激励功能；二是榜样来源过于狭隘，一学期下来成了几个双优生之间的荣誉角逐，缺乏持久的转化功能。由此，商议决定把评选上周之星改为抽选本周之星，并明确谁没有达到本周之星的具体要求就会被从重处罚（特殊情况除外）。结果收

---

① 赵坡.班主任如何思考——班主任理念创新之道.上海：华东师范大学出版社，2011：158.

到了良好的教育效果。①

另外,当大多数学生已经自觉达到并且超越了班规的要求,班规就变成了一种最低标准,此时,就需要制定更高目标,更高要求,更具展示性的规则。已经达到的要求可以减少,即将达到的和需要达到的要求恰恰应该成为班规的重头戏,以此可以使学生的生活内涵更丰富,生活境界得到提升。

4. 以身作则

教师应带头执行班规,让班规制定的平等互制成为现实。瓦·阿·苏霍姆林斯基说:"儿童的心灵是敏感的,它是为着接受一切好的东西而敞开的。如果教师诱导儿童学习好榜样,鼓励他们效仿一切好的行为,那么儿童身上的所有缺点就会没有痛苦地、没有创伤地、不觉得难受地逐渐消失。"教师的以身作则,不仅会让学生乐于接纳班规且乐于遵守班规,而且能增加班规的严肃性,同时还能起示范引导的作用,增进学生对班规的理解和自律。

> 张老师的班级班规规定严禁课堂上玩弄、接打手机,如学生违犯禁令,视情节轻重予以不同处罚。同时,老师也向学生承诺,保证在上课期间不接听电话,如违犯,则接受学生处罚。但有一次因有重要检查,学校要求相关教师全天候开通手机,哪怕正在上课也要能联系上,事出凑巧,课正在兴头上,手机震动响了……张老师接受了处罚,赢得了学生的信任。一次令人尴尬的教学事故,因为班主任的以身作则,反而成了一个促进班规执行的良好契机。②

案例欣赏 2-6-1

我班有几位打游戏成瘾的学生,我想尽了办法,写说明、写检查、给他们借书看、请家长等,十八般武艺全用上了,但他们依旧逃课、旷课,彻夜不归,照旧热衷于打游戏。我和家长万般无奈时,一条罚款条例启发了我。罚款!对,就这样。

考虑成熟后,第二天我找来打游戏学生的家长,与他们商量说:"你们的孩子去网吧打游戏,屡禁不止,我想尝试一下罚款,我先罚孩子们的钱,再悄悄还给你们,还钱的事一定不能告诉你们的孩子,不知你们是否愿意?不过这些钱你们要让他们通过劳动挣回来,咱们农场挣钱的机会多,也比较辛苦,让他吃吃苦,兴许懂点事,不再贪玩进网吧了。"

家长明白我的良苦用心,都欣然同意了。接着我找来这几位学生,当着家长的面告诉他们,"从今天起,你们谁再打游戏咱就罚钱,钱由家长出,第一次罚10元,第二次罚20元,第三次罚50元。"说完后,我请他们和家长在协议书上签字。

---

① 赵坡.班主任如何思考——班主任理念创新之道.上海:华东师范大学出版社,2011:211.
② 张旺生,张军.学生罚我写说明书.班主任之友(中学版),2011(9):42.

没隔两天,他们又被从网吧里揪出来了,我只好每人罚了10元钱,暂由我保管。后来又罚了20元,我电话里教家长:狠训孩子,也骂班主任。

后来学校再检查网吧,我班只有一位学生在网吧,我请他家长带上50元钱到学校,我让家长当着孩子的面,一句话不说,装作很难过、很伤心、很羞愧的样子,放下钱就走人,我再当恶人狠狠训他。早上发生的事,下午家长就激动地打来电话说:"老师,你这办法真灵,晨晨中午回家哭着给我保证,要好好学习,再不打游戏了。"

一个学期下来,他们成绩虽然进步不是很大,但再也没听说谁进网吧了。

观点

作者自述　我个人觉得,虽然很多人批判这种做法,但是实际效果确实不错,实在没招了,也只能采取这种办法了。有时酌情罚款的确管用,万般无奈下,我只好戴着绝缘体触高压线,利用罚款严惩的威慑,使其改掉坏毛病,又赢得了家长的信任,这何尝不是一种机智的教育手段呢!只要不违背教育教学规律,没有对学生身心造成伤害,能使学生健康发展的变通处理方法都可以使用,当然包括罚款了。

邝金山　本人还是觉得这种罚款的做法有不妥当的地方。教育不应病急乱投医。让家长来交钱,有损学生的自尊,违反三次者罚50元,这些"霸王条款"也体现不到对学生的民主与尊重,而且存在较大的教育风险与副作用。一是,学生的过错却由家长来承担,学生会怎么看呢?当教师在学生心目中的形象受损时,教育的效果就大打折扣,甚至还会对教师心生怨恨,从其他(不会被罚钱的)方面来报复。二是,容易使孩子产生不负责任的想法。犯了错,让家长出面来承担后果,虽然事后家长也会从学生的劳动收益来扣除,但这一缓冲使教育意义大大减小了。三是,掩盖了问题的本质。学生易形成"犯了错,交了钱就没事了"的错觉,认为"要是我有钱就好办了,就可以玩个痛快了"。要学生戒网瘾的目的,被罚款这个形式曲解甚至掩盖了,对学生的价值观、人生观也会产生不良的影响。从教师方面来说,久而久之,教师容易对这种简单而有效的处理方式形成一种依赖,从而不深入分析学生过错行为的成因,不去思考更好的解决办法,对教师自身的专业成长不利。

肖盛怀　罚钱能算是一种教育方式吗?谁赋予老师这个权利的呢?翻遍《中华人民共和国教师法》和《中华人民共和国未成年人保护法》等法律条文,我没有找到相关的依据。那么,我们有理由说这样的一种"教育方式"应该是属于违法行为。虽然案例中的老师也说自己是"戴着绝缘体触高压线",但他没有意识到问题的严重性。如果学生或者知情人士举报或者上告,那我们的老师是不能承受如此代价的。

案例来源　邵秀华,朱乐平.谁再打游戏咱就罚钱.班主任之友(中学版),2012(1/2).

第六章 班集体建设

案例欣赏 2-6-2

别具一格"定班规"

一、让班规朗朗上口

我每节课前要都扯着嗓门吼叫"回教室,书本工具准备好",这一幕成了常见的风景。请教经验丰富的小学教师,如何让小鬼们第一时间回教室。一老教师传授:背古诗。对,背古诗,于是班级风风火火倡导背古诗。

初期效果不错,课代表神气地执行任务。没多久,问题再次显现,开始时课代表劲头十足,总是事先决定好背哪首古诗,可随着时间的推移,他们的激情慢慢消退,总在铃声响起才急急翻书决定该背哪首,时间就在他们的决策中流失,课前再度混乱散漫。怎么办?

我想,既然古诗的韵律感能起到作用,能否编制顺口溜,既起到韵律的作用,又避免课代表临时翻找古诗的痛苦。于是自编顺口溜一首:"预备铃响准备好,学习用品不能少。积极发言勤思考,遵守纪律最重要!"学生一片叫好。借机我一一提出明确要求:"铃响的一刹那,课代表高声起口令,全班同学一起高声诵读。第一句话结束,得回到位置上;第二句话结束,得把所有的学习用品放好在桌子上;第三句话给自己一个积极的暗示;第四句话话音一落,得端坐完毕。"

事情就这样起了变化:之前,铃响后他们都还满地跑;现在铃还没响,他们都已经在走廊、教室内等待,因为那四句话是我们独有的,好比某人拥有世界仅存的两件古玩,他会毁掉其中一件,让另一件成倍增值,这就是注意力经济。

课代表也没了抉择的烦恼,铃一响就扯开嗓门起号令"预备铃响预备……开始",全班"人民"就雄赳赳、气昂昂,声势浩大,气势恢弘地背诵起来,个个背得青筋暴跳,唾沫横飞。而其他班级在我们的感染下,都会自觉不自觉地回教室。科任老师自不必说,满心欢喜。看着小家伙们惊天动地地背诵,最后戛然收尾,可以在第一时间内进入上课状态。好比一个歌唱家在结尾处吊足嗓音,最后声音戛然而止,会产生一种与众不同的震撼。

由此,我大受启发,是否别的规则都可以以顺口溜的方式来制定?于是精心设计了一堂课——规则之美,先讨论在校需要遵守哪些方面的规则,确定为:进校、集会、做操、上课、作业、课间、仪表、交往、礼仪、值周、考试、用餐等方面。

然后安排四人一小组,每小组认领两块内容,要求每个组员都参与。我不失时机地作料:如果能把每条规则的相关注意事项列完整,就很不错;如果能把相关注意事项编成四句话,就更了不起;如果四句话都是七个字,那就是诗人了;如果还能押韵,那就是大文豪了。学生一时兴趣盎然,回家后上网查询、动用家长资源,到校后一一呈上作品,我也一一认真翻阅,把要点集中起来。

此后又动用了四堂班会课,逐条完善,最终确定了如下班规。

学子形象

(1) 进校：按时到校不迟到，师生见面勤问好；校徽领巾佩戴好，规范入校要记牢。

(2) 集会：集会排队快静齐，秩序井然不拥挤；唱响国歌要肃立，国旗升起要敬礼。

(3) 做操：铃声一响排好队，按时到场有秩序；动作认真做到位，两操规范又精神。

(4) 上课：预备铃响准备好，学习用品不能少；积极发言勤思考，遵守纪律最重要。

(5) 作业：自己作业独立做，抄袭他人真不好；及时完成按时交，保质保量效率高。

(6) 课间：不追逐来不打闹，脚步轻轻不抢道；上下楼梯不跑跳，文明休息不喧闹。

(7) 仪表：不染不披长头发，不染不留长指甲；不戴首饰和挂件，穿戴大方又整洁。

(8) 交往：同学友谊要珍惜，诚实守信须做到；不给同学起绰号，相互尊重有礼貌。

(9) 礼仪：不说粗话和脏话，不能骂人和打架；待人接物礼在前，文明礼貌让字先。

(10) 值周：按时到岗不迟到，劳动用品摆放好；认真检查重细节，人人尽责争模范。

(11) 考试：不抄袭来不作弊，字迹工整写端正；争做诚实守信人，诚信班级靠大家。

(12) 用餐：排队盛饭有秩序，剩菜剩饭不乱倒；爱惜粮食不挑剔，吃完餐具放整齐。

顺便说一点，我们拒绝用"班规"这个字眼，而是改用"学子形象"，虽只是几字之差，味道却截然不同。"班规"让人一听便有被约束之感，而"学子形象"则是自我塑造良好形象的需要，乃自我实现的需求，意境绝不可相提并论。

如此一来，我班的面貌日渐与他班不同。

二、明明白白带零食

纵观众多学校、众多班级，为了保持校园卫生，为了维护班容班貌，都会下禁令：不准带零食，这一禁令看似不近人情，却也迫于无奈。

可有趣的是，这一禁令再次验证了"禁果效应"——越是禁止的，人们越想去做。留心观察，不难发现校园内班级里照样是口香糖胶遍地、食品包装飘飞……其实，还有一个简单的办法，只要观看一下各班的垃圾桶，便可知晓有没有带零食。

不用说，学生已转入"地下"，既然明文不允许，那就来一回"猫抓老鼠"的游戏，反正抓到也不太倒霉（又不是我一人带，只不过我晦气而已），再说一般情况下是抓不到的（"犯罪"成本低）。这样一来，那一纸禁令便成了一纸空文，形同虚设，纯属摆设。此其一。

其二，禁止学生带零食，可我们自身却有很多时候带了（尤其是像我这类喜欢咬咬山核桃、嗑嗑西瓜子的女教师），这岂不成了"只许州官放火，不许百姓点灯"的又一翻版？

其三，不排除有些学生真的起床晚了，又担心迟到，所以来不及吃早饭，忙不迭赶往学校，这就意味着他一整个上午都得挨饿，既不利于身体健康，也无助于听课效率。

基于以上三条，我明确宣布，我班可以带零食。这一规定自然得到全班学生的拥护，他们简直不敢相信自己的耳朵，有老师胆敢明确规定允许带零食，自然我在班级中的人气又上升了一个等级。

且慢，既然我们带零食是为了身体健康，就必须有所限定。学生忙不迭赞同："老师你说吧，哪些不许带？"我说这无法一一列举，只能规定哪些允许带。学生又一次觉得我说得在理。

第一，牛奶类（不能是饮料或其他含乳饮品），只许是纯牛奶或酸奶。

第二，水果类，只许带苹果，数量不限，但不能是其他水果。学生纳闷，为什么不能带别的水果？我说允许带水果，到时你们捧个西瓜来，我该怎么说？学生又叫，只要不带西瓜就是了，别的水果还是可以带的吧？我再次反问，到时你们带个榴莲过来呢？学生狂笑，再次见识我的先见之明。我补充，苹果价廉物美，营养丰富，不寒不热属于中性，当然这不能满足所有人的口味，至于自己想吃香蕉、橘子，可回家吃。

第三，干粮类，只许带面包或蛋糕，不能含奶油，这玩意儿万一掉地上易滑，也不易清理。

这样一来，兼顾到蛋白质、维生素、淀粉，营养比较均衡。

同时规定三个限制条件：一是禁带其他零食；二是不能在课堂上吃；三是不能破坏卫生，无论是班级还是其他公共领域。违反以上条例者，从当日算起，一个月之内剥夺带零食的资格，因为权利只能保障给懂得行使的人拥有，学生个个拍胸脯保证能做到。自此，我们班的卫生居然又再上一层楼，因为鲜有人士愿意被剥夺一个月的带零食资格，自然倍加珍惜这份权利。

制定这另类条例，是因为作为班主任，我要维护学校的权威，服从学校的管理，不可违背学校的初衷——不破坏校园卫生，不违反课堂纪律（上课时吃东西当然违反了）；同时又切实照顾到学生的需要和身心发展。从实践角度来看，这是一个行之有效的折中办法。

三、张弛有度——让惩戒明确而不失弹性

班级中，我与学生几经讨论，最终确定根据错误大小制定惩罚"自助餐"，选择以下一种或几种方式进行惩罚：①为过错行为做好补救工作，并视情节轻重上交300~600字心理感受一篇；②搜集相关的哲理故事三篇，课间饭后流畅地演说给同学听，为班级文雅地助兴；③根据事情经过，编写情景剧并进行表演，也可以是创作漫画等才艺形式；④做一件有益的事情，或参加一个有益的公益或文体活动，记录过程并写下感触；⑤放学后剥夺自由半小时，利用这时间反省或背诵《论语》等国学经典；⑥为相关方面构思一个可行的金点子或提出合理化建议；⑦制作小礼物向受伤害者表示歉意；⑧讲述一个名人的成长传记及对自己的启示；⑨展示自己的拿手好戏，并教会全班同学。（注：情节恶劣的将附带取消评优资格。）

将班级的惩罚规则定在合理的尺度上，制定规范，订立契约，照章施行。学生犯了哪类错误、该接受哪种惩戒、如何实施惩戒（包括时间、地点、执行的人员等方面）都有明确的规定，都有"法"可依。这种"丑话"说在前的方式，让学生知道犯错后将受到什么惩戒，给了他们一个"可视"的标准，让他们更加主动地了解行为界限、明确是非观念，从而注意自己的言行，降低犯错误的概率，可谓"为之于未有，治之于未乱"。

四、平等遵守——使惩戒具有普遍约束力

我们班的惩戒措施均在集体讨论的基础上设定，值得一提的是，还专门为班主任量身定做了惩戒措施。班主任如出现下列行为：无故对学生发火；拖堂两分钟以上；错误批评学生一次；用不文明语言辱骂学生；未经同学允许擅自占用自习课或其他课程；上课随意等，将从以上的惩戒"自助餐"中选择一种或几种方式进行惩罚。（注：对教师的惩戒，由班长执行，全班同学监督。）

教师率先垂范，身教言传，塑造的不再是铁腕、专制和强权的形象，而是以平等的姿态展现在学生面前，于是，规则成了来自包括教师和学生在内的集体意愿。无疑，充满了师生之间平等关系的民主意识和法治精神，成了培养学生成为具有平等、民主、协商精神的现代公民的重要途径。

案例来源　[1]郑英.教育真性情·制度篇[J].班主任之友（中学版），2011(6).

[2]郑英.教育真性情·惩戒篇[J].班主任之友（中学版），2011(6).

第三节　班干部的选拔和培训

班干部的选拔与培训对于班集体的形成和发展是非常重要的一项工作。班干部的作用非常大。如何在与班集体的对话中，选拔出既能成为班集体的正向的核心力量、班级管理的主人翁、班级成员的代言人,又能在与同伴的交往合作中发现自己、定位自己、成就自己,实现个人与集体共同成长的班干部,是摆在每一个班主任面前的课题。能否使班级成为一个以责任、成长为纽带彼此联结在一起的具有内在教育生命力的有机体,成为群体与师生个体及个体之间互动与发展的教育载体,班干部的选拔与培训是不可忽视的一项工作。

一、班干部的选拔方法

选拔班干部的方法很多,主要有以下四种。

1. 任命制

任命制即由班主任指定一名或几名学生担任班干部,学生几乎没有选择权和否决权。

在新组建的班级里,由于新生之间相互不了解,而班级里又需要专人负责班里的日常事务,当班级出现问题时,要有专人与班主任取得联系,班主任必须临时指定一名或几名学生担任班干部,以便使班级工作正常开展。当需要对特殊的学生干部进行培养时,亦可采用此方法。

(1) 选拔流程:了解情况(通过查阅学生档案、个别交流、活动观察等途径,充分了解学生的能力状况和发展欲求,确定意向)——考察,确定(安排备选学生参与或主持相关活动,考察工作情况,确定人选)——公布,任职(明确工作内容)。

(2) 注意事项:调查要充分全面,适当考虑过往经验,不可以个人好恶(成绩、外表等)取人。

(3) 利弊优劣:能使班干部迅速获得执行力,班级的管理快速进入正轨,适用于班级初建时期和重点培养的学生干部。但时间紧和缺乏民意,若用人不当,会损害班级发展的起步质量及后期发展。

> 周老师在拿到学生名单的第一天,就着手为学生准备一份见面礼。她从班级和学生发展的长远出发,给学生写了一份热情洋溢的欢迎信。还随信附上了一份特殊的"心愿单",内容除了姓名、住址、联系方式、曾就读学校等一般信息外,着重增加了"我对自己高中的发展定位(包括拟任职务),我希望生活在这样的班级(愿景描述),我希望老师给予我这样的帮助,爸妈对我的发展期望(家长填),爸妈希望老师给予我的帮助(家长填)"等内容。这样的一份心愿单区别于以往的学生信息采集表,一方面可以引导学生从未来班级生活的角度考虑自己的班级角色定位,另一方面也可以帮助老师较全面地了解学生家庭和自身对学生发展的定位、期望与不足,从而准确地了解学生的个性发展欲求,为班干部的任命提供较为翔实的资料。

2. 民主选举

在班级内部由学生和教师共同选举班干部。师生投票权重的比例体现了班级民主发展的程度,适用于班级成员相互了解之后。

班主任对前期物色并任命的班干部应该持续观察、考验并培养。相信,在班级内民主选举的时候,真正有能力、有威信、大家信赖的好同学,一定会获得同学的信任、支持和拥护。

(1) 选拔流程:协商选拔标准(如:感召力、是非观、组织能力、特长、工作热情等)—宣传筹备(鼓励参加、报名或推荐等)—确定候选人—民主选举(演讲、提问、投票、唱票等)—公布结果,明确职责(干部会议、就职见面会等方式协商分工)。

(2) 注意事项:在条件完备的基础上的充分的信任,透明、公平、公正的选举过程才能保障民主选举的有效性。

(3) 利弊优劣:通过民主选举的班干部,更能得到大家的信赖和支持,能更好地融入集体,有利于工作的开展。同时,民主选举方式有助于增强班集体的凝聚力。但民主选举的结果直接受班级成员民主观念正误的影响,在民主观念尚不正确、班风不正的情况下,可能会出现选票分散甚至贿选等不良问题;如果教师明民主暗专制,进行暗箱操作,则更易导致集体建设的信任危机,降低学生的积极性。

一张可以 N 次方的选票

在金老师的班上,班委竞选正在如火如荼地进行。为了体现民主与公正,金老师安排了三位学生进行选票统计,决定现场公布结果。可是,在统计结果出来之际,她发现自己内定的班长人选张伟比当选票数少了 4 票,于是她灵机一动,宣布作为班主任她也应该参与投票,并且是一票等于 5 票。然后,煞有介事地填好交给学生统计,最后张伟顺利入围班委 9 人大名单,金老师在协调分工时,又强调让张伟担任班长。这一切看似天衣无缝,可是第二天黑板上却出现了一个让这位数学教师百思不得其解的公式:$1^{48} > 48^1$。

其实,这样的公式背后是学生的呐喊,这也正是普选制带给我们每位教师必须思考的命题:教师的那一张选票到底可以几次方?那是学生在你心中的分量,也将标示着班级在学生心中的分量!

3. 自荐竞选

自荐竞选也就是完全由学生自我推荐产生班干部,也是民主管理的一种方法。它与民主选举的区别是候选人完全由学生自荐产生,参与竞选的人数更广。

(1) 选拔流程:岗位招聘(明确班干部职位、职责及其能力要求,激发学生的参与意识)—自荐报名—民主投票—公布结果。

(2) 注意事项:必须做好学生自我定位的指导工作,任免、轮换的相关规则要做到科学合理。

(3) 利弊优劣:有助于培养学生敢于挑战、勇于担当、乐于奉献的精神,同时,也有助于学生认识自我,发展自我,不仅为学生的个性发展和能力提升提供机会,也有利于形成班集体合作竞争的良好氛围。同样,如果学生的自我定位有误,或者因性格等原因没有做好思想准备,能否选出真正胜任相应岗位的责任人就可能成为难题,后续的补救工作更需要教师的智慧。

4. 轮岗负责制

轮岗负责制既是一种选拔方法,同时也是一种任免机制。一般来说,是为了更大程度地吸纳学生参与到班级管理中,而以一些具体的项目任务来设置班委成员之外的岗位,让学生报名轮岗或依序值日。这种选拔方法是为了让全体学生都有参与班级管理的机会,以体现出对每一个学生智慧的尊重,对每一个学生潜质发展的期待。同时,这一方法也使得班干部从全才的期待中走出来,各尽其能,是对班级固定班干部组织结构的一个有益补充。

其中要注意不可机械强制,要注重过程中的指导帮扶、激励和考核评价,使学生真正能在管理中增长才干,实现班级发展与学生成长的共赢。

> 任小艾老师的"二日班主任制",就是每个同学轮流当两天的班主任。担任"二日班主任"的同学,除了学习任务之外,在其他方面享有班主任的一切权力。可以给家长写信,可以家访,可以找学生谈话,可以参加学校的班主任工作会议等。班级同学也必须像尊重老师一样尊重他。比如今天王同学担任"二日班主任",那么早晨进教室时,同学都喊"任老师好!王老师好!"。这时,王同学站在班主任身边,既感到自豪,也会感到肩上的责任。

二、班干部的岗位设置

常规的岗位的设置一般有两套体系:一是团支部,包括团支部书记、组织委员、宣传委员各一名;二是班委会,一般有班长、副班长、学习委员、劳动委员、体育委员、文艺委员、生活委员等。班委会下面又有各学科课代表及小组长等职务。一般通过任命制、民主选举或自荐竞选的方式产生。

在轮岗制中,往往除常设岗位外,班主任还会充分挖掘班级生活中的各种岗位资源,如:增设的常规管理岗位包括电器保管员、礼仪监督员、纪律管理员等;增设的学习示范类岗位有各学科组长等;增设的活动岗位包括小主持、小记者、小摄影师等;增设的社区岗位有绿化小天使、小交警等,使班上事事有人干,人人有事干,让更多的学生有锻炼的机会,让更多的学生有施展才华、参与管理的机会,让他们在与老师、同学的互动中展现自身的才能,获得更丰富的成长机会,在更广阔的空间里发展。

三、班干部的培训

班干部无论以怎样的方式产生出来,班主任都要对他们进行有计划、有步骤的培养和指导,以增强他们的工作意识,激发他们的工作热情,提高他们的工作能力,使他们真正能够在工作中,提高自己,服务同学,协助老师。

(1)深层了解。充分了解学生的性格特点、活动能力、爱好特长、服务精神、集体意识等，或取其长，或以长弥短。

（2）教方法。放手，绝不是放任。在充分信任、大胆使用班干部的同时，一定要教给他们正确的工作方法，引导他们正确地认识干部工作的意义，摆顺集体与个人、自己与同学、自己与老师之间的关系。为此，班主任可以利用定期开展工作例会、民意调查、民主评议等方式，有针对性地进行集体或者个别指导。同时，在班干部承担任务后，应给予具体的指导和帮助，如在实践活动、与其他单位联系之前，班主任要教给他们方法。困难的任务一旦成功，班干部的形象在其他同学心目中就会高大起来。

（3）树威信。班主任要有意识地利用各种机会，例如：在同学集中的地方多分派给班干部具体的工作，并引导他们承担比较困难的工作任务，如组织一次活动、为班集体做某件事，这样可以为班干部创造表现自己的机会，使他们有更多的机会在同学面前亮相，用他们的工作成绩来取得同学们的信任。当然，分派的工作任务既要有一定的难度，又要适合他们的能力。

> 魏书生老师外出开会归来时，新竞选上任的班长郭丽娇撤掉了膀大腰圆的体育委员。谁当班长谁组阁，魏老师不好更改。不久，班长因集合迟到了一分半钟而被自己组阁的新体育委员罚站在寒风中。尽管反对体罚，魏老师并未阻止，以便维护班干部的威信。事后才找班干部说明这样做为什么弊大于利，并让全体同学设身处地地理解班干部当时的心情，使学生认识到只有对同学严格要求、不讲情面才是对同学的尊重，才是对同学最大的关怀与帮助。看到范海蓉是郭丽娇亲手提拔的体育委员，对班长尚且如此不讲情面，别的同学就更服从命令了。郭丽娇甘心情愿接受体育委员的惩罚，威信反倒更高了，大家觉得她身为班长，深明大义，以身作则，于是更敬重她，她成为竞选连任时间最长的班长。[①]

此外，在班干部决策与教师有违时，如无原则性的大碍，有时可遵从班干部的决定，树立班干部的威信。同时，班主任应指导班干部如何严格自律，如何建立威信，从而使班干部能够独立、顺利地开展工作。班干部在反映班级情况的时候，班主任应该注意保护班干部，帮助同学区别打小报告与正常的上传下达，以免引起同学的误解和反感。

（4）严格要求。对班干部出现的错误不护短，不因害怕降低他们的威信而不分是非曲直。个别班中发生的班干部受气、优生孤立、差生得意的现实，很大程度上是因为班主任的偏袒所致，这是因为班主任对班干部及优生的态度是学生最敏感的问题。

---

① 魏书生.班主任工作漫谈[M].6版.桂林：漓江出版社，2008.

案例欣赏 2-6-3

创建富有生命力的特色班委

学生的自我教育必须经过他律到自律的过程。所以在班级建设初期,在常规班委设置的基础上,为了达到学生自主管理的目标,设置特色班委向自主化过渡是很有必要的。经过一些偶然和必然的契机,我班的特色班委相继产生,实践效果不错。

一、致远班智囊团

在2010年9月的级部常规管理通报中,我班的课间操情况全级部最糟糕,仅星期二一天未到操场的学生就达到了12人,连副班长也在未到之列。得到级部主任的电话通报后,我立即找到班长布置任务:调查未到操场做课间操的原因。

晚自习的时候,班长到办公室汇报情况。同学们未去做操主要是以下三方面的原因。

1. 身体原因

(1) 因体育课体能测试,部分平时缺乏锻炼的同学出现肌肉酸痛,意志力薄弱者逃避了课间操。

(2) 两位女生例假。

2. 学习原因

课间操之前的物理课内容太难,几个同学就一起把副班长留在教室里研究物理题。

3. 其他原因

早上吃的东西已经消化完了,所以忙着吃东西补充能量。

我把事情全权交给班长处理,我相信他已经深入了解了具体情况(哪些人的理由是正当的,哪些是不正当的),但我有一个要求,就是要同学们自主、自愿到操场做操,不能用我的身份压,更不能用班级的集体荣誉感压。

两天后我们班的课间操全勤,一个都没有落下。我利用课前三分钟简单地说了一句:"改正很及时,但要坚持,班长'体察民情'非常到位,解决问题也很及时,这离不开同学们的配合。以后少一点这样的亡羊补牢,优秀应该成为我们班的一种习惯!"

从此,我们班的课间操除了特殊情况由班长全权处理以外就再没有发生重大的"课间操缺勤"事件了,我很是得意了一段时间。

这是一次学生的半自主管理,虽然解决的方案是班长一手操作(我现在也不知道是怎么做的,我相信机会到了,班长会如实交代的),但前提是有了我的干预(安排任务),引起了班长的注意,进而得到了解决。从过程看,我的关注度是因变量(说明孩子们还没有能做到自主、自发地发现问题),班长的实施是过程变化量(方法是班长想的,他的思考力和执行力值得认可),同学们的支持是干扰变量

（支持班长，能自觉遵守，孺子可教）。那么如何才能培养起学生的自主、自发意识呢？10月初老班委离休，新班委上任，这可是个好机会。我准备让新班委按部就班地上任，离休的老班委还得发挥余热。我找到老班长协商了半个多小时，决定在我们班成立岗班智囊团，主要是针对班级的一些问题作"民间调查"，然后给出解决方案。具体的任务确定以后再商讨，老班长任团长，负责从老班委中选拔得力干将，至少一个观察员（分析能力强）、一个策划员（古灵精怪）、一个统计员（勤恳细致）、两个分析员（逻辑分析能力强），团长整合班级问题以后提供解决方案。一天以后，老班长提交了一份拟定名单，且已经与名单上的人员协商好了。就这样，"致远班智囊团"成立了。经过一个学期的实践，智囊团已经可以根据班级情况，通过定期开展全班不记名投票等活动，调查工作，反馈民声，提交合理化方案了。

二、班委会办公室

一方面，既然班级要实现自主化管理，很多部门的会议我是不需要参加的，给他们空间和自由才能让他们学会自主。但另一方面，对班级管理又不能失控，我需要时时掌控部门运作的情况，起到班主任应有的督察作用。在这样的背景下，班委会办公室成立。

经过与全班学生的商议，办公室设置三名办公室主任，其主要任务有以下两项。

（1）处理班主任相关工作的文字材料并存档。我的班主任工作计划、总结以及学校需要的有关班级管理的文字材料都由一名办公室主任起草，提交班委会讨论后再交给我审阅修订。我接到学校的各项通知也由办公室负责通知、张贴、归档等。这样做的目的一是解放班主任，二是锻炼学生的计划、总结、表达能力。最重要的，班级的事情还得学生们说了算。让学生适当地了解和参与班主任的工作更有利于开展班级的自主化管理。

（2）列席各部室会议（有建议权但无决策权），做好会议记录纲要并提交班主任审核。从此，办公室如同我的眼睛和耳朵，将各部室的会议情况记录后提交给我。每周日的晚上，我的办公桌上也就多出了一份"本周小结"的提纲式的材料。我再根据提交的材料，有针对性地了解情况，参与部室工作。

办公室的设置，大大提高了我的工作效率，学生们戏称办公室主任们就是我活脱脱的"班主任的秘书团"。

三、"岗哥有约"工作室

班主任不可避免地需要做学生的思想工作，哪些学生需要及时做思想工作、关心爱护甚至防微杜渐呢？靠班主任一个人观察显然是不够的。一次偶然的机会，班长悄悄地告诉我说安同学最近迷恋上了网络小说而不能自拔，想找我寻求帮助但有畏惧感，希望我能主动找他谈谈。后来我利用一次晚自习前的机会和安同学畅谈了一次，鼓励他抵制诱惑，和我签订了一份互助合同，并且找了一名同寝室的同学督促他。不久后安同学走出了对网络小说的迷恋，成绩稳中有升。这事对我的启发很大：一方面，很多时候我们只看到学生成绩下降的现象，其实不清楚现象背后真正的原因，贸然谈话可能抓不住问题的关键；另一方面，学生们每天都生活在一起，相互之间非常了解，很清楚问题的根源。出现问题的学生其实也很希望得到老师正面的帮助，但羞于表达或畏惧老师的批评，担心被告知家长而不敢表露心声。班主任有时也会在不知情的情况下贸然行动，不但效果不佳，还可能把学生推向对立面。

有了以上的经历和思考，我找到班委们一起商讨解决之道。经商议，"岗哥有约"工作室成立。工作室共设两名主任，负责拟定每周需要和班主任谈话的学生名单。操作程序是：学生感觉有问题时提出申请，工作室主任登记，并试着解决部分问题，不能解决的，则根据问题的轻重缓急安排相关学生与班主任会面的时间。同时，工作室主任还观察同学动向，拟定"急诊人员"名单，对紧急性的问题通知班主任紧急救助。就这样，在"岗哥有约"工作室的协助下，我几乎每天都会接到预约单，学生通过工作室的渠道，也不再畏惧找我谈话。学生主动寻求解决自身问题的意识得到加强，我也能通过工作室及时了解并帮助到需要我帮助的学生，工作室主任也在工作中尝试着帮助同学们解决问题，他们的能力也得到了提高。

值得一提的是，"岗哥有约"工作室成立以后，工作室主任其实履行了班级安全员或者心理疏导员的工作。很多学生的问题得到了有效解决，部分问题隐患得到了及时补救，班级稳定工作得到加强。

四、致远科技部

面对班上的几名"小网虫"，我采取了"招安"方式。班级评选第一"网童"丁航为部长，第二"网童"陈金良为副部长。然后他们自己组织起了一个由六人组成的致远科技部。正好学校在组织计算机培训，六名科技部成员全体参加，并布置了任务：勇于实践，学以致用，为对外宣传和包装班级作贡献。

经过一段时间的培训和筹划，班级博客"岗哥二十三班"闪亮登场，图文并茂地展现班级风采。每周更新的博文积极反映班级每天演绎的精彩，成了我深入了解班级动态的窗口，其中十余则博文还被《班主任之友》选登在了"师生过招"栏目上。除此之外，科技部还制作了精美的班级电子相册、富有个性的班级文化标志、丰富多彩的班会课件、学生教研组试卷和复习资料、《致远报》电子版等。

从"网虫"到科技部骨干，不仅学生的上网动机和行为得到了有效的疏导，还为创建富有特色、个性的班级文化作出了贡献，何乐而不为呢？

五、《致远报》编辑部

班上有一部分学生不怎么上网，但每每听到其他同学在讨论班级博客里的博文时又忍不住想一睹为快。为了解决这个问题，由学习委员李弘颖发起并组建了属于自己班级的《致远报》编辑部。

在编辑部的筹备会上,学生要求我发言时,我明确表态,《致远报》作为我们班的班报不能仅仅局限在刊登班级博文上,更多的应该成为班级舆论导向的窗口,在为班级文化增添色彩的同时应该成为班级文化的风向标。真是心有灵犀一点通,编辑部第二天就张榜招聘《致远报》记者。短短一天时间,拥有18人的强大记者团就成立啦!每逢班级大事件,记者团就会倾巢出动,分工合作。比如半期考试后,我班考试失利,记者团兵分八路采访六科科任老师、成绩突出和考试失利学生,在老师和学生之间搭建起沟通的桥梁。不久,《致远报——半期考试总结专刊》就与师生见面了。半期考试后是学校的运动会,记者团分为六个组,根据各参赛队员参赛的时间分配下去,保证每一名同学参赛的时候都有新闻组的同学在场进行现场记录和及时报道。特别值得一提的是,记者团还东拼西凑地借了四部相机和一部摄像机以保证每一个项目都能留下选手的风采。运动会后,600多张记录我班运动员比赛时精彩瞬间的照片和数十篇运动会报告,汇总成了《致远报——运动会专刊》电子版,发布在班级博客里。

为迎接随后的家长座谈会,给家长们全面汇报学生在三中发展的情况,编辑部利用周末时间整理刊出了《致远报——家长专刊》。在家长座谈会上发放给家长后,获得了家长的一致好评。

我班的特色部室、特色班委在班级自主化管理中发挥着常规班委无法替代的作用。他们是班级健康发展的催化剂,表现出了旺盛的生命力。班级文化建设因他们更精彩,班主任工作因他们更高效。

赏析　特色班委是对常规班委的有效补充,为了创造性地进行班级管理。自然地,特色班委处于从制度管理到文化管理的中间过程,设置的方向必须指向学生的自我教育。

案例来源　梁岗.创建富有生命力的特色班委[J].班主任之友(中学版),2011(6).

第四节　班级文化建设

班级文化是一门潜在的课程,它有着无形的教育力量,班主任要高度重视班级文化建设,总结、归纳班级文化的特点,创建独特的班级文化。

一、班级文化与班级文化建设[①]

班级文化,是指班级成员在班主任的引导下,依托并通过班级载体来反映和传

---

① 张作岭.班级管理.北京:清华大学出版社,2010:153.

播的、朝着班级目标迈进过程中所创造的精神财富、文化氛围,以及承载它的活动形式和物质形态。

班级文化建设要求塑造良好的班级氛围,构建起和谐班级,以此熏陶、影响、改造学生,产生良好班风、学风,形成一种较固定而独特的班级集体模式。

班级文化的分类方法多种多样。

(1)有人将班级文化分为:外显的器物层——教室,即班级所在的空间环境;中间的制度层——班级各种规章制度,以及各小组、班委会等组织机构及其职能职责;内含的观念层——师生在共同生活中缔造的思想观念、价值取向、行为方式、班风等。

(2)有人用精神文化(班风、教师、学风)、组织文化(班级组织与规章制度)和物质文化(课堂环境)三种形态来表述班级文化。

(3)有人将班级文化分为物质文化、制度文化和精神文化。

所谓班级物质文化,是指班级文化的表层,是看得见、摸得着的东西,属于班级文化的"硬件";它是凝聚、体现、寄托班级成员的生存方式、生存状态、思想感情的物质产品。班级物质文化包含教室、寝室内物质环境的布置,以及师生的仪表等,具有"桃李不言"的隐性教育功效。因此,我们应当赋予班级物质环境以一定文化色彩和教育意识,"让教室的每一面墙也会说话",通过强化外显文化的视觉冲击力和感召力,使学生受到健康、文明、上进和美的熏陶,在思想上、情感上"如入云烟之中而为其所烘,如近墨朱之处而为其所染"。

所谓班级制度文化,是指班级成员在实现班级管理目标的过程中所结成的人与人之间的各种关系准则的总和。它包括班级领导班子岗位责任制(常务班长职责、团支部职责、班委会委员职责、值周班长职责、值日班长职责、课代表职责等)、班级各项运转机制(包括各项监督机制与激励机制)和班级各种行为规范的常规制度(包括一日常规、一周常规、学期常规和学年常规)。班级制度文化的建设,不仅为学生提供了评定品格行为的内在尺度,而且使每个学生时时都在一定的准则规范下自觉地约束自己的言行,使之朝着符合班级群体利益、符合教育培养目标的方向发展。正所谓"没有规矩,不成方圆"。因此,在班级文化管理中,班主任应该努力建构灵活而有序的班级制度文化。

所谓班级精神文化,主要是指班级全体成员在长期的交往过程中习得且共同认同的思想观念、心理倾向或情绪反应方式。它包括价值取向、行为规范、伦理道德、审美情趣等多种内容。班级精神文化必须回答这样几个核心问题:如何看待班集体;如何看待班级同学及其关系;如何思考和定位学习及其目标;如何考虑对班级、国家和社会的责任等。班级精神文化是班级文化建设的深层次要求,是浸润在物质文化和制度文化中的一种隐性文化,在班级整个文化系统中占据核心地位。搞好班级精神文化建设,有利于巩固物质文化和制度文化建设的成果,对促进学生和谐、健康地发展起着重要的激励和感染作用。马卡连柯前景教育思想认为:"要激励一个集体,首先必须形成大家共同拥有的希望和追求,正是这种希望和追求,能团结大家、激励大家,使大家心往一处想、劲往一处使。当这种局面形成时,这个团体就会有高昂的斗志、饱满的精神和勇往直前的毅力。"因此,构建和谐的班级文化,班主任要将学生的情感发展作为班级文化建设的重要目标之一,使班级成为培养学生情感文化的场所,使班级形成良好的班风,进而使班级全体成员为实现班级共同奋斗目标而努力。

人们对班级文化进行分类,其实就是寻找班级文化的组成要素。

二、班级文化建设中的几个关系

在进行班级文化建设的过程中,应当处理好如下几种关系。

1. 班级文化要素之间的关系

构成班级文化的各个要素是水乳交融、不可分割的。在各要素中,占据核心地位是的班级精神文化。它是班级文化深层次的、隐性的东西,是班级文化的最高和核心层次,是班级文化的根。其他各种文化确切地说是精神文化的各种具体表现形式,当服务于班级精神文化。

应正确处理各要素之间的关系,避免两个极端。一是在具体操作上,停留在对班级的布置与维持上,把精神文化建设放到次要的位置上,本末倒置。二是缺乏落实措施,只注重内容,注重精神层面。"没有规矩,不成方圆",一种精神的存在,并不是自生自灭的,它需要创设机会和提供生存的空间,然后把经验和意识进行提炼并达成共识,最后要通过宣传来倡导和发扬。

2. 班级形象的塑造与班级文化之间的关系

班级作为一种社会组织不但有自己的文化,而且有自己的形象。班级形象是班集体的组织形象,指一定文化背景下学生对班级内在精神和外显特征的感知而形成的总体印象。班级形象的塑造是班级文化建设的重要目标、内容及手段。它能够有效调动学生参加班级管理的积极性,增加班集体的向心力和凝聚力。

3. 班级文化与班级亚文化的关系

不同起点的学生构成的文化生态存在差异,一个班级内部可能同时存在多种亚文化。班级文化决定和支配班级亚文化,而班级亚文化又对班级文化产生支持性作用。如果看不到班级文化与班级亚文化的区别,对班情作出错误的判断,将小群体中的班级亚文化误作为班级文化,或忽视班级亚文化延伸对班级文化的危害,将会影响班级文化的建设。

当然存在于班级内非正式群体中间的班级亚文化不一定都是对班级文化建设的阻碍,对其中的积极因素可以引导发展,不断进行整合,也可以成为主流文化的一部分。

4. 班级文化与背景文化的关系

在班级文化的建设中,不可回避的是校园文化、社会文化、家庭文化等背景文化的影响。班级文化应当适应校园文化,考虑社会文化、家庭文化等的影响,在疏导的基础上合理吸收背景文化中某些必要要素和有益要素的同时,进行基于班级特点的创新。

独特的班级文化来自于依据班级特点而进行的班级价值观和班级精神的创新。所以,一定要立足本班学生的特点构建属于自己班级的文化,不能搞模式化,更不能东施效颦、邯郸学步,吸收有余,创新不足。应当处理好吸收与创新的关系,不能只满足于静态地按项目进行吸收,而忽视了班级文化向纵向演变的创新。

5. 班主任主导与学生主体的关系

一方面,在构建班级文化的系统工程中,班主任的引领作用是最为关键的。可以说班主任是班级文化建设的设计者、组织者、发动者、指导者,是班级精神文化形成的主导力量。同时,每一位科任老师也必须承担起相应的责任。班主任不可一人孤身作战,而应当调动科任老师参与的积极性,取得其他老师的配合和协作。

另一方面,班级文化的受益者是学生,那么任何文化都必须由学生来建设并达到目标。学生是班级文化建设的主体和目标对象,班级文化建设必须考虑学生在班级文化建设中的主体地位。不仅如此,班级文化建设还要充分考虑学生之间的个体差异,整合学生资源,只有这样,才能更好地发挥学生的主动性。

6. 班级战略目标与班级文化的关系

班级文化作为一种组织文化是一种柔性的战略管理手段,目的是为实现教书育人的班级目标提供支持。班级文化建设有一个启动、发展、成熟的过程,班级文化的形成及班级文化和班级目标的匹配作用的产生是长期努力的结果。因此,班主任在建设班级文化的时候必须考虑如何建立班级文化与班级目标之间的战略匹配性。只有建立二者之间的匹配性,才能使班级文化对班级教书育人的终极目标提供支持。否则,即使建立了某种班级文化,也只是一种不健全的班级文化。忽视班级文化建设的目的性,就会进入"为了文化而文化"或"不知班级文化是为了什么"的误区,最终导致无法发挥班级文化的真正职能。

三、班级文化建设的策略与步骤

我们可以利用心理定式、心理强化、心理认同、心理模仿、从众心理等机制,学习各类文化建设的方法,依据班级管理的特性,设计相应的建设班级文化的策略与步骤。

1. 科学定位班级价值观和班级精神文化,做出整体规划

班级文化建设是一项多学科交叉的系统工程,需要坚持不懈的努力。作为一项战略管理措施,它需要事先做出整体规划。对此,当前的研究提出:要系统地分析班级文化建设的积极因素和消极因素,找准班级文化建设的重点,保证班级文化整体设计的系统性、完整性和前瞻性。

2. 把握好班级文化建设的阶段性,依据总目标确立各阶段目标

班级文化既然是长期的,就会有不同的阶段,这就需要对不同的阶段进行整体观照。不同的阶段有不同的任务,每个阶段都要有一个特定的中心任务。班主任要审时度势,抓住班级文化建设不同阶段的重点或中心任务。

3. 选择突破口

在班级文化建设的具体执行过程中要善于抓住时机、选择突破口,如一次军训、一次运动会、一次突发事件,等等。班主任要在整体规划的基础上,结合班级目标确立班级文化核心,寻找最合适的契机实践并提炼班级文化,将班级文化的发展推向纵深。

4. 设计班级形象,促进班级文化的形成

可以说,班级形象是班级文化在学生头脑中的综合印记。班主任应依据班情设计合适的目标班级形象,统一视觉传递,提升班级文化,树立班级形象,使学生弄清楚个人行为与班级形象的重要关系,增强班级的荣誉感和凝聚力,以此作为促进班级文化健康成长的有效手段。

5. 修炼师表形象,巧作文化资源

班主任师表形象既是班级文化的重要资源,又是班级文化的核心要素之一。班主任在班级文化建设过程中,尤其要注意自身形象、学识水平、思想道德、工作作风及生活作风等。师表形象对学生的学习、成长各个方面所起的潜移默化的作用是不可小看的。

6. 整合学生资源,形成班级文化的内涵

个性各异的学生是班级文化内涵不可忽视的资源。成绩优良的学生甲是时间管理的能手,班级文化可以写上高效惜时的一笔;品德优良的学生乙,尽管成绩不是最理想,但她懂礼貌是很有口碑的;能力突出的学生丙,特别有号召力;后进生丁的成功转化激励着每一个渴望进步的孩子……只要细心观察,用心培养,每一个学期你都会找到不同的典型代表,他们会从不同的角度促进班级文化的发展。班主任应依据班级文化建设的整体要求,对成绩优异的学生、品德优良的学生、能力突出的学生和转化较快的后进生等各类学生的贡献进行整合,使其成为班级文化的内涵。

7. 持之以恒做品牌,不断创造优势和特色

班级文化建设需要坚持班级文化的定位不动摇,依据目标班级文化的内在要求,寻找机会,不断引导学生创造并积淀相关的班级优势和特色,打造自己的班级品牌。例如:以班级优势和特色作为基础提出班级价值观、班级精神、班级口号,并创造与之相匹配的实质行为。

四、班级文化发展的四个阶段

一般而言,经过上述策略与步骤,班级文化的发展将经历四个阶段:启动阶段、积淀阶段、定型阶段和变革阶段,如表 2-6-1 所示。

表 2-6-1　班级文化发展的四个阶段

发展阶段	要素构建	匹配作用	管理策略
启动阶段	局部的、表层的、零散的	基本上未形成匹配作用,需要班级目标支持	寻找突破口,确立目标班级形象;确立班主任形象;做好面对挫折的准备
积淀阶段	由点到面,由表及里地推进;良好的班级形象基本确立;良好的班风传统或班级精神文化已经形成,但尚未定型	开始形成匹配作用,但不明显,也不稳定	完成班级形象塑造并积极巩固;积淀优势,积极传播,培育内核
定型阶段	班级精神文化表达形式定格,并开始落实到细节之中,从构造力角度来讲已经是一种强势文化	模式化地发挥作用,并形成惯性	在巩固班级形象的基础上,重视宏观调控,适时、恰当地提炼或定格内核
变革阶段	随着班级内、外环境的变迁,在保持班级文化基本要素一致性的前提下,学生进行自发创新,班主任作适当调整	惯性作用比较明显,但可能产生一些负面效应,需要变革	打破定式,以与班级目标相匹配为诉求,实事求是地求变、求新

资料来源　周勇.我是怎样建设班级文化的——一位博士的班主任生涯回顾与反思.成都:四川出版集团,四川教育出版社,2010.

当然,在班级文化建设的实践中,可以是演绎式的,即从提出到认同再到落实;亦可以是归纳式的,即从一个个的突破,经过慢慢的积淀,最后再加以提炼。

一般来说,有经验的老师可以在建班之初迅速地对班级情况进行准确的分析判断,从而提出明确的发展规划,多采用演绎式。新班主任,或者情况复杂的班级的班主任,则还需要在摸索中慢慢前行,多采用归纳式。当然,在实际运用中,这二者是可以有效结合并在动态中不断完善、前进的。

> **资料链接 2-6-1**
> **班级文化的物化形式**
>
> (1) 创建具有育人功能、具有自然美的教室。教室布置要具有时代性、教育性、实用性、安全性、整体性、独特性、创造性、生动性、经济性、美观性、动态性。例如:配合教学、配合节庆、配合学校或班级活动,随时变动教室的布置,展现班级特色。其内容,可以是教学单元类、作品展示类、休闲娱乐类等。这里要注意,不要过于唯美主义花花绿绿,这会分散学生的注意力;也不可过于严肃,更要避免庸俗化的低格调。
>
> (2) 形成个性的班级制度(班规)、班名、班徽、班级口号。班级文化的建设中,制度建设必不可少。应当以明确的,具有简洁性、公约性、易督性等特点的班

级制度为具体的行为操作规范来积极实践,让全班学生秩序与自由相统一。班级制度也可配合教室的布置,设立认养制度,让每一个区域都有人负责布置更换。

(3) 设置一些属于全班同学共同享用的、由全班学生共同管理使用的集体财物,如班级书架,人人都能随看随取;如窗台盆花,人人都是园丁,等等。

(4) 用一系列的活动去充实、丰富硬文化的内涵,并打造自己的传统活动,形成品牌。如:建立"为集体争光光荣册",举办"集体生日会"、"成人仪式",等等。

(5) 塑造品牌学生、品牌家长、品牌教师,让每位成员都可能成为班级文化的资源和载体,成为班级文化的最好代表与形象代言人。

案例欣赏 2-6-4

创建最美丽的教室

都说搬家有乔迁之喜,但是眼前的景象让我们几乎晕倒!几个星期前,我们搬进了这间教室,一个高三班级毕业后留下的教室。这是一间我所见过的最脏的教室!遍地杂物,原来雪白的墙上全是球印子,两边的墙上写满了不堪入目的污言秽语,阳台成了藏污纳垢的场所,堆满了垃圾和课桌椅的残肢断臂,又脏又乱,脚都踏不进去。原来教室的课桌椅都是新配置的,现在已经坏了很多。新一点的,早就被暑假补课的学生换走了。我们接手的还是旧的、坏的桌椅。整个教室如同被洗劫过一样。

面对这么一个烂摊子,我简直要气晕了!但毫无办法,只好从头来过。我带着我的学生,干了整整一上午,把教室全部清理了一遍,光是修椅子,就修了十几张。最后,总算搞干净了。桌椅虽然是旧的,但只要不坏,把它们排整齐还是可以的。我用了六个最得力的学生专门清理阳台,可苦了那帮得力干将,总是做最艰苦的工作,别人都干完了,他们还在干。这里还有一个小插曲。在我们清理阳台干了快一半的时候,我忽然想起了点什么,赶紧叫同学们停下来。学生问我干什么,我说去拿照相机去。我快速从办公室取来数码相机对着已经打扫了一半的阳台照了一张相片。这张令人震撼的照片成为我们对这间教室曾经的回忆。

教室被我们打扫得干干净净之后,最后一道工序是拖地。男生们三人一组,轮流拖地。很快,地面干净了。"图穷匕首见",此时,我们看到了一幅"奇景",这让我永生难忘:地面上有无数块黑斑,像白净的脸上长满了麻子,密密麻麻,有的地方一块地砖上(边长大概是 0.6 米,即每块 0.36 平方米)有十几个,这是口香糖啊!

我试着让学生用刮刀铲掉,但是几个学生蹲在地上,一会儿就败下阵来,实在太困难了。口香糖粘在地上,被踩过无数脚,已经和地面紧紧结合在一起,融为一体了!10 分钟下来,才铲掉一二块。要想把教室里的口香糖全铲掉,用学生们的话讲,干到明天早上还不知道能不能铲完。我们只能暂时作罢,但它一直是我的一个心病。我心里暗下决心：我一定会铲掉这些毒瘤，不能让它们污染了我的眼睛，更不能让它们污染了我的学生的心灵！

第二天就是家长会，我这次开家长会的第一件事，就是请家长们低头看地面，告诉他们这就是上一个班级留给我们的"宝贵财产"。它在时刻提醒我们，要做一个有素质、有教养的"人"，我的班级再也不允许出现这种情况。还有，这满地的口香糖说明了什么？说明这个班的学生不爱自己的班级、仇视正面教育、无视规则。我们可以想象一下：这么多口香糖，绝非几个人所为，绝非一日所为，班上的同学、老师对此都熟视无睹啊！这是一个怎样可怕的群体！

第三天，面对学生时，我再次请他们低下头去"观赏"这幅画面。我说："这个班级是我们的家，我们要在这里生活一年。一年之后，我们要把它完好、干净地移交给下一个班级。地上这么多黑印子，你们不要觉得我再加一块也无所谓。从今天开始，谁还会在教室里吃口香糖吗？谁还要学他们吗？"没有人！

学生们纷纷说道："椅子底下、背面也有很多口香糖。"我无语。

时间过得飞快。每一天都有新的进展。学生们用砂纸把墙上的涂鸦细细打磨掉，贴上自己的美术作品，黑板旁边也贴上了漂亮的告示牌。余同当了阳台的"台长"，阳台每天被他收拾得像个温暖的家，东西放得整整齐齐，地面拖得干干净净，桌子上也摆满了绿色植物。史梦雨负责洗手池、洗拖把的池子，也是一样光亮、干净。干净的洗手池边，简单地放了一瓶洗手液，感觉特好，简朴，但是温馨。教室的每一个角落都有专人负责，消灭了每一个卫生死角。

快一个月了，什么都好了，只剩下地上的口香糖了。我总有一天会收拾它们！

这一天终于来临。一个星期五下午，我拿出早就准备好的钢丝球。这是专门用来对付地上的那些口香糖的。这次我们用的仍然是老办法——承包：首先把教室的地砖全部编上号，按学号原序，每人一块地砖，我也领一块。

学生动手之前，先看我演示一遍：把一点洗衣粉撒在一块口香糖印迹上，淋一点水，用钢丝球用力摩擦，将口香糖印记完全擦去，最后再用钢丝球把整块地砖刷一遍，用拖把拖干净。一套工序做下来，地面光亮如镜，学生们惊呼，居然还鼓掌。我说："会了吧？下面看你们的。把椅子架起来，开工！"于是，教室里开始一片忙碌。

在劳动中，我发现学生是极富创造力的，各显神通。我准备的钢丝球数量不够，他们有的借来刮刀，有的就用自己的裁纸刀，反正达到效果就行。

卫生监督员王蕴芝负责验收每一块地砖。人多力量大，一节课的时间，地上所有的口香糖被全部搞定。我全程参与且身先士卒，累得腰都直不起来。坐在自己的劳动成果之上享受的感觉很美妙。每一块地砖都是这样一寸一寸地清理出来的，每一块地砖上都留下了同学们的汗水。付出了劳动就应当珍惜。原来肮脏不堪的教室焕然一新，在这样整洁的教室里看书学习都成了一种享受。我们用了三次大扫除和数次美化行动，终于让我们的教室成为全校最美丽的教室，不,应该是从外地前来参观的校长眼里最美丽的教室。现在,我们教室的地面上,没有一块黑印子,终于"祛斑"成功。并且,她将永远美丽下去:我班再也不允许那种没有教养的行为横行。

我们不仅在搞卫生,更是在建设一种文化,一种属于我们自己的文化。我带的是一个学习美术的专业班。美术班,里面有一个"美"字,美术、美好、美丽……要学好这个"美"字,首先就要有一个美的环境。美丽的教室环境,构成了我们班级文化的一部分。著名教育家苏霍姆林斯基曾经说过,要使教室的每一面墙壁都具有教育的作用。创建"最美丽的教室"的过程,不正是最好的教育吗?

资料来源　陈宇.你能做最好的班主任[M].北京:教育科学出版社,2011.

第五节　班风建设

一、班风建设概述

1. 班风

班风是班级文化建设的一个方面,是班集体的学习状态、精神面貌、班级凝聚力的集中体现,是在班集体中逐步形成的情绪上、言论上、行为上的共同倾向,并通过思想、言行、风格和习惯诸方面表现出来,包括人际交往、学习和生活的态度和习惯、组织纪律性、环境卫生意识、学习的氛围(学风)等,必须经过长期细致的教育和严格的训练才能形成。

资料链接 2-6-2

班风的内涵

班风的内涵,有以下七个要点。

1. 舆论方向

在班风中,舆论方向是最重要的,因为它体现这个班学生的价值观倾向。比如,学校本是学习的地方,班级舆论应该以好学为荣,以厌学为耻;可是也有这样的班级,实际上努力学习的同学会受到讽刺和打击,而不好好学习的人反而被羡慕。又比如,学校是助人成长的地方,班级舆论应该以自立自强为荣,可是在一些班级里,却以依赖父母权势为荣。这些都属于歪风邪气。不错,现在社会转型,价值观趋向多元化,教师不可太古板,但是大的方向还是要把住。世界上无论什么社会制度的国家,都不会把厌学和依赖父母作为孩子的优点,对这些问题,班主任必须立场坚定。

2. 纪律

中国人观察班风,纪律也是一个重点,鉴于我们的国情,这是可以理解的。但是,很多人以为纪律越严明班风越好,我是不赞成的。看一个班的纪律,主要应该看基本情况,不应要求过严过细,特别要看该班纪律中"自觉纪律"的含量如何。要知道,纪律是一把双刃剑,既能帮助学生发展,也能阻碍学生发展。

3. 学习气氛

学习气氛当然是班风的重要组成部分,学生在学校不学习,学校就名不副实了。但是,关于什么样的学习气氛才是好的,大家看法却未必一致。在许多教师的心目中,好的学习气氛是这样的:我让你学什么,你就学什么,而且应卖力学;我不让你学的东西,我不让你干的事情,你就看都不能看,想也不能想;人家做10道题,你做20道,人家玩1个钟头,你只玩10分钟;我什么时候看见你,都发现你处于用功状态,令人欣慰。班级里有这样的学习气氛,好吗?不一定。这虽然比公然厌学要好,但这是被动的学习、奉命学习、给老师学习、傻学习。我们需要的真正好的学习气氛是自觉学习、主动学习、有兴趣的学习、高效率的学习,而且学习不能局限于课本。所以,看一个班级的学习气氛,光看表面是不行的,光看成绩也是不行的,要综合分析,要注意学生的感受和他们真实能力的提高,尤其要看其创造性。

4. 人际关系

班级人际关系指师生关系和生生关系。

一般说来,这两种关系中,师生关系是主要的,特别是班主任与本班学生的关系,更重要。师生关系仅凭感觉和印象就能有所了解,看班主任和学生双方的表情,就能知道一个大概,但是要真正了解师生关系,还是要到学生中去调查,学生的感觉才是最重要的。有些班级的学生对班主任非常尊重,双方关系看起来很融洽,其实背后学生说班主任坏话的很多;有些班级的学生对班主任似乎不大礼貌,甚至常常顶撞班主任,但是你到学生中去仔细询问,却可能发现学生对班主任评价并不低。所以,看师生关系不可只看表面现象。

还有就是生生关系。学生之间的关系,相对地说,比较容易看清楚,假象较少,你只要注意谁经常和谁在一起,就能大致看出班里有多少个小群体,他们之间大致是什么关系。一般班主任观察班级学生关系,侧重于是否团结一心搞好班集体,是否互相帮助抓学习,这当然也不能算错。但是,请注意,站在学生个人的角度,他与某个同学做朋友,与另一个同学不相往来,与第三个同学有过节,少有从班集体进步、从班主任工作任务的角度出发的,也就是说,学生之间的人际关系主要取决于他们的个性与价值观,而不是班主任的主观愿望和工作任务。班主任看待学生之间关系是任务视角,而学生看待人际关系则是私人视角,如何找到这二者的结合点,需要班主任有高超的教育艺术。许多班主任不顾学生的个人感受,一味粗暴地要求学生"万众一心",就会经常碰钉子。

5. 环境

环境与人是相互影响的。人造就环境,环境也可以造就人;改变人可以改变环境，改变环境也可以改变人。"环境育人"的提法是有一定道理的。我们观察和影响班风，也可以从教室环境入手。教室是否整洁，学生物品如何摆放，公物保护程度如何，标语内容怎样选择，标语如何悬挂，黑板报有什么内容，等等，都可以透露出班风的信息甚至班主任的个性。比如：有的班主任很重视教室内摆花，有的就不主张这么做；有的班级励志标语很多，甚至每人桌上有个小标语牌，有的班级标语就很少，多的是学生的作品。有不少班级在最显眼的地方公布学生的考试分数，此事告诉我们，这个学校的校长或者这个班的班主任大概是应试主义者。我听一位高中班主任说，他曾经发动学生每人写几句最想说的话，然后在教室后面办一个专栏贴出，称之为"发泄墙"，收到了很好的教育效果。就此我们可以看出这个班班风是比较时尚、开放和民主的。

6. 代表人物

一个成熟的群体，一个形成团体文化的群体，往往会产生一个或几个代表人物，他们最能体现这个群体的精神风貌，他们就成为这个群体的标志、旗帜。比如解放军的雷锋、大庆的"铁人"王进喜、北京百货大楼的售货员张秉贵、掏粪工人时传祥等，他们都是他们所在团体之精神的杰出代表。一个学校、一个班级也有类似的情况，形成校风和班风之后，就可能出现代表人物。这个人物如果被大家认可，那就说明校风和班风比较成熟了。班风的代表人物可以是班主任，也可以是某个学生，关键是能否被公众认可。如果班级隆重推出一个学生（比如中考、高考成绩拔尖，或者参加全国比赛获奖，或者被传媒热捧），但是本班同学私下并不认可，那就说明这个班的班风并不成熟，或者该人物其实不能代表这个班。我们考察一个班的班风，打听一下该班的"名人"是谁，多数同学对他评价如何，也是一个重要方法。

7. "行为品牌"

如果说代表人物是班风的"代言人"，那么这里说的"行为品牌"则是班风的"商标"。成熟的班风是有特色的，它必定有一些和其他班不一样的地方，包括活动、习惯、礼仪等。也就是说，成熟的班风往往有自己的强项、"一招鲜"作"行为品牌"。比如，有的班级班会搞得特别好；有的班级体育活动多；有的班级文艺活动多；有的班级学生对教师特别礼貌；有的班级学生个人卫生特别好；有的班级学生特别爱读书，好几个人在报刊发表文章；有的班级学生动手能力强，有些小发明；有的班级学生热衷公益活动；有的班级学生特别孝顺父母，等等。我多年前曾经教过一个班，这个班的学生特别喜欢写字，休息时间也往往有不少同学在那里写呀写，结果这个班学生写字的总体水平明显高于同年级其他班，成为一种班风。我还曾经见过一个班，学生中唱歌走调的人比例很高，恰好其班主任唱歌也走调，所以他们班唱起歌来总是惊动一方。有趣的是他们还特别爱唱，有空闲就唱，而且大家都很卖力，情绪高昂，"声震林木，响遏行云"，唱得非常开心。结果这竟成了该班的品牌。尽管他们唱得并不艺术，但是外班同学还是很羡慕，因为人家快乐。这就告诉我们，一个班至少要在某个方面很突出，与众不同，而且被本班学生认可，外班学生承认，才能形成班风，若处处与其他班相同，即使样样都做得不错，也谈不上班风，那只是校风的一种体现。与其他班级不一样之处，才是班风。所以，要了解一个班的班风，还可以向其他班级同学打听，学生往往能三言两语概括某些班级的特点。比如说"三班学生能说"、"四班学生厉害"、"五班学生是追星族"，这其实就是口碑，是民间的班风评价，往往很有参考价值。

资料来源　王晓春.做一个专业的班主任.上海：华东师范大学出版社,2008.

2. 班风与班集体建设

在班集体建设中，无论是常规管理，还是班规、班级文化建设；无论是班干部的培养，还是学困生等特殊学生的指导；无论是班级活动组织，还是应急事件处理与安全教育，都与班风建设息息相关，水乳交融。

一方面，良好的班风是班集体形成的标志，班集体建设中，班规的制定与执行、班干部的选拔与培养、班级文化建设影响甚至决定着班风的形成。

另一方面，班风建设是创建一个优秀的班集体的前提，同时也为良好班集体奠定坚实的基础。良好班风的形成，是能否形成班集体的关键之所在，是班集体建设的一个重要组成部分，对班集体建设有着促进和推进作用。就像每个人都有着自己独特的容貌、气质、秉性特点一样，班风反映了班级面貌，代表着班级特色。一种有进取意识、有创造精神，集正直、勤奋、团结等美德而又有独特风格的好的班风能有效地发挥集体目标的吸引力，集体情感的凝聚力，集体纪律的约束力，集体环境的熏陶力，能使全体成员产生"久熏幽兰人自香"的效应。优良的班风和传统无形地支配着全班学生的思想行为，从而使班级成为教育的优质熔炉，为班级学生的成长、发展提供一种有效的动力和压力，对形成、巩固和发展班集体起着重要作用。

3. 班风建设的三个发展阶段

班风的形成有一个由不自觉到自觉，由少数人接受到多数人服从的过程。这一过程大致可分为三个发展阶段。

第一，倡导班风，培养骨干，即班主任向全班成员提出班风要求，一部分先进成员接受了班风要求。这一时期，班风对全体班级成员来讲是外在的。多数人对班风要求尚不十分理解，一批骨干为优化班风做出了榜样。这一时期，正是班集体建设的形成期。

第二，班级群体多数成员接受班风要求。从总体上讲，班风要求已成为群体规范、群体凝聚力和群体舆论的象征。班风作为一种教育环境已基本形成，并对班级全体成员产生强大的心理力量。但少数成员尚未完成积极的自我转化。这一阶段，便是班集体建设的巩固期。

第三，班风建设的发展期，即班集体建设的成熟期。良好的师生关系、同学关系、学风、学生与集体的关系已经形成。

可见,班风是随着班集体的不断成熟而发展的,是班集体建设的"晴雨表"。一个优秀的班集体在班风上应有以下特征:①班集体具有以集体主义为基础的共同价值观和健康的自我意识;②集体在心理关系上的和谐、愉悦和凝聚性;③集体在组织行为上的一致性和合作性;④班集体形成了值得自豪的集体传统。

二、班风建设策略

1. 明确目标,规范行为

班风最核心的东西就是建立共同的价值观。班风的形成,可以是因势利导的渐渐明晰,亦可以是量体裁衣的提前预设。无论是哪一种,都应该在班级建立之初期,在合适的时间提出目标,以使学生能够时时以此为镜,检视言行,逐步形成一种自然的风尚。

根据班风的目标提出具体做法,可以是班主任明确提出,也可以是学生集体讨论确立。同时,可以书写张贴,配合班规,营造舆论氛围,从而强化学生认识,明确行为方向。

2. 具体目标,量化规范

班风建设的目标确立后,应当将班风建设的目标及标准分解并量化,具体为可操作的行为规范,如站队快静齐、环境净明靓、学习静竞进、纪律谨慎独等。可按由易到难的顺序把学生应该掌握的规则分解成若干个训练点,越细化越好,如,坐时凳子四脚平、离开座位凳放好等,让学生知道哪些事情该做,哪些事不该做。在各项活动和日常管理中,将行为规范逐步提出,逐步再细化,逐步实施,落实到位,循序渐进进行训练。

3. 创造必要的行为环境

良好的班风和学风体现在日常行为中,因此班主任首先要创造必要的行为环境。比如编排座位,看似小事却影响深远。班主任应综合分析学生的性别、性格、成绩、自我约束力、集体观念、气质类型等来搭配同桌、前后、组与组,以有利个性的发展与学习互补为宗旨,达到局部带动整体的效果。

4. 善抓住时机,寻找突破口,灵活引导

突发事件、热点人物、日常细节等都是构建班风的有利时机,抓住这些教育契机采取灵活有效的形式在集体内部进行引导、教育,有助于弘扬正气,形成团结向上、和谐的氛围。很多班主任会从军训、运动会等容易产生战果的活动开始。

5. 关注三个层面,扩大优势群体

(1) 培养领军层。挖掘学生潜能,培养一批班级学习和各项活动中的领军人物,以此带动周边同学,形成学习及各项活动的品牌队伍。打造班级管理队伍,让他们成为班风的倡导者和率先实施者,使班风的建设逐步由点到面、由少数到多数、由压力到动力、由被动到主动。具体方法参考本章第三节班干部的选拔和培训。

(2) 注意非正式群体。要站在学生的立场上,不禁不纵,因势利导,采用兴趣转化法、活动竞赛法等,淡化不利元素,扩大有利元素。

(3) 不忽视中等生。优秀生与后进生往往是从中等生转化的,中等生往往处在拉一把上进、撒下手后退的层面,所以,他们才是班风建设的最大阵地,要扶持有正义感的学生,让他们有更多的话语权。"一个人不知道自己的能力,如同一个牡蛎不知道身上的珍珠,一块岩石不知道其中的钻石。"中等生教育中,最重要的举措就是要启发他们去发现被自己隐匿起来的潜在优势,找到成长的生长点。

6. 及时强化正向行为,弱化负向行为

一旦班级出现有利个人与班级成长的正向行为,即当设法予以强化,引导学生公认;而出现不良风气时,如:对工作负责的班干部讽刺、挖苦;对先进学生冷视、嘲笑等,应当及时教育,不使之漫延。良好的班风,常常是在克服不良风气的过程中形成的。总之,要事事有总结,具体可采用的方法有:表扬奖励、严厉批评、个别谈话、班会讨论、活动体验等。

7. 常抓不懈,巩固提升

班风的建设是一项细水长流的工作,必须进行经常性的教育和训练。

(1) 重视"第一次":在师生见面的第一次、学校的大型集体活动的第一次(如第一次军训、第一次主题班会、第一次运动会、第一次文艺表演等)、学生个人展示的第一次(第一次升旗、第一次演讲等)等一系列的第一次中,最大限度达成最佳效果,使学生为之自豪,并自觉地珍惜、维护,整个班集体就会形成一种蓬勃向上的凝聚力。

(2) 不轻易降低要求:在捍卫班级正气这个原则性的问题上不能有丝毫让步,必须旗帜鲜明。不要轻易为学生们设定底线,降低要求本身就意味着偏见和不信任。当班风出现问题时,了解原因,对症下药;或对偏离行为规范的行为开展对事不对人的评价讨论;或利用班会时间有的放矢地进行正面教育,变阻力为动力。

(3) 积累成功:在班风建设中,班主任要有意识地研究各种问题,将其整理出来,在达到阶段性目标时,一方面,立即评价、总结、表扬、激励,使学生感受成功、增加自信、树立信心;另一方面,继续建立新的目标,创造下一次成功。

8. 不唱独角戏

教育不是一个人的事情,教育群体对班级的要求也影响着班风的形成,除利用好班主任自身的威信及引导作用外,班主任应当与科任教师、学生家长统一步调,对学生一致要求,形成教育的合力。例如:制定班规时,科任教师即使不能参与班规制定过程,也应知晓班规内容,并共同以班规来规范师生言行;平时要主动找科任教师询问和了解学生的各种学习情况;利用家访、电话等方式与家长勤联系,多沟通;发掘家长中的宝贵资源,等等。

总之,在具体的班风建设中,班主任只要以目标引路,活动搭台,舆论兴风,抓领军,带后进,强训练,不懈怠,从语言开始、行动跟上、逐渐形成习惯,走入心灵,不断总结,开拓创新,寻找有效的方法措施,独特而健康的班风一定能够形成。

资料链接 2-6-3

班风诊断

一个班级大致形成自己的班风以后,我们应该如何对它进行评估呢?这种工作,我称之为"班风诊断",相当于给班级作"班风体检"。

这种工作意义何在?有了这种评估,我们就可以帮助班主任更清醒地认识自己的班级,扬长避短,扬长补短,使班级建设更上一层楼。我们现在评估班级工作的主要方式是日常评比和评选优秀班集体,我说过,那是行政视角,不是专业视角,那种评估是笼统的,而且只看结果,因此对班主任工作缺乏指导作用。班风诊断不是为了选优,而是为了了解。

班风诊断既可以由学校组织,也可以由班主任自己操作,自我诊断,这本质上是一种调查研究,它的出发点是帮助每一个班主任提高专业水平。所以我认为,班风诊断比评选优秀班集体更实在,更具人文精神。

作班风诊断可以用观察、访谈、问卷、听课等方式。需要注意的是,班风有显性班风和隐性班风之分。显性班风是人们表面看到的班级风气;隐性班风是班级的实际作风,这二者有时并不一致。比如:有的班级在公开课上学生显得十分好学,然而平时并不如此;有的班级检查卫生时非常整洁,其实平时很脏乱;有的班级在讨论本班发生的问题时,群众舆论很好,是非分明,然而私下的议论却根本不是这么回事……所以,我们在进行班风诊断的时候,要尽量想办法了解真实的情况。显性班风当然也要看,但重点应该是了解隐性班风,因为那才是这个班真实的风气。

我把班风诊断分成常规诊断和特色诊断两个层次。常规诊断是了解一般情况;特色诊断是了解班级特点,把这二者合起来,应该就是这个班级班风的"画像"了。

我们先说常规诊断。

班风的分类是一件很困难的事情,比学生分类难多了。班风诊断和医学上的诊断差别很大。医生看病,比如您是内科疾病,他可以只从内科角度诊断您的病属于哪一种,而不管您骨质是否疏松。这样诊断班风就不行。比如单从学习角度看,某个班属于成绩好的,可是学生之间很不团结,班级活动阻碍重重。这种情况班风算好还是算不好?说不清楚。班级是一个非常复杂的有机体,它的各个侧面互相影响,互相渗透,无法切割。单向度的分类方法容易片面,行不通,可是若不分类,就无法深入研究,更谈不到诊断;多角度分类是个办法,可是分完了又难以整合。

我想了又想,想出了这样一个办法。

第一步,把班风从纪律和品德、学习、人际关系三个主要维度各分成几个层次。

从纪律和品德角度分为：①淘气型；②破坏型；③老实型；④邪气型；⑤两面型。代号P,是"品德"汉语拼音的第一个字母。

从学习角度分为：①小聪明型；②智慧型；③迟钝型；④偏科型。代号X,是"学习"汉语拼音的第一个字母。

从人际关系角度分为：①师生团结型；②生生团结型；③小山头型；④一盘散沙型。代号R,是"人际关系"汉语拼音的第一个字母。

第二步,把人们（主要是班主任和科任教师）对某个班级的印象分成三级。

一级印象：最初的印象、最强烈的印象、持续的印象。

二级印象：后来发现的特点,次强烈的印象。

三级印象：再后来发现的特点,相对弱一点的印象。

比如某个班级给老师的突出印象是团结（人际关系方面）,不久教师就发现他们还很聪明（学习方面）,后来又发现这个班学生常常惹是生非,很淘气（纪律方面）,则这个班班风特点的排列顺序应该是RXP。

比如某个班给教师的突出印象是老实（品德方面）,后来又逐渐发现学生一盘散沙（人际关系方面）,再后来又发现学生普遍迟钝（学习方面）,则这个班班风特点的排列顺序应该是PRX。

比如某个班给教师最突出的印象是学生聪明（学习方面）,学生分不少小的山头（人际关系方面）,不久又发现这个班学生很善于耍两面派（品德方面）,继续的观察表明该班学生的聪明主要是外表的活跃,而这个班真正致命的弱点是两面派,则这个班的班风特点在确诊时,各维度的排列顺序就应该是PRX,而不能按最初印象中的顺序排列。

第三步,把上述两个方面结合起来,就可以确定班风类型了。

比如某个班级,纪律和品德方面是淘气型的,学习方面很明显是智慧型的,人际关系方面是一盘散沙型的,而淘气并不很严重,一盘散沙也不是很严重,那么这个班的班风就可以确定为X2P1R4。

比如某个班级给人的突出印象是师生团结,其次是学生老实,最后是学习偏科,这个班的班风特点就可以锁定为R1P3X4。

这种班风分类的方法很灵活,可以分出很多类型,但是又大致有一个框框,有一些标准,或许是比较实用的。

每确定一种类型,接着就要研究这种类型班风的对策。一类一类研究,将来把研究成果编成一个手册,班主任就可以像查字典一样,找到自己班级属于哪种类型,以及如何适应它和提高它。只要不把这种东西绝对化,想来对班主任是有帮助的,至少对班主任的思路能有所启发。

最后还有一个问题是,要界定三个维度（纪律和品德、学习、人际关系）的各个层次,需要一些标准。比如：怎么就算小聪明；怎么才算智慧；师生团结和生生团结区别在哪里,这些必须尽可能说清楚。这个工作有待今后完成。

我把上述班风常规诊断思路发在网上,一些老师很感兴趣。下面是我和一位班主任的讨论。

【案例】

王老师,您好!

我现在把我的班级情况按您说的作一分析,请王老师给予指教。

根据班级现状,我从整体考虑,我认为我的班级应属于这种类型:P3X3R4。

我为什么认为是这样的呢?因为我的班级女生较多,男女生比例为9:16。从品德上看,大多数学生比较老实,个别男生比较活跃。其中有一男生比较淘气,总是喜欢做一些能引起同学关注的事情,比如上课发出怪声,但很有领导风范,整个班级男生都围着他转。班级纪律问题大多由他引起,他也是我现在比较头疼的学生。

从学习上看,分班时成绩较好,但聪明的学生不多,大多数女生属于勤奋但不聪明型的,男生属于聪明但懒惰型的。整体我认为属于迟钝型。我教数学,感触较深。因为学生勤奋,现在成绩还可以。

从人际关系上看,上学期我认为还比较团结,但这学期形势有所改变,就像您分析班风时说的,各种小团体都在较量,但现在没有特别明显的山头出现。女生之间现在小团伙比较多,而且天天发生些小的矛盾,没有出现哪个小势力或个人想称霸这个班级的想法,就是一些日常的小矛盾。我现在每天忙于做这些小团伙的工作。而男生那边则有那个男生率领,并没出现大问题。

我的班级情况大体就是这样。现在是初一,表面看没什么问题,可作为班主任,我还是很担心的,我不知道是否能把班级顺利带到稳定发展的时期。我现在重点是这样抓的。首先抓学习风气,班级学习风气在进步。比如说,昨天下雨,课外活动没上,其他班级放学了,我留完作业说同学们可以回家了,可是没想到的是班级同学没有一个收拾书包要回家,都开始写作业学习,我当时很感动啊!其次,每天课外活动时间我都去和他们一起玩羽毛球、排球、篮球等,我认为这样可以加强学生之间的感情和合作意识,有增强班级团结等好处。现在学生每天都在等着我和他们一起玩。

在班级我也不时地进行思想教育,但不空谈大道理,主要说目前时间紧、任务重,要为期末考出好成绩而努力,只有在班会时会说些其他情况。至于其他方面则不断督促班委会去做。

想说的很多,但又不能面面俱到,就说这些。表达得不好,请见谅!我这么做会有效果吗?对吗?我该如何做才能更好呢?

恩请王老师多多给予指教。谢谢您!

[答]

初步感觉,您这个班比较好领导。建议您注意以下几件事。

(1) 想办法培育一个班级特色(班级品牌),也就是要培育一个其他班级没有的特点(在本班有基础),发扬起来,让它成为本班学生的骄傲,让其他班级老师、同学一提起您班就想到这个特点。这和一个人有个性别人才能记住他、他自己也容易有自信是一样的道理。

(2) 有可能的话,制订一个班级目标(具体而有条件达到),发动全班向这个目标努力。

(3) 请注意您说的那个个别男生既有破坏纪律的负面作用也有活跃班级的正面作用(激活思维,宣泄情绪)。班风老实,没有活跃因素,就会沉闷,所以对他一定要兴利除弊,掌握火候,恰当引导。

(4) 女生的小矛盾,我主张少介入,那是没完没了的,可引导她们想大事,开阔心胸。

(5) 你带的学生,介绍一些切实可行的学习方法供他们选择很重要,因为他们可能大多想学习。

(6) 研究一下,这个班适合男生主导还是女生主导。这很重要,涉及班风走向。

上面谈的是班风的常规诊断,下面谈特色诊断。我主张特色诊断侧重用问卷方式,辅以访谈和观察。我初步设计的问卷内容如下。

班风特色诊断问卷

(注:发给学生填写时,标题只写"问卷调查"就行了,不必提"班风"。)

(1) 你最崇拜的人是谁?

(2) 你最讨厌什么人?

(3) 你们班同学在课余最喜欢的活动是什么?

(4) 你们班同学闲聊的主要话题是什么?

(5) 这个班给你印象最好的地方是什么,印象最不好的地方是什么?

(6) 关于班风,你最想对班主任说的话是什么?

(7) 如果向全校推出一个最能代表本班形象的学生,你推举谁?为什么推举他?

(8) 你觉得自己的班有什么和外班不一样的地方?

(9) 你们班最让你骄傲的是什么?
(10) 你听过外班同学评价你们班吗?他们说什么?你赞成他们的评价吗?
(11) 如果有机会调班,你愿意离开这个班吗?为什么?

这份问卷,最好由学校教务处老师主持,不记名,填写时班主任最好回避,但事后要把结果如实反馈给班主任。如果班主任平日作风民主,学生说话没有什么顾忌,则这个问卷调查由班主任主持也行。无论谁主持,关键是要得到真实的情况。

第一题和第二题侧重调查学生的价值观。比如说第一个班多数学生崇拜科学家,第二个班多数学生崇拜"超女",第三个班多数学生崇拜政治家,显然这三个班的总体价值取向是不同的。班主任了解了这个情况,就要想想这是为什么,是否与当地社会风气有关;是否与家长的职业结构有关;是否与校风有关;是否与班主任个人的导向有关。另外,如果学生的反映与班主任平日印象有很大出入,那就更值得注意了。比如班主任平日竭力引导学生崇拜考试状元,学生在公开场合也顺着老师说,然而问卷的结果却表明很少有学生崇拜他们,那就说明班主任的引导是无效的,班主任就要调整自己的想法和做法了。

第三题和第四题调查业余活动和聊天内容,这也是非常重要的。真正能反映一个班学生素质的,往往是在非正式场合的言谈举止。我们若研究班级多数学生的课余活动内容,就比较容易了解隐性班风。

第五题和第六题调查学生的班风认同。如果一个班已经形成比较稳定的班风,则多数学生对本班的优势和劣势应该是比较清楚的;若学生答得七零八落,可能说明本班班风尚未形成。

第七题也是调查班风认同的。前面说过,一个集体若比较成熟,它往往就能推出代表人物;如果学生推不出代表人物,或者所推人物非常分散,那就有可能说明这个班的班风尚未成熟。

第八至十题调查学生是否知道本班特色,这是一种"班级自知之明"。班级多数同学对本班特色认识越一致,证明这个班集体越成熟。

第十一题是调查学生归属感和安全感的。比如一个班40人,若其中有4人以上(10%)希望调离这个班,恐怕其班风就有问题了。一个好的班集体,要给每个人带来归属感和安全感。

总之,问卷收上来,就是一份研究资料,其中包含着大量的信息。先作统计,然后进行细致的解读。要特别注意各种意见的比例,注意其中互相矛盾的信息。这种问卷的最大好处是把班风展开,具体化,引向深入,激发班主任思考。有思考才有专业能力的提高。

资料来源 王晓春.做一个专业的班主任[M].上海:华东师范大学出版社,2008.

> **案例欣赏 2-6-5**
>
> **从为班级做一件事开始**
>
> 　　2006年9月,我中途接手了一个班。这个班的现状是:很散,班级的凝聚力不强;学习的积极性不高,上课没人举手发言;科任老师对这个班很头疼,经常和班主任在班级管理上意见不一致。突出的表现是:有一次学校举行运动会,其他班的学生都争着报名,这个班几乎没有人报名。接手班级后,我深入学生中间了解情况,只问一个问题:谈谈你对班级管理的看法。结束后,我把学生的看法进行了分类和统计,我发现其实大部分学生还是希望班级的氛围好一点,融洽一点的。在分析了这些情况后,我召开了一次班干部(扩大)会议,请课代表、小组长和学生代表列席,共17名学生参加。在会上,我作了充分的动员,并提出了"我为班级做一件事"的活动。大部分学生表示支持,也有学生表示担心,因为班里很多同学不关心班级,活动可能会失败。为了打消他们的顾虑,我说:"只要你们带头,班级的面貌一定可以得到扭转。"
>
> 　　在周一的班会课上,我说:"同学们,经过班委会讨论决定,我们班开展'我为班级做一件事'活动。"为表示诚意,我买了一面钟送给班级,挂在后墙上。"班级建设,从我做起,希望大家行动起来,一起建设我们的家。"学生们热烈地为我鼓掌。动员后,我在后墙上开辟了一块活动园地,主题就是"我为班级做一件事"。要求同学们把为班级做的事情写在卡片上(班级统一制作),贴在园地里。
>
> 　　第一周,共有九个学生贴了卡片,其中五个是班干部,四个是普通学生。其中有两人的卡片上是这样写的。
>
> 　　A:今天我来得比较早,看到讲台下面比较脏,我就用拖把拖干净了,希望我们的班级越来越美!
>
> 　　B:体育课出去排队时,我看到教室后面有一张椅子倒了,我扶起来了,不知道能否算是为班级做了一件事。下一次,我会做得更多,让我们一起加油啊!
>
> 　　在周一的班会课上,我就第一周的情况做了总结:"同学们,本周共有九名同学为班级做了一件事,他们是班级的先进代表。经班委会讨论决定,表扬他们!并为每位同学发一枚班级荣誉勋章(纸制,盖有班委会章的奖牌),并请他们读出卡片上的内容。"当张林读道:"我相信我们班会好起来的。"全班同学不约而同地为他鼓掌。我乘机说:"王老师看到了我们班的希望,我为同学们的付出而感动,尽管只有九位同学贴了卡片,但王老师相信,你们之中肯定还有人默默地为班级做了事情,只是没有写出来。王老师想对你们说,班级就是一个家庭,为家所做的事无论大小,我们都欢迎,我相信下一周会有更多的卡片贴出来。"
>
> 　　第二周是活动成败的关键,我采用了部分再动员的方式,和学生们沟通。
>
> 　　第二周,园地里共贴了32张卡片。看着在园地前驻足观看的同学越来越多,我知道,这个活动开始走向成功。第二周的班会课上,我邀请了八位家长参加,为这32位同学颁奖。从同学们的脸上,我看到了班级的进步。

第三周的第四天,园地里43张卡片已经齐了。一位同学问我,可以贴第二张吗?我说可以,但得用另一种颜色的卡片。第四周的班会课上,园地里已是一片鲜艳。在这次班会上,我邀请了校长、德育主任和科任老师当嘉宾,为同学们颁奖,并请校长为班级讲话。这是同学们第一次听到校长表扬:这是一个很有凝聚力的班集体。一张张自豪的脸庞告诉我,活动的目的达到了。全班同学在园地前留影,并把照片放大挂在教室里。

第四周,班级得到了卫生流动红旗,这在我的意料之中。因为班级一有纸屑,立刻就有同学捡起来。

经过一学期的努力,通过"我为班级做一件事"活动的开展,班级的面貌得到了改变。科任老师跟我说:学生完成作业更认真了,班级纪律明显好转。我把这些情况一一写下来,贴在班级公告栏里。在期末表彰中,我班被学校评为"先进班级"。

案例来源　王新奇.从为班级做一件事开始[J].班主任之友(中学版),2010(7).

【思考与实践】

1. 班集体建设的内容有哪些?
2. 说说班规制定应该遵循哪些原则?班规在执行中应该注意什么?
3. 如何树立班干部的威信?
4. 说说班级文化建设的策略与步骤。
5. 如何进行班风建设?

第七章 班级活动

 阅读提示

(1) 班级活动有几类？什么是"第三类班级活动"？
(2) 班级活动与班级管理关系如何？
(3) 生成性班会一定比预设性班会先进吗？
(4) 如何设计主题教育活动？

第一节 班级活动概述

一、班级活动的概念

班级活动是指为实现教育目的，在教育者（主要是班主任）的引导下，由班级学生参与，在学科教学以外时间组织开展的教育活动。

班级活动是以班级为单位开展的活动，它不是小组活动或个别活动。班级活动是一种以学生为主体开展的活动。从活动主题的确定、活动内容的选定和组织、活动的实施及对活动的评价，都应当让学生参与或主持。学生是活动的主演和观众。

班级活动是一种教育活动，也是一种生活。说它是教育活动，是指它时刻在追求教育效果，关注活动是否促进了学生的发展；说它是一种生活，是指它是学生的一种存在方式，它更关注活动本身的趣味性与活动的美，让活动给学生带来更多的快乐。

班级活动是一种开放式的活动，除了学科教学以外，班主任组织的全班性的活动，不论是班级管理、德育或社会实践活动，还是体育、文艺、科技、劳动、知识竞赛、游戏、春游、秋游等，都属于这个范畴。

二、班级活动的作用

如果说活动是个体生命的体现，那么班级活动则是班级活力的体现。

成功的班级活动能增长知识、陶冶情操、锻炼能力，加深师生之间的理解和信任，增强班级的凝聚力，并给学生们留下深刻、美好的印象。

苏联教育家马卡连柯组织的工学团欢迎新生的仪式激动人心：在火车站广场上，500名学生一律穿白衬衣、马裤，戴金色小圆帽，排着整齐的队伍，与60个人组成的乐队一起静候着,整个广场悄然无声。新伙伴出来了,鼓乐齐奏,全体老队员举手敬礼,欢迎新队员。随后,在乐队、旗手和仪仗队的带领下,新老队员排着整齐的队伍,雄赳赳地穿过闹市。

苏联教育家苏霍姆林斯基笔下的班级生活非常美:在校园幽静的角落里,学生们信任地将记录着自己内心世界活动的诗篇低声吟诵给教师听;在明朗的早晨或朦胧的傍晚,师生一块来到牧场或森林里,做游戏、听音乐、编故事;在天气晴朗的日子里,教师和小伙伴一起在潺潺流水的小溪旁,在雪中盛开的报春花中寻找春天;在初秋恬静的黄昏,师生来到他们亲手创造的美丽角落与夏天告别。

魏书生的学生们记得他们组织的"三十五年后的班会",一群14岁的孩子,想象着35年后的同学会:那时他们快50岁了,从四面八方聚在一起。同学们尽情发挥自己的想象力,感动了自己,也感动了他人。学生们还记得魏老师领着他们每天坚持做100次仰卧起坐、俯卧撑的情形:每次锻炼像上刑,"做的时候苦得要死,做完以后轻松得要命,心里也高兴得很"。

1. 班级活动是教育学生和学生进行自我教育的重要形式

班级活动对于学生来说,既能获得满足,更能得到锻炼和提高。一堂班会可以激发学生的爱国主义情感;一场球赛可以培养学生的集体主义精神;一次远足可以磨炼学生坚韧不拔的意志;一台节目可以焕发学生的艺术才华,提高他们的审美情趣。主题班会是具有明确教育计划、指向和内容的教育活动。它不仅能通过计划实现对学生的教育,而且还能通过策划让学生进行自我教育。主题班会为学生创设了教育场景,在教师的引导下,由学生直接参与,构建教育意义。学生的个性、特长可以在这些活动中得到充分的显露。这不仅可以使班主任老师发现某些"灰姑娘"身上的闪光点,扭转班主任对某些学生的偏见,而且也可以使这些学生本人发现自身价值,走出自卑的阴影,鼓起勇气,增强信心,发扬自己的特长,弥补自身的缺陷,更好地、全面地发展自己。

总之,班级活动既是班主任教育工作的有机组成部分,又是学生获得良好发展的基础。

2. 班级活动是增强班级凝聚力的有效手段

班级凝聚力以良好学风、班风的形成为基础。班级活动可以实现对学生集体价值观念的培养。它通过创设亲切、平等、宽松的课堂或户外活动氛围,及时、有效地批评和纠正学生中的错误想法或行为偏差,逐步构建刻苦学习、努力锻炼、互相关心、求实向上的班集体,从而形成强大的班级凝聚力。

3. 班级活动是构建良好师生关系的途径

班级活动一方面是班主任展现个人才华、形象和魅力的重要舞台,另一方面也为师生同欢共乐、情感交流提供机会。在师生互动、平等和谐的气氛中,教师可以"不为师",学生可以"不为生",师生共鸣,隔阂顿失。这种双向的、多向的和混合式的教育模式,是构建良好师生关系的最佳途径。

三、班级活动的分类

根据目前学校教育的实际情况,班级活动可分为三大类:主题教育活动、例行性班会和第三类班级活动。

1. 主题教育活动

主题教育活动,也称主题班会,往往是根据学校的教育计划,针对学生的实际情况提出一个主题,围绕这个主题进行的教育活动。

主题教育活动具有如下特点。①目的性强,有明确的教育主题与任务。主题教育活动的最大特点是有一个主题,有明确的教育任务,活动的内容和展开必须服从这个主题,活动的成功与否决定教育任务是否完成。②计划性强,需要有充分的准备。活动需要充分准备,有完整的活动方案,有"文字剧本",甚至需要师生事先练习。③结构完整,需要有一节课或一个单元的时间。

成功的主题教育活动令人难以忘怀,教育效果明显,但它需要花费班主任和学生大量的时间,对师生素质和班级气氛都有很高的要求。由于前者,它受到教育界的大力推崇;由于后者,普通教师对此有些畏难情绪。

主题教育活动又分为许多类别,如品德与行为规范、爱国主义教育、社会实践、班集体培养、学生成长、学习与考试指导、交往与沟通、安全教育、纪念日节日、心理健康教育,等等。

2. 例行性班会

例行性班会也称常规性班会、事务性班会,它往往在开学初、期中、期末举行。其主要内容是讲常规,制定或修订班级公约、班级工作计划、各项规章制度,对期中、期末的考试情况进行分析等;主要目的是规范班级的集体行为,确立班级的常规模式,形成班级的正确舆论导向,培养班级的良好班风。

例行性班会具有以下特点。①依制度办事。如何开班会,有议事规则;如何处理问题、怎样奖惩,有班级公约和规章制度。活动都有程序,任何人,包括班主任,都要服从这种程序。②活动时间可长可短。事多则长,事少则短,问题解决了,班会就可结束。

由于一部分班主任没有民主治班的意识,一言堂,把班会变成了批评课,或者是发泄情绪的机会,毫无章法,漫无目的,只要有时间,开到哪就是哪,效果往往不佳。这样就影响了例行性班会的声誉。

其实班级的民主管理主要是通过例行性班会实施的,没有这种班会,就没有民主管理,就没有学生的自我教育。这种班会是一种班级的"政治活动",是一种民主管理和自我管理的实验,它对于提高学生的民主意识和能力,培养负责任的公民,都有着十分重要的意义。

3. 第三类班级活动

除了主题教育活动和例行性班会,其他班级活动都可归入第三类班级活动。

这类活动形式多样,所花时间有长有短,有的出自随机的创意,有的则坚持数年不动摇,没有统一的标准。

班级活动的这三种形式没有低级与高级、好与坏之分,它们有各自不同的特点和用途,都是班主任工作所需要的。活动组织得好,无论是主题教育活动,还是例行性班会、第三类班级活动,都能受到学生的欢迎,都能达到促进学生发展的目的。反之,则会被学生讨厌。

非常遗憾,在现实教育实践中,主题班会这种形式独大:学校领导均重视主题班会,经常组织主题班会的观摩或竞赛;论述班级活动的教科书或者专门的著作,大都在主题活动中花最大的篇幅,甚至有的作者把主题活动等同于班级活动。

本书则平等对待班级活动的三种类型,分别用一节来讨论。

第二节 主题教育活动

一、主题教育活动的主题[①]

主题是统领整个活动的灵魂,好似一条红线贯穿于活动的始终,影响着活动内容的确定和活动形式的选择。

(一)主题提炼的途径

1."小"中见"大",从学生实际中选择主题

"小"指学生生活中的一些小事或普遍现象;"大"指这些小事、现象反映出的问题或蕴含的道理。学生的学习、生活中处处蕴藏着教育的契机,学生的一言一行都是其内心思想的反映,因此,班主任应该充分了解学生的内部需要,从学生实际中选取主题,进行有针对性的教育。如高中某校有一个文科班,女生占2/3,一部分女生对学习缺乏信心,认为"女生到了高中就是比男生差",感到前途渺茫。班主任A老师察觉到女生的思想动态后,设计召开了"信心是成功的基石"的主题班会。又如B老师在新年过后,看到班中的学生有了大把零用钱之后,花钱请客、打游戏机的现象增多,就组织学生调查讨论,召开了"合理使用零花钱"的主题班会。又如C老师在担任小学一年级班主任的时候,发现有些学生读写姿势不正确,影响了视力,就设计了"正确的读写姿势"的主题班会。又如D老师观察到有些同学沉迷于游戏机、网络,就设计了"网络游戏知多少"的主题班会。可见,一个具有敏锐观察力的班主任,善于从学生的细微表现中捕捉到大的教育主题。

2.常规中见创新,从传统教育中拓展主题

爱国主义教育、集体主义教育、文明礼仪教育等是教育永恒的主旋律,是多年不变的常规主题,新时期,我们不但要赋予其新的内涵,还要有所创新。如,同样是爱国主义教育,应结合不同的时期体现出鲜明的时代气息。就拿1999年来说,国内外

---

① 姚瑜洁.主题班会设计的三要素[J].班主任之友(中学版),2004(8).

形势复杂多变,国内普天同庆建国 50 周年,万众瞩目澳门回归,全民关注中国"入世",而国际上仍有许多国家对中国虎视眈眈,台独分子十分活跃。这种形势下,对学生进行爱国主义教育时就应该紧密结合形势,提炼出有新意的主题,如"千禧龙年迎澳归"、"对'台独'说不"等。再如,2001 年《公民道德建设实施纲要》的公布进一步推动了社会主义精神文明建设,对文明礼仪教育也提出了新的要求,"我做合格小公民"、"道德好习惯伴我成长"等主题就更新了 20 世纪 90 年代的"讲文明、树新风"、"文明之花遍地开"的教育主题。

此外,主题班会还应顺应形势发展,拓展诸如心理健康教育、性知识教育、挫折教育、网络教育、禁毒教育、国际视野教育等新的教育主题,以满足新时代对学生素质的新要求。

(二) 主题提炼的原则

1. 主题的提炼应凸现以人为本的教育理念

主题班会应该是师生之间就共同关心的话题进行的频繁交流、双向互动。学生有自己的喜怒哀乐,有自己的思维方式,一个远离学生思想的话题很难引起他们的关注,只有贴近学生心灵的话题才能令他们产生共鸣。所以,教师要了解学生在想什么、怎么想,要选择他们共同关心的话题,让每个人都有话可说,有情可触。如针对当前中学生恋爱问题,可设计主题"异性交往大家谈"的班会;针对学生对统一校服有意见,可设计主题"统一着装与张扬个性"的班会。这些主题"从学生中来,到学生中去",体现了"以人为本、以生为本"的教育理念,从而能收到较好的效果。

2. 主题的切入口要小

一节主题班会课的时间在 40 分钟左右,如果选取的主题较大,试图面面俱到,则往往是蜻蜓点水,主题的深化就无从落实。因此,主题的提炼要尽量从小处着眼,从一个侧面或一个点入手,切忌"假、大、空"。如上海南汇区 2003 年优秀主题班会课评选中,"环保教育"是主题之一,共有八位教师选择了这一主题,但切入点各不相同。"保护环境,从我做起"、"让天更蓝、地更绿、水更清"、"争当环保小卫士"、"把绿色还给大地"、"爱护绿化,保护家园"等从题目上看就显得比较笼统,难免泛泛而谈。"珍惜点滴,从我做起"、"水……"、"小小塑料袋,环保大问题"的切入口就小而实,由一个小问题生发出对环保的思考,收到了较好的教育效果。

3. 主题要有号召力

主题,应该是经过高度概括和提炼而产生的口号或警句,既能反映活动的实质,又能调动学生参与活动的积极性。如:"诚信,从我做起,从现在做起";"言必信,诺必诚";"竞选班干部,我能行";"挫折,我们勇敢面对";"给班集体插上腾飞的翅膀"……对于青少年来说,这些富有哲理、具有青春气息的主题,会令他们激动不已,继而积极参与,留下深刻的印象。

二、主题活动的形式[①]

1. 模拟扮演式主题班会

教育的效果不是取决于教师说了些什么,而是取决于学生从中体验到什么,要想让学生接受教师的教育,养成学生良好的行为习惯,就必须促使学生产生深刻的体验,而让学生在不同的环境下扮演不同的角色恰恰是增强学生内在体验的有效手段。因此,班主任可以根据主题选择好需要学生扮演的角色,定期召开模拟扮演式主题班会。如,为了使学生理解父母,可以"父母雨天送衣服"为主题召开班会,学生扮演家长、孩子等不同的角色,并设计这样的场景:河里已经结了冰,家长在过小桥时不小心掉进了河里,但家长顾不上换湿了的衣服,急忙赶到学校给孩子送衣服,当家长在冻得哆哆嗦嗦的情况下将干净的衣服递给孩子时,在场的学生深刻地体会到父母的辛苦和对自己的关心,懂得了学习机会的来之不易,从而更加努力地学习。

2. 节日纪念式主题班会

每个学期中,都会遇到一些值得纪念的、具有教育意义的节日。大多数节日都有明确的主题,教育内容丰富,是对学生进行传统教育的好时机。因此,可以根据节日的特点举行一些纪念式的主题班会,以增强教育的效果,如选择建党节、建军节、国庆等节日召开爱国主义教育主题班会等;也可以利用近来传入的一些西方节日确定教育主题,组织相应的主题教育活动,教育效果也相当不错。在开展节日纪念式班会时班主任要把纪念什么、庆祝什么同教育主题结合起来,寻找最佳的结合点,使学生在熟悉的纪念日、庆祝日里,得到新的启迪,受到进一步的教育。班主任还要注意节日纪念式主题班会教育效果在日常生活的延伸。

3. 现场体验式主题班会

事情发生的现场和处于现场中的人现身说法往往更有利于加深学生的体验,增强教育的效果。对此,可以针对学生喜欢参与各种活动、喜欢走出去的特点,充分利用现场的有利条件开展以现场内容为主题的班会。比如,针对不少学生不遵守交通规则的现象,可利用交警大队组织的交通事故案例展览现场,组织"我看交通规则"的主题班会,先组织学生了解一些血淋淋的交通事故案例,然后引导学生就近观察十字路口的交通情况,统计违反交通规则的人数,记录违反交通规则的类型,组织学生讨论分析、谈各自的体会,从而加深学生对遵守交通规则重要性、紧迫性的认识。

4. 经验交流、成果汇报或才能展示式主题班会

(1) 学生学习成绩的提高和能力的培养,离不开好的学习方法,而学习方法和思维方式的掌握,除了靠学生自己的摸索和实践外,也离不开教师的指导和训练。素质教育要求面向每个学生,鉴于这一点,可利用主题班会,有计划、有步骤地安排学习方法专题讲座或咨询,召开学习经验交流会,让各科课代表或成绩优秀生介绍自

[①] 张锐.主题班会形式综述[J].教学与管理,2005(10).

己的学习方法。这样,通过对其他同学学习方法的借鉴,大部分同学逐渐找到了适合自己的学习方法,不少学生的学习成绩也有了提高。从经验看,这类班会放在考试前进行效果较好。

(2) 教育不仅是为了让学生获得知识,还要注重培养学生的能力,这就需要引导学生积极走向社会、走向更为广阔的空间,积极参加社会调查等社会实践活动,以促进学生获得知识,增强学生的社会责任感。如,在组织学生参与社会实践活动的同时,就对学生提出要召开成果汇报式主题班会的要求,要求学生不仅要积极参与活动,回来后还要有成果,有体验。在这样的班会中,学生汇报了在调查中的发现、参与活动的体验,展示了自己取得的成果。通过彼此之间的交流和成果的展示,增强了学生的自豪感和成就感,激发了学生参与这类活动的积极性。由于强化了学生的内在体验,从而培养了学生的社会责任感,为学生未来的发展奠定了良好的基础。

(3) 培养学生的自信心是班主任工作的重要内容,但学生的自信心的培养又不是一朝一夕就可以实现的,需要班主任在平时注重营造各种机会,让学生体验到成功,从而增强学生的自豪感。为此,班主任可在充分了解每个学生特长的基础上,多次组织以才能展示为主题的班会,这些班会大多以擂台赛的形式组织进行:把班级的学生随机或自由组合成各竞赛小组,通过打擂的方式展示,以小组的成绩作为评奖的依据。这样的班会不仅使每一个学生都有了成功的可能和展示自己的空间,也有利于培养学生的合作意识。比如,组织科技知识竞赛、书法表演、手工制作等主题班会,通过这些班会,学生能得到认可,获得成功,从而培养自信心。

5. 专题辩论式主题班会

青少年喜欢辩论,通过辩论也可以使学生分辨清一些问题。因此,可以针对学生易混淆、理解不深的某些问题设置专题,将班上的学生分成正、反两方进行辩论。即采用大学生辩论会的流行形式,选定口才好的同学当主持人,宣布注意事项和正、反双方辩论题及代表,让双方各自阐述自己的观点,围绕本方的观点同对方辩论,最后各方派一名代表作总结。这种形式所涉及的辩题都是学生非常感兴趣的、平时讨论的热点问题。通过辩论使学生弄清楚了那些容易混淆的敏感问题,也培养了学生是非分明、立场坚定、逻辑严密、论证充分的世界观和思维方式,提高了学生的口头表达能力。由于这种类型的班会将知识性与趣味性融合在一起,可大大激发学生的求知欲,使学生在欢乐、轻松的气氛中受到教育。

6. 实话实说式主题班会

青少年有自己的思想,有自己的看法,渴望独立地分析问题或处理问题,但在具体处理问题的过程中往往会有一定的偏差,因此,可以仿照中央电视台"实话实说"的形式召开主题班会,围绕学生普遍关注的热点问题,通过学生之间的相互交流、讨论及教师的点拨来提高学生认识问题和分析问题的能力。比如,以学习成绩与家教为主题的实话实说式主题班会,就是让一些同学用自己的亲身体会共同交流、讨论,使大家一致认识到:学习成绩的好坏与请家教没有必然的联系,学习成绩的提高与建立自信心关系重大,当然这其中必不可少的是敢于提问,勤于努力,独立思考。最后主持人用彼德·克莱思的一句话结束班会:"当学习充满乐趣时,才更为有效。"这样的班会形式简单,以"聊"为主,学生通过愉快的交谈,达到自我认识、自我教育、自我提高的目的。

案例欣赏 2-7-1

我们也"实话实说"

与往日不同,我们的班会选择在四楼的音乐教室召开。今天的音乐教室经过同学们的布置,俨然成为一个小小的演播室:淡蓝色的窗帘作为背景,上面贴着同学们书写的班会主题,几个鲜红的大字——我们也"实话实说";阶梯形的长条凳了变成了观众席,全班43名同学坐在上面充当观众,旁边还摆了几把椅子,请与会的家长和老师坐在那里当嘉宾;老师一改往日的身份,在这里客串当起了这期"实话实说"的节目主持人。

当同学们进入会场的一瞬间,不由得悄悄地议论了起来,眼中充满了好奇,似乎在问:"今天老师的葫芦里究竟卖的是什么药呢?"

上课铃声响起来了,老师用眼神示意大家坐好,便走到"演播室"的前面讲起了开场白:"同学们,中央电视台有个非常有意思的栏目叫做'实话实说',你们看过吗?"

同学们异口同声地回答:"看过!"

老师继续问道:"同学们,你们喜欢看这个节目吗?为什么?"

一个男同学站起来说:"喜欢,因为在那个节目里,观众和主持人都能畅所欲言,讲出自己的心里话。"

一个女生接着说:"参加节目的人都非常诚实,他们的话让我们大家很感动。"

老师微笑着点点头说:"老师也有和大家同样的感受。今天,老师把'实话实说'节目组请到了我们五(4)班,就让我们一起敞开心扉,做一次节目。不过崔永元今天没有来,他把主持人的话筒交给了老师,由我客串做一次节目主持人,你们也改变角色来当一回现场观众,利用这个机会说说自己的心里话。你们愿意吗?"

观众席上一片哄笑,同学们高兴地答道:"愿意!"

我们的班会就在这样活泼轻松的气氛中开始了。

"同学们,今天我们讨论的话题从下面这样一个故事开始。请大家看录像。"老师为同学们播放了一段由同学们自己演出的小片子《为什么会这样》。

故事简介:

一个课间,五(4)班的同学们都在做着自己的事情。有的准备用具,有的喝水,有的交谈着……这时,五(2)班的一位同学来到了教室门口,对坐在位子上正在改错题的学生甲说,想让他借给自己班同学两本英语书。

　　　　学生甲毫不犹豫地把自己的书给了他,可是还差一本,怎么办呢?他想起同桌学生乙也带了,可是碰巧这时学生乙不在班里。于是学生甲随手就从乙的书包里把书拿出来给了五(2)班的这位同学,然后就出去玩了。

　　　　不一会儿,学生乙从英语老师那儿回来了,正好要用英语书改错,可是左翻右翻,到处都找遍了,却怎么也找不到,一下子急得他满头大汗。这时学生甲走进教室,学生乙着急地问学生甲看到了自己的英语书没有,学生甲满不在乎地告诉乙,自己把书借给别人了。这下可不得了,心急火燎的乙不由分说,和甲吵了起来……

　　　　老师知道了这件事,让他俩讲述了这件事的经过,他俩都觉得自己很委屈……

　　由于是同学们自己演出的录像,大家都看得津津有味,看着看着,不由得被同学的表演逗得乐了起来。

　　录像很快放完了。老师走到会场中央,对同学们说:"同学们,看了这段录像,你们说说,发生这样的事情究竟是谁的错呢?"同学们你一言,我一语,都讲出了自己的看法。

　　有的认为是甲不好,有的认为乙也有错,最后大家达成共识:两个人在处理这件事时都欠考虑,没为对方着想,而且缺少必要的沟通与交流,才导致了误会的发生。

　　老师对同学们的意见表示同意,又接着总结到:"看来问题的根源就在于他们都是站在自己的角度想问题,总以为自己是对的!而且根本没有给对方解释的机会,处理问题不够冷静。如果遇事多站在别人的角度上想一想,才能体会别人的感受,理解、体谅他人的想法,就能减少误会的发生。"

　　老师又将话题引到了学生的日常生活中:"在我们平时的学习和生活中,类似的事例非常多。前几天,老师在咱们班做了一次调查,了解到大家在日常生活中,与自己的同学、父母、老师之间存在着一些误解,一些同学至今还不知如何去解决。我选取了一个事例,我们大家一起帮这个同学出出主意好不好?"

　　老师请学生丙站起来讲述自己的困扰。学生丙是一个在班级中学习优秀、具有一些特长的女生,是大家公认的好学生。但是在与同学交往方面却存在着较大的问题。这次选取她的典型事例,原因有三:

　　　　(1) 想重点帮助她,使她能够正确认识自己的缺点,并在今后的生活中充分重视这个问题;

　　　　(2) 让家长和孩子面对面沟通,增进双方的理解;

　　　　(3) 让全班同学受到教育,在情感体验中进一步认识推己及人的含义。

学生丙的这件心事在心中已经憋了好久了,当着全班同学的面,她深情地讲述了自己的心事:"有一次,我参加完合唱队活动,天已经很晚了。当我下楼见到妈妈时,累得我连话都不想说,只想赶快回家。当妈妈发现我没戴红领巾时,就让我立刻回班去找,我跑到三楼,在自己的位子里找了半天没找到。当我把这个消息告诉妈妈时,妈妈却让我再上四楼音乐教室去找。于是我又跑上四楼,还是没找到。我实在不想找了,就对妈妈说:'妈妈,我找不到了!也不想找了。'可是妈妈竟然当着我身边同学的面,大声地批评我!当时合唱队的一些同学都看见了,让我觉得好没面子啊!我的眼泪忍不住掉下来了。到现在我也觉得自己特别委屈,妈妈为什么一点都不体谅我,一点面子也不给我留!"她越说越委屈,眼圈一下子就红了!

　　旁边的同学专心地听着,都被学生丙的事情感染了,悄声议论着,觉得丙的妈妈做得有些过分。

　　这时,老师请在场的同学站起来发表自己对这件事的看法。多数同学都认为丙的妈妈做得不好,不体谅孩子的心情,同时也发起了牢骚,说自己的父母也经常出现类似的情况,每个同学都似乎为此愤愤不平。也有个别同学说,丙的妈妈这样做是为丙好,是想帮助她改掉丢三落四的坏习惯。一时间教室里议论纷纷。

　　这时,老师走到了特意请来的学生丙的妈妈面前,此时,丙的妈妈眼圈也微微有些发红了,神情也有些严肃,面对孩子们的不满和指责,她承受着巨大的心理压力,心情一定很复杂。究竟应不应该请她发言呢?老师犹豫了一下,但还是把话筒递给了她:"同学们,这位阿姨就是咱们班同学丙的妈妈,今天老师把阿姨请到学校来参加我们的班会,咱们也听阿姨说说好吗?"

　　同学们一边鼓掌,一边瞪大眼睛盯着这个阿姨,想听她到底说些什么。嘉宾席的家长也关注地望着她。顿时,丙同学的妈妈成了众人目光的焦点。

　　只见丙同学的妈妈慢慢地站了起来,平静了一下自己的心情,开口讲话了:

　　"各位同学,我是丙同学的妈妈。听了大家的话,我的心里很不是滋味。大家都知道,你们的同学丙是一个丢三落四的女孩,她丢过好多东西,而自己一点都不重视这件事。我特别着急。当时,看她又丢东西,我只想让她赶快去找,不能让她的坏习惯继续,所以就对她态度严厉了点,没注意到周围的同学,也没顾及她的面子。这一点确实是阿姨考虑不周。在这里,阿姨想说声对不起。(望向自己的女儿)是妈妈不好,希望你能原谅我。"

　　丙同学的妈妈的这一番话,感动了在场的每一个人,大家不由得热烈鼓起了掌,同学丙的眼泪忍不住流了下来。

老师抓住这个时机,语重心长地对大家说:"同学们,同学丙的妈妈对她的要求本来是正确的,是为了纠正她的坏毛病。她做得不周到的地方只是态度、语气稍微严厉了一些。同学丙的妈妈却能在理解大家的心情之后,主动承认错误,为我们树立了为他人着想、体谅他人的好榜样。让我们大家再次为阿姨鼓掌,向阿姨学习!与阿姨相比较,我们做得怎样呢?我们应该对阿姨说点什么呢?"

这下同学们都纷纷举起手来,有的向阿姨表示敬意,有的为自己只想到自己的感受而惭愧,并向阿姨道歉,还有的表示要向阿姨学习……同学丙也激动地向妈妈说了声:"对不起!"此时,班会的气氛非常热烈。

接着,老师又引导同学回顾自己在平时生活中处理问题时的做法,是否有只顾自己感受的时候。同学们认真地对自己的言行做了检讨,还交流了处理问题的正确方法。

时间很快就过去了,同学们似乎意犹未尽。老师微笑着示意大家安静下来,亲切地对大家说:"同学们,刚才我们的讨论非常热烈,可是一节课的时间过得飞快,我们今天就到这里了。生活中像这样的问题,还有许多许多,大家都非常聪明,相信每位学生通过今天的班会,都获得了一些启示,一定会想出很好的解决办法的。在下次节目里,就请同学们一起来谈谈你是怎么很好地解决这样的难题的。"

"同学们,这期'实话实说'节目到这儿就结束了,欢迎大家提供更好的话题,让我们的节目继续办下去!"此时,音乐响起,在一片欢声笑语中,班会结束了。

案例来源　骆汶,马丁一.小学生主题班队会活动的组织与指导[M].北京:中国轻工业出版社,2002:127-136.

7. 娱乐表演、竞赛式主题班会

(1) 实践证明,教育活动的效果在一定程度上取决于学生的参与程度,青少年具有较强的好奇心和探究欲,而形式新颖、娱乐性强的主题班会往往能够满足青少年学生的好奇心,调动起学生参与活动的积极性。因此可以设计一些娱乐表演式的主题班会,将深奥的教育道理寓于活泼轻松的游戏之中,使学生在不知不觉中受到教育。即使是严肃的主题也可以在不偏离主题的情况下,让学生采取自编小品、合唱等形式进行组织,以达到活跃气氛、提高教育效果的目的。

(2) 针对学生的竞争、好胜心理,可采用竞赛式主题班会。竞赛内容可以有智力、知识、实事、能力等,如:"我和ABC交朋友"趣味英语竞赛、演讲比赛、"漫游智力世界"学科智力竞赛等。这种形式的班会能让学生情绪高涨,气氛热烈。组织这种班会,事先要做好充分的准备,要注意广泛发动学生参与,学生发动得越广泛,关注程度和参与热情越高,效果越好。

8. 生成性主题班会

在此,先对生成性班会与预设性班会作一下比较。

(1) 预设性班会的特点是:有详细的活动方案,有事先准备好的"剧本";在极端的情况下,班会活动就是背台词,无自由发挥之处;班会经过了多次排练,一切情况都在班主任掌控中。生成性班会的特点是：第一，它的主题是从学生中生成的；第二，班会整个的发生发展过程是自然形成的，不是事先预设好的或者计划好的；第三，班会注重开发学校生活和学生身边的资源，学生可自由交流经验和情感。

（2）预设性班会和生成性班会是班会的两种不同形式，本身并没有好坏之分。预设性也好，生成性也好，都有成功和失败的典型。好的生成性班会，真实，具有冲击力；而精心设计的班会，内容丰富，精巧，也能打动学生，一样能取得好的教育效果。坏的预设性班会虚假、僵化，对学生起不到教育作用；而坏的生成性班会则是无准备、跑题、胡言乱语、冷场，甚至班会根本进行不下去。

预设式班会和生成性班会都有各自的适用范围。

生成性班会适用于具有以下特点的话题：同学们有话说、愿意说，且都有深刻的感受。生成性班会可以使班会成为师生交流思想和人生感悟的一个平台，但这种班会具有较多的不确定性，对班主任的调控水平要求更高，稍不留神就会失败。

预设性班会比较好控制，找一个好"剧本"（活动方案），里面有动人的故事、科学的知识点、美妙的诗歌、有趣的小品、恰当的串台词等，班主任老师或学生主持人只要对剧本适当加以改编使之更符合本班的情况，并事先进行认真的准备与排练，那么，班会通常会成功，至少不会失败。预设性班会还有一个好处是可以带来更多的知识点和更大的信息量，热闹、不会冷场。但这类班会也有弱点，易流于形式，难以触动学生的心灵。因此，我们要根据不同的主题，不同的对象和自身的条件，决定采用何种形式的班会。

（3）预设和生成都是班会的要素，区别在于成分的搭配不同。预设性班会只是预设成分多一点，但它还存在生成的成分；同样，生成性班会只是生成比预设的成分多一点。重要的是，我们要综合这两种形式的优点，设计和组织更理想的班会。生成性班会要注重计划和事先的准备，而预设性班会要留有学生自由发挥的余地。生成性班会可以有活动方案，可以对活动方案进行讨论与审核，也可事先搜集一些资料、做一些准备；预设性班会要贴近学生生活，尽可能地使用学生的故事和经历，鼓励学生讲真话、讲实话，允许和鼓励学生临场发挥，反对脱离生活实际的表演，反对说大话、说假话。

近年来我们之所以强调班会的生成性，只是因为我们班会中预设的东西太多。这种强调其实也是对预设与生成达成平衡理想的一种追求。

> **案例欣赏 2-7-2**
>
> "秘密花园"
——生成性班会课感录
>
> 同学们在讨论"如何走向高三"这个话题的时候，遇到了两个他们解决不了的"拦路虎"：一是青春期对于异性的向往；二是沉迷于网络。因为这两个话题都很广，我告诉同学们将专门找时间来分别处理这两个问题。没想到，性急的学生根本等不得，非逼着本次班会的主持人马跃把他正在准备的"假如我是父母"的方

案废掉,换成"秘密"这个话题,于是就有了这堂令我意想不到的班会课。

进了教室,看见黑板早被宣传委员精心布置过,上面还书写着四个大字——秘密花园,估计是仿效上海电视台《心灵花园》那个节目吧,我的脸上闪出一丝不易被人察觉的微笑。坐定之后,我拿出班会记录本,正准备公事公办地履行记录的职责,一抬头,竟然发现一个非常奇怪的现象:讲台上站着的是马跃,但在距他左手一米远的地方,班长路敏辉正倚墙靠门面向同学们站着。嘿,今天的主持人不是路敏辉,那他站在那里做什么呢?顺着路敏辉的目光望过去,我才明白,原来他在帮助马跃维持会场秩序。看到有说悄悄话的同学,他便用严厉的目光制止他们,不一会儿,教室里就安静下来了。这时候,马跃打开他手中的一本书,找到一篇文章动情地读了起来。故事的名字叫"爱之赢",大意是说一个叫玛莎的10岁小女孩爱心打赌的故事。

读完以后,同学一片嘘声,班长也皱着眉头跑到讲台这边悄悄对我说:"老师,您看马跃是不是有点跑题了?"我用手势告诉他先别出声,看看接下来怎么安排,班长就势坐在我身边的椅子上和我一起欣赏下面的小品表演。可是越看越觉得不太对劲,这小品演的居然是两个人在学校因为对方泄露了自己的隐私而吵架,其中的一个回家后还和母亲乱发脾气、大吵大叫的故事。这和班会主题"秘密花园"的距离实在太远,我也丈二和尚摸不着头脑了。

路敏辉不知道什么时候已经从椅子上站起来,冲到讲台前代替了马跃的位置。大约他真的觉得第一次主持班会课的马跃确实是跑题了吧。作为一班之长兼马跃好友的他有责任出面来挽救一下。被动的马跃在往下走的同时还没忘记补上了一句串联词:"下面让我们的班长来谈谈对这个小品的感受!"

路敏辉又以那种富有责任感的目光扫视了全班同学,接下来亮开我们班第一男主播的嗓音:"我想谈的不是如何孝顺父母的问题,而是作为正值青春期的我们该如何处理好我们自己感情的问题。我觉得……"他开始侃侃而谈了,说的内容估计是他早就准备好的观点。这种落雪无痕的过渡倒是真的天衣无缝,既纠正了马跃的失误,也给足了好朋友面子。可我发现台下的同学却不再安静,一些人的口中还有节奏地喊着:"小——雪——! 小——雪——! 小——雪——! ……"我虽茫然,但看到那边正在摇手、苦于无法救驾的马跃,便知道这里面的故事一定很复杂,是我该出手的时候了。于是我笑吟吟地走上讲台,用手势压住大家的叫声,一边转过去问路敏辉:"敏辉的听力一定比老师好吧?我听到大家在喊一个响亮的名字,能解释一下么?如果没有为难你的话。"

他赧然低头,半晌不语,又突然昂起头来释然地笑笑:"那好,作为班长,看来我是一定要带好这个头了。小雪是我初中时候的女朋友……"话一出口,教室里出奇地安静,包括我在内的所有人都在等待着一个浪漫的爱情故事。

"有一次,我想带她去看电影。可是到了电影院,我发现我口袋里的钱根本不够买两个人的票。忘记了我是找一个什么样的借口把小雪领回来的,只记得那个晚上我失眠了。这件事促使我思考一个问题,那就是爱情要靠什么来保证。我第一次明白人不能生活在真空中,爱情一定要有所附丽。当然,如果当时我找个理由从妈妈那里骗点钱来,电影票的问题是不难解决的,可我不想那么卑鄙。我清醒地认识到了'经济基础决定上层建筑'的哲学原理,但不是从书本中,而是在生活里。"

好一个深刻的敏辉!我有点暗自窃喜了,全体同学也对他报以热烈的掌声。

"还有一次,小雪非常认真地问了我一个严肃的问题,就是我为什么爱她。"敏辉是不是沉醉于他那稚嫩的爱情里出不来了?我多少有点担心了。

"那你告诉她因为爱所以爱,不就可以了么?"台下一个同学调侃地说。敏辉似乎没听见一样,继续他的"爱情之旅"。

"我当时没有回答她,但事后我真的进行了灵魂上的深刻反思。我为什么爱小雪呢?是小雪需要我多些还是我需要小雪多一些呢?那时候我根本不爱学习,我发现在我空虚的生活中,小雪是我唯一的快乐。但我怎么能保证小雪也是快乐的呢?以我那时的生活状态,我能为小雪的快乐付出什么呢?我连给她买张电影票这样简单的事情都不能凭自己的力量去办到,我又有什么资格成为小雪的男朋友呢?"讲台底下一片沉默,他们的神情逐渐变得凝重起来。

"这两件事情虽算不上什么罗曼史,但在我生命中的意义却是深远的。这让我知道,作为一个男人,在这个大千世界里付出怎样的努力才能为自己的生存和发展起到推动作用;让我更加深刻地认识到,爱情不是我们生命中的全部,人生应该有更高层面的东西值得我们去追求。在自己的条件还不成熟的时候,我们没有资格去奢谈爱情,这个时候如果放纵自己去追求所谓的爱情,那是对另一个生命的不尊重,也是对自己生命的极大浪费。"

同学们的掌声此起彼伏。看到火候已到,我站起身来走上讲台,想对他们进行另一个层面的精神引导。我顺手拿起一只黑板擦当做话筒,装作记者的模样趁机对敏辉进行了采访。

"如果不违背你的原则的话,你能如实回答我以下问题吗?"我煞有介事地问。

"可以。"敏辉肯定地点点头。

"据你所言,我可不可以这样理解,小雪的故事已经成为了过往,是么?"

"是。"口气非常坚决。

"在高中的三年里,你是否也有过像当年爱小雪一样爱着的女孩,哪怕只是暗恋?你能如实回答么?"我不仅步步紧逼,而且还将了他一军。

"只能说是有好感而已,并且只停留在自己的心理活动。"敏辉还真没躲闪。大家一起陷入了沉思,谁都不讲一句话。

我更是感动得不知道说什么才好。我万万想不到我的学生在人生的课堂上已经积累了如此丰富的"斗争"经验,更想不到他们对于爱情的解读竟会如此之成熟,如此之深透。最让我吃惊的是:他们居然可以自我教育,自我提升,自我超越。这还是那群连普通高中都考不上、只能让父母每年多花 4 500 元到我们民办学校读书的孩子吗?我呆呆地望着座位上一张张还很稚嫩的脸,回忆着半年来这个全校最乱的班级在我的引领下所发生的一切变化,无限的欣慰从内心隐隐升起,连什么时候主持人又换成了马跃都不知道。等回过神来的时候,马跃正在讲述他的秘密:"大家只知道我现在学习很好是不是?其实我告诉大家一个秘密:在小学和初中的时候,我根本就不学习,因此到初中毕业的时候,除了职校,我就没有学校可去了。爸爸当时想送我到职校去,可妈妈不同意,她费尽千辛万苦才帮我找到咱们这个学校。我至今仍记得三年前的那一天,妈妈替我交了学费回到家里,很正式地把我叫到她身边,用她那双冰冷的手捧起我茫然无知的脸,逼我直视她的目光,还不许我躲闪,然后流着泪问我想不想和别的孩子一样考上大学……"

马跃哽咽着说不下去了,泪水顺着他的面颊快速流了下来,滴滴答答地落在面前的白色讲桌上。前排的女同学把一包餐巾纸抛向他,马跃没有去接,而是继续说道:"那一刻我一动也不动地站在那里,既不敢哭,也不敢向她保证什么。我知道我的行为已经深深伤害了我母亲的心,从她的眼神中我读到了一个母亲对不肖之子的彻骨绝望,也读出了她在绝望之后依然残存的一点希望之火,我突然觉得那一刻我长大了,我觉得我必须用实际行动去维护我和母亲的尊严,我不可以再让一个母亲为自己儿子的前途而担忧了。"我注意到马跃的眼眶又湿润了,一些女同学正在用餐巾纸擦着眼泪。

"你们的高中是从初三起步的,可我却是从初一甚至是从小学开始的。我越学越觉得自己欠缺很多,越学越知道自己从前是多么混蛋。为了给我赚到交学费的钱,父亲离开我们一个人去北京打拼了,母亲在家里没日没夜地三班倒打工赚钱。每个周末回家,我都不能和你们一样马上见到父母,但我知道天黑时母亲就会回来的。所以我无论多么疲乏,到家都会先把房间收拾清爽,然后做好晚饭,边写作业边等妈妈下班回家,无论多久我都会等。我必须给我妈妈一个好心情,我要让我妈妈体尝到有儿子的快乐,虽然爸爸不在我们身边,但我一样可以作为一个男子汉来保护我的妈妈。"

"你从来没想过女孩的事情么?"不知是谁冒出了这样一句。

"不是没有,但我认为,要是连这个给你生命的女人的幸福你都不能保证,谈别的不是太苍白无力了吗?妈妈是我生命中的第一个女人,我一定要先对得起她,才可能对得起下一个……"

马跃的泪水又一次落在讲桌的白色桌面上,台下响起雷动的掌声,连我自己的眼睛也不知不觉湿润了。一直以来,在我们这些中年人眼里,这一代的独生子女无异于垮掉的一代。我固执地以为中华民族的传统美德在他们身上几乎是荡然无存的,但我错了,而且错得很彻底。我真想冲过去紧紧抱住马跃,替他妈妈深情地叫一声"我的好儿子"！不知趣的下课铃声却在此时无情地响起。

由于是周末，我不想耽误同学们回家的时间。但我知道每个同学的内心都像那地下的岩浆一样在猛烈地运行着，简短地为班会收好尾，我趁机给同学们布置了一篇周记，让他们谈谈听了本次班会课的感受。周日晚上收来住宿生的作文，我惊喜地看到了以下几段文字。

尹燕："在班会课之前，我并不知道何为'爱之语'，因为我们大家都犯了一种通病——情感沙漠化。我们谈恋爱只是因为我们虚荣，我们回家见父母仅是因为要拿钱给自己花……今天吃晚饭的时候，我偷偷观察了妈妈。我发现她的眼角已经出现了鱼尾纹，她的头发中还夹杂着很多根白头发，要知道那可是她前不久刚刚染过的啊……"

陈丹丹："一个大男生当着全班的面讲述自己的成长过程和心事，而且还泪流满面，当时我的心被深深地刺痛了。我想这次班会课带给我的触动是非常大的，我应该多多发现自己身上的缺点，善于改变自己，而不是总想着改变别人。"

燕丽丽："星期五的班会课是成功的，我想每个人的内心都会泛起涟漪，那颗冰冻的心应该解冻了。我们应该学会爱自己的父母，是我们该为他们奋斗的时候了，抛弃一切心理上的障碍，努力拼搏吧！

杨梅："听着一个个动人的故事，我的眼泪如流水般往下掉落，我的心灵也一次次被震撼着。我仿佛明白了爱的真正含义：爱是一种责任，爱是永恒不变的情感，爱需要去呵护……星期五的班会课让我明白了爱不是一句空话，也不是心中的空想。爱是深藏于内心的、永恒的感动，需要我们用实际行动来证明……只有真正懂爱的人才会珍惜生命，抓住生命中的分分秒秒去关心自己生命中最重要的人，也才能学会如何去爱别人。

虽然学生的文笔还很稚嫩，但他们对这次班会课的真情告白足以令我热血沸腾、激动不已了。也许这些学生短时间内在学习上还无法与那些重点中学的学生相比，但在精神成长上，我不会让他们比任何一所学校的学生差。回家的路上，我默默地对自己说：好好爱我们的孩子吧，别辜负了那一颗颗渴望爱的心灵。

案例来源　窦广娟.一位班主任的班会课感录[J].思想理论教育，2006(10)：18-22.

案例欣赏2-7-2呈现在我们面前的是一个原生态的生成性班会。班会未加排演，班会的记录也未多加修饰。案例并不复杂，粗略可分为以下三个部分。一是班会主题的确定。学生们发现了困扰他们的问题，并要求把它列为班会的主题。二是班会过程。首先，主持人跑题；然后，班长回归主题，讲述他自己的爱情故事；最后，主持人再讲述他对父母的理解，及随后自己在学习态度、人生态度、爱情观上的变化。三是师生对这次活动的感受。学生们肯定这次班会，老师对这次班会结果也非常满意。

这次班会无疑是成功的。它的最大成功在于它是真实的，让班会成了师生心灵交流的平台。教育应该是师生人格和心灵的互动过程，它的丰富性、不确定性和生长性,是无法用模式、程序等僵化的框框去限定的。我们唯一要把握的是真实,这个真实应当解读成:学生动机的真诚、观点的真实、情感的真挚和在这一过程中学生精神能得到真正的成长。这种真实可从三方面来阐述:第一,教育主题来自学生的真实问题;第二,整个教育过程是学生在教师的引导下探索真理的过程;第三,学生只有讲真话、抒真情,才能真动心和真提高。

这个案例所述的班会至少有两点需要改进。

一是跑题可以避免。本案例的班会存在一个瑕疵,那就是开篇短时间的跑题。马跃讲的那个爱心故事、所安排的与父母吵架的小品表演,相对于"秘密花园"这个主题来说,就是跑题。这段跑题持续了十几分钟,应当说是这次班会的一个败笔。跑题既浪费了时间,又在一定程度上影响了同学们的兴致,降低了班会的效果。我以为,窦老师之所以把跑题也记录下来,也许是为了呈现一次真实的生成性班会,并不意味着她认定跑题也是生成性班会的有机组成部分。生成性班会不需要详细的"剧本",也不必事先排练,但这并不意味着生成性班会就应完全听凭现场的感觉,走到哪里算哪里,排斥对活动方案的讨论与审核。这种跑题的错误,只要老师自己或提醒学生对活动的设计进行审核,就可避免。

二是要让更多同学发表意见。本案例的班会虽然不能说是在唱"独角戏",但实际上也只是在演"二人转",因为只有两名同学结合自己生活当中的实例进行交流,其他同学没有机会发表意见,只能当观众。班主任要求同学们写周记,其实是让同学们有一个表达意见的机会,但这只是一种书面的同学与老师之间的交流,能不能让同学之间、同龄人之间的交流更广泛一些,能不能把这个班会开成一个连续的、系列的班会,让每个同学都能交流思想,都能把自己的想法说出来?

三、主题班会设计的基本框架[①]

主题班会的框架并不唯一,但有其基本要素,如教育目标、主题、内容、形式、过程(包括准备阶段和实施阶段)、总结等,这些决定了主题班会的基本框架。

教育目标:从宏观上把握,并根据阶段教育任务或学生阶段特殊性,确定教育目标。教育目标必须有现实意义,并通过师生的共同努力才能够实现。它是主题班会的灵魂。

主题:从教育目标出发确定班会主题。主题必须有鲜明的个性、新颖性、趣味性及强烈的吸附性。

内容:一般以德育为主线,结合实际,增添一些智育、美育等方面的内容,并使之具有时代感、针对性,材料翔实,情感真挚,使学生产生思想上的共鸣。

形式:形式多样化,并与主题和内容的要求相匹配。侧重于学生的主体意识、行为能力、情感态度等方面的体验。

准备阶段:根据主题班会的内容和形式,为主题班会的实施做好准备素材、布置任务、邀请嘉宾、选择场地等一系列工作。

实施阶段:主题的导入、发展和结果。注意以点带面、全员参与、师生互动、引发

[①] 戴小梅.主题班会的作用及其设计初探[J].班主任,2005(8).

共鸣。

总结:总结主题班会的成果,明确主题班会后的任务和要求,延伸正确的人生体验和教育。

下面以"读懂母亲"主题班会为例说明主题班会的设计思路,并略谈教育效果,见表2-7-1。

表 2-7-1 "读懂母亲"主题班会设计思路及教育效果

要素		设 计 思 路	效 果 记 录
教育目标		通过举行"母亲节"纪念活动,引导学生用实际行动表达对母亲的感恩之情,促进两代人的沟通和相互理解,培养学生对家庭的热爱和责任感	(1)针对职业中学学生素质普遍偏低的特点,及时引入情感教育。所选主题鲜明,内容丰富,形式活泼、多样。 (2)准备充分,过程实施步骤明确。教师、学生和家长多向互动,气氛热烈,情真意切。 (3)学生、家长和教师融为一体。学生感受真实,流泪哭泣,受教育深刻。 (4)学生均能按总结要求向母亲致爱,延续教育成果。 (5)未能广泛邀请学生家长参与,影响教育成效。
主题		读懂母亲	
内容		以歌曲《世上只有妈妈好》为主要背景音乐,欣赏散文《读懂母亲》和与母爱相关的图片;孩子谈妈妈,妈妈说孩子;女声独唱《妈妈的吻》;从几乎是微不足道的事实出发,表达出高尚和伟大的母爱	
形式		学生、家长、教师多向互动;演讲、文艺表演、艺术欣赏等相结合;突出对情感的真实感受	
过程	准备阶段	(1)准备活动中涉及的文章、音乐、图片; (2)准备一个4~5千克的物件; (3)邀请学生家长; (4)创作主题班会演示文稿; (5)布置任务,落实场地和设备	
	实施阶段	(1)让两个女生在腹部绑上准备好的4~5千克的物件,让她们讲讲感受,体验母亲怀孕时的辛苦; (2)用《世上只有妈妈好》作背景音乐,播放婴儿出生过程图片及母爱的图片; (3)让学生说自己对母爱的感受; (4)欣赏散文《读懂母亲》; (5)让学生谈谈自己的母亲,讲述母亲为自己所做的一件难忘的小事; (6)用问卷形式调查学生对母亲的关心程度; (7)家长发言,谈对孩子的关爱和期望; (8)女声独唱《妈妈的吻》; (9)学生给家长献花; (10)主题班会小结,结束	
总结		倡导学生在母亲节开展"表孝心行动"。要求学生通过给母亲送一束花、说一句祝福语、制一张贺卡或为母亲捶一次背、洗一次脚等活动,表达对母亲的感激之情	

案例欣赏 2-7-3

请周杰伦来上班会课

现在的学生大多有追星的爱好,但当被问及为什么会喜欢明星时,他们都说"就是喜欢呗",讲不出个所以然来,他们只知道明星头上成功的花环,却很少知道明星为了此刻的成功而付出的努力。怎么办?我决定将计就计,利用班会时间和他们一同公开讨论有关明星的话题。在班会课上,一切都在按计划进行。

师:今天,我请来了同学们非常崇拜的大明星周杰伦来给我们上一堂班会课,大家鼓掌欢迎。

生:(一片大笑)老师骗人,怎么可能呢?

师:我当然请不到周杰伦本人来我们的课堂现场。但我们可以通过他的歌、他的人生经历来认识并了解周杰伦,也能让我们真正明白我们为什么就要崇拜这样的明星(启动计算机,屏幕上出现周杰伦身穿红色上衣,青春、健美的肖像画面,背景音乐是他所唱的《双节棍》)。

生:哦!(鼓掌)

师:同学们平时为什么喜欢听他的歌呢?

生:节奏感强,有青春的活力,听着能让我情绪高昂。

生:他的歌词很有特点,张扬个性,不落俗套,符合年轻人的口味。

生:我在紧张的学习之余听他的歌,就感到轻松多了。不过,家里人不让我听,我都是悄悄偷着听的。

师:那我们今天就现场来欣赏他几首歌,下面我们先听《龙拳》!(多媒体播放,大屏幕上显示歌词:以敦煌为圆心的东北东,这民族的海岸线像一支弓,那长城像五千年来待射的梦……我右拳打开了天化身为龙,那大地心脏汹涌不安跳动,全世界的表情只剩下一种,等待英雄我就是那条龙……)(鼓掌)

师:同学们听完了,有什么感觉?能具体谈谈吗?

生:我听出了我们民族的自豪感。这首歌唱出了我们中华儿女的心声,是那样的气势磅礴。

生:歌词写得好,押韵,唱起来朗朗上口。虽说是爱国的主题,但却没有一点说教的味道,融教育意义于形象之中,我们比较容易接受它。

生:我们都是龙的传人,听着这样的歌能促使我们珍惜自己的青春时光,努力练就一身过硬本领,将来为中华巨龙的腾飞出一把力。(背景音乐换为《七里香》)

师:同学们谈得很好,连老师也深受启发呀。对我们而言,听音乐不仅能消遣,而且可以在娱乐中受到一定的教育和启发,实在是太好了!但是,你们了解周杰伦吗?知道他的一些经历吗?

生:……(沉默,小声议论)

师:今天,我们就一起来了解一下他的经历,请看大屏幕……字幕显示内容,背景音乐为《乱舞春秋》:有一个年轻人自小父母离异,在母亲含辛茹苦的抚养之下长大。小学时,年轻人对音乐情有独钟,表现出了惊人的天赋。高中毕业后,年轻人没有考上大学,只能到餐馆当服务生,被老板骂过,克扣过薪水。后来,年轻人被台湾当时的乐坛老大吴宗宪相中,进入吴宗宪的公司做音乐制片助理。期间,他不停地写歌,但是,许多著名歌手都不愿意为他写的歌一展歌喉,因为他写的歌太稀奇、太古怪了。可年轻人却一如既往,默默地进行着自己的创作。有一天,吴宗宪抛给年轻人一个机会:10天,写50首歌,然后挑选10首,自己唱,出专辑。于是,年轻人废寝忘食,拼命写歌。终于,他的第一张专辑问世,立即轰动歌坛。紧接着的第二张专辑"范特西"又风靡流行音乐界……

师:有什么感想?

生:过去只是觉得明星很光彩,到哪儿都前呼后拥的。现在,通过周杰伦的一段人生经历,我明白了,任何成功都不是轻易得到的。一分耕耘,才会有一分收获。

生:成功只属于那些有准备的人。周杰伦一开始也没有成名,他的歌也得不到老板的认可,但他坚持下来了,最后成功了。如果他在得不到承认时就退缩了,那也不可能有成功的时候。

生:有个性的东西总会得到认可的。我们喜欢听他的歌,也就是因为他与众不同。假如他唱歌的路子跟别人一样,那还有谁会喜欢呢?

师:同学们讲得很精彩。现在我们基本上算是了解周杰伦了,我们不能只羡慕他作为明星的光彩,更要懂得他成功背后所付出的艰辛和努力。任何成功都不会从天上掉下来,必须要经过磨炼。同学们在学习、做人方面都应该从中获得一些启迪。

生:……(鼓掌)(背景音乐播放《米兰的小铁匠》,大屏幕显示冰心的一首小诗):

> 成功的花,
> 人们只惊慕她现时的明艳!
> 然而当初她的芽儿,
> 浸透了奋斗的泪泉,
> 洒遍了牺牲的血雨!

案例来源 唐金龙.请周杰伦上班会课[J].师道,2005(4):34.

第三节　例行性班会

民主管理、自主管理，法治代替人治，是当前班级管理推崇的几种理念或模式，但如果没有例行性班会这种班级行政制度来落实，一切都是空的。班级的民主管理、自主管理主要是通过例行性班会实施的，其法治思想就体现在这种班会的过程中。例行性班会是一种班级的"政治活动"，是班级议会，也是班级的行政会议。

例行性班会依制度办事，体现着法治精神。如何开班会，有议事规则；如何处理问题、怎样奖惩，有班级公约和规章制度。活动都有程序，任何人，包括班主任，也要服从这种程序。

> **资料链接 2-7-1**
>
> ### 史氏班会——班级管理的民主形式
>
> 加拿大的资深小学教师多娜·史黛利斯以自己家里举行的家庭会议为原型，创设了一个能够让学生分享各自的想法、自行解决班级问题的班会制度，多年来取得了非常好的效果。
>
> 在史黛利斯组织的班会上，学生轮流做会议主持人，教师为全班营造一个相互尊重的氛围，并作为班级成员之一参加班会。
>
> 史黛利斯认为，把班级建设成为一个和谐团结的共同体，营造出一个能让学生作出选择的安全环境，便为学生自信、自主、成功的发展提供了一片沃土。
>
> 史黛利斯认识到，班会能够对学生的情感、道德、智力及社会性发展起到重要的作用。班会还能培养学生的领导能力、组织能力、公共演说能力、思维能力、认知能力、解决问题能力及人际交往能力，有助于把班级打造成一个学习者共同体。
>
> 史黛利斯认为，在充满了温暖、关爱和支持氛围的班级，班会最容易取得成功。学生在这样的氛围里能够自在地学习，放心地分享他们的想法，毫无顾虑地提问和承担风险。学生互相支持，相互鼓励，同心协力，为自己的学习和行为承担责任，并拥有作决定的权利。
>
> 1. 史氏班会的要点
> （1）要有正式的会议程序，每周举行一次。
> （2）班会讨论的内容包括学生提出的问题和建议。
> （3）由学生主持班会。
> （4）向学生示范彬彬有礼的行为。
> （5）在班里营造一个积极向上的氛围。
> （6）教师不要主导会议。
> （7）对学生创造性地解决问题抱有信心。
> （8）相信学生有主持会议、参加讨论、选择解决方案和作出决策的能力。

为了组织这样的班会，教师在开学的前几周要对学生进行相关的培训，包括如何相互表达鼓励、如何创造性地解决问题、如何快速搬动桌椅等。在教师做了几次示范过后，让学生轮流主持班会，争取每个学生都能轮到一次。

班会之前，所有课桌都被移到教室四周，学生围坐在一起，每次位置都是固定的。主持人宣布班会开始，大家就上次未解决的问题进行讨论，然后讨论新的问题，最后留部分时间让大家相互表达赞美和感谢。

2. 在史氏班会中，教师和学生主持人的职责

教师的职责包括：作为教练，为主持人提供必要的指导；担任会议秘书，即记录员；作为班级成员之一参与会议，按规定发表意见，在必要的时候发表意见，维持班会的良好氛围。

学生主持人的职责包括：宣布班会的开始和结束；推进班会议程，维持班会次序，要求跟每一个发言的同学有视线接触；同时也要作为普通成员参与讨论，声音必须清晰、洪亮。

史黛利斯认为，班会的真正意义在于，它赋予了学生适当的权利，激励他们学习，帮助他们发现自己最闪亮的地方。"当教师和学生能够在一个相互信任、安静的氛围之下表达自己的观点和思想时，师生间的相互尊重和理解便能得到增强。学生会感到这是他们自己的教室，他们是班级的主人，并深感自豪。"

史黛利斯还发现，自从有了班会，纪律便成为一个微不足道的问题。相关的问题都在班会上进行讨论，由学生们自己讨论决议不良行为会有怎样的后果。她观察到，学生们对自己教室里的行为高度负责，他们把一些同学的不良行为记录下来，拿到班会上去讨论。

"解决问题的方案是学生们自己选择的，因而他们必然关注方案是否得到了实施。"史黛利斯说，"教室里出现的问题，已不再仅仅是教师需要去解决的问题，而是整个班集体的问题。每周开展这样的班会活动会使学生得到极大的锻炼。他们出色地解决问题，公正、有效地帮助同学改正影响他人的行为的能力得到了显著的提高。"

此外，班会议题箱也让学生获得了为班级提建议，特别是提议组织有趣班级活动的机会。这让整个班级充满了活力和快乐，学生们都满心欢喜地来上学，对班级充满了强烈的归属感。"作为一名教师，我感到任何办法都不如班会给学生带来的好处多。每周举行这样的班会很容易地便使教师掌握了一个最有效的工具，而且它如此简单，每周一次！"史黛利斯说，"没有学生不喜欢班会，对于那些有特殊教育需求的学生，班会还起到了帮助他们融入班级的作用。"

3. 史氏班会的框架

(1) 主持人（学生）维持会议秩序并宣布开会。

(2) 鼓励时间：轮流发言，相互鼓励。

(3) 解决老问题。

(4) 解决新问题(从议题箱中取出问题)。

(5) 相互表达感谢和赞美的时间。

(6) 会议结束。

4. 学生如何在史氏班会上解决问题

第一,识别问题。

在学生提出问题后,主持人向提出问题的学生提问:"你能告诉我们问题出在哪里吗?"、"你为解决这个问题已经做了什么?"。

如果该问题涉及他人,向他们提问:

"是这样吗?"、"谁有什么疑问吗?"、"你(提出问题的人)认为该怎样解决这个问题?"。

学生回答后,主持人对全班同学说:"认为可以这样解决的请举手。"

主持人数一数举手的人数。如果超过了半数,问题就算解决了。如果没有过半数,则进入下一个环节。

第二,进行头脑风暴,寻找可能的解决方式。

主持人向学生提问:"大家认为这个问题该怎样处理?"

学生轮流回答,每个人只有一次说话的机会。作为记录员的教师记下学生提出的建议。

在这个阶段不要有任何讨论,只是每个人提出自己的解决方案。

第三,对大家提出的解决方案进行讨论。

请一个学生念出教师记下的各种解决方案。

请大家发表自己的意见,说说哪些方案是可行的,哪些方案是不可行的,以及自己的理由。

自由讨论。如果发现有的意见被不断重复,请大家思考相反的观点是什么。

第四,选择一个解决方案。

让一个学生念出经过讨论后形成的每一个方案,请大家举手表决。每个学生只能举一次手,只给自己认为最能解决问题的方案投票。

第五,制订计划。

解决方案确定后,如果需要为解决方案制订一个计划,首先得决定由谁去负责完成这件事。

确定了负责人后,询问大家是否对负责人有什么建议。

如果需要由一个委员会来实施这个方案,提出这个方案的人如果愿意就可以领导这个委员会。

挑选相同数量的男生和女生组成委员会,并决定什么时候开会。(建议:委员会的规模不宜过大)

资料来源 李茂.今天怎样管学生[M].上海:华东师范大学出版社,2008.

从上面的资料中,我们可归纳几点。

(1) 例行性班会是有结构的活动,需要规章来约束:什么时候开会,如何选择议题,如何主持,如何讨论问题,都应当有明确的规定。

(2) 如何开例行性班会,需要学习,需要老师的指导与培训。

(3) 班主任老师要信任学生,放手让学生去开会,同时教师也可在旁边进行观察与指导。

(4) 史氏班会由学生轮流主持值得借鉴。中国班级是固定的,有班委,有班长,班级管理的长处是有组织。但是,一些中小学班级活动存在的弊端是"官味"太重,民主气氛不够,班级活动成为班干部表演的舞台,造成普通学生对班级活动不感兴趣。因此例行性班会最好轮流由议题相关班委主持,还要创造条件让负责或对此议题有兴趣的学生来主持。

第四节 第三类班级活动

班级活动的范围非常广,除了主题教育活动、例行性班会外,还有许多其他活动,如以班级为单位的长跑、课前一支歌、出版班级日报(周报)、联欢会、集体生日、春游、秋游、游戏、体育活动、知识竞赛等,暂且以"第三类班级活动"来命名。这类活动通常是在班主任的指导下由全班同学共同参与开展,它丰富了班级文化和学生的精神生活,增强了班集体的凝聚力,促进了学生的全面发展。但是,它在形式、内容等方面又与主题教育活动有很大的差别,因此有必要将二者区分开来。

一、持久性班级活动

坚持全班写日记、坚持全班长跑、坚持课前一支歌、坚持出版班级日报、坚持安全教育演练等,虽然每次所花的时间不多,但它的成功在于长久的坚持。一方面,如果活动能长久开展下去,肯定能对学生产生深刻的影响,且有利于增强班集体的凝聚力;但另一方面,只有班主任有很高的素质、班集体具有凝聚力,这类活动才能坚持下去。

对魏书生的学生来说,师生一起长跑、做俯卧撑、练气功,也许会成为学校生活最深刻的印象。魏书生在《班主任工作漫谈》中叙述了不少班级活动,除了主题班会之外,他写得最多的是"持久性班级活动"(在更好的名称出现之前先这样称呼),即那些每次活动时间不长,却长期持续开展的班级活动,比如长跑、写日记、写班级日志等。应当说,这类班级活动对于锻炼学生意志、养成良好习惯、形成班级凝聚力都十分有效。

案例欣赏 2-7-4

魏书生开展的持久性班级活动

1. 坚持道德长跑——写日记

我管写日记叫做道德长跑。为什么叫道德长跑呢？我看到，那些春夏秋冬、年复一年地坚持长跑的人，都变得身体健康、强壮有力。还有一些别的体育锻炼的方式，倘长年坚持也能身体健康。

能不能有那么一种锻炼方式，倘若长年坚持不懈，就能使人心灵健康、开阔呢？我觉得写日记就有这种作用；绝大部分心理正常的人写日记时都说心里话、说真话，这便起到了教人求真的作用；绝大部分人写日记一般都劝自己上进向善，劝自己助人、改过；绝大部分人都在日记中针砭丑恶、赞扬美善、歌颂心灵美的人，歌颂美好的事物，这便起到了教人向善、爱美的作用。

所以我总跟同学们说，坚持写日记，便是坚持道德长跑，能使人的心灵求真、向善、爱美。每位学生一入学，便要开始写日记。

"不会写怎么办？"有人问。

我说："保证都能会写，学习最差的同学也能会写。"

"那怎么能会写呢？"

"对不同的同学提出不同的要求就可以了。好同学一篇日记五六百、千八百字都可以，差同学就不能这样要求，要引导他们超越自己。"

刚开始，对学习后进的同学，提的要求不多，能多写的多写；不能多写的，就把当天的日期写上，至于内容，只写一句话就行："今天我到盘锦市实验中学读书了。"第二天，介绍自己的同桌的外貌，写两句话就行。第三天，介绍自己的教室，写三句话，前面、顶棚和两侧的墙壁各有什么。第四天，介绍各科教师，语文、数学、英语、政治教师各一句话。依此类推，写上两个月，60多天，学生日记字数就达到每天500左右了。

有的老师问："学生写了一些自己不愿公开的事，不愿让老师看怎么办？"

不愿让看，老师就不看，我一直跟同学们这样商定。真正的日记，作者可以公开，也有权不公开。作者不愿公开时，任何人不得强看，这是作者应享有的隐私权。我们手头的日记，实际含有作文选、作文集的性质，要定期检查，互相指导，必要时还可互相批改。请同学们不要把一些不愿公开的内容写在这上面，如果你不愿公开的事情很多，并且愿意记下来，那就再写一本日记，准备一个抽屉或小箱子，买一把新锁头，只有一把钥匙，由你自己掌管。

因为日记含有作文选的性质，那就既可以凭自己的兴趣选题选材，又可以由老师确定日记题目，并且进行日记指导，通常情况下，后者居多。

有了日记指导，才使学生人生的航船不至于在个人的小河上打转，而把它导向更广阔的世界，如此才使它真正起到道德长跑的作用。

2. 每天做 100 次仰卧起坐、俯卧撑

这种锻炼方式是我们 1984 年选定的。

那一年秋天，我给同学们读鲁光写的报告文学《敲开世界冠军的大门》。文章记叙了中国女排刻苦训练、顽强拼搏夺取世界冠军的经过。其中有一句话，深深激励着同学们。中国女排姑娘们说："苦是一服灵丹妙药，我们要想强大起来，就得天天吃它。"

同学们说："老师，咱们也该找服灵丹妙药来吃，使我们也强大起来。"

"大家讨论一下，我们上哪儿去寻找这样一服苦药。"

"女排的训练器械，我们没有。""打沙袋、绑沙袋，也不现实。"

商量来，商量去，大家觉得比较实际的方法就是在教室里练仰卧起坐和俯卧撑，不用器材，不用特殊的训练场地，又节省时间。

刚开始，每天只做 3 个俯卧撑，即使如此，有的同学两臂一屈，便胸部触凳，起不来了。但过了几天，都达到了 3 个。

同学们觉得不苦了，就说："苦才是灵丹妙药，不苦就不是灵丹妙药了。我们该增加运动量，每天增加一个试一试。"

那时国家体委（国家体育运动委员会）规定的锻炼标准，女同学俯卧撑能做八个就达到了标准，可我们都长到了十个了，学生还要求增加。

大家意见一致，我看同学们干劲十足，体力很好，没有什么副作用，便同意增加。增多少？同学们要求每天增一个，这能受得了吗？同学们说："受不了的时候再停也不晚。"

日月如梭，不知不觉两个月过去了，我们已增到了每天做 50 多次仰卧起坐和俯卧撑。同学们吃着这苦药，果然自我感觉比以前好了许多，于是还要求增，直增至 80 次、90 次。达到 100 次的时候，有的同学意犹未尽，还要增。

我说："不能再增了。万事万物，过犹不及，过分了就会走向反面。我们做到 100 次没出现什么副作用就不错了，每天能坚持下来，已经相当不容易。增到此为止吧！"

当时我正任两个班的班主任，并教这两个班的语文课。两个班一个由学习成绩好的学生组成，一个由学习后进一些的学生组成。我在校的时候，总是和后进的同学在一起活动，跟他们一起做仰卧起坐和俯卧撑。

每天做这么多的仰卧起坐和俯卧撑，不仅增强了学生的体力，更重要的是磨炼了学生的意志。

学生管进行这种训练叫"上刑"。刚开始我看班级日报登着一条消息："本报记者发现，上刑时，有的同学偷懒，动作不到位。"看了以后我觉得奇怪，问："怎么能上刑呢？什么叫上刑？是不是你们打闹时，想的折磨人的残酷手段？"

学生笑了："上刑就是每天的仰卧起坐和俯卧撑啊！一做起来，难受得像上刑一样！"

我说:"这么苦,就别做了吧!""怎么能不做,是我们自己选的,再说做的时候苦得要死,做完以后轻松得要命,心里也高兴得很。"

1991届毕业生我没让做,我想试验比较一下,做和不做有什么不同。这届学生的吃苦精神明显比不上1985届、1988届每天做100个仰卧起坐、俯卧撑的学生,这届学生体育达标的优秀率也比前两届学生低将近20%。

3. 课前陶醉在一支歌里

我们班学生爱唱歌,从1979年开始一届又一届的学生都爱唱。每年都唱,每月每周每天都唱,甚至每节课前、自习前都唱一首歌。

关于唱歌的班规、班法也越来越具体。20世纪70年代时,课前一支歌,学生在座位上愿怎么唱就怎么唱,有的坐直了唱,有的趴在桌子上唱,有的边写作业边唱。

后来文娱委员说这样唱不好,太随便了,歌唱得也没劲,大家也觉得不好。到20世纪80年代便定了一条班规:课前一支歌,从文娱委员起歌开始,全班同学都要停止别的活动,在座位上坐直,手不能放在桌子上,更不准翻书和写作业,谁如果在大家唱歌时写作业或是将手放在桌子上,便要写500字的说明书。

到了20世纪90年代,我多次强调:唱歌要一心一意,才能达到唱歌的目的,既使大脑得到了短时间的休息,又使人陶醉在美好的歌词境界中和悠扬的旋律里,使身轻松,使心愉悦,使人更热爱生活、更热爱学习,也使人大脑两半球更容易沟通。

1990年、1991年我只是这样强调,并没有具体的使学生唱得更认真的办法。

1992年初刚开学,我想试一试,对课前一支歌提出更具体的要求。

姿势同原来一样,还要求唱歌时坐直。坐直之后,目视前方的黑板。目视整个黑板不利于集中注意力,要求目视黑板的中缝;中缝长了些,也不利于集中注意力,又要求注意中缝的中点。

学生全身心地投入课前一支歌中,好处应该是多方面的。

第一,能增强学生的注意力,使学生的注意力能受自己的意志的支配,随时朝向应该注意的位置。

第二,能增强学生的想象力,能使学生学会将文字符号变为色彩绚丽的图像,甚至变成生动可感的场景。

第三,有利于陶冶学生的情操,增强学生发现美、感受美、热爱美、追求美的能力。

第四,能使学生感受到是处于一种兴奋愉悦的状态,使意识、下意识、潜意识更好地合作,使潜意识更经常地为学生的生活服务,为提高学生的学习成绩服务。

第五,当然最直接的效益是有利于唱一支歌之后那节课的学习。全身心地投入一支歌之后,排除了不利于课堂学习的情绪,使干扰课堂内容的信息得到了抑制,课堂学习效率当然会提高。

4. 寻找春天的踪迹

2月4日立春，江南的同学们看到的是"日出江花红胜火，春来江水绿如蓝"的艳丽景色，他们不会想到每年立春的时候，我们辽宁盘锦，正是千里冰封的时候。往野外看，白茫茫的雪覆盖大地；双台河上，冰结得厚厚的，人们在上面奔跑、滑雪、骑自行车、开小汽车。

1980年的春天，我说："咱们到野外去寻找绿色的生命吧！"

学生们瞪大了眼睛："什么？这么冷的天，差不多－20摄氏度，冰天雪地里，能有活着的植物吗？"有同学说："青松不照样活着吗？""我说不只青松，现在小草也活着，野菜也有活的。""那怎么可能，那么柔嫩的小草，哪能冻不死呢？""大家去找，保险能找到。"

同学们将信将疑地出发了，居然每个人都挖回了小草、野菜。大家归来后，喜不自禁，都按我布置的题目，写了一篇作文：《春天的踪迹》。

春天悄悄地迈着轻轻的脚步，已经不知不觉地走到我们身边了。

这以后每到立春这天，我都组织大家在校集合，出发到原野去寻找春天的踪迹。

同学们带着铁铲、铁锹，带着满心的欢喜，第一次寻找春天生命的同学带着疑惑，走出学校，走过柏油路，踏上土路，又越过田间小路，来到广阔的原野。

同学们分成小组在这广阔的大平原上，选择着春姑娘最早落脚的地点：向阳坡上、大树根下、枯草较厚的地方……

春天的草不那么容易发现，向阳坡上，雪已化了，但看上去，枯草灰秃秃的。同学们嚷："连向阳坡地都没有。"我说："你俯下身子，扒开上面覆盖着的荒草，看地面有什么。"

"啊！真的，真的有好几棵嫩绿柔弱的小草，太细了，太嫩了，还没有北京粉丝粗呢！"

"量一量，有多高？"

"有5厘米高！"

"我的有8厘米高！"

"我挖到的这棵，露出地面部分就有11厘米。"

大家好羡慕，围过来量，真的有11厘米！

扒开厚厚的积雪，有的同学又发现了野菜："这片地野菜真多，一棵连一棵，在雪下面，它们也不怕冷。""这野菜叫什么名字呢？叶子像小菠菜，形状又像荠菜。""这棵野菜长得这么舒展大方，叶片展开着，直径都有6厘米了。"

春天，你果然在人们不知不觉之中，走到我们身边来了。

神奇的大自然给了学生们知识和获取知识的乐趣。

大家发现了生命，忘记了－18摄氏度的严寒。同学们的目光从地面移到高处，看那柳树的细枝条,怎样在风中柔柔地摆着。再一细看,枝条上已经鼓起了芽苞,同学们真佩服它的生命力;夜里是−20多℃,柳条那细得像粉丝一样的身躯,竟然不被冻僵冻硬,那里的营养输送线照样工作着、畅通着!

同学们小心翼翼地用铁铲和小刀掘出了嫩嫩的小草,如获至宝,放在塑料袋里,准备带给更多的人以春的喜悦,还有绿的、紫的野菜,回去好让爸爸妈妈弟弟妹妹们看个新鲜。

任勇同学手里捧着的那棵野菜是连根挖出来的,根部竟有40 cm长,他着实费了一番大工夫,小心翼翼地如掘人参,不伤根须,好像这样挖出的才是春天最完整的标志。

更有趣的是康井利和王良,他们每个人发现了一条金鱼,不过是冻僵在冰块里的,他们连冰块一起拿来了。晶莹透明的冰块里,镶嵌着一条好像沉睡着的橘红色的金鱼,如同大块琥珀一样,大家羡慕得厉害。

1988年2月4日,我担任市里高级教师的评审委员,紧张地躲在市郊的招待所参加评审工作,中午我猛然想到今天是立春,不能组织同学们去野外寻找绿色生命了,我感到深深的遗憾。评审结束后,我见到同学们谈起这件事,同学们说:"那天我们自己组织到野外去了,挖的野草野菜比去年还多!"

1991年的春天我领着两个班的146名学生,在学校集合,满怀对春的渴望,冒着严寒,冲向冰雪覆盖的原野。

1992年2月4日恰逢大年初一,春节、立春,双春双节,家家团聚,我自然没能去召集学生来校,没能领着大家去寻找春天。

我愿领着学生去找,是愿看到学生那在冰雪中发现嫩草的惊奇的表情,愿看学生从顽强的小草身上汲取了力量,在寒冷中跑得满头冒着热气的欢喜神情,更愿意看富有生活真实、充满活力的一篇篇以"春天的踪迹"为题的文章。

案例来源　魏书生.班主任工作漫谈[M].7版.桂林:漓江出版社,2011.

二、班队文艺活动

文体、游戏活动,是学生喜爱的活动形式。这类活动应放手让学生去做,让学生享受到活动的乐趣,同时也达到交流感情、促进班集体团结的目的,让他们在快乐中成长。

班队文艺活动是班队文化艺术娱乐活动的简称,是指学校通过健康的文化艺术娱乐活动对学生进行熏陶和教育,以发展学生的美感和健康心理品质的教育形式。

班队文艺活动形式多样,这里只介绍一种学校常用的活动形式——联欢会。班队联欢会常见的有以下几种类型。

(1) 文艺联欢会。这是班队联欢会的主要形式,可以由学生表演小品、相声、演唱歌曲等。

(2) 生日联欢会。这主要是借学生生日而开展的活动。这种方式在班级活动中运用较多。班主任可以找到某个或某几个典型学生,问清他们的生日,借助生日,勉励各方面都表现好的学生再接再厉;对某些方面还有不足的学生,可以在生日联欢会愉悦的气氛中肯定他们的优点,同时指出他们的不足。教育实践的经验证明,通过这种方式教育,要比单纯的说理教育效果更好。

(3) 节日联欢会。节日联欢会是指专为庆祝节日而举办的联欢会。尤其像儿童自己的节日"国际六一儿童"节,学校常以班为单位组织排练,在全校进行表演,这样既庆祝了节日,又锻炼和教育了学生。此外,还有十一国庆节、元旦节等都是可以利用的节日。

(4) 毕业联欢会。毕业联欢会对中小学生来说是一次很有纪念意义的活动。这是一种既可以让学生回顾过去,加深同学友谊,又可使他们展望未来,培养他们理想的良好形式。

三、班队体育活动

班队体育活动是指在学校体育课以外开展的,以增强体质、提高体育技能、促进学生全面发展为主要目的的教育活动。

班队体育活动包括球类、田径、体操、游泳、拔河、爬山、棋牌等项目。由于在课外进行,对于丰富学生的课余生活,促进学生素质的全面发展有着极其重要的作用。

班队体育活动能够增强学生体质,以其丰富多彩、生动活泼的形式和内容,吸引、感染学生,可以在活动中培养其良好的情操和道德风貌。特别是体育竞技运动中的激烈竞争、顽强拼搏、奋勇争先对培养现实社会所需要的竞争与开放意识、进取与拼搏精神、适应与组织能力,以及勇猛顽强、机动灵活、沉着果断的品格具有重要作用。

开展班队体育活动应注意活动内容的合理搭配,以全面锻炼学生体质。对身体条件还稚嫩的中小学生尤其要注意活动恰当、适量。对不同年龄阶段,不同性别,身体素质不同的学生要区别对待。例如在运动项目的选择上,女生可以增加一些艺术体操、舞蹈和体育游戏等,以便她们在全面发展身体素质的基础上,着重进行柔韧性、协调性的锻炼,塑造女生的形体美。除此之外,还要注意坚持性和循序性。因为体育锻炼是一项技能性很强的活动,而技能形成的最基本条件就是练习和巩固。在技能练习中,往往还会出现暂时的停顿现象,这在练习曲线上称之为"高原期",因此,要坚持不懈地练习,只有如此,才有长进。并且,技能水平的提高是一个由易到难,由简到繁的过程,组织学生进行体育运动时,切忌心浮气躁,急于求成,在没有相应的技能基础时,不可一再强行提高运动水平,以免造成不必要的伤害。

案例欣赏 2-7-5

班级里的民俗文化：集体生日会

每个班级都应该有专属于自己的节日，每一个班级在成长过程中都会形成一些传统，这是班级的个性，也是班级的风格。保留那些优秀的传统，并不断产生新的传统，是构建班级文化的重要手段。民俗文化，是民众风俗生活文化的统称，也泛指一个国家、民族、地区中集居的民众所创造、共享、传承的风俗生活习惯。它是在普通人民群众的生产、生活过程中所形成的一系列物质的、精神的文化现象。

借此我想说明，在一个班级师生相处的漫长时间里，应该会生成一些彰显班级特色、只属于自己班级的文化现象，就像一笔师生共同拥有的精神财富。一些偶然的事件经过班主任精心的安排和引导甚至可以形成一种传统。这些传统具有两重意义。第一，对于每一个在这个班级里生活过的学生来说，他亲历、参与并和其他同学分享了这种体验和幸福。走出校门后，这些经历将成为他们在以后的人生道路上前进的精神动力。无论历经了多少年，学生时代经历的那些幸福瞬间都永远值得回味。这就是班级文化给一个人成长带来的影响。第二，从教师的角度来说，陪伴学生成长，和孩子们朝夕相处，同甘共苦，亲历这些典型的事件，也丰富了班主任的人生，使教师的精神世界变得丰满、厚重。虽然学生会毕业，离开母校，离开班主任，但这些传统会被积淀、改进，为下一届学生所传承，年复一年，逐渐形成班主任的教育风格和个性标签。

所以，从这个意义上讲，班级文化有点类似于民俗文化。一个班有没有自己的传统，有没有专属于自己班级的节日和活动，是这个班有没有形成班级文化的重要标志。班主任用心去营造、创设一种情境，并有意识地把一些优秀的习惯积淀生成为一种文化，对于班集体建设和学生的成长很重要。所以说，班主任的引领是构建班级文化的关键。

经过20多年的实践，在我带班过程中也形成了不少传统。虽然送走了一届又一届的毕业生，这些传统却被保留了下来。例如我带学生进行的创业体验、户外拓展训练、运动会入场式演练、成人仪式、毕业旅行等，都是非常有趣也是很有教育意义的。在此，我举一个集体生日会的案例。

高中生的生日该怎么过？各家各人可能都有不同的过法。此时的孩子已经不小了，有了一定的独立意识和自己的小圈子。现在，一般来说，不仅家长会为孩子们过生日，孩子们自己也经常为自己过生日：邀请一些同学，或到自己家里或去饭店吃一顿，接受朋友的生日礼物，然后可能还要去KTV。我向来不提倡孩子过生日时铺张浪费。都是花父母的钱，家境好一点的孩子如果请了同学参加自己的生日会，那么下次轮到被邀请过的同学过生日时也要如法炮制，如此形成风气，会导致互相攀比。孩子们可能很少会想到甚至不知道"孩子的生日，母亲的难日"这句话。现在的孩子都是蜜水里泡大的，这方面的意识普遍薄弱。

我也一直试图在孩子过生日这件事上做点文章。虽然不想把过生日这件事看成多么重要的教育，试图达到多么伟大的教育目的，但倡导一种健康的生活方式，营造和谐、温馨的班级气氛一直是我做教育的主题之一。

2011年1月，我在班上开了个"集体生日主题班会"，初获成功。我想就此把它作为班级文化建设的一部分保持下去，成为一项常态的活动。

我的设想是不提倡或反对学生利用过生日搞聚会，大吃大喝，而是每个月拿出一节班会课时间为在这个月出生的学生集体过一次生日。这样一年下来就可以走一个循环，每一位同学都有机会在班级里过生日，得到大家的祝福。设想一直都有，但是直到今年(2011年)1月份才正式实施。这个时间是我精心选择的，理由如下。

没有在2010年一开学的9月份就搞，是因为那时我新接班又刚刚开学，事情千头万绪。更重要的是班级气场尚未形成，同学们相互之间缺乏了解，没有情感基础自然不能开好生日会。也就是说，刚刚组建的班级尚不具备开这种班会的条件。在此后的几个月开始又显得不伦不类。此其一。

经过大半个学期的相处和磨合，班级已经稳定。同学们彼此已经很熟悉，在同班同学中结交了新朋友。此前已经搞过很多活动，发生了一些故事。这样的氛围非常有利于开好这种情感教育主题班会。此其二。

1月是开年第一个月，可以作为一个很好的起点。期末考试即将开始，以这样一次特殊的活动给孩子们鼓劲应该会取得一些效果。此其三。

一月份第二个星期的星期三有一节班会课，是这个学期最后一次班会。我在前一天精心设计了班会课的课件。学生们的生日早已存在我的计算机里，调出来一看，一月份我们班一共有四个学生过生日。我搜集了这四个孩子的相关资料。从开学初就坚持制作的学生电子档案发挥了作用，学生的资料很全，情况一目了然。我没有参照任何现成的班会材料，只凭我的理解和想象设计了这节班会课的流程。下面具体介绍一下。

[第一个环节]热场与引入

高一(1)班集体生日会(2011年1月)

[背景音乐]《祝你生日快乐》(中文版，持续、循环播放)。

[背景图片] 略。

开场白：班长致辞，宣布班会开始。

班主任致辞：今天是一个普通的日子，也是一个特殊的日子，在这样一个日子里，我们相聚在这里开一次特殊的班会……

[PPT]

每一天的太阳都是新的……

人生的每一个今天都是唯一……

［PPT］

今天我们相聚在这里，

为我们中的他们

送上我们的祝福

和

美好的期望！

［PPT］

你们是今日的明星，今天属于你们……

[第二个环节]明星档案

用PPT展示四位同学的情况，包括照片、出生年月日、毕业学校、特长、为集体作出的贡献、曾经获得过的表彰或表扬，等等。文字用PPT中"自定义动画"菜单"添加效果"里"进入"方式中的"其他效果"、"颜色打字机"，逐字打出，制造情趣和悬念，速度设定为"非常快"，单击换片，背景音乐持续。

[第三个环节]生日许愿与感言

掌声请出四位同学，为自己的生日许愿，背景音乐持续（《生日快乐歌》英文版）。全班同学齐唱："祝你生日快乐！"展示收集到的这四位学生在班级活动中的照片，大多数照片都是首次亮相，引发学生的关注，营造惊喜的气氛。

许愿后学生发表简短的生日感言，班主任现场点评。

[第四个环节]送上我们的祝福

全班每个人选择四位同学中的一位，写一句祝福的话送给他（她）。要求越有创意越好，现场生成。收上来之后分别送给这四位同学，选取其中最有意思的祝福语现场念出来。（很 happy 啦！这个环节就让孩子们笑翻了，因为祝福语中有很特别的，很搞笑的。）

[第五个环节]老班的祝福与礼物

班主任致辞，送给学生每人三件礼物。

第一件：一朵鲜花（图片，PPT）。

第二件：一首歌（在同一张 PPT 上打出，同时播放）。歌曲是我精心挑选的《生日礼物》，旋律优美，内容健康阳光。歌词如下。

<h3 style="text-align:center">生 日 礼 物</h3>

心中有一束花

是我青春的那棵芽

浇过泪水绽放着微笑慢慢长大

陪你度过阳光和小雨

陪你走过悲伤和甜蜜

现在我将它

永远种在你心房
永远有一句话
写在岁月的旅途上
用那真情雕塑的光阴
让你珍藏
不管未来需要多少年
不管期盼还有多遥远
现在我将它深深刻在你心田
每个人都拥有祝福
每个生日都有礼物
如果没有昨日的知己
明天的梦依然孤独
无论你有多少个愿望
不论你有多少个梦想
我的礼物是我的心
陪着你成长!

这是班会课的高潮。其间我朗诵了歌词的后两段并在第二遍演唱时和着原唱同时演唱,赢得了孩子们热烈的掌声。

这前两件礼物都是不要钱的。

第三件:我的礼物。每人一本软面抄本,上面有我的祝福语和亲笔签名。我说这个本子可值钱了,一定要保存好。祝福语很简短,根据每位同学的名字或特点度身定制。

罗霞阳:阳光少年,威震六中!(嵌入名字)

闫京:再接再厉,再创辉煌!(她参加了校运会4×100 m比赛并获得名次)

李玮芸:奏响生命中最美妙的音符!(她是校合唱团的钢琴伴奏,钢琴演奏级)

巨鹏程:鹏程万里,一飞冲天!(嵌入名字)

学生上来接受班主任的礼品,软抄本每本价格只有1元,但上面写有班主任的寄语,意义重大。

[第六个环节]班主任总结

在祝贺四位同学又长大了一岁的同时,指出过生日的意义、成长的意义、生命的意义。(略)最后,布置下一期集体生日会的安排。每个月为当月过生日的同学举行一次简朴而有意义的小仪式,已成为我们班的一个传统。每次的流程和创意都不一样,需要大家自己动手策划实施。作为班主任,只在第一次开一个头。我们把这个类型的班会课称之为"生日会接力",即下次的生日会由这次过生日的同学准备,依此类推。这样,每个同学既享受到了别人对自己的祝福,也为他人的生日做一些贡献。此举意在促进同学情谊,增强集体凝聚力,培养学生的责任感并增加学生在班级中的幸福感。

[班会小结]

这次主题班会事先没有通知学生,有一定的悬念,充满了惊喜,所有的情感都是现场生成的,真实而鲜活。虽然内容朴实,但力求在教育形式上有所突破。虽然是一件小事,也并无过高的教育境界,但它凸显了班集体建设中的人文关怀,给所有的参与者以温馨而愉悦的体验,使孩子们加深了对集体和同学的感情。"为每一个孩子过生日"暗含平等、公正,不放弃、不忽视集体中的每一个个体的理念。但是因为人数较多,如果为每一个同学都举行这样一种仪式,对于高中生来说,在精力和时间上又不允许。每月一次,既节省了时间和运作的成本,又把个体和集体紧密联系在一起,达到了某种平衡,既热闹又简约。这节班会课上送出的礼物成本只有四元,一个同学一元,其余都是精神层面的。

这只是一次尝试,取得了一定的成功,也获得了一些经验。这次仪式将成为一个传统,成为班级文化建设中的一部分。班级文化和班级精神,就是在很多这样细小的努力的基础上渐渐形成的。

班会课上,一位同学激动地说:"从小到大,年年过生日,但从没有一个生日像今天这样有意义。"

班会课不能解决班级文化建设中的所有问题,但即使在某一个小点上能有所突破,这种尝试也是可贵的。我们需要有常态的、几年一贯制的教育,力求达到培养善良、正直、有责任心的合格公民的教育目标。

案例来源　陈宇.你能做最好的班主任[M].北京:教育科学出版社,2011.

[思考与实践]

1. 比较分析形成性班会与预设性班会的利弊。
2. 以小组为单位,设计一次主题教育活动。
3. 以案例欣赏 2-7-2 为例,谈谈如何选择活动的主题和形式。
4. 举例说明持久性班级活动对学生的影响。

第八章　问题学生指导

阅读提示

(1) 困难生、后进生、问题学生这三种称呼哪种更科学？

(2) 班主任把过多时间和精力放在困难生身上，对班上其他学生来说，这种行为公平吗？

(3) 转化问题学生有诀窍吗？

(4) 为什么说心理障碍学生往往有行为问题？

第一节　问题学生概念、分类与诊疗

一、问题学生概念

"在中小学，几乎每个班都几个问题学生。他们是'麻烦制造者'，'拖班级后腿者'。班主任往往要把一半甚至更多的精力花在他们身上，然而收效甚微。他们成了班主任的心病。"[①]有些班主任说，他们有80%的精力都用来对付问题学生（简称"问题生"）了，问题生甚至把他们备课的时间都挤掉了。有些班主任干脆就把问题生称为"头痛生"，分班的时候，要是自己班里有两个严重的问题生，那就"没好日子过了"。

王晓春认为：问题学生是"品德、学习态度、习惯、心理等方面，存在较为严重的问题，而且用常规教育手段不能解决其问题的学生"。[②] 这个定义强调问题学生存在比较严重的问题，给班主任惹麻烦，又不是常规方法所能解决的。

关文信认为："问题学生是指那些与同年龄段学生相比，在学习、行为、心理等方面偏离常态，需要在他人帮助下才能解决问题的学生。"[③]这个定义关注问题的发展性，问题是相对的，比同年龄学生落后，偏离了常态，就成为问题。还强调问题学生需要他人的帮助才能走出困境。

综合上述观点，并加以补充，我们对问题学生的定义是：不适应学校生活，在学

---

① 王晓春.做一个专业的班主任[M].上海：华东师范大学出版社，2008.
② 王晓春.做一个专业的班主任[M].上海：华东师范大学出版社，2008.
③ 关文信.问题学生教育指南（中学班主任版）[M].北京：首都师范大学出版社，2007：8.

习、行为、心理等方面处于困境中,急需得到更多关爱和帮助,却因给班级管理带来麻烦,被教育者视为有问题的学生。

对于这种界定,我们要注意三点。

一是问题学生往往是陷入困境中的学生,需要更多的关怀。在一个片面追求升学率的国家,成绩不好就是一种不幸,厌学是一种罪过,存在学习问题的学生处境是非常糟糕的,被家长骂、被教师批评、受同学歧视,所以有"学困生"之说。心理上有问题,就是一种病,病人更需要人关心。行为上有问题的学生和极少数在品德上存在瑕疵的学生,会经常惹老师生气,甚至故意跟老师作对,在这些现象背后是儿童的心灵受过伤害,制造麻烦往往是一种病症的表现。

二是问题学生的主要特征是学生对学校生活的不适应,这里有学生的原因,也有学校教育的原因。比如严重偏科被认为在学习上存在问题,学生因升学无望,又会衍生出一系列的问题。但这不是学生的问题,而是学校教育的错,这是以总分作为录取依据的弊病。体育特长生、艺术特长生解放了一批学生,如果设数学特长生、语文特长生等,就不会存在所谓的偏科生了。教育给学生造成困难,反诬学生有问题。

三是问题学生的称呼体现了管理者的视角。学生是一种存在,谁观察、从什么角度观察、观察侧重点的不同,都会有不同的概念和名称,比如"差生"、"落后生"、"后进生"、"学困生"、"困难生"、"个别生"、"问题生"、"有个性的学生",等等。各有各的用途,各有各的优点,各有各的缺点。

二、问题学生分类

王晓春把问题学生分为五种类型[①]。

(1)厌学型(学习问题)。此类学生的主要问题是厌学,学习成绩和学习心理都有问题,不听讲、不写作业,有的迷恋网络,有的干脆辍学,但品德方面无大问题。"只要不谈学习,就是好孩子。"

(2)纪律型(行为问题)。此类孩子的主要问题是不守纪律,极其喜欢小说小动,易和老师发生冲突,对集体影响较大。学习成绩问题不大,品德方面也没有大问题。

(3)心理障碍型。此类孩子的主要问题在心理方面,如自闭、忧郁、躁动、有攻击行为、无法集中注意力、多疑、无法与他人沟通,等等。外向的有纪律问题,内向的不违反纪律。学习成绩多数不好。品德方面并无劣迹,有些问题貌似品德问题,仔细分析却不是。

(4)品德型(品德问题)。此类孩子的主要问题在品德方面,如欺负同学、劫钱、小偷小摸、与社会上不三不四的人有联系、离家出走、不孝敬父母等。他们多数学习成绩不好,不守纪律。这类学生多是"边缘生",往往一只脚在学校,另一只脚在社会。

---

① 王晓春.问题学生诊疗手册[M].上海:华东师范大学出版社,2006:4-5.

（5）"好学生"型。在学校一般是公认的好学生，各方面都不错，问题处于隐蔽状态，常见问题有：双重人格、自我"消失"、自我中心、虚荣心、抗挫折能力极差。这种孩子有时会突然惹出大事，如出走、犯罪、自杀等。

但是在实际生活中，问题学生往往是混合或交叉的。

案例欣赏 2-8-1

历 苦 知 甜

　　交接班的时候，卢老师特别提醒我让我要注意吴圣这名同学，她向我历数了吴圣的种种学习上的不良表现。"你对他要凶一点，这家伙吃硬不吃软。"卢老师摸着圆滚滚的肚子说。"这个你放心，我至少不会让他变得更差的。你回家安心地养孩子去吧，一定要保持心情舒畅哦，这边的事情就不用记挂了。"我开起玩笑来，"我告诉你一招，让他爸爸每天跟你肚子里的孩子交流沟通两个小时，这个很重要。"卢老师笑起来："这还用你教啊？我们早这么做了！"我有点吃惊，原以为是独门暗器呢，没想到尽人皆知。

　　接手班级之后，我萧规曹随，对班级原有的规章制度没做什么大的改动，只是找几名班干部谈了话，了解了一下班级的情况。然后，我就特别注意起吴圣来。吴圣脸方方的，浓眉大眼，还有一对招风耳，样子看起来像有福之人。我把他叫到办公室，我坐在椅子上，他站在我的面前。吴圣似乎有点紧张，但东张西望的样子又显得有些不以为然。"什么事啊，老师？"吴圣试探着问道。"我听说你表现不大好啊？"我开门见山。"啊？"吴圣一幅很吃惊的样子，他皱着眉问，"谁说的？""谁说的！"我冷笑一声，"他们说你喜欢抵赖，果然如此！我问你，以前有过作业不交吧？语文默写是不是经常不及格？平时测验有没有过作弊？有没有？"听到我把卢老师告诉我的情况一一讲出来，吴圣有点泄气。也许是看见我像是生气的样子，也许是我说中了他的要害，他站得笔直，两片嘴唇也抿得紧紧的。"没话说了，是吧？我再问你，你这个头发怎么是卷的，你烫发了是吧？你一个男同学还烫发，不学好……""老师我没有！"吴圣打断我的话，"我头发天生就是卷的。"我的脸色缓和下来，"是吗？"我问。"是的"，吴圣大声地说，"老师你不信可以去问同学"。"好吧，"我总结道，"不过你那些坏习惯还是要改，作业不许不交，考试不允许作弊，知道了吗？""知道了。"吴圣点点头，转身退了出去。

　　我其实也就是试探一下吴圣而已。他的头发天生是卷的我也知道。我就是想看看我冤枉他时他是什么反应。此外，也算是给他一个小小的警告吧。我对吴圣没有恶感，事实上，还有点喜欢他。这小子相当机灵，他会揣摩老师的心思。自从我找他谈过一次话之后，他在我们面前就非常老实，作业基本都是按时交的，也没有什么其他方面的违纪行为。

　　我发现吴圣其实很聪明，所谓聪明就是有自己的见解，有自己的判断，不是我说什么他就信什么。他的思路常常和教科书上的不一样，上课也特别投入，特别积极，经常举手发言。班级里思维活跃、愿意举手发言的学生并不多，我没有理由不喜欢吴圣。

如果不谈学习，吴圣其实是一个非常纯朴的孩子，很重感情，非常热心，愿意帮助别人，同学之间关系也非常好。我十分喜欢他这一点，吴圣大概也看出我对他的喜爱了，因此，在我的面前，他逐渐表现得自由自在起来。

吴圣以前作业不能及时完成的原因之一就是晚自习时喜欢和同学讲话，而且还要坐到喜欢和他讲话的同学旁边。针对他的这一行为，我在班级里宣布晚自习时不许换座位。一天上晚自习时，教室里安安静静的，我坐在前面的讲台上伏案备课，吴圣突然慢慢地走到我的面前，小声地问道："老师，晚自习可不可以换座位？"我抬起头，一看是他，马上斩钉截铁地说："不可以。"我以为吴圣会接着说些什么，但是他只是如同恍然大悟一般地"哦"了一声，然后慢慢地转过身，慢慢地走回去，动作极其机械，像机器人一样。我低下头打算继续写东西，突然觉得不对劲。心念一动，我马上明白到吴圣的心思了。我放眼全班一看，果然，班级里一名表现不太好的学生胡杰跟别人换了座位，正坐在那儿听耳机呢。我看了一眼吴圣，他也正看着我，瞧见我看他，马上低下头把笔拿起来开始写作业。我心想，好小子，你倒是阴险着呢。可是我已没有退路，只得走到胡杰面前，喝令他把座位换回去，并且不许他继续听音乐。

对于吴圣的这种小计谋，我没有反感，相反，心底里还是蛮欣赏的。我想，这样的孩子，脑子活络，学习上稍微差一点，也没关系。而且，通过观察，我发现，吴圣对学习还是有一定的兴趣，对于一些难题，他还是愿意去钻研的。因此，有时候，英语老师和语文老师说起吴圣背书、背单词比较慢，我也只是轻轻提醒一下他。我想：对一个孩子不能要求太高，先让他数学有所突破，再带动其他学科嘛。

期中考试的前一天，要举行英语的词汇考试。这天，英语老师告诉我，她已经把词汇表都发下去了，并且模拟考了几次，大部分人都很好，但是有几个人还是不及格，而第二天就要正式考试了。"是哪几个人？"我说，"你把名单给我，今天晚上是我负责晚自习，我亲自来督促他们背默。"晚自习开始的时候，我特意关照这几个人当天一定要到我这儿来过关，不过关别想回去睡觉。我特意走到吴圣桌前，提醒他，"好好背，英语老师说你最差了！"晚自习快结束的时候，其他几个人都陆续到我这里来背过，也都过关了，唯独吴圣没有来。我问吴圣："你背好了没有？"吴圣抬起头，有气无力地说："快了。"

晚自习结束之后，我把吴圣带到了办公室里。令我十分震惊的是，经过这么长时间的复习，他居然五个单词只能背出一个。我有点着急，大声地对他说："其实英语单词也很容易背的呀，只要会读，根据音节很自然就能把它拼出来了。来，你把木匠这个词读一下。"出乎我意料的事情发生了，吴圣张了张嘴，居然读不出来。我连忙又让他读其他几个单词，不是不会读，就是读错。我大怒："你……你这半学期都在学什么？啊？"吴圣像一条死鱼一样笔直地坐在那里，脸色凝重，一句话也不说。想到明天就要考试了，而他居然是这种状态，看来我今天得陪他到很晚，而我本来还有事……我气得发昏，抬起脚，恨不得踹他一下，最终还是克制住了自己，只是踹到了旁边的一把椅子。吴圣吓得一哆嗦。我咬着牙低声说："今天你就甭想回去睡觉了，你就在这儿背吧，也别用什么方法了，就死记硬背，什么时候背熟了什么时候再回去。我陪你。"

吴圣一直背到夜里11点多。因为生活部的老师也要休息了，她们打电话来，我只能让吴圣回去。吴圣没有完全背出来，而我，也确实累了。我恨恨地对正收拾书本的吴圣说："你等着看好了，明天要是默不及格，你就没好日子过了！"

我开始体会到卢老师那句"他吃硬不吃软"的含义来。英语老师很年轻，没什么经验，相对又比较柔弱一些，而我也太大意了，以至于让这吴圣一个多月没学什么东西居然还神气活现的！吴圣第二天的英语词汇考试不出意料地只考了40多分。他能考这分数已经不错了，我估计至少有30分是昨晚突击的结果。再看到我，吴圣便马上低下头，像士兵看见长官一样两腿并拢，两手贴紧大腿两侧。我怨恨地看着他，有着一肚子的气却没地方撒。

我在办公室里反思。吴圣的智商是不低的，但是非常懒，学习怕吃苦，碰到要背诵的东西就非常头疼，不肯下苦工夫去背。看来这段时间我对他的策略是失误的，不承认不行——实践是检验真理的唯一标准，我有点轻敌了，没想到这小子还有点难"啃"。我决定改变战术。

我把吴圣叫到办公室，向他宣布，以后每次语文和英语学科要背要默的内容都要到我这儿来过关。"告诉你一个好消息，"我抚摸着他的脑袋说，"从今天起，我就是你的秘书了，要做什么事，我会提醒你的。""啊？"吴圣张大了嘴。在他的眼里，我的笑都是不怀好意的。"没办法呀，你老人家记性不好，总是忘事，只好我辛苦了。你的级别不低啊，年级组长给你做秘书。呵呵。"我拍拍他的肩膀。从此每天见到吴圣，我第一件事就是问他，作业做了没有，书背了没有。我这个秘书就像一只苍蝇一样，整天在吴圣的耳边嗡嗡嗡地叫唤。

有时，我在班级里和学生说笑，大家聊得很开心，言谈正欢之时，吴圣乐颠颠地跑过来想插进话题，马上就撞见我转过来的一幅冷冰冰的面孔。我这脸孔本来还是轻松的，但是转过来的时候就变了。"作业做了吧？"我问。"做完了，"吴圣似乎底气挺足。"书背了吗？"我接着问。"今天老师没有布置背诵的内容。"吴圣的回答还有点得意。"那就考一考你以前背过的，"我自有对策，"把书拿过来，老规矩，背错一个字抄一遍。""老师，让我再去看一看。"吴圣赶忙跑回去。有过这么几次乘兴而来、败兴而归的经验之后，吴圣也就只能远远地看着我们说笑了。

吴圣像掉进了冰窖一样，即使在我心情晴朗的时候，我看着吴圣的面孔也是"霜满天"的。吴圣在我这个秘书面前不得不毕恭毕敬、规规矩矩。到后来，吴圣本来正和同学说笑，一看到我进教室，马上停止说笑，装出一幅端庄的样子。

这样过了一段时间，吴圣的成绩有了大幅度的提高，尤其是英语与语文的默写，以前常常是不及格，现在已经消灭红灯，还得过几次满分。为了表现自己，班上的重活像搬水扫地什么的，吴圣常常抢着干。我看到了，也只是面无表情地点一点头，一句话都不说。有一次，我开全校的公开课，吴圣非常积极，他的发言使得听课的老师也情不自禁地点点头。下课之后，对于他的"超水准发挥"，我一句表扬的话都没有。

"我是不是太残忍了？"其间，我这样问自己。有时，看到吴圣可怜的样子，我也生起恻隐之心。但是一想到那晚的情景，一想到如果我现在弦一松，将来就有可能又要陪他背书到晚上11点多钟的痛苦，我就克制住了。我要坚持下去。

就这样，吴圣度过了痛苦的半个学期。期末考试吴圣考得特别好，语文得了78分，其他学科的成绩都在80分以上。吴圣的爸爸打电话来，特别表达了对我的感谢。在电话里，他说，我们家吴圣，别的老师都不怕，就怕你万老师，你说的话比任何人的都管用。你要对他严格一点，我们家吴圣就交给你了。

吴圣的表现让我也欢欣鼓舞，更让我觉得轻松的是，我这个"秘书"的活也快要结束了。享受了这么长时间的特殊待遇，吴圣取得了令人满意的进步，也该让他的心舒展舒展了。我这个秘书，可以卸任了。

新学期一开始，我对吴圣说："上个学期后半段你的表现不错。你知道老师为什么要那样对你吗？你说。""因为我不自觉。"吴圣小声地说。"对了！"我赞扬道，"学习是自己的事情，如果你自觉的话，老师还是会表扬你的。好吧？""好的。我一定努力。"吴圣很振奋地说。

卢老师还有一个月才能来上班，我对吴圣又恢复了和其他人一样的态度。我想，在经历了上个学期的"寒流"之后，他现在应该感觉到格外的温暖吧！事实上，吴圣的表现也确实不错，没有了我每天的督促，他没什么放松的迹象，仍然在延续上学期的那股势头。

开学几周之后，数学课代表的作业情况本里又出现有人作业不交的记录。那天早读课，我到教室里，很生气地冲着那名同学说："刚开学没多长时间，你怎么作业又不交了！作业做好没有？没有，为什么不抓紧时间做？老毛病又犯了！马上补！"

那名学生拿出作业本，正准备做，我提醒他，到前面来，站着做！练习册放在这里。他无奈地走到前面来，犹豫地对我说："这儿太湿了，地方也小，不好写。""哼！"我冷笑一声，"你现在倒讲条件了，胡杰！你现在知道你自己那个桌子更适合做作业了？那你为什么不珍惜呢？今天你一定得在这儿写，你不吃点苦怎么知道平时的甜？你看看人家吴圣，以前也作业不交，也经常考不及格，现在呢？进步多大！每次考试都在80分以上，每次作业都是认真做的！老师现在再也不批评他了。你好好向人家学习学习！"

早读课继续进行，胡杰趴在边缘地只有巴掌大的放饮水器的桌子上补完了作业交给了我。回办公室的路上，我还在回想刚才惩罚胡杰那招，我对自己这个灵感很满意。后面突然跟上来一个人，我一看，是吴圣。他的表情怪怪的，还有点害羞，他以前可从来没有过这种表情。我停下来。"老师，你昨天的作业改了吗？"他的声音有点急切。"还没有呢，怎么了？""我……我能不能把我的作业先拿回来？"看着我疑惑的眼睛，吴圣接着吞吞吐吐地说，"老师，我……我昨天的作业没有……没有认真做，还有几道题是……是空着的。我想拿回去重新做，我一定认真做。做完了明天交给你。"

我措手不及，感觉那一瞬间脑子里各种东西都涌出来，随即一片空白。直到现在我都在想，当时那种场景下，我该如何反应才是最佳。可惜想来想去都无法满意。我的现场版本有点滑稽：我清醒过来之后，首先前后张望一下，看看刚刚被我批评的胡杰有没有在附近，一看没有。我马上把吴圣的肩膀搂过来，轻轻地对吴圣说："好吧，你赶快跟我去拿，不要让其他人看见。""诶！"吴圣答应了一声。我们俩快步地走进了办公室。

案例来源　万玮. 班主任兵法[M]. 上海：华东师范大学出版社，2009：42-47.

案例欣赏 2-8-2

差生韩寒

出道逾十年，名满天下、谤满天下。但如果回到十多年前的起点，韩寒的出场更像是一个笑话。

1998年9月，秋季开学的那天，如果你在上海松江二中的校园里头，刚好路过高一(7)班，就有机会看到这样一幕：

松江二中校门口的韩寒，他曾是这里最出名的差生之一。成名多年之后，正在经历风波的韩寒似乎又回到了当年，他需要更努力、更艰难地证明自己。

一个又黑又瘦、头发蓬乱的高一新生站起来，轮到他向全班作自我介绍："大家好，我叫韩寒。韩是韩寒的韩，寒是韩寒的寒。"底下笑成一团。接着，他又郑重其事地说："从今往后，松江二中写文章的，我称第二，就没有人敢称第一。"

教室里一片欢腾，笑声中有嘲弄的味道。

他的确不像个"写文章的"。来自金山区的少年韩寒，晒得黝黑，像刚从难民营走出来，他入学是以体育特招生的身份，这意味着在这所知名重点中学，韩寒的"地位"相当地不高；这也意味着一整个夏天，他做的唯一一件事就是跟着田径队在炎炎烈日下一圈一圈地跑。

听到韩寒自我介绍的时候，新同桌陆乐，还有隔两排远的沈宏伟也都笑起来，他们不清楚这小子凭什么这么狂；那时候是三好学生的陆乐回忆："一般来说体育特招生成绩都不会好，谁相信他会写'作文'？"

但接下来沈宏伟和陆乐很快就相信了,在短暂的同校时间里韩寒迅速证明了自己。

1. 会写作文,也是会写作文的差生

1998—1999年秋季学期开始了,在陆乐的观察里,这个体育生的懒和不听话很快就露出马脚,他除了上语文课,其他课程几乎从不听讲。他在书桌上码了一大堆书,砌成一道墙来遮挡老师的视线,自己在底下看一些稀奇古怪的书,一本接一本。不看书的时候他就不停地写东西,晚自习的时候他也在不停地写,作业也不做。这看起来完全是人们在学校里经常看到的不听话的差生。

但晚上回到宿舍,他经常和同学聊起某某作家的某某作品,这是他情绪最高昂的时候,他对睡在对面铺的沈宏伟说:"全世界用汉语写字的人里头,钱钟书是第一,我是第三。"那时候的沈宏伟听得一脸茫然:"钱钟书是谁?"

开学后不久,几次测验考试的成绩很快就下来了,韩寒毫无意外地考得一塌糊涂。可是看起来韩寒并不在乎,只是继续沉到那堆民国作品和历史古籍中。"他的性格总是慢悠悠,不着急,无所谓。后来因为在宿舍不讲卫生连累大家被扣分,有同学建议要把他赶出去,他也不生气,还是乐呵呵的。"沈宏伟说。在韩寒的推荐下,他也开始翻阅《围城》。

在很长时间里韩寒被视做两面:写作上的令人惊喜和传统意义上的坏榜样。新概念作文获奖、《三重门》出版,都难以改变这一点。

金山少年的优点是认真的时候一手字写得非常漂亮,语文老师戴金娜把班级的黑板报交给他去写。同班同学潘超安也是寄宿生,有时韩寒课后或周末写黑板报的时候他也在教室里。他发现别人是抄黑板报,而韩寒却是真的"写"黑板报——手上什么东西也没有,想到什么随手就写上去,居然也是一篇很棒的文章——如果不去理会那些错别字的话。

陆乐也发现,韩寒会写文章并非吹牛,有时候韩寒把一些刚刚写好的文章直接拿给他看,文字妙趣横生,看得他乐不可支。

这种急智和文才其实很早以前就显露出来了,只是刚到松江二中的时候无人知晓。初中时候韩寒刚进罗星中学,写的第一篇作文《我》就被当时的语文老师彭令凤赞赏不已。彭令凤如今已经退休,住在上海市区,她在电话里头说,在教学生涯里从来没见过这么早熟的学生。"初中开始,写作文风就很老练、诙谐,而且他看问题的角度跟同龄人完全不同。"彭令凤发现,闭卷考试的时候其他学生花半小时才能写好的作文,韩寒通常十分钟就写好了,而且接题就做,下笔成文,基本上不做改动。

写作才能几乎是少年韩寒身上唯一值得一提的亮点,他的初中三年实际上过得并不愉快,更多时候他的少年生涯是作为"差生"被其他人见证着——上课走神、不守纪律、不交作业、生活邋遢,有时候甚至连作业本都能不翼而飞。如今老师们自然不再说他"坏话",但是实际上有一段时间,作为一种惩罚,少年韩寒被老师单独拎出来,一个人坐在讲台边上,背后是整个班众目睽睽的目光。

韩寒的父亲韩仁均为了照顾他读书,把家从亭林镇搬到了离罗星中学较近的朱泾镇,他母亲每天在朱泾和亭林之间挤公交车来回奔波。

这对父子有十分亲昵的一面,在一张老照片里,儿子捏着父亲的脸,两人笑得脸上只剩两排白牙。从初中开始,由于学业的问题,韩寒和家人的关系逐渐显露出紧张的一面,有一次因为韩寒没交作业,韩寒的父亲韩仁均被老师喊到办公室,父亲对着儿子就是一顿拳打脚踢。

2. 灰头土脸与招人喜爱

松江二中的宿舍生涯让"问题少年"韩寒有机会更放肆地看书和写作——起码不用像在老家,考砸了的时候,他在前面逃跑,韩仁均在后面追,邻居在后头拉。

宿舍是两室一厅,报到当天,沈宏伟在宿舍里第一次见到韩寒。那时候韩寒的母亲在帮他整理床铺,像所有不厌其烦的母亲一样絮絮叨叨地交代学习和生活方面要注意的地方,韩寒在一边默不作声。

后来在《那些人那些事》里面,韩寒提到了对松江二中寄宿生活的无比神往。对别的孩子来说可能面临着生活的不适,对韩寒来说倒更像是一种自由和解脱。

在一份韩寒向韩仁均索要的书单里,可以看到,那个年纪的韩寒已经在翻阅绝大多数成年人不会去看的书,书单上包括《榆下说书》、《西溪丛语》、《分世余话》、《东坡志林》、《芦浦笔记》……韩寒准备了一个小本子,专门用来摘抄读到的各种精彩段落,经常刻意用到文章里头炫耀学识。

寄宿生活起码有一点与少年韩寒的期待相符,松江二中这个学校在当时的确有着很多内地学校不及的开明气氛,这是一所诞生于1904年的老学校,初次到这里参观的人会以为走进了一个古香古色的大学,图书馆的外墙是条纹细腻的红砖,校门出人意料的是一座始建于千年前的古城门。

松江二中的老师们组织学生开办文学社、戏剧社、诗歌社,当时的文学社指导老师是邱剑云。他如今年纪已经很大,退而不休,时常还在学校帮忙,戴顶圆帽,头发贴着脑门,说话沉稳,是一位敦厚的长者。和记者见面时,他站在松江二中那个古城门做的校门下,像是民国人物穿越而来。

和同学们一开始看到的那个学习糟糕的体育生韩寒完全不同,1998年邱剑云第一次读到高一新生韩寒的文章,看到的是那个成熟老练的睿智少年。前一个韩寒灰头土脸、狼狈不堪,后一个韩寒才华横溢、招人喜爱。

韩寒进入松江二中不久,买了一本邱剑云写的新书,三天后他读完那40多万字,对人说:"这本书还可以,将来我会比邱老师写得好。"这话后来传到邱剑云的耳朵里,他感到十分高兴,锐气十足的少年在那个时代已经不多见了。

当时进入文学社并不容易,整个学校社员只有24名,需要先自己报名,再经班级语文老师推荐,最后参加考试,通过之后再由邱剑云亲笔写通知吸纳入社。韩寒由于功课成绩严重不平衡,并没有获得老师推荐,他自己又去找到了邱剑云要求参加,邱剑云最终答应韩寒来参加考试,之后给了他一个"特殊编外社员"的身份。

韩寒给文学社写了不少文章,现在找得到的有两篇,一篇是《戏说老鼠》,一篇是《三轮车》,后来都被邱剑云收录到一本松江二中学生优秀作文集锦里,书名叫《山阴道上》,由上海三联书店出版。

少年韩寒对钱钟书的崇拜在这两篇文章里到处可见,《三轮车》开篇第一句就是"我有个和钱钟书先生一样的毛病"。《戏说老鼠》里面则学着钱钟书"吊了很多书袋",引用了《诗经》、《三国志》、《史记》、《挥尘新谈》……这两篇文章也深得高一(7)班班主任、语文老师戴金娜的赞赏,她给的评语是:"老练辛辣"、"见微知著"。

当时的韩寒还去参加了诗歌社的课程,指导老师是吕玉萍。她对韩寒的才华印象极深,有一次诗歌课上大家写诗,韩寒很快写了一首,横着读意思庄重,竖着读却是恶搞。

1998年12月的一天晚上,教室的电视机里播放《新闻联播》,一则消息说钱钟书去世了,正在教室里晚自习的韩寒突然激动地站起来,走到电视机前,他盯着电视机良久,转身对班上的同学说,以后这个世界上写文章,他就是第二了,排他前头就剩个李敖。

这一次,教室里没人笑。

案例来源　陈鸣.差生韩寒.南方周末,2012-02-17[2012-06-06]. http://www.infzm.com/content/70247.

案例欣赏 2-8-3

苏光咬人

1. 咬人事件

周四早晨,班长谭豪对我说,早晨发生了一件性质比较恶劣的伤人事件:苏光先是打了安靖,然后又把安靖的手臂咬伤了。

这自然不是小事!

先查看安靖的伤势。他的左手臂上,有一团乒乓球大的乌青疙瘩,乌青的皮肤里层渗着血迹,表皮多处破裂,能明显地看到牙印。

对同班同学,苏光竟然如此对待,这是为什么?更何况我还在班上下了死命令:不准与本班同学斗殴!他为何要置我的硬性规定于不顾呢?

我叫来两个孩子当面询问事情的端由。苏光说,周三晚上,宿舍里有人说话,安靖出面管理,点了他的名字。令苏光不满的是,又不是他一个人说话,安靖凭什么只点他的名字。

我说:"安靖是生活委员,负责就餐就寝的纪律,寝室里有人说话,他该不该管?退一步说,安靖就算不是班委干部,大家说话,影响了他的休息,他有没有权利制止?"

苏光无话可说,但昂着头,很不服气。

"那么,安靖手臂上的咬伤是怎么回事?"我厉声问道,"今天早晨,安靖招你没,惹你没?"苏光摇头。

"安靖,你先说说今天早晨的事实真相。"我转脸对安靖说。

安靖委屈地说:"今天早晨,他突然跑过来打我,打了之后,就拉着我手臂咬。"我一脸严肃,扫视着两个孩子,问道:"事情就这么简单?除了昨晚的铺垫,今天早晨连过渡都没有,事情就发生了?"两个孩子同时点头。

这么说来,这件事的责任完全在苏光。于是,我气咻咻地厉声斥责道,"亏你还是律师的儿子!你竟然把自己变成了狗!如此低素质,你爸爸是怎么教的?就算他是律师,我也要找他论论理……"苏光泪眼婆娑,低声下气地说:"不要。"

一直以来,我是最反对暴力的,但是,我为何要如此厉颜疾色责骂他呢?

其一,苏光的暴力行为越来越严重,单这学期以来,就与班上八个同学有肢体上的冲撞,与有些同学还冲撞了好几次,而冲撞的起因往往都是苏光造成的。

其二,苏光咬伤安靖,如果安靖回家乱说一通,事情会闹得更大,到时两方家长或许会纠缠不休,所以,必须要息平安靖心里的气。

其三,安靖是班委干部,实施管理之后遭到报复,如果我不主持公道,今后班委干部对班里的不良现象还敢管吗?

其四,苏光这学期与同学多次发生肢体冲撞,每一次我都给他讲道理,但事实上苏光没有多少改变。在所有劝告无效的情况下,当头棒喝或许能有一点效果。

凤凰浴火之后可以重生,那么,我是否也可以置苏光于"死地"而让其重生呢?我知道苏光是最爱面子的,所以,对芝麻小事,我根本不提,小心翼翼地呵护着他那张单薄的面子。但是,这一次,我要把他的面子摘下来,当众粉碎,然后再捡起来,帮他慢慢修复。

于是我整了整脸色,凝重地走进教室,说:"部分同学或许已经知道了,苏光因为昨晚安靖要求他不要说话了,怀恨在心,今天早晨,趁安靖不注意,跑过去就打,然后又咬,安靖好好的手臂,被他咬破了,牙印犹在,血痕未消。而我,狠狠地责骂了苏光,甚至批评了苏光的爸爸。事后,我会向苏光的爸爸陈述这件事。大家心里或许会有疑问,为何这学期苏光与那么多同学发生肢体冲撞,我却始终都没处置他呢?那是因为我一直都把苏光当做读书人!我第一次碰到他的时候,他正在读《狼图腾》,之后,他又读了很多的书,我想,一个喜欢读书的孩子,很多道理是不需要我讲的。可是,苏光这一学期的举动让我很失望,他经常主动滋事,常常以两败俱伤告终。今天,一个读书人,不仅打了本班的同学,还拉着人家手臂咬,什么才会作出咬的动作?"

下面的孩子马上议论开了,纷纷说:"只有狗才会咬人!"还有不少孩子说:"你打就打吧,干吗咬人呢?"

"对啊,一个读书人,竟然咬人,这是多么可悲的事情啊!所以,我今天要骂苏光,就是要把他骂醒,让他记住自己是一个读书人!现在,苏光!给安靖赔礼道歉去!"我的语气没有丝毫的柔软。

苏光自觉理亏,没做任何反抗,赶紧从座位上起来走到安靖处,鞠躬向安靖说对不起。我趁势说:"还好安靖宽宏大量,要是遇到某些唯恐天下不乱的孩子,早已经打电话把家长叫来了。还记得上次贾亮与几个同学打二班郑某的事情吧,这里巴掌刚落,那里家长就赶到了。家长不管三七二十一,马上把孩子送到医院做CT检查,贾亮只是摸了一下郑某的脸,就赔了一百多块,还挨了学校处分。"我脸色舒缓过来了,笑着说:"不过,我相信安靖的家长不是这样的人,他的妈妈是搞教育的,很懂道理,而安靖也宽宏大量,绝不会回家乱说的,大家说,是吗?"孩子们纷纷赞同,而安靖也羞涩地说道,不会的。

我之所以要这样说,也是要防患着刁蛮家长来学校生事。

苏光的事情没完,他的问题还没得到根本性的解决。

2. 诊病及初步疗法

苏光的暴力倾向为何越来越严重了呢?我该怎么来缓减或者消除这样的倾向呢?如果苏光每次惹是生非之后,我要么是省略,要么是劝解,要么是怄气,要么是批评,那么,我想苏光的问题永远都得不到解决,而他的心理压力将会越来越大(每次矛盾升级之后苏光都会很后悔)。因此,最科学、最正确的方法还是走进苏光的内心,找到真相,对症下药。

首先,我询问了苏光的小学同学。他的同学说,他小学时就特别喜欢招惹别人,每每把别人弄得火冒三丈,而最终吃亏的又是他自己。因为这个原因,他经常挨老师的批评,甚至还要挨打,可他始终改不了。

这么说来,苏光的暴力倾向由来已久。只是在这学期表现得更加突出而已。

随后,我给苏光写了张小纸条,算做是投石问路。

小纸条内容:

(1)你在攻击(语言和肢体)别人之后,心里有一种什么感受?

(2)在你的记忆中,你最早能记得的是哪一件事?

(3)你在什么情况下最容易攻击别人?

(4)你有没有想过你的这种攻击性行为会造成什么后果?

早晨,我问苏光,"小纸条上的问题回答了吗?"苏光摇摇头,随后又说:"你想得太多了。"看来苏光对我还有戒备。于是我只得迂回一枪,说,"苏光,周日你爸爸说你什么没?"苏光摇头。"那么,你知道昨晚安靖的父亲来学校了吗?"苏光点头。"这就对了,你父亲没说什么,是因为我没对他说你咬人的事情,真要说了,不说挨一顿毒打,至少要挨一顿臭骂。而安靖的父亲之所以没有找你,是因为我那天的两巴掌。因为,安靖的父亲找了我,告诉我,安靖回去对他父亲说,他和你玩,你不小心咬着他了。安靖的父亲不责怪你,但他要我转告你,今后再也不要咬人了,因为人的口腔有毒。现在明白我为什么要当着安靖的面掴你两掌了吧?"苏光点头。

我看苏光面色和缓了很多,语重心长地说:"老师只是想帮你,如果找不到事情的真相,你我只有堕入犯错、责备、再犯错、再责备的怪圈中,小学没有把问题解决,遗留到了初中,如果初中还不能解决这个问题,那么我问你,高中你怎么与同学相处?一言不合,岂不是要升级到动刀?你爸爸是律师,到时由他来给你辩护吗?残忍不残忍?"

苏光不做声,但面色凝重。我担忧地说:"你很压抑,你也不快乐,你之所以无法控制自己的暴力倾向,是因为你想释放。"

苏光有点吃惊,望着我,随即又点点头。然后,耸了一下鼻子,像是下定决心似的说:"因为家里的问题。"

"是你爸爸对你太严了? 限制了你的自由?"我问。

"不是,我爸爸对我都是讲道理,只是在花钱和交友方面比较严格。周末可以出去玩,但要带上手机,到哪里都要给他打电话。犯严重错误时也会打我,但打了之后会沟通。"苏光流畅地说道,"我和我妈妈相处不太好。"

"你和你妈妈不是很好吗?"我惊奇地问。

"是很好,只是我们的性格不一样,我觉得好的,她觉得不好;她觉得好的,我又觉得不好……"苏光的话匣子终于打开了,我不反驳,只是静静地听着。原来,这个孩子心里装着这么多的烦恼,我们都不知道。

不过,我还有个疑问,苏光所说是不是百分之百的属实呢? 只听一面之词会不会冤枉苏光的妈妈呢? 与孩子打交道十多年,我也知道孩子会扩大自己的痛苦,夸大自己的伤口。

我先给苏光制订了一系列改造计划。

(1) 转移法。主要通过体育运动来发泄情绪,转移注意力。苏光说,他不会打篮球,我马上说让我儿子教他打篮球。他想了想,说,干脆还是打乒乓球吧。我笑着说,何种运动不重要,重要的是要出去运动,把心里的怨恨和烦恼通过汗水宣泄出来。

(2) 读书法。读书可以使自己变得安静和深刻,心态慢慢会变好的。苏光说,他爸爸都不爱给他买书,说买了书又不读。其实,苏光的爸爸是冤枉苏光了,苏光是一个极爱读书的孩子。我说,"这很好办,没书读,是吧,我可以给你提供。"

苏光说,他很想读有关青少人如何做人的书。我说,好啊,正好我儿子有一本《青少年适应社会的健康心态》。

(3) 写日记法。把心中的不满,心中的烦恼,书写在日记本上。苏光随口道:"要是被别人看见了怎么办?"我笑着出主意:"很好办啊,写完之后,粉碎,然后丢弃在垃圾里,谁会捡起那些碎纸片来看呢?"

(4) 曲线救国法。我这个老师既然不好干预苏光家的家事。但我可以与苏光的姐姐交流,让他姐姐出面跟他父亲沟通,这样的效果比我出面更好。于是,我向苏光要了其姐姐的QQ号码,但愿他这个研究生姐姐能帮到他的忙。

(5) 提醒暗示法。这是我与苏光约定的。每天,我负责暗示他,而班长看见他心情不好,或者情绪失控时要及时提醒他,以避免事故升级。

(6) 奖励法。如果连续三天没招惹是非,就在全班表扬;如果一周没有招惹是非,得五星一枚;如果连续两周没有招惹是非,我送他一本书。

苏光听我给他制订的改造计划,听得直乐,向我保证,下定决心从此洗心革面。

我不知道我的计划会不会令苏光来个大转弯,但我至少相信,我找到了苏光的病根,并且他愿意接受治疗了,这就是进步,这就是希望!

3. 换一种心态,获得的就是另一种人生

终于联系上了苏光的姐姐。

我先把前两天的日记发给苏光的姐姐看。她回复说:"看了两遍,心情很沉重,苏光所说基本属实,但言辞过于偏激。其实我爸爸也知道,只是有时没法用理性的办法解决。"这么说来,苏光的确有伤口,但他的伤口没有愈合,相反,他在不断地撕裂自己的伤口给别人看。

苏光的姐姐还告诉我,说:"苏光小时候特别得宠,妈妈宠他,爸爸加倍宠他,还有我这个姐姐长期地无限关爱他。"原来苏光小时候集一家人的宠爱于一身,他过的是众星捧月的日子。现在,要他去捧另外一个女孩子,他怎么受得了呢?苏光的姐姐还说:"苏光从小就比同龄小孩多愁善感,很容易钻牛角尖,经常说些自暴自弃的话让大家心疼他。"

我阅读着苏光姐姐打过来的文字,心里不免叹息,同时也庆幸我自己没有主观臆断。

怎么做呢?除了上一周给他量身打造的改造计划照样执行外,我想,更多的是要制造机会调整苏光的心态了。

第一,告诉苏光,做一个发自内心快乐的孩子。怎样才能让苏光快乐呢?我想,这个答案该由苏光来回答我。

第二,告诉苏光,不论是谁,当面对比自己小的小孩子,能让就让吧。没有缘分是成不了兄妹的,既然有个现成的妹妹来关爱,这是多么幸福的事情啊!

第三，明确告诉苏光，想要以前的那种爱是不可能了。就算是亲生母亲也不可能在孩子大了之后还百般宠爱，而是要理性、长远地爱。

第四，告诉苏光不要期望后妈跟自己的亲妈一样。就算后妈做到跟亲妈一样，孩子也未必承认。所以，只要后妈尽职尽责就可以了，就算有些小偏心也应当视为正常。

第五，告诉苏光，"融四岁，能让梨"。这说明我国古代就非常讲究兄弟亲和、兄弟相让的。那么，作为兄长，吃穿用度差一些也无所谓。一个懂事明理的孩子，不用父母说都应该主动让着小妹。

这些是我的理论改造，我会慢慢地把这些道理渗透给苏光。但是，孩子是只看眼前的小人儿，他才不爱去管以后的事情呢。因此，我在给苏光奠定理论基础的同时，还得给他介绍一些合适的书籍，或者讲述一些重组家庭彼此谦让的故事，尤其是孩子该如何去接纳后妈的故事。

心态决定命运！可那毕竟是成年人花了代价悟出的道理，孩子怎么懂呢？我们能做的，就是去营造一些氛围或者说创造一些契机，告诉孩子，同样一件事，想的方式不同，做的方法有异，所得结果就不一样。要自己快乐很容易，那就是放过别人，也放过自己。

当然，适当的时候，对苏光的家庭关系再做一些调整，我想，苏光的心态往积极方面调整是没多大问题的。

我还知道一个细节，那就是苏光也黏糊着他的后妈，只是，他单方面地想恢复到以前。要恢复到以前肯定是幻想，就算苏光的亲母在世，也不可能一味地迁就、宠爱他。

不过，我还是很想告诉苏光的爸爸，就算回不到以前，但是家里的人都要注视他、重视他。因为，孩子已经进入青春期了。虽然这样下去苏光也不会变成一个坏孩子，但一定会影响他的学习，影响他的人生观，甚至影响他今后的婚姻观。

案例来源　钟杰.治班有道——班主任智慧手册[M].上海：华东师范大学出版社，2010.

案例欣赏2-8-1"历苦知甜"中的吴圣，有学习问题，也有行为问题，是一种混合体。

案例欣赏2-8-2"差生韩寒"中的韩寒现在是一位名人，上过美国《时代》杂志封面，但他在中学时期则是一个差生（在教育者辞典里，没有"差生"，只有"后进生"或"问题学生"，记者不受这个限制）。韩寒的问题主要是偏科，体育不错，写作很好，但是数学不行。同时，他也不太遵守纪律，不听课，不做作业，只是在教室后面不停地写。韩寒主要是不适应学校生活。

案例欣赏2-8-3"苏光咬人"中的苏光，因为存在心理障碍，所以经常打人，甚至咬人。他属于心理障碍与行为问题混合型。

三、问题生诊疗步骤及方法

问题生诊疗步骤及方法可参照王晓春老师编写的《做一个专业的班主任》一书。

资料链接 2-8-1

问题生诊疗的步骤及方法

1. 鉴定谁是问题生，谁不是问题生

由于心中没有比较明确的问题生定义，班主任就容易把问题生等同于"有问题的学生"，又不注意分析问题的轻重缓急，谁的毛病让我看见谁就是问题生，谁撞到我枪口上谁就是问题生，所以在许多班主任那里，问题生都扩大化了，实际上没有那么多。有的老师把学习成绩排在后面的学生都看成问题生，这更是不对的，问题生虽然多数学习成绩不好，但学习成绩不好并不是问题生的主要标志。比如一个40人的班级，问题生一般是不会超过三四个的。当然，这只是一个很粗略的估计而已。确定问题生不是评选三好生，不可以按比例"推出"，有就是有，没有就是没有，有多少就是多少。

确定谁是问题生，我看最少要观察、研究一个月，主要看用常规教育方式能不能使其有所进步，如果不能，那就可以初步判断为问题生。我主张各学校在本地区专家或校园专家的主持下，每半个学期开一次问题学生鉴定会，由班主任介绍"问题生候选人"的情况，大家鉴定一下，谁确实是问题生，把不是问题生的学生筛出去。

2. 确定谁是问题生之后，鉴定问题程度

确定（当然是初步确定）那些问题生的问题程度，是轻度、中度还是重度，这样班主任就能知道哪些问题生是自己可以成功引导的（轻度和中度的问题生），学校领导也就可以知道哪些学生的问题是需要校方介入帮助的（中度问题生），哪些是需要向社会和专家求援的（重度问题生）。如此一定会减少很多盲目性，有钢使在刀刃上，以提高工作效率。

3. 看问题生对班集体的破坏程度和问题本身的危险程度，以决定工作的轻重缓急

以上的工作主要是做到心中有数，具体工作还在后面。问题生教育，大量的工作还是要靠班主任，而班主任不能孤立地看某个问题生，他要在整级建设的大背景下观察问题生的教育，他必须有全局观念。比如某个问题生问题比较严重，但是对班集体的破坏作用不大，另一个问题生问题不算严重，但是影响他人比较厉害，班主任在权衡轻重缓急之后，就先诊疗后一个同学。再比如，某个心理障碍型问题生对班集体毫无破坏作用，但是面临自杀危险，那就无论如何要先解决他的问题，救人要紧。这里是两个标准：对班集体的破坏程度和问题本身的危险程度。

4. 诊疗的前提是全面了解情况

了解情况时，要注意：横向，要了解学生各方面的表现，千万不要只看他在某一学科的表现，更不可以只看他在班主任面前的表现；纵向，要了解孩子的成长史，比如中学生，就一定要问问他在小学和幼儿园时的表现，更要注意他六岁以前跟谁在一起，并且那时的性格特征是怎样的。

5. 提出假设，初步确诊

了解大量情况之后，对这些材料进行逻辑的思考，就可以提出一些假设，实际上就是猜想，估计这个孩子可能是什么问题。

问题生经常发生的问题有多种，每一种问题（例如上课不注意听讲）产生的原因也有多种。一个优秀教师必须做到这样：一发生问题，他脑子里就像打开一个计算机文件一样，弹出有关这个问题的多种可能原因（假设），一条一条摆在那里。有了这样一个参照文件，教师就可以把眼前的学生和这个文件上的描述一一比对，如果发现有吻合之处，该生可能就属于这一类学生，那么自然也就可以初步确诊了。

确诊时，一定要不停地从各个角度反驳自己的初步结论，使它合乎逻辑，经得起推敲和质疑。

有一个学生常常动手打同学，教师把它归因于父母关系不好，我就对他说："父母关系不好的学生很多，为什么别人没有攻击性，偏偏他有？这里面一定还有其他因素在起作用。"有的老师把学生偏科归因于他对这个学科没有兴趣，我就对他说："学生很难对所有学科都有兴趣，既然如此，为什么有的学生门门都学得不错呢？可见偏科不完全是缺乏兴趣造成的。"这类情况当然属于思维不够严密，但不止如此，还应该承认教师缺乏最基本的科学思维方式——反驳。科学离不开反驳。所谓研讨，所谓论证，其实都是不同意见的互相反驳。

某种问题可能有几种产生的原因，病灶通常在什么地方，这属于班主任基本的专业知识，可惜现在班主任很少有这种系统的专业知识，师范学校也不教。有一次我到医院去看病，见一个年轻的医生手里拿着一本厚厚的《诊断学》在读，我想，为什么我们班主任手里就没有这种专业技术书籍呢？难道班主任专业知识只能靠班主任自己独立摸索吗？这样摸索，一辈子能积累多少经验？等到有点谱，也该退休了。我想这是我们教育科研工作者的失职。

6. 评估家庭教育能起的作用

几乎每个问题生背后都有一个问题家庭，可以说问题生正是问题家庭的合逻辑的"产品"，所以，解决问题生的问题离不开家庭教育指导，这也就是新时期班主任角色必须增加一项"家庭教育指导者"的原因。

7. 拿出诊疗方案

确诊后，一定要有具体的、因人而异、因家庭而异的治疗措施。班主任面对一个具体问题时,一定要注意"这一个"的特点,即使他具备某一类学生的典型特点,符合一般规律,也要根据具体情况做一些微调,大同之外要有小异。总之,在确诊之后,开出的药方最好只适合他一个人和他的特殊家庭。

8. 必须根据治疗效果的反馈来评估自己的诊疗,并随时准备修正之

任何医生都不敢保证自己开的药方绝对准确,他会根据医疗效果的反馈来调整自己的治疗方案,或增减药量,或改动药方,甚至推翻原有结论重新诊断。班主任处理问题生的问题也是这样。采取措施之后,要密切注意学生的动态,观察治疗效果,以便随时调整自己的思路和措施。要特别注意的是,教育与医疗有一个很大的不同,教育收效一般要比医疗慢得多,而且影响教育的因素更复杂,所以,当教育没能很快取得成果的时候,教育者不要轻言失败,要从多个角度仔细研究后再下结论。

资料来源　王晓春. 做一个专业的班主任[M]. 上海:华东师范大学出版社,2008:236-240.

第二节　学习困难学生指导

一、学习困难学生

学习困难学生的主要问题是厌学,不认真听讲,不写作业,学习缺乏主动性和积极性,成绩不佳,或者严重偏科。

在应试教育背景下的中国,学习对学生来说是天大的事,成绩是评价学生的唯一尺度,学习不好的同学往往生活在水深火热之中。学业的失败,必然影响他们的行为和心理。在学习方面存在问题的学生,往往在纪律上也存在问题:既然在学习中找不到满足感,上课听天书,坐不住,就难免在课堂上找乐子;有的早恋,有的迷恋网络,有的干脆辍学。长期处在消极的环境中,一些学生的性格也会发生变化。由于成绩不好,他的内心感到十分自卑,出现常见的心理障碍。自卑又会导致多疑,老师、同学一个举动、一句话都可能伤害他们,把他们推入绝望、封闭的深渊,当然,还有一部分成绩不好的学生,抗挫能力强,能化解周围的压力,适应不利的处境,自得其乐,仍然天真可爱,友好地对待他人,"只要不谈学习,就是好孩子"。公平地说,他们是了不起的孩子。

学习困难是灾难,还能不断地引发新的灾难。下面例举一个悲惨的案例。

小丹,贵州市某中学初二学生。1997年2月20日午夜,趁父母不在家时,他喝"敌敌畏"了结了14岁的生命。请读一读《贵阳都市报》1997年2月28日刊载的他的遗书。

敬爱(的)爸、妈：

我已不存在,请不要悲伤。我很对不起你们,请原谅。

我知道你们把我养这么大很辛苦。但是呢,我又没有报答过你们,我的成绩从来没好过,我也不知道为什么。我也不知道从什么时候起我有想死的念头,我曾经有过几次想死,但是我还是不愿意过早地死去,但是这一次,我已经彻底地绝望,并不为什么原因,而是我已感到,我是一个废物,样样不如别人。而且由于没有交成绩册和补课本,(老师)没有(让我)报到,也没有(发给我)课本。今天我们班上来了个新生,侯老师对他讲:"后面的同学基本上都是差生……"我想,我也被老师列入了差生行列吧,我感到很绝望。下午,我去问老师,星期一交行不行(据同学说,他的假期作业有两道数学题没做,没有通过小组检查),老师说:"不行,今天不交完星期一就不准上课。"我真的绝望了。

我也想过,我一死会给你们带来什么呢？有坏处、有好处,我一死,会给你们精神上加了不少压力,好处是我一死,你们可以节约一大笔钱,你们可以不用愁我的开支,你们可以尽情地游玩,坐飞机、坐火车、坐轮船,而不用为我担心。我死了,也不要传开来。因为会带来别人所讲的闲话,使你们很不好。如果真的很想我,便给我写信,你们尽情地玩乐吧,你们也不要想不开,存折密码是1122(李渊压岁钱的存折)。来生再见。

李渊(小丹)
1997-02-20T 10:17

另加一句话,妈妈不要责怪爸爸,爸爸不要责怪妈妈。记住。

二、学习困难学生成因

上海医科大学青少年卫生教研中心的调查表明,目前中小学生学习困难发生率近20%。在导致儿童学习困难的原因中,真正由于低能和学习无能所致者仅占7%左右,绝大多数学习困难儿童的智商属于正常范围。

(1) 没有养成良好的学习策略。学习策略是指包括学习方法在内的对自己学习过程的监控策略。良好的学习策略是科学有效的学习的保证。研究表明,学习困难学生同优中等学生相比在学习策略上存在显著差异,表明绝大部分困难学生没有形成良好的学习策略,缺乏基本学习能力,不会学习。

(2) 不良的非智力因素。许多学习困难的学生不良的非智力因素明显高于正常发展的学生。他们缺乏自信心,认为自己是个"废物","样样不如别人"。缺乏必要的抗挫折和摆脱不良心境、保持乐观自信的能力,存在着失败者的心态,丧失了学习的自信心与健康积极的学习动力。

(3) 家庭环境也是造成学生学习困难的重要原因之一。俞国良的研究表明,家庭环境中下列因素与学习困难学生有显著关系:家庭结构不完整;父母尚未离婚,但分居;父母长期因病无法照顾;父母工作所在地彼此相隔较远,孩子由父或母一人抚养教育;双职工家庭工作繁忙,对孩子的教育放任不管;家庭完整,但父或母因违法犯罪判刑进狱。俞国良先生分析说,一部分学习不良儿童很可能生活在有缺陷的家庭中,由于无法享受良好的家庭教育,家长与孩子处于不正常的沟通或无法沟通状态,于是沦为学习困难学生或加剧学习困难程度。①

(4)学校教育因素。对某一学科的老师,因为某种原因,产生消极情绪,进而将这种消极情绪弥散到这位老师所教的课程上,"恨其师,而厌其道",由厌恶老师而厌恶老师所教的学科。学校的教育方式方法落后,让一部分学生知识出现断档,给后续的学习带来困难。

三、学习困难学生的转化

1. 相信学习困难学生的潜力,不抛弃,不放弃

学习困难学生并不意味着他们未来没有出息。人才并不只是那些每门功课都平均发展的全优生。某个学生在这一方面缺乏天赋,而在另一方面却可能极具潜能,对这一潜能的充分开发、培养,也能使这位学生成为人才。中外历史上许多体育明星、文艺明星,甚至一些作家,他们中当初有很多是文化成绩学习的不良者。这些人取得了今天的成就,我们能说他们不是人才吗?比如著名经济学家张五常,在中小学记录不佳,成绩不及格,经常逃学。

网上流传一段话讲得非常好,"某学校调进一年轻教师,校长语重心长地对他说:考100分的学生你要对他好,以后他会成为科学家;考80分的学生你要对他好,以后他可能和你做同事;考试不及格的学生你要对他好,以后他会捐钱给学校;中途退学的同学,你也要对他好,他会成为比尔·盖茨或乔布斯。"

无论学生成绩如何,都要关心他,对他好,不抛弃,不放弃。这是困难学生成功转化的基础。

2. 知识、学习信心一起补

学习困难学生,成绩不好只是结果,他们还没有掌握正确的学习策略,不会学习,特别是他们非智力因素也存在问题,缺乏学习信心和动力。两方面一起补,效果最好。有一位老师就是这样做的②。

> 小敏数学成绩不好,讨厌数学,以为天生不是学数学的料。她的妈妈与她的数学老师张老师一道,双管齐下。张老师对小敏进行了个别辅导,在补课的同时,经常与小敏谈心,并不断地鼓励她。小敏对小张老师的信任感不断地增加,有心事也会向老师倾诉,在喜欢数学老师的同时,小敏也

---

① 俞国良.学习不良儿童的家庭环境及其社会性发展的关系[J].心理发展与教育,1997(3),13(1).
② 蒋玉燕.放下掸子教孩子——教师、家长让孩子成才的密码[M].宁波:宁波出版社,2011:70-77.

开始改变对数学的态度。经过几个星期的补习,一学期的知识漏洞几乎都补上了。小敏的妈妈问她:"以前你说'我数学学不会'这句话对吗?"小敏笑笑:"也许是一种错觉吧!"这时小敏对数学的态度已出现了根本性的转变,不再讨厌数学了。

  小敏的妈妈非常感慨地说:"初中时数学补了三年,还不如这次寒假补几周。过去只是单纯地补知识,这次是知识、自信同时补。看来心补才是大补,双补确实有着神奇的功效啊!"

小敏转化的根本原因是什么?心理与知识双补。初中时老师只给小敏补知识,没有关注自信,结果补了几年都没有补上,而知识、自信同时补,仅几个月就出现了奇迹般的改变。鼓励给小敏信心和动力,从而激发学习自觉性,进而取得学习进步(成功),这成功又给小敏带来新的信心和动力……常常经历失败的人非常需要鼓励,外部鼓励可引发内部的鼓励。

  3. 善于发现学习困难学生的优点与闪光点

就一个具体的人来讲,他的潜能优势是不尽相同的,有的优势在形象思维,有的优势则在逻辑思维。从强化和提高学生的优势潜能入手,能够比较快地让学习困难学生享受到成功的喜悦。有个学生文化考试成绩常不及格,时间长了,便产生了自我怀疑,认为自己不是学习的料,失去了学习的信心。但这个学生摄影技术颇佳,只是觉得摄影与学习功课无关,所以从不显露于人。一次集体春游,班主任老师有意让他为全班同学拍照留念,盛情难却,遂一显身手,拍摄相当成功。老师的赞许,同学的羡慕,使他更新了自我认识,做出了积极的评价。班主任因势利导,特意为他介绍一位摄影师进行个别辅导,同时,也使他懂得了搞摄影与学好文化课的关系,伴随着摄影技术的不断长进,这个学生的学习积极性也逐步提高,终于扭转了学习上的败局。这个成功的案例,再次告诉我们,对学习困难学生来讲,我们应该树立正确的人才观,充分利用他们的潜能并让他们有机会展示自己的优势潜能,使之体验到成功的欢乐,获得心理平衡,激发其学习的自信和勇气。

即使是一个从未有过成功体验的困难生,也可以利用积极的自我暗示,来改变对自我的认识。有这样一个故事:第二次世界大战的时候,美国西点军校(美国西点军事学院)从西部招了一批学员,这些西部牛仔身上有许多不良习惯,如不刷牙、不按时就寝、随地吐痰等。这个学校的教育者没有采取强制的措施来改变他们的这种劣性,而是要求他们每周给家人写信汇报学校生活,并要求他们在信中加一句,我养成了刷牙的习惯,按时就寝的习惯,改掉了随地吐痰的坏毛病等。一段时间后,这些原本作风散漫的西部牛仔奇迹般地改掉了他们身上的种种坏毛病,成了纪律严明的优秀士兵。其实,教育者就是利用了积极的自我暗示的方法,来改变那些牛仔的自我认识,达到自我教育的作用。

  4. 因材施教,用足够力度,长期坚持

冰冻三尺,非一日之寒。帮助学习困难学生,绝非易事。

案例欣赏 2-8-1 "历苦知甜"中的吴圣本是一个聪明的学生,却因学习动力不足,不认真听讲,学习经常掉队。他还有一个特点是"吃硬不吃软"。根据他的特点,班主任来了两项硬招:一是当吴圣的"贴身秘书",不断地提醒他做作业,搞学习;二是"冷遇",对吴圣来说,这也是强烈的刺激。班主任意志坚强,硬是让吴圣养成了好习惯,学习赶了上来,吴圣本人和家长都感激教师帮了他们大忙后,措施才停下来。这个案例至少给我们三点启示。

一是学习困难学生的转变,要采用有针对性的办法。万玮老师用的这两招,特别是第二招,是奇招,很少有人想到,他却用得得心应手,取得了成功。方法本无好坏,有针对性、管用就是好办法。

二是学习困难学生的转化要有力度。就像治病一样,药是好药,也对症,但没有足够的量,服药时间达不到,也不一定有好效果。

三是学习困难学生转化需要很大的投入。为了转变这一位学生,万玮老师当了他一个学期的"贴身秘书",花了不少精力和时间。

5. 确定恰当目标,理解和善待学习困难生

教师和学生都要从实际出发比较,不要不切实际地与他人比较,不切实际提出过高的期望。人的发展是有差异的,教师应该从这个角度上去理解进步与不进步,引导学生开展自我竞赛、自我比较,从而感受到超越自己的乐趣,收获成功的体验。

在确定目标时,不要过分强调成绩的进步,而要关注困难学生的精神世界和生活状态。学习成绩是很重要,但在取得成绩的过程中体验成功的快乐更值得教育者关注。让学习困难生过有尊严的、幸福而完整的学校生活是我们追求的目标。

更深层的思考是,学习困难生都需要干预吗?干预对学生的发展都有利吗?

比如案例欣赏 2-8-2 "差生韩寒"中的韩寒:韩寒偏科,就喜欢坐在教室后面不停地写,不做数学作业,也不按语文学习的套路来学习,这种情况应当改变吗?所谓偏科,是因当前中国中考、高考按总分录取学生的规定而产生的问题。究竟是教育制度有缺陷,还是学生有问题?

再比如下面的案例(案例欣赏 2-8-4),家长干预多反而干扰了女儿的生活,让女儿自由发展,甘当中等生,不也很好吗?进而反思:把学生分成所谓的优秀生、中等生、后进生科学吗?有利于学生的健康成长吗?西方一些国家把学生成绩作为隐私加以保护,而中国经常公布各科成绩和总分的排行榜,哪种做法更有利学生的发展?

案例欣赏 2-8-4

家有中等生

女儿的同学都管她叫"23号"。她的班里总共有50个人,而每每考试,女儿都排第23名。久而久之,便有了这个雅号,她也就成了名副其实的中等生。

我们觉得这外号刺耳,女儿却欣然接受。老公发愁地说,一碰到公司活动或者老同学聚会,别人都对自家的"小超人"赞不绝口,他却只能扮深沉。人家的孩子,不仅成绩出类拔萃,而且特长多多,唯有我们家的"23号女生",没有一样值得

炫耀的地方。因此,他一看到娱乐节目里那些才艺非凡的孩子,就羡慕得两眼放光。后来,看到一则九岁孩子上大学的报道,他很受伤地问女儿:"孩子,你怎么就不是个神童呢?"女儿说:"因为你不是神父啊。"老公无言以对,我不禁笑出声来。

中秋节,亲友相聚,坐满了一个宽大的包厢。众人的话题也渐渐转向各家的小儿女,趁着酒兴,要孩子们说说将来要做什么。钢琴家、明星、政界要人……孩子们毫不怯场,连那个四岁半的女孩,也会说将来要做央视的主持人,赢得一阵赞叹。我12岁的女儿,正为身边的小弟弟小妹妹剥蟹剥虾,盛汤揩嘴,忙得不亦乐乎。大家忽然想起,只剩她没说了。在众人的催促下,她认真地回答:"长大了,我的第一志愿是当幼儿园老师,领着孩子们唱歌跳舞、做游戏。"

众人礼貌地表示赞许,紧接着追问她的第二志愿。她大大方方地说:"我想做妈妈,穿着印有叮当猫的围裙,在厨房里做晚餐,然后,给我的孩子讲故事,领着他在阳台上看星星。"亲友愕然,面面相觑,不知道该说些什么。老公的神情极为尴尬。回家后,他叹着气说,"她还真打算将来当个幼儿园老师?咱们难道真的眼睁睁地看着她当中等生?"

其实,我们也动过很多脑筋。为提高她的学习成绩,给她请家教、报辅导班、买各种各样的资料。孩子也蛮懂事,漫画书不看了,剪纸班退出了,周末的懒觉放弃了。像一只疲惫的小鸟,她从一个班赶到另一个班,卷子、练习册,一沓沓地做。可到底是个孩子,身体先扛不住了,得了重感冒。输着液,在病床上,她还坚持写作业,最后引发了肺炎。病好后,孩子的脸小了一圈。可期末考试的成绩,仍然排在让我们哭笑不得的第23名。

后来,我们也曾试过增加营养、物质激励等,几次三番地折腾下来,女儿的小脸越来越苍白,而且一说要考试,她就开始厌食、失眠、冒虚汗,再接着,考出了令我们瞠目结舌的第33名。

我和老公,悄无声息地放弃了轰轰烈烈的揠苗助长活动,恢复了她正常的作息时间,还给她画漫画的权利,允许她继续订《儿童幽默》之类的报刊,家中安稳了很久。我们对女儿是心疼的,可面对她的成绩,又有说不出的困惑。

周末,一些同事结伴郊游。大家各自做了最拿手的菜,带着老公和孩子去野餐。一路上笑语盈盈,这家孩子唱歌,那家孩子表演小品。女儿没什么看家本领,只是开心地不停鼓掌。她不时跑到后面,照看着那些食物:把倾斜的饭盒摆好,把松了的瓶盖拧紧,把流出的菜汁擦净,忙忙碌碌,像个细心的小管家。

野餐的时候,发生了一件意外的事。两个小男孩,一个数学高手,一个英语高手,同时夹住盘里的一块糯米饼,谁也不肯放手,更不愿平分。丰盛的美食,源源不断地摆上来,他们看都不看。大人们又笑又叹,连劝带哄,可怎么都不管用。最后,还是女儿用掷硬币的方法,轻松地打破了这个僵局。

回来的路上堵车,一些孩子焦躁起来。女儿的笑话一个接一个,全车人都被逗乐了。她手底下也没闲着,用装食品的彩色纸盒,剪出许多小动物,引得这些孩子赞叹不已。至下车,每个人都拿到了自己的生肖剪纸。听到孩子们连连道谢,老公禁不住露出了自豪的微笑。

期中考试后,我接到了女儿班主任的电话。首先得知,女儿的成绩仍是中等。不过,他说,有一件奇怪的事想告诉我,他从教30年了,第一次遇见这种事。语文试卷上有一道附加题:你最欣赏班里的哪位同学,请说出理由。除女儿之外,全班同学竟然都写上了你女儿的名字。理由很多:热心助人、守信用、不爱生气、好相处,等等,写得最多的是,乐观幽默。班主任还说,很多同学建议由她来担任班长。他感叹道:"你这个女儿,虽说成绩一般,可为人实在很优秀啊。"

我开玩笑地对女儿说,"你快要成为英雄了。"正在织围巾的女儿歪着头想了想,认真地对我说,"老师曾讲过一句格言:当英雄路过的时候,总要有人坐在路边鼓掌。"她轻轻地说:"妈妈,我不想成为英雄,我想成为坐在路边鼓掌的人。"

我猛地一震,默默地打量着她。她安静地织着绒线,淡粉的线,在竹针上缠缠绕绕,仿佛一寸一寸的光阴,在她手里,吐出星星点点的花蕾。我心里竟是蓦地一暖。那一刻,我忽然被这个不想成为英雄的女孩打动了。这世间,有多少人,年少时渴望成为英雄,最终却成了烟火红尘里的平凡人。如果健康,如果快乐,如果没有违背自己的心意,我们的孩子,又何妨做一个善良的普通人。长大成人后,她一定会成为:贤淑的妻子、温柔的母亲,甚至热心的同事、和善的邻居。

在那些漫长的岁月里,她都能安然地过着自己想要的生活。作为父母,还想为孩子祈求怎样更好的未来呢?

案例来源　刘继荣.家有中等生[J].人生与伴侣(上半月版),2007(7).

当不合理的教育制度未改变之前,班主任如何面对无奈的教育现实?这些都需要我们进一步反思与讨论。

第三节　行为问题学生

所谓行为问题学生,是指那些由于受到家庭、社会、学校等方面不良因素的影响及自身存在的有待改进的因素,导致在思想、心理、行为、学习等方面偏离常态,需要在他人帮助下才能解决问题的学生。

行为问题表现为:学习发展困难、厌学、经常违反班级学校纪律、不按时完成作业或缺交作业、经常顶撞老师、打架、欺负同学、上网成瘾、情绪失控等。

资料链接 2-8-2

顶 撞 老 师

学生顶撞老师是让老师最恼火的事。校园里有很多事情，本来并不严重，但只要学生顶嘴，或者出言不逊，问题就会闹大，有时甚至会弄得不可收拾。

老师们面对这个问题，常见的办法有两个。

第一种办法是把学生压下去，让学生服软，让学生检讨，让学生道歉。老师气消了，问题就算解决了。这种思路的主要特点是"态度挂帅"，也就是说，不论是非曲直，不讲孰因孰果，一把抓住学生的态度不放。这等于说，只要你一和老师顶嘴，你就什么理也没有了，或者即使你还有点道理，也得等到你承认错误后再说。……压服学生的办法，最大隐患是学生很可能口服心不服，甚至可能恨老师，于是就为下一次冲突埋下了伏笔。学生也是人，片面地要求学生让步是不对的，这不平等，也不公正。

第二种办法是要求教师提高修养，打不还手，骂不还口。学生是孩子，教师是大人，要求教师比学生更有修养，更善于制怒，这自然有道理，但是得有个限度。别忘了，教师也是凡人，不是圣人。如果受到人身攻击，他难道就没有权利捍卫自己的尊严吗？作为学校领导，一味迁就学生，片面要求教师忍辱负重，这同样是不平等、不公正的。这样能感动学生吗？经验告诉我们，往往不能。很多问题生看到教师如此好欺负，会更加嚣张，这等于助长歪风邪气。而且长此以往，势必损害教师的心理健康。忍耐呀，忍耐呀，一旦忍耐不住，就会突然爆发。我们见到有些脾气特别好的教师某日突然一反常态，对学生施暴，常常就是这样造成的。也有的教师心里的委屈和怒火长期得不到释放，最后走向崩溃。

可见，上述两种办法都有问题。你会发现这两种办法虽然各走一个极端，但是在一点上是相同的：它们都不问青红皂白，拒绝分析具体情况，而死板地按照一个固定的路子工作。正确的做法是具体分析，是谁的问题就解决谁的问题，这样双方才能都服气。

学生为什么会顶撞老师呢？常见原因如下。

1. 从教师责任角度分析

（1）老师冤枉了学生。很多教师都有一种很不好的习惯，自以为看见了学生的缺点，不问青红皂白，不调查研究，上来就批评制止。有时无中生有，有时张冠李戴，有时主次颠倒（"主犯"逃脱，"从犯"挨批），有时甚至是非颠倒（做了好事反挨训）。

（2）老师不公平。教师处理事情不能一碗水端平，胆大的当时就要反抗；胆小的不说话，但是心中有数，聚集起来，总有一天要爆发。注意，有些不公平是非常明显的，有些不公平则是教师自己都很难意识到的。比如好学生答错一道题，教师表示遗憾，而差生答错同样一道题，教师就会生气，这叫做习惯性不公平。教师应该经常反思各种不公平，尽量减少它。

(3) 老师提出了学生做不到的任务。比如教师留的作业让多数学生做到夜里 11 点才能睡觉,这会使学生非常焦虑。当然,多数人敢怒不敢言,然而也可能有敢怒敢言者,他们就会顶撞老师。

(4) 老师讽刺、挖苦学生,伤了学生自尊。这也是学生顶撞老师的常见原因之一。有些老师自己非常爱面子,却不给学生留一点面子,说话非常尖刻,几乎让学生无地自容。他们还因此感到得意,因为这样确实可以使很多学生害怕老师。其实,这是一种语言暴力,很不文明。教师当然有权批评学生,但是不能侮辱学生人格,正像学生不可以侮辱教师的人格一样。教师应该注意,用损人(讽刺、挖苦人)的办法控制学生不是正路,也不是真本领,而且早晚有一天,碰到个性强、胆子大的学生,会以其人之道还治其人之身,那时候教师会大丢面子的。有些学生背后骂老师骂得很难听,当面却装得老实,可能就是遇到了这类老师。

(5) 老师要请家长。经验告诉我们,有些学生你怎么批评他都能忍受,但只要一谈到请他的家长,他就好像失去了理智,跟老师大吵大闹。为什么?可能孩子的家长是暴力型的,学校只要一请家长,家长就会不由分说痛打孩子。对孩子来说,这是很可怕的事情,他一定要拼命改变老师的决定。还有一种可能是,这是一个孝顺孩子,非常心疼家长,在他看来,学校请家长,等于往家长心上捅刀子,他当然也要拼命抵抗。还有一种可能是,家长刚刚承诺要给他买一件他向往已久的东西(例如名牌自行车、优质手机,答应带他出国旅游等),一旦教师向家长告状,家长会以收回成命作为惩罚,他的希望必然落空。在这种情况下,让孩子保持理智是很困难的,他会急疯的。

(6) 学生提出不同意见,教师误以为是顶撞。这种情况不少。老师讲课文,提到某种看法,学生却拿出反对的意见;考试卷子判分学生有异议;教师要组织某个活动,有学生不赞成,等等。学生并没有对老师无礼,只是提出了不同的看法,这属于学术问题或者技术问题,只能用研讨的办法解决,而研讨时师生是平等的。有些老师心胸狭窄,或者满脑子师道尊严,以为学生只要敢说半个"不"字,就是不尊重老师,于是抛开学术问题不谈,全力攻击学生的态度,说学生骄傲自满,个人第一,没有集体观念等。这叫做运用行政手段扣道德帽子解决学术问题,是很错误、很落后的办法。

2. 从学生责任角度分析

以上是从教师责任的角度对学生顶撞老师原因进行的分析,下面我们进一步从学生责任角度做分析。有许多时候,教师的言行并没有什么失误,可是学生仍然顶撞老师,那就需要重点从学生身上找原因了。然而找到原因之后,也还是需要教师做工作,才能解决问题。

(1) 学生心情不好,迁怒于老师。现在的孩子往往任性(这与独生子女被娇惯有关),有了不愉快的事情就要发脾气,胆子小的向妈妈发,胆子大一点的就可能在失控的时候对老师出言不逊。古人把这叫做迁怒。如果师生之间关系一直不错,没有什么过节,老师又没说错什么话,学生还顶撞老师,那可能就是这种情况。处理的方法是:你发火我不发火。可以对他说:"我知道你不是冲我来的。你先平静一下,好不好?"他平静下来就会向老师道歉的。然后,教师可以教给他一些制怒的办法,以避免他下次发火。遇到这种事,教师千万不要以为学生是跟自己过不去,冲上去迎战,那就正好撞在学生枪口上了,成了自觉自愿的出气筒。孩子毕竟是孩子,他可以乱来,到时候只要认错,你就只能原谅他,但是教师被他气个半死,就太不值了。

(2) 学生想压住老师,好为所欲为。这就是所谓"给老师一个下马威"。一个乱班,换了一位新老师,新老师看起来比较和气,或者比较年轻,捣蛋鬼们就可能故意顶撞老师,给老师好看,让老师不敢管他们,他们好为所欲为。遇到这种情况,教师首先要注意自己的言行,不要被学生抓住任何把柄,然后采用软硬兼施的办法,把捣乱分子的气焰打下去或者冷却下来。

(3) 学生想表现自我。这种学生顶撞老师,主要是为了自己出风头,引起他人注意。你观察他的表情,如果他顶撞老师之后,脸上透出一丝得意,或者眼睛不时察看周围的反应,那可能就是这种情况。他出风头给谁看呢?有的是给哥们看的,意思是说:"怎么样?我敢顶老师!"也有的是给异性看的,早恋状态下的学生有可能用这种方式向对方显示自己的"实力"。这种学生,你若戳穿他的目的,一般他就会有所收敛。当然,只要他不过于猖狂,就不要当众戳穿,个别谈一谈为好,给他留点面子。这种事当众说破,小心他恼羞成怒。

(4) 和老师套近乎。说来有趣,有些同学气老师正是因为他喜欢这个老师。你老不注意他,他心中恼火,于是成心和你对着干,来吸引你的眼球。鉴别这种孩子的办法是,如果你发现一个学生总是注视你的一举一动,可是你看他的时候他却躲开你的目光,那可能就是这种情况。这有点类似撒娇。对这种孩子,要适当亲近,同时又保持一定距离。

(5) 学生对教师业务水平有看法。如果学生总是挑老师的错,那很可能他对老师的教育教学水平看不上。这种孩子多数都自视甚高,或者对前任老师十分崇拜,或者有一位目空一切的家长。这种学生也不可压服,可以诚恳地向他征求意见,说得对的要采纳,说得不对的也不要迁就。平等对话是解决这种问题的最佳方案。

(6) 学生缺乏教养。这种学生说话好像很少有陈述句,不是反问句,就是感叹句,口气都是戗茬的,似乎跟谁都逆反,见谁都满脑门子官司。你接触他的家长就会发现,家长说话也是这样的口气。家长缺乏教养,孩子自然很难有教养。在一般人看来很失礼的语言,在他们家里属于日常用语,他习惯了。对于这种孩子不要和他较劲,不要和他一般见识,也不要企图通过几次教育就改变他,多年形成的习惯比教育更有力。但是如果他过于放肆,要找机会给他点颜色,让他知道,此处不是你们家,此处是文明之地,此处不可撒野。

以上我们谈了学生顶撞老师的12种原因，下面我们从别的角度做点分析。

当教师被学生顶撞的时候，要保持冷静的头脑，首先鉴别一下，这种顶撞是临时发作的，还是蓄谋已久的；是单纯个人行为还是有背景的；主要责任在教师自己还是在学生。

总的说来，学生顶撞老师临时发作的几率比较大，蓄谋已久的比较少，后者多是中学生。上中学的孩子毕竟年龄稍大一些，如果事先对老师没有成见，率性顶撞老师的可能性要小一些。

临时顶撞和蓄谋顶撞怎样区别呢？看学生表情。临时的顶撞是突然的愤怒造成的，他可能涨红着脸，一副不满、委屈的样子，还夹杂一些恐惧（小学生尤其如此，有的孩子竟然是越害怕你处理他，越跟你顶嘴，此之谓外强中干），说话甚至会结结巴巴，语无伦次，答非所问，这是一种类似失控的状态。蓄谋的顶撞则不然，因为他早有准备，可以看得出他的表情相对要镇定，而且回答教师的问题会比较从容，脸上有时还会写着挑衅和得意。

对待学生突然的顶撞，如果教师确实有理，教师辩驳能力又比较强，给他两句他就不言语了。比如学生问道："我干吗非得听你的？"这也是一种顶撞，教师可以回答说："因为国家委派我来教育你，你的父母授权学校教育你，所以我说的话，只要正确，你就要执行。对不起，此事没有商量。"如果老师反应没有这么快，嘴皮子跟不上，那比较稳妥的办法是这样说："你的问题，课下再说。现在我要为大多数学生讲课，不能只跟你一个人理论。"这样教师就脱身了，等下课以后，想好了对策，请教了有经验的老师，再跟他理论不迟。不过等你过一段时间再找学生的时候，也许都用不着跟他理论了，他可能会很痛快地承认错误。因为他当时只是一时兴起，靠一股火气壮胆，静下心来就害怕了。孩子承认了错误，就不要揪住不放，但是要问问他："下次你要再这样放肆，怎么办？"让他自己说出个惩罚措施。

如果感觉某个学生对老师的顶撞像是蓄谋已久的，除非教师能力很强，威信很高，否则，当时千万不要硬顶，因为这种学生是有准备的，而且多半是比较强悍、有一定辩论能力的。唇枪舌剑之间，如果说不过学生，或者被学生抓住漏洞驳得哑口无言，那是很失威信的。我建议教师遇到这种情况，平静地对学生说："看来你对我有些意见，我们课下再谈，好吗？我一定认真倾听你的意见。"课下一定要找他谈。这种学生是不会轻易改变态度的，他们确实对老师有意见。这时候，老师很真诚地和学生对话。对学生的看法，该接受的接受，该解释的解释，该反驳的反驳，采取完全实事求是的态度。经验告诉我们，只要教师和学生平等对话，即使不能统一看法，学生也会钦佩教师的胸怀和态度。教师的威信不会降低，反而会提高。有的老师自恃能力强，当时三言两语就把学生压下去了，这当然也是个办法，但是教师头脑一定要清醒，这只是暂时掩盖了问题，并没有解决问

> 题。课下还是要诚恳地找学生谈谈为好。当然,如果教师说话很尖刻,学生当时拿你没办法,心中会存有怨恨,你课下再找他谈,他就可能拒绝。这就使教师失去了一次了解下情的机会,埋下了隐患。
>
> 个人行为的顶撞比较好办,有背景的顶撞要小心。这里的所谓背景,指的是他有群众基础。你注意观察学生的表情,当某个学生顶撞老师而有人呈兴奋状的时候,他们可能就是一伙的,至少顶撞者说出了他们想说而不敢说的话,代表了他们的利益。这时候千万不要一味硬顶,那样会伤众,以后工作就不好做了。我主张课下找这位发言人谈谈,倾听他的意见。
>
> 学生顶撞老师,有时主要责任在教师,有时主要责任在学生,教师一定要有反思精神,若主要责任在自己(比如冤枉了学生),一定要给学生个说法,不可以自己有错还硬挺,那是最容易丧失威信的,学生从此就不佩服你了。
>
> 当顶撞变成对老师的人格侮辱的时候,一定要严肃对待。不可以当时大发脾气,事后又不了了之。我主张当时冷静,事后坚决处理,至少要他在公开场合道歉,严重的要给纪律处分。此风不可长。
>
> 资料来源　王晓春.问题学生诊疗手册[M].上海:华东师范大学出版社,2006:39-51.

王晓春对学生顶撞老师行为的分析以实际经验和情景为基础,细致入微,充满智慧。

1. 多问为什么,探讨行为背后的含义

王晓春主张学生出了问题,一定要多问为什么。问题生出了问题,教师的第一反应太重要了,正是这第一反应决定了教师后来行动的方向。比如教师的第一反应是:"又是他!"教师肯定就要冲学生发脾气。他主张教师遇到问题生出问题,第一反应最好像科学家见到不明飞行物的照片一样,怀着好奇心问道:"这到底是什么现象?为什么会出现这种现象?"这种反应导向冷静,导向询问和研究,最有利于问题的解决,而且对教师心理健康大有好处。

王晓春深入分析"学生顶撞老师"的12种原因,以及背后学生心理和可能出现的后果;他还把这些原因分为两大类,教师责任还是学生原因。

2. 以研究为基础,提出问题的解决方案

出现了问题就必须解决,但王晓春是先反复问为什么,了解师生各种互动的后果后,才提出解决方案。真正理解了"为什么","怎么办"也就出来了。他的主要思路是老师要多反省自己的行为,理解学生的心理,平等对待学生,冷静处理,为自己和学生找台阶下。

3. 从多个维度分析"顶撞老师"行为,类似于医生诊疗

先看顶撞是老师责任还是学生的原因,学生是蓄意顶撞还是因情境而生,有没有学生集体的背景原因。同时还要考虑到教师自身的素质,口才好不好,会不会辩论。

第八章　问题学生指导

问题学生的教育与转化工作是一项非常艰苦和持久的工作,也不一定只要教师努力就会带来成功。案例欣赏 2-8-5"可是,我找不到方向了"讲述的是一位有理想、有很好教育修养的音乐老师,采用了几乎所有正确的教育方法,也无法转变问题生的故事。这一案例,值得人们深思。

> **案例欣赏 2-8-5**
> ### 可是,我找不到方向了
>
> 我是一位音乐教师,这个事例是完全真实的,这个孩子让我无奈而沮丧。
>
> 他仿佛是这个班的"龙头老大",一直挑衅滋事。这个孩子非常聪明,是块好料,但很不幸,生在我们的教育制度下。所有任课老师都讨厌他,所有老师都巴不得他转学。
>
> 自从教了这个班,我才感叹自己真是懦弱无能。我拿他无计可施,温柔也罢,训斥也罢,下节课,他依旧故态重萌,令我又生气又无奈,又有些心疼。
>
> 记得有一次,他感冒没来。至少这两天,我们几个科任老师聚首,忍不住幸福地感叹:没他,这个班简直"焕然一新",与往日不可同日而语。也终于明白,为什么报名时,有家长知道他在这个班,恨不得立刻让自己的孩子转班。
>
> 然而,这个孩子其实很可怜。每次我在课后把他留下来,他就会安静地坐着,和课堂上的嚣张判若两人——他的嚣张只是人群中的张扬,一旦独自一人,他就很乖,乖得你都不忍说他。路上遇到,他会很热情很真诚地叫你,让我觉得,他所有的叛逆都非常无辜非常委屈,仅仅是没有人理解没有人懂得他;所有的跋扈,都真的不是与你作对,他只是要不守纪律,为了不守纪律而不守纪律,仅此。似乎这就是他的心理需要,因为需要——对他自己而言,无可厚非。
>
> 我曾和他谈心,很多次,希望能和他沟通。他说自己很孤独,说自己是个不正常的小孩,叫我不要和他计较。我问他,"你认为自己不正常?""是的,我觉得自己就是不正常。"他很悲伤地说。有一次老师让他做班干部,但只做了三天,为此,他哭过。他希望自己能做我的音乐课代表,我知道他也曾是其他学科的课代表,但事实上,他并没有因为这个"官职"而在课上收敛自己。而且,我如果因为他的"强大"而赋予他"官职",这不是办法,也没有道理。他既唱不好歌,又不守课堂纪律,凭什么做音乐课代表?我说如果你做课代表,同学会服气吗?"当然服气,谁敢不服,我揍他!"
>
> 有些教育文章会写,提示他要如何如何出众,就可以当之无愧地赢得"课代表",然后他又怎样巨大转变了——事实上,这不过是天方夜谭。
>
> 在食堂值班时,我发现他喜欢给同学们讲笑话、讲故事,眉飞色舞。相对同龄人,他知识广泛,博览群书。于是,我特意在课上给他留了五分钟作为给全班同学"表演"的时间。起初效果很好,他为了争取五分钟的发言权,整节课都表现良好,对表演充满期待。但不久,他开始"越界",讲鬼怪故事,讲的笑话也慢慢接

近成人笑话,我不得不打断他的讲述并从此取消。我自己很沮丧,班上的学生也都很沮丧。他们都非常喜欢"五分钟"的自主快乐,但我没有办法继续了。

我向班主任了解他的家庭,每个奇怪的孩子都可能有他特殊的家庭背景。果然,据说他的父母即将离婚,一直在吵闹,他是个无人管的孩子。与其说没有人管,不如说这是个没有人疼他爱他的孩子。所以,他只能自己爱自己。他选择一个极端的展示自己的方式,令所有人不得不重点关注他、在意他,在喧嚣中摆脱家里的孤独感,是这样吗?

他唯一畏惧的老师,我曾向她取经,用她的话说就是这个小孩子"有毛病,不正常",只有压倒他,凶倒他,没有别的办法!别的同学也都对我说,说我太善,要凶,越凶越好,还要让他罚抄,这才有效。

可是我偏偏凶不出来,或者说,从根本上,我好像不生气。不知道是因为音乐考核不同于语数,我压力不大,还是我生性驽钝,总之,即使看着他在自己座位上手舞足蹈,说话、吵闹,我也不会生气。有时我就这样看着他,静静看着他,思考他为什么要这样糟蹋自己,这样不爱惜自己。一个缺少爱的孩子,也许这就是他的发泄口,也是他最快乐的时候。面对一个懦弱的老师,他可以尽情展现自己?然而,事实上,他一直在关注我,如果我真的生气,他就会正襟危坐,收敛自己,如果还是和颜悦色,他就"再接再厉"。而我只真生气过一回:他对一个女生说着很难听的脏话还用书暧昧地撩她的脸。我愤怒了,他马上就静坐不动了,全班寂静无声。可平时,我不生气,我想让自己生气,可我不生气,想努力装出很生气,可还是装不像。他很聪明,他感觉到了,所以他不惧怕我,继续在音乐课上"胡作非为"。很多次留意他们班的其他副课,发现也是一样,他的声音高高穿越所有嘈杂,独领风骚。于是,我便很自私地宽慰自己,不是自己无能,是这个孩子太难对付了。

有的老师,天生适合做老师,一站在讲台,什么话也不用说,气势已经镇住了整个教室,全身透射出一种不怒自威的"非管理影响力"。这种威严,使师生彼此相互尊重而心照不宣。而我偏就是那种一看就是气势不足,生性善良懦弱的人,站在讲台上就没啥威严,靠自己的"凶相"去镇压,我既"先天不足"还后天缺乏。一周两节课,课时太少,还天时地利不济。

寒假里,一直在琢磨,有什么办法。

实行小组比赛,再每月自己掏腰包买奖品。我希望能用集体的力量制约他。起先的三节课,效果明显,整个班都齐心协力,他也很努力地为自己小组挣分,为了不扣分,纪律也不错,课堂效率创历史新高。我很是得意,还在别班推行,学习士气高涨。但就在今天又有了意外情况。他所在的小组背唱不出歌,无分可得,他就大为不满,在别的小组唱时,一会儿学狗叫一会儿学猫叫,以此来影响别组得分,整个教室乱作一团。

课无法继续了,我已经黔驴技穷。

大声训斥了他,用自己都不相信的高音,耳朵嗡嗡的,学生安静了,沉默了十分钟后,下课铃响了。

我又把他留了下来。先肯定了他热爱自己小组,又说了他心胸狭隘,他一声不吭。一会儿,一年级来上课了,他有些窘迫,似乎不希望被小朋友发现自己,躲藏到走廊里,站在门后,看着我。

该说的话,我已经和他说过无数次了,我自己都厌倦了,也疲惫了,什么都不想说了。我们就沉默地站在走廊里,直到上课铃又响了。我说:"你回去吧。"他抬眼,我看见眼泪从他眼里滚下来,然后呆滞着,一步一步走了。

很多次,我留他,在课后,他都会哭,满脸都是泪,然后在下一节课再继续大声喧闹。

似乎,一会是他,一会又不是他。

我一个人,转身站在四楼的最西面,望着下面,背后响起一年级稚嫩的歌声,站了很久。想着他在一年级的时候,应该也是这么可爱的孩子,一定也让家人非常疼爱,让老师非常喜欢,可后来就慢慢变了。

美德应该是从内心萌生的,不是靠惩罚和强迫灌输。可是,我真的不知道,我该如何继续,如何强打精神,苦苦支撑。

我发现,自己的嗓子哑了,在他走了之后,嗓子就哑了。工作这么多年,第一次哑了。

真的,我已经没有足够的耐心来等待"奇迹"的发生,我已经找不到回旋的阶梯。也许,有一天,我会终于气馁,任其"枝蔓纵横"——让全班大声唱,随他折腾随他表演,任他的声音淹没在集体的声浪里,任他的"演技"湮没在所有人的忽视里。或者,完全忽略他的存在,当他是一包空气,上完一节课,迅速走人。再或者,让他一节课罚抄乐理(他未必会照单执行)。

我知道,歪斜着脚步来寻找晴空的他,需要一份来自老师的如同父母对待自己孩子那般充满包容与执著的爱。可是,我已经找不到方向了。

案例来源　木鹃子.可是,我找不到方向了[J].班主任之友(小学版),2010(5).

【思考与实践】

1. 班主任的精力和时间是有限的,如果在一些特别难教的孩子身上花太多的时间与精力,那么花在其他学生身上的时间和精力就会少。这种做法值得吗?公平吗?

2. 案例欣赏2-8-2中,韩寒是差生吗?学校的标准有问题,还是韩寒有问题?

3. 案例欣赏2-8-3中,班主任弄清咬人事实后,为什么对苏光那么"凶"?班主任的"凶"值得肯定吗?预测一下,通过这一番工作,苏光还会咬人吗?

4. 以案例欣赏2-8-4"家有中等生"为线索,讨论一下:关心学生,就是催促学生提高学习成绩吗？中等生都要变成优秀生吗？

5. 案例2-8-5内涵十分丰富，家长问题引发学生问题，学生服硬不服软。符合教育原则的方法都没有效果，而有效的方法却不符合教育原则。分析一下那位音乐老师为什么教育不好那名问题生。

6. 写出自己认可的"问题学生诊疗"要点。

第九章 班级突发事件的处理

|阅读提示|

(1) 班上有孩子参与打群架怎么办？
(2) 班上的孩子突然受伤、生病了怎么办？
(3) 班上有孩子离校出走了该怎么办？

除了班级常规管理外，班主任在日常工作中还会遇到一些突发状况——班级突发事件，这些事件并不是班级管理工作中的主要矛盾和常见问题，因此常容易被老师们所忽视，然而，此类事件一旦发生，班主任不及时处理或是处理不当，就会造成较大的负面影响，严重时，甚至需要承担一定的法律责任。因此，做好班级突发事件的应对与预防，对班主任工作具有重要的现实意义。

第一节 班级突发事件概述

一、班级突发事件的定义与特点

班级突发事件是指，在班级工作中突然发生的，造成或者可能造成不良影响，需要班主任采取应急处理措施予以应对的事件，包括自然灾害、事故灾难、公共卫生和校园安全等。它不同于学生上课顶嘴、吵闹等寻常性的课堂偶发事件，这类事件发生后的影响往往更为恶劣，造成的影响也比较大。

班级突发事件一般具有以下特点。

(1) 突发性。突发性是班级突发事件最大的特点，即事件的发生是出人意料的，而且演变迅速，事发突然，如果没有一定的先前准备，事件发生时总让人措手不及。

(2) 危害性。班级突发事件的发生一般都会伴有不良影响，对各方利益造成损害，比如：威胁师生健康、破坏学校乃至社会正常秩序、损害学校的形象和荣誉等。

(3) 传播性。传播性主要是针对突发事件的影响来说的。个别学生参与的事件可能扩散到其他学生，一个班级发生的事件可能会影响到整个学校、整个地区乃至全国。

(4) 紧迫性。这与前三点有一定的关联，因为班级突发事件总是事发突然，且伴有一定不良影响，还会蔓延至其他方面，这就需要班主任临场机敏地应对和平息事件的发展，否则问题就会越来越复杂。

(5)不定性。突发事件发生的时间、地点、成因、影响等往往都是不可预料的,事件的当事人及当事人的年龄、性别、性格等都是不确定的。

二、班级突发事件分类

突发事件虽然不是班级管理的常规内容,但是,在当前环境下,受各种主客观因素的影响,班级突发事件正呈现多发的态势,归结起来主要有以下类型。

(1)自然灾害类。这是指由于自然异常变化造成的师生人员伤亡及其他损失的事件,如地震、洪水、风暴等。

(2)事故灾难类。这是具有灾难性后果的事故,是在学校发生或是与在校学生相关的,直接由相关当事人的行为引发的,造成人员伤亡及其他损失的意外事件。如车祸、火灾等。

(3)公共卫生类。这是关系到一所学校学生大众健康的公共事件,主要包括各种传染病、食物中毒等。

(4)校园安全类。这类事件比较多,是班级突发事件中最常见、成因最复杂的一类,也是本章所要着重介绍的一类班级突发事件。它主要是学生在校期间因学生个人、学校相关职工及校外人员的不当活动所引发的事故。如,学生在课间追逐打闹、在楼道拥挤踩踏造成伤害及学生之间打架造成人员伤亡;学生有特殊疾病、特殊身体素质、异常心理状态受到意外冲击而造成伤害;教师在课堂上或是组织活动时操作失误,造成伤害;教师个人的违法行为对学生造成伤害等。

第二节 班级突发事件成因分析与处理原则

一、班级突发事件成因分析[①]

班级突发事件形成和发生的原因是多方面的,既有客观的,也有主观的;既有家庭的,也有社会的;既有校内的,也有校外的。很多班级突发事件的发生往往是若干因素的综合作用,而且多数是一定时间积淀的结果。总之,突发事件的发生既有天灾,也有人祸,前者即自然灾害,后者也就是我们下面要着重进行分析的内容。

(1)学习压力。当今世界,知识经济已成现实,信息化产业突飞猛进,全球经济一体化趋势日益明显,与此同时,对人才的要求也越来越高;加之随着我国改革的进一步深入和发展,以及工业自动化程度的提高,国内就业形势空前紧张,就业压力已经通过多种渠道渗透到教育领域。如今学生所背负的学习压力非常大。过重的学习压力下的稚嫩心灵很容易发生心理地震,造成心灵扭曲,或是心理错位,从而导致过激行为。

---

① 张晓花.班级突发性事件及解决策略之我见[J].考试周刊,2008(34).

(2) 施教不当。教育过程中的任何偏差和失误,都可能导致学生的不理解、愤怒、偏执和过激行为。这种偏差和失误可能来自家庭,也有可能来自学校。家长的溺爱、严厉、过分的关心、"母鸡"式的呵护、呵斥、打骂等都有可能导致青春期的逆反心理,从而引发过激行为。学校的专制教育、民主精神和人文关怀缺失的环境、粗暴的语言、简单的教育方法等也是校园突发事件的导火线。

(3) 心理问题。必须承认,现代文明在带给我们舒适的物质享受的同时,也带给了我们"现代文明病"。农业社会人与人之间的温情已荡然无存,天人合一的生活方式已被彻底改变,快节奏的生活和激烈的竞争对人心灵的冲击,已使很多人患上心理疾病。偏执狂、人格异常者,这些曾经只出现在书本上的名词已经走进我们的生活。而心理问题研究和治疗水平的相对滞后,又使得这一问题变得越来越严重。

(4) 人际矛盾。花季少年,情感丰富;又正值由幼体向成人过渡的重要转型期,此时对成年生活的向往和对大人的逆反驱使他们很容易"抱团成伙"。人生经验的缺乏,人生目标的模糊,使得他们既容易聚也容易散,聚散之间,矛盾丛杂。在解决矛盾的过程中往往会越理越乱,矛盾越来越多,事态越来越大,终而达至不可收拾。

(5) 感情问题。现在的孩子谈恋爱的年龄大大地提前,但由于心理和身体两方面发育的反差,过早开放的花朵往往结出苦涩的果子。

二、班级突发事件处理原则[①]

处理班级突发事件要坚持四个重要原则,即及时到位、程序正当、多方协作和通情达理。

及时到位,就是指在发生突发事件时,班主任要尽可能第一时间到达现场,因为你的及时到位,就是对事件本身的重要关注。到位而不缺位,是班主任处理突发事件的重要原则,否则你很难获得第一手的真实有效的信息;到位而不越位,是指在处理事件的过程中,班主任要明白自己的位置,不盲目下定论、不乱作承诺,特别是发生学生伤害事故的时候,一定要及时上报,避免事件处理的失当。

程序正当,就是在处理突发事件的过程中,要严格遵守学校的程序性要求,做到尽职尽责。比如,发生学生伤害事件,必须第一时间向校医室求助,与此同时向分管领导汇报,如需去医院治疗,班主任须陪同,并第一时间联系家长。再如,教室发生偷窃事件,绝不可以对学生进行搜身,而是要及时向安保人员报告,必要时可以报警,并等待后续处理。

多方协作,就是在处理突发事件的过程中,要努力发挥群体的合力,特别是发挥学生群体和教师群体的力量,一起做好处理工作。如,在发生学生伤害事件时,家长一般会比较激动,这时,我们一方面要寻求学生的协作,特别是做好现场学生的目击笔录,还原真实的过程;另一方面要寻求科任教师的协作,可以请办公室年长老师先

[①] 李宏亮.班级突发事件及其处理的一般策略[J].班主任之友(小学版),2012(1/2).

帮忙稳定家长情绪,然后班主任再出面协调,就能比较顺当。

通情达理,就是在处理突发事件的过程中,注意以理服人,以情感人,特别是得理要饶人。突发事件的发生对学生、家长或教师都是一次突然考验,这时我们最需要的不是匆忙的结论,而是有效的沟通。而沟通的关键则在于通过情的温润,到达理解的彼岸。

第三节 班级突发事件的应对策略

一、班级突发事件的预防

相信扁鹊三兄弟的故事大家都听说过:扁鹊兄弟三人都从医。大哥善于"防患于未然",把病消灭在萌芽之前,结果病人老是怀疑自己没病,大哥的名字天下不闻。二哥善于把病消灭在萌芽之中,结果闻名乡里。扁鹊善于在病入膏肓时让人起死回生,结果闻名天下。《黄帝内经》云:"不治已病治未病,不治已乱治未乱。"意思是要在病尚未发作之时就加以控制,这样才不至于让病邪侵入体内。由此可见,事后处理不如事中控制,事中控制不如事前预防,管理之道在于防。应对班级突发事件也是这样。

> **案例欣赏 2-9-1**
>
> 气温骤降,从27摄氏度到4摄氏度。风在刮,雨也在下,早晨不用出操。
>
> 早操铃响之前,我就来到了教室。铃声过后,教室迟到的学生比昨天多。我守在教室门口拦住迟到的学生,除了几个请假的,被拦的有小辉、小茜、小锐、小源和小颖。我让他们每人做50个俯卧撑,两个男孩做完了就进了教室,女孩子做做样子,我没管,就回办公室去了。再去教室时,有两个丫头已经进了教室,只有小颖没进,在那流泪。班长在劝她,叫她回教室,我也叫她回教室,她说她没做完,非要做完才进去。我进了教室,心想她准备在外面待一早晨? 走出教室,发现她趴在地上,已经不能说话。我赶紧抱起她,叫上班长、卫生委员,拦了一辆车把她送到医院。车上,她的手冰凉,我抱紧她,紧紧握住她的手,不停地呼唤她,心想千万不能出事!
>
> 到了医院,马上输氧、输液,慢慢地,她有了一些反应,但我还是不放心。医生给她量体温,她都夹不住,我用手捏着体温表,蹲在床边。量了三次,我的脚都蹲酸了。
>
> 之前,我用司机的手机打通了一个同事的电话,让他送钱来。他过来时,说了"杨不管"的事(一学校老师管学生打架,被学生砍断一只手。杨老师面对学生打架,劝不了,就没再劝了,结果被媒体曝光,戏称为"杨不管")。
>
> 听着这些,我不禁悲从中来,一时头昏眼花,大哭几声就不省人事。醒过来后,全身乏力。我眼睁睁地望着墙角的日光灯,怎么也止不住自己的泪水。医生

忙着给我输氧，让我口服葡萄糖，慢慢地我才有了一点点精神。

开始是用意念支撑着，小颖千万不能出事！当她稳定后，不用再过分担心，自己就垮了。

我深深感受到沉甸甸的责任。家长把学生送到了学校，教师就对学生负有保护责任，出事了，就有我的责任。更何况我还罚她做俯卧撑，媒体上曾曝光过老师体罚学生出事而被严肃处理的事，而我，一贯认真工作，却因一时冲动差点犯下大错，如果学生这次出了什么差错，我便负有不可推卸的责任。我可以出事，但学生绝对不能出事。

与我同一病房的病人患的可能是甲流，我让班长、卫生委员别过来，只让送钱来的同事转告另一同事，请他告诉学生，小颖没事了，让他们安心上课。而当时，我自己还在输氧，还起不了身。班长看到我在哭，就一个劲地劝："老师，你别哭，你哭我很难受。"可我就是止不住，我是担心啊！

小颖终于脱险，我们办好出院手续，返回学校。我让一位同学陪着她在宿舍休息。

当我下午上课再说此事时，怎么也忍不住泪水，我叮嘱学生，珍爱自己的身体，千万不要犟，有什么事情要说清楚，说明白。

晚自习收集学生对老师的评价，一个学生这样写着：班主任，人性化、宽容一点好。外面冷风吹不得，流感季节，感冒了就不好了。迟到惩罚没有错，但罚太过，非"仁"，亦非"中庸"。

这事稳定了，我没有上报。能处理的自己处理，不能处理的再酌情上报。

"崩溃"时，很想辞掉班主任的工作，责任太大，不可掉以轻心。

好在没有出大事，也没有什么不良影响。后来卫生委员（他是小颖高一的同学）告诉我，小颖不仅有低血糖，还有先天性心脏病！

点评 日常教学中，或许很多老师都会遇到这种问题：对于学生的"隐疾"毫不知情，稍有不慎，就会酿成大错。本案例中，教师的惩罚方式固然不对，引发了事故，但是，教师对学生如此重大的病情毫不知晓，这场意外迟早会发生。作为一个班主任，光做好日常管理工作还不够，还要有一定的避险意识。最好能在开学时就向家长了解每个学生的身体情况，建一份班级学生身体健康档案，对患有遗传疾病、慢性疾病尤其是传染病的学生要特别关注。

案例来源 陈贵华.迟早会发生的意外[J].班主任之友(中学版),2012(1/2).

正如案例欣赏 2-9-1 中的点评所说，"教师对学生如此重大的病情毫不知晓，这场意外迟早会发生。"其实，很多突发事件在发生前并非没有迹象可寻，这些事件也会有本因，会有一个矛盾累积、激化，直至爆发的过程，有自身的特点和规律。应对班级突发事件，我们应该向扁鹊的长兄学习，见微知著，防微杜渐，把预防突发事件当做班级常规性的管理内容，做好细节，抓住关键，使事故消弭于无形。

案例欣赏 2-9-2

　　我在一个农村小学支教时遇到的一件突发事件使我感受颇深。

　　那是早上第二节课的课间十分钟时间,我正在办公室里备课,这时,班长海珍匆匆地走进来,向我小声报告说:"世立割伤手了。"

　　我听了不禁心里一慌,要是割到了动脉,那是很危险的,于是我赶紧扔下手头上的工作,赶去教室。

　　在楼梯走道上看到了副班长如霞和体育委员家杰匆匆地走下来,时间匆忙,我没来得及问他们,径直到了教室。

　　教室里还算比较安静,世立的旁边只围了四五个学生,卫生委员春妍和纪律委员碧玉也在其中。看到世立强忍着疼痛并略带一点恐慌,我知道首先自己要镇定下来,不要让学生看到自己六神无主的样子而更紧张。特别是出血这样的情况,如果学生过于紧张会出现晕血,或使心脏加快跳动,从而使血流得更快,甚至会造成晕厥。所以我强装轻松地拍着他的肩膀,安慰他说:"放心吧!不是很要紧的。"世立只是默默地看着我,没有出声。

　　卫生委员春妍正用右手大拇指和食指叉在世立的虎口向下捏着他的左手大拇指内侧伤处向上拉,左手托着他的手肘部,将他的手举高过心脏。看到这个情形,我才定下心来,看来班干部第一时间处理得还不错。

　　"来,让我看看伤口。"卫生委员的手刚松开,血马上又从伤口处冒出来了,伤口比较长,好在不是很深。不过让它自动凝血看来是比较难的了,必须用止血药进行包扎。当还略带点紧张的我正想找东西处理时,副班长如霞已提着药箱赶到了,原来刚才她是去教导处主任那里拿药箱了。

　　简单帮世立扎好伤口,我开动电动车带上他去往学校门口。

　　一到校门口,体育委员家杰已经把大门打开了,原来他在应急小组的职责是在第一时间去校长室拿钥匙开大门,等我们出去。

　　出了校门口,我们就直奔离学校将近百米的乡村诊所。医生看到世立一直举着手,不由得赞叹说:"不错啊,懂得将手举高于心脏,减弱血流速度。"

　　世立苦笑着说:"是我们的班主任教的。"医生向我投来了赞许的目光。

　　整个处理过程我们用了不到15分钟的时间,还算迅速,这全得益于平时组建的应急小组的高效运作。

　　在支教时,我知道农村小学的班级管理会比城镇复杂些,在接班时,我就想到了一定要狠抓安全教育,特别注重防火、防煤气中毒、急救止血、溺水抢救等知识的学习和简单演练,并组建了突发事件应急小组,以班长、卫生委员、纪律委员及体育委员为小组主要成员,明确各人的职责和应急流程,并多次进行针对性演练,使他们对自己的职责和流程烂熟于心。当突发事件发生时,卫生委员和纪律委员负责处理现场(维持秩序和简单处理伤情),班长负责通知班主任或校长主任,

> 而副班长负责准备药箱,体育委员则视情况拿取校门钥匙。当突发事件发生时,应急小组在第一时间开始行动,各司其职,用最短的时间采取最有效的措施准备所需的一切,等班主任到来后能马上处理,不耽误宝贵的时间。
>
> 案例来源　纪雪林.应急小组显奇效[J].班主任之友(小学版),2012(1/2).

案例欣赏 2-9-2 中的老师就很有智慧。接班时就狠抓安全教育不说,还对学生进行了特别培训,于是在这次意外伤害事故中,训练有素的应急小组圆满地完成了自己的任务,使事态得到及时控制。虽然这个案例很成功,但整个事件其实也是对已发事件的处理,仅是"止于微末",还未真正将事故消弭于无形。那么,要从根本上预防班级突发事件的发生,班主任还可以有哪些作为呢?

首先,班主任要有危机意识。学校内部的环境相对比较稳定,这就使得一部分老师危机意识淡薄,麻痹大意,给突发事件的发生提供了温床。其实,很多突发事件都会有一个缓慢积累和发展的过程,平时看似细小的问题,如果未能及时发现和处理,就会逐渐演变成大矛盾。但如果我们具有危机意识,未雨绸缪,加强警惕,或许就能避免突发事件的发生。

其次,进行多方防范。对于突发事件,光有危机意识是不够的,还要落实到行动,对可能发生的事故进行多方面的防范,将预防性措施落实在突发事件发生之前,将矛盾和隐患化解在萌芽状态之中。班主任可以建立相应的班级隐患排查机制,由专门的人员对班级设施、学生寝室等进行隐患排查,还可以让学生每隔一段时间检举身边可能发生的隐患,充分发挥群众的力量。在平时的工作中,班主任除了加强对学生的安全教育外,还要注意学生的身心健康,注重培养学生的安全意识,向学生普及一些常见意外事故的预防、应对及抢救等方面的知识,平时注意这方面的演练等。

例如,学生溺水事故多是学生私自到河塘游泳所致,针对这类事故,班主任应该适时对学生进行安全教育和管理,加强课余及上、下学时间的监督,加强家校联系,争取家长的配合,要求学生下河游泳必须有大人陪伴,教会学生溺水自救与营救方法等,从多个方面进行防范。再比如,一些突发事件的发生是与学生自身的心理素质有关的,如,学生自伤、自杀、离校出走等,班主任在平时就应该注意加强对学生的心理健康教育,开展心理咨询服务,进行心理训练。

最后,班主任还要注意提高自身综合素质和能力。这点看似与突发事件的预防无关,实则还是有一定联系的。比如,班主任口才好,对学生的教育让人信服,那么安全教育就更易深入学生的心;班主任有一定的医疗常识,就可以及时发现并控制传染病;班主任善于观察,就有可能发现蛛丝马迹,及时控制并阻止可能发生的事故;班主任施教方式巧妙得当,赏罚分明,就可以避免与学生的摩擦及可能因此产生的冲突;班主任关爱学生,就可能及时发现学生可能存在的心理问题或是学生周围可能存在的威胁学生安全的因素,等等,这些都与班主任各方面的能力素质息息相关。

全国知名班主任郑学志老师在谈论应对校园突发事件的技巧时,曾写过一篇文章《有把握自然就有底气——略谈校园突发事件的应对技巧》,介绍了应对突发事件的经验和技巧,很有启发性。该文主要从预防入手,告诉教师怎样在应对突发事件时有底气。

资料链接 2-9-1

　　班级突发事件是检验一个教师知识水平和综合能力的试金石。有些老师怕出事,一旦出事就惶惶不可终日,到处问该怎么办呢,咋整呢。一些老师却什么也不怕,无论什么事情到他们那里均举重若轻、化险为夷。是什么使得这两类老师面对突发事件精神状态如此不同呢?是应对技能的差别,有能力有把握应对者,说话做事自然有底气。

　　那么,如何让我们在应对班级突发事件时人人有底气呢?

　　一、平时多积累,临阵不慌张

　　2011年4月22日,陕西省榆林地区榆阳区鱼河镇中心小学的部分学生在饮用了统一配送的牛奶之后,251名学生发生细菌性食物中毒。但是这次事件并没有给学校、学生和家长带来很大的负面影响,也没有造成巨大的生命财产损失。一个重要原因是,事件发生后,从学校领导到班主任,马上采取了一系列正确的救治措施:一是催吐,刺激咽喉,想办法把吃进去的东西呕吐出来,反复喝清水,反复刺激,这样降低了有毒食品在胃中的浓度;二是及时补充盐水,将 8 g 食盐溶于 200 mL 温水中,让中毒的孩子口服,这样避免了腹泻的孩子脱水;三是将有明显反应的孩子及时送往医院救治。正是这三条有条不紊的措施,把对学生的伤害降到了最低,赢得了社会和媒体的普遍理解和宽容。

　　足够的相关知识积累,是我们应对复杂事件的理论基础,也是我们处理这些事件的底气。那么,我们老师在平时的学习中,要注意积累些什么知识呢?

　　一是多积累相关科普常识,以便准确判断、及时处置。班级突发事件中,流行疾病、食品中毒、突发伤病是常见内容,掌握这些事件的相关知识,有助于我们准确判断、及时处置。

　　有了相关知识的积累,我们临阵才不慌张。1997年,我们学校免费给学生驱虫,孩子们吃了药物之后,有些孩子有生理反应,一些班主任没有医药常识,马上就把学生送往医院,结果在社会上引发了"某某校学生集体中毒"谣言。医生说,其实那些生理反应都很正常,只要老师们仔细阅读用药须知,让孩子们喝喝白开水、休息休息就可以缓解的,根本用不着送医院。

　　二是积累相关法律知识,以便规范自己的处置行为。有些老师在班级发生了突发事件后,紧张害怕,很怕这事对自己不利,对学校不利,甚至还担心因此而丢工作。这都是法律知识欠缺的表现,不知道相关法律条文,因此只有在那里瞎紧张瞎害怕。其实,只要我们把校园伤害、学生安全等相关法律做一个基本的、系统的学习，就会知道在校园伤害案中，只要学校设施没有隐患、教师行为没有过错，尽到了我们的教育和告知义务，我们就没有多大的法律责任。平时多学法，尤其是和我们切身相关的法律知识，理清自己的责任，我们处理这类事情底气就足，胆子就大，魄力就有了。

三是了解复杂事件处理程序，确保临场不乱。我曾专门就学生暴力伤害事件向律师、公安干警请教，假如发生了类似的事情该怎么办？他们明确告诉我：第一，迅速组织救治，就近不就远；第二，及时报告并通知监护人，千万别自作主张，隐瞒不报是要追究责任的；第三，采取措施保护好事故现场和相关证据；第四，积极协商和调解。尤其是在协商的时候，耐心、细心、小心、诚心和无畏之心，这"五心"很重要，因为受害者法律认识水平不一、素质不一，处理事故时往往比较冲动，提要求不现实，我们就要用这"五心"来化解。

绘制国画和建设园林，要求实施者胸中有丘壑、平时多阅历，我们老师也应如此，平时多积累，处理突发事件自然就会游刃有余。

二、日常多准备，现场有办法

应对突发事件，关键是平时我们要多准备、多演练，凡事有把握了，我们临场才不会怯场，才会指挥若定。那么，平时，我们可以做好哪些工作呢？

一是编制突发事件应急预案，平时加强演练。汶川地震，受灾学校师生伤亡惨重，日本"3·11"9级地震，学校师生伤亡很少，整个社会救治秩序一片井然。我们在很多新闻图片上看到，日本地震当中，超市通道没有一个人在中间停留，所有人都规矩地列队坐在两边休息；发放食品的操场，所有人员都排好队，没有一个人插队，也没有人停留；几百人在广场避震，整个过程无一人抽烟，三个小时后，人散，地上没有一片垃圾……我们从感情上痛恨日本侵华，但是"3·11"9级地震中的这些细节却不得不让我们敬佩，这些细节，就是平时教育演练的结果。汶川地震、湖南湘乡学生集体踩踏事件后，教育部要求各级学校编制突发事件应急预案，并加强平时演练，不知道有多少学校组织落实了呢？平时不演练，发生了事情孩子们怎么知道如何应对，我们又如何能够从容应对呢？

二是日常教育注意安全细节，提高学生安全保障。我曾经对学生们说过，如果我们不能够阻止你离家出走，那么，请你们离家出走前做好下列准备。①准备好足够的食品和现金，确保路上安全；准备好必要的防寒防暑装备、必要的跌打损伤药品和必要的联系工具。②出门在外不要轻易接受陌生人的邀请；女生不要住那些不合格的旅馆，不要与人合宿；不要一次带很多现金或暴露现金；不要在别人成伙的时候搭乘别人的便宜车，以免遭遇抢劫；不要贪吃便宜的饭菜，以免得病；不要在阴暗无光的地方过多停留，不要在过于偏僻的地方住宿……③不管你们怎么抱怨我们，请务必和我们保持联系，以备你们在困难的时候我们可以及

> 时提供帮助。对于第三点，老师们可能会有反对意见，认为操作起来很难。其实不然，出走学生可能不会和家长、老师保持联系，但是他们会和好友保持联系。
>
> 　　三是把握突发事件处置基本程序，理清应急重点。突发事件处理的基本工作程序是"一控制、二急救、三处置、四上报"。无论发生什么事，都应该这么做。很多老师可能不理解，为什么首先不是急救，而是控制事态？因为事态不控制，急救了一部分，会带来更大一部分的损失。这个处理程序，是经过很多血泪教训总结出来的，甚至可以这么说，看起来是几个平淡无奇的汉字，但是这几个汉字背后，很可能就是宝贵生命。
>
> 　　学生群体性冲突事件处置中，我们一定要记住几个"第一"：稳控第一，面子第二；救治第一，教育第二；疏散第一，调停第二；报告第一，调查第二。抓住这几个"第一"，再复杂的问题在你手中都举重若轻了。
>
> 　　资料来源　郑学志.有把握自然就有底气——略谈校园突发事件的应对技巧[J].班主任之友(中学版),2012(1/2).

下面以学生打架事件为例，谈谈这类事件的预防措施。

我们还是老话一句："预防甚于治疗"，与其等到学生发生打架事件，不如我们身为老师能先将学生的问题解决，让他们因为了解彼此、尊重彼此而不会用暴力去伤害对方。于是，老师所具备的辅导能力就是关键所在。当然，空讲辅导这两个字大家都会，要怎样落实才是老师们该学习的地方。总不能学生一有问题就交给训导处或辅导室去处理吧。

以下就介绍一些来自台湾内政相关部门"犯罪预防宝典"的预防措施。

（1）加强学生心理与咨商辅导工作，鼓励学生谈其问题，并提供提高其人际沟通能力、情绪处理能力、问题反应能力的教育机会。

（2）提供有益于学生身心的活动，如自我了解、学习技巧、自我肯定、人际沟通等训练。

（3）赏罚公正、明确，少惩罚、多奖励，并多给予学生奖励、赞美及获得成功与肯定的机会。

（4）减少教师不公赏罚方式及不当管教方式与态度。

（5）对经常违规与观念偏差的学生提供一些法律课程及价值观辅导，并常与社区少年相关机构、社会福利机构配合，以便对其家庭提供必要服务。

班主任预防工作做得再好，然而防不胜防，仍不可避免地会有突发事件发生，我们还是要有出现最坏情况的打算。因此，班主任们还应该制订和完善应对各类突发事件的预案。当然，在这里，我们需要的预案不同于学校、单位、国家机关的应急预案，在这个预案中，我们只需要关注班主任在处理事件的整个过程中具体需要做哪些工作。

资料链接 2-9-2

中午吃饭时间,你在办公室里和同事吃中饭看新闻聊天时,突然有名同学跑来跟你说班上发生打架事件,你该怎么办呢?

一、处理办法

遇到这种班级打架事件,我们可以通过以下几个步骤解决。

1. 初步评估

喝止动武者,如认识动武学生,可直呼其姓名并命令其停手。

2. 场面控制

(1) 老师先保持冷静,不要被情绪牵动。

(2) 表明自己身份,然后严厉地要求两方学生分开。

(3) 若有旁人围观,劝与事件无关者离开。

(4) 告知打架者在公众场所打架的严重性及可能的跟进工作。

3. 初步了解事件

(1) 了解双方在事件中的陈述,从中可了解谁是核心关键人物及不同人所担当的角色。

(2) 态度要严厉,但要保持公平、公正,不妄下判断,可让学生先自由表达。

二、注意事项

(1) 为易于控制场面,到场老师人数不能太少。

(2) 安排与该批学生较相熟的老师到场协助处理,有利于了解及游说工作。

(3) 如情况容许,老师当中亦可分工,部分担任严厉的角色,另一部分负责安抚及劝化学生。分工有利于处理不同性格的学生。

(4) 学生如有表面伤痕,可由老师或社工带往医院急诊室验伤。

(5) 不要随便放过生事者,因这会让问题延续,后果可能会演变得更严重。

(6) 学生犯错,是一个让老师及社工介入、令学生改过的好机会,不要错过。

当然,必要时通知双方家长也是要考虑采取的步骤。

二、三种常见班级突发事件的应急处置

突发事件具有不定性,即其发生的时间、地点、成因、当事人等是不确定的,事件的性质、影响大小等也都是不确定的。这就要求我们在处理突发事件时要遵循因事而异的原则,针对不同的突发事件,采取不同的应对策略。下面以意外伤害、校园暴力和学生出走这几类比较常见的突发事件为代表,谈谈对突发事件的具体应对办法。

(一) 意外伤害

案例欣赏 2-9-3

刚到教室,电话铃就响了:"李老师,出车祸了!"我一惊,赶紧问:"在哪里?伤

得怎么样了？什么车？"待学生清楚地回答出具体出事点和大致伤情后，我心头稍微安定了一些。孩子们神志清醒，暂时不会有大碍。

我赶紧带了几千元现金和银行卡，对副班主任交代几句，立即打车赶往学生出事点。原来是两辆出租车相撞在一起，一辆车侧身撞坏了，学生乘坐的那辆车的车头则完全变形。我立即对肇事司机说："请把你的驾驶执照交给我！事故责任我不管，你们找交警划分。现在我先带孩子们去医院救治，你准备五千元现金来换驾驶执照。"司机有些犹豫，我当即对他说："救治伤员要紧，如果因为你的延误造成损失，一切后果由你负责。"他没有办法了，乖乖地交出了驾驶证。

然后，我带着孩子们换乘其他出租车去医院。趁孩子们上车的间隙，我与肇事司机互留了手机号码，并让他随时保持联系。这次事故中一共三个孩子，合租一辆车。凯伤得最重，额头、嘴巴均有伤口；勇鼻孔流血；帆看起来没大碍，只是说头晕，想呕吐，我心里"咯噔"了一下：会不会是脑震荡？

路上我问孩子们：为什么不打120叫救护车？孩子们说司机打了，但是救护车忙，没有来（后来我才知道，从前一天晚上到第二天早晨，县城发生了多起交通事故，对于轻伤，救护车根本无暇顾及）。问清楚情况之后，我分别给三个孩子的父母打了电话，简单地通报了车祸情况，并告诉他们我正在护送孩子去医院。

幸亏我来的时候带了几千块钱现金，当医生给孩子们做了CT检查，把伤口初步处理好之后，口袋里只剩下不到300元了。这时，第一个家长才刚赶来，肇事司机还在来医院的路上。我把事情经过及现在的处理情况给家长说了一下，他很感激我这么快就做出了反应，并掏出3 000块钱，说要还给我。我说这医院里人来人往，扒手也多，就放他身上代管吧，等肇事司机来了之后再说。

不一会，肇事司机来了，送来5 000元现金，说交警队正等着他的驾驶执照。我还给了他，告诉他当时情况紧急，我只有这样做了，请他理解和原谅，并告诉他幸亏孩子们伤得不很重，真是不幸中的万幸，但估计后续医疗费还要三四千，请他今天下午再准备至少5 000块钱，交到医院住院部。保险公司结账的时候我们会把所有发票全部给他，所有费用支出全部以医院的发票为准，多退少补。司机千恩万谢地走了。

不一会儿，保险公司来人拍照，核实事故情况，我和家长一起接待。孩子们全部安顿好之后，已经是上午11点了。帆自诉还是有点头晕、想呕吐，脸色有点白，但CT结果显示颅内并没有出血现象，也没有骨折，我估计是受到了惊吓的原因，让他继续待在医院里留院观察。

我跟家长和孩子们交代：发生意外事故，第一个12小时内最危险，不要乱动，也不要擅自触动、抚摸自己的伤口，一定要以专业人员处理为准。然后密切注意第一个24小时内的反应，有呕吐、头晕等现象马上报告给医生，以防颅内出血危及生命安全。同时也告诉他们，不要太过紧张，一般第一个48小时之后，就没有

第九章 班级突发事件的处理

大问题了。孩子们一一听着,家长全部来了之后,我把孩子交给他们,才去学校上课。

一个星期后,伤得最重的凯也拆线出院了。我陪同家长和肇事司机一起,带他们去做法医鉴定,并到交警大队接受赔偿调解。我告诉家长,我们该要的赔偿要,不该要的也要不了,提出要求要合适,即合法、合情、合理。根据《中华人民共和国道路交通安全法实施条例》和《道路交通事故处理办法》的规定,我们可以获得的赔偿主要有下面七项:医疗费、误工费、护理费、交通费、住宿费、住院伙食补助费和必要的营养费。这些费用不是说我们想怎么定就能够怎么定的,国家都有相应的规定,到时候请大家注意一下。结果,整个事情处理完毕,家长都很满意。

经过这次事件,我们可以总结出处理学生交通事故的基本经验。

(1) 基本原则是尽快救治伤者。为此要做到:出事之后,首先打120急救电话和122交通事故报警电话,寻求医院和警方帮助。120和122来不了,自己马上带好现金先把伤者送往医院救治,再谈事故处理。运送、救治伤员的顺序是先重伤,后轻伤,送医时应选择就近、资质条件好的医院。检查的要求是无论有无外伤,均应做头部、胸腔等重点部位的精细检查。切忌让有内伤嫌疑的孩子提前出院,一定要留院观察一段时间。

(2) 协调各方关系,争取后继处理主动权。要求肇事司机预交足额治疗费,对家长解释相关的理赔知识,和交警部门主动沟通,都是为这件事情争取主动权。沟通时要确保自己理智冷静,不能急躁、冲动,觉得为难时,一定要报告学校,由单位出面联系有关人员。

(3) 细心保存证据,确保事情妥善处置。如果有人手,在交警到来之前一定要确保车祸现场不被破坏,以便交警准确定责。所有医院票据一定要妥善保管,如果学生家长不在家,或者托管人年龄过大、记忆不好,最好暂时由班主任自己保管。

(4) 记住自己的角色,不要越位和包办。最后事故处理的时候,一定要记住自己的角色:我只是孩子的班主任,我只是孩子的老师,无论是前期的医疗救治,还是最后的人身损害赔偿,具有法律资格的是孩子家长,自己一定不要越位包办,千万不能强出面硬做主,不然会惹上不必要的麻烦。

点评 学生在上学途中发生车祸,一般来说,学校并不负有直接责任,但这并不表明学校就可以一推了之。学校对在校未成年学生负有保护的责任,在学生遭遇车祸受伤后,无论是从教师职业的义务还是从教师个人道义上来说,班主任都应该制止有害于学生的行为或者其他侵犯学生合法权益的行为,并对受伤学生进行救助。

案例来源 李云.上学途中发生车祸怎么办?[J].班主任之友(中学版),2012(1/2).

意外伤害事件应对流程图如图 2-9-1 所示。

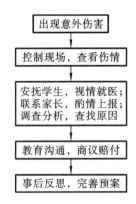

图 2-9-1　意外伤害事件应对流程图

（二）校园暴力①

处理学生之间的打架事件，需要班主任的经验、智慧，但也有规律可循。吴晓华和田飞虎在实际工作中，总结出"五步应对法"——从双方矛盾爆发到握手言和的处理流程，大大提升了班主任处理此类突发事件的能力。

1. 视情就医

学生打架斗殴，往往致使人员受伤。无论受伤的人是多是少，伤势是轻是重，班主任（或在场老师）首先要考虑的是让受伤学生去看医生。及时就医能防止延误伤情，这是以人为本的"生本观"的要求，也有利于在下一步处理学生问题时取得受伤害学生家长的配合。

就医分两环：学生没有明显受伤，可先送至校医室看校医或通知校医前来处理，听取校医的意见；再根据校医的建议决定是否送往医院；学生明显受伤、学生本人或受伤害学生的家长要求送医院检查的，班主任或相关教师（责任教师、校医等）应及时送其就医；如果伤情比较严重，须通知 120 急救中心专业人员前来救治。同时，班主任或相关教师应立即向年级或学校的领导汇报。

本环节要注意两点。一是学生如需送医院要及时告知家长，但给家长打电话要讲究技巧。打电话之前要大致了解事情的前因后果，便于家长询问；学生若受伤较重，在电话中尤其要注意措辞，以免家长着急。二是医院检查时，要将相关票据保存好，以作保险理赔或受伤索赔甚至司法鉴定之依据。

2. 了解情况

发生打架斗殴事件，要在第一时间将矛盾双方控制起来，避免事态进一步发展，然后及时找相关人员（包括现场知情者）了解事件的前因后果。了解情况是解决问题的关键，此处可分三个环节：书写经过、分别问话、对比分析。

---

① 吴晓华，田飞虎. 五步应对学生打架斗殴[J]. 班主任之友（中学版），2012(1/2).

第九章 班级突发事件的处理

(1) 书写经过。学生到了办公室,先不要问他们为什么,让他们隔离开来,一人一张纸、一支笔,将事情的经过写清楚。内容要包括矛盾冲突的原因;打人(或被打)的经过,如打了几次、打的什么部位、用什么打的、哪些人参与等;末尾写上班级、姓名和记录时间。书写经过是非常重要的一环,它既是了解事情真相的重要依据,也是界定双方是非和责任轻重的重要依据。让学生白纸黑字先写清楚,也能防止学生"翻供"或家长无理取闹。有些学生,事后受人威胁,会否认当时所说的话;也有些家长,袒护孩子,相信自己的孩子,不相信其他同学的"揭发"或学校的调查,这时,书面材料就显得非常重要了。

(2) 分别问话。看完学生的书面说明,对事件应该有了大致的了解,但还是要让当事人再叙说一遍。因为书写的经过不一定详尽(有些学生的书面表达能力很差),也不一定都符合我们的要求。通过问话,可以发现许多关键细节甚至新的问题,然后,再让他们补上。

(3) 对比分析。在一般情况下,双方交代问题的态度是不相同的。旁观者、知情者的说明往往比较客观,值得采纳、信任;而当事人的交代往往是避重就轻、丢三落四,以期减轻或推脱自己的责任,逃避学校的处罚。比如,明明是朝对方的胸口打了几拳,他会说是"把他推了一把";明明是他事先与同伙商量好了的,他会说同伙是"刚好路过"。尤其是那些经常违纪的学生,他有一定的"反侦察"能力,往往会在事件发生之前,把理由编好,并与同伙统一口径。但百密必有一疏,只要把相互间的材料仔细比对,他们之间的破绽和漏洞就会暴露出来。

本环节要注意三点。一是防止学生相互"串供"。让学生书写经过和谈话时,要把学生分隔开来,这样才能保证了解的情况的真实性。二是发现的疑点要及时查清。当事人为了证明自己的谎话往往会说出一些我们意想不到的人或事,欲盖弥彰,稍加留意,我们往往能从这些人或事中打开突破口。三是找知情者或证人时,要注意保护他们,最好不要让当事人知道,防止事后报复。

3. 逐级反映

逐级反映的流程为:班级—年级—德育处—派出所。

反映到什么层面要视事件的轻重程度来决定。如果是两个人之间的冲突,也未发生人身伤害,尽量在班上处理;如果涉及人多,甚至是跨班级之间发生的冲突,那么,要通过年级来处理;如果超出年级间发生的冲突,或非年级间但性质比较严重,那么,要及时报德育处,根据德育处的意见处理;如果学生之间发生严重伤害事件,应及时报派出所或打110,以防事态进一步恶化。

本环节要注意两点:一是处理学生矛盾时一定要立足班级或年级,不要动辄交给学校,这样有利于树立班主任和年级长的威信;二是不管是哪个层面的冲突,都要报德育处备案。

4. 联系家长

联系家长一定要在了解事情经过的基础上进行,切忌在尚未了解事件的前因后果时就匆忙通知家长到学校来。那样,只会给事情添乱,影响对问题的处理。

本环节要注意两个问题：一是双方家长何时来；二是来的目的是什么。一般情况下，被打的学生多半会主动告诉家长，因为担心孩子，家长也多半会在第一时间赶到学校。而打人的学生家长多半会在接到老师的通知后才来到学校。所以，一般是先请被打的学生家长到校，并告请家长冷静，相信学校的公正处理；打人的学生家长要晚一步通知到校，也要提醒家长，对被打学生要诚恳表示歉意。请家长来校的目的一是告知事情的经过，二是通报学校的处理意见，三是请家长配合学校的教育。

5. 后续教育

做错了事情就要接受处罚，处罚也是教育，这是要让犯错的学生和家长明白的一个道理。但处罚不是目的，目的是要通过处罚让他懂得是非对错。首先，要教育学生：有矛盾，要通过老师来解决，不可通过拳头来解决；上学读书是学文明的，不是讲暴力的；要懂得生命的可贵，生命其实是很脆弱的，失手一时，后悔一生，伤害是无法挽回的；要珍惜同学之情，相互包容……通过教育，让违纪学生写一份检讨，反思自己在这次事件中的思想和行为过失，诚心接受纪律处分，并让家长过目后在检讨上签字。然后，根据学生错误的轻重和认识的深浅报学校予以相应的处分。处分要在全校通报，这对其他同学是教育，也是警示。

如果涉及医药费用，还要做好双方家长的调解工作。调解好后让双方家长签一个书面协议（一式三份，学校保留一份存档）。若调解不成，应及时上报学校协调处理。

实际上，协商相关费用的赔偿问题往往是处理打架斗殴事件的一个关键点。许多家长到了最后会把焦点放在费用赔偿的多少及其合理性上，甚至为此争执不下，比如医院检查项目的多少、营养费用的高低等。调解不好，会大大影响对学生的教育。

其实，调解的过程是教育家长、教育学生的一个很好契机。老师要懂得《中华人民共和国未成年人保护法》和《学生伤害事故处理办法》，运用法律的武器，站在公正、客观的立场上做好双方的工作。对受伤害的学生家长来说，出于对自己孩子的担心让医院做相关检查是合理的要求和行为，但要适度，应尽量按照医生的建议进行检查，不应提出过多甚至是额外的检查要求。对于营养费，也只能视情而定，不宜过高；如果是轻伤，就不应提此要求。检查项目太滥、医药费用太高，不仅让对方心里不服，埋下新的矛盾，同时还会给自己的孩子一个错误的价值导向。要让孩子懂得珍惜同学之情，宽容是化解矛盾的最有效武器。对责任方的学生家长来说，要主动向对方家长赔礼道歉，尽量满足对方的赔偿要求，不宜讨价还价，让孩子用钱买教训。如果对方提的条件确实苛刻，可由老师或学校来转达自己的意见。当然，也有不讲道理、不接受老师或学校调解的蛮横家长，那么，只好言明利害，或是诉诸法律。

此外，还有必不可少的一步，也是我们处理事件要达到的目的——让矛盾双方握手言和。"相逢一笑泯恩仇"，让相关学生当着家长、老师的面，双方握手，向对方表示歉意，并保证以后不再发生冲突，"咱们还是好朋友"，这样，冲突事件才算是圆满解决。这样做，对打人的学生来说，是一种诚意的体现；而对被打的学生来说，也是一种心理安慰。

校园暴力事件应对流程图如图 2-9-2 所示。

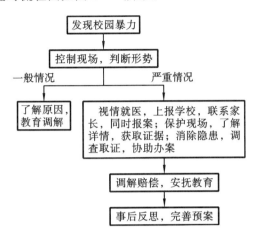

图 2-9-2　校园暴力事件应对流程图

（三）学生出走

案例欣赏 2-9-4

　　2004 年我担任高二(6)班的班主任，一段时间以来，班里的一名男生王童和另一名女生刘乐关系非常密切，有同学向我反映两个人每天早晨一起到教室，中午和下午放学后一起到食堂吃饭，晚上下了晚自习还要聊上很长时间才各自回宿舍。两个人在高一的时候成绩不错，但是现在上课精神恍惚，而且经常完不成作业。

　　一天刚上早自习，我发现他们两个都不在教室，于是急忙找他们同宿舍的学生了解情况。有学生说看到王童和刘乐两人背着书包一大早就出了校门，还有学生反映昨天晚上他们分别向同宿舍的同学借了不少钱，根据学生提供的数据，我算了一下，在 2 000 元钱左右。了解到这个情况，我意识到了问题的严重性，立即向学校领导汇报，学校领导让我联系家长，看看是不是回家了，家长答复说没见过他们。很显然两个学生出走了。于是大家分头去找，一连几天过去了，两个人好像从地球上蒸发了一样，踪迹皆无。

　　学生出走，我的生活一下子被打乱了。除了找学生了解情况，以及和家长联系，我一有时间就上网寻找。考虑到这两个学生都没有手机，如果和大家联系的话最有可能是通过网络，于是我事先要了与他们关系密切的几个学生的 QQ 号码。每天我上班的第一件事就是登录 QQ，看看能否从上面找到一点线索。同时，我让他们最要好的朋友也时刻关注有没有他们的信息，一旦发现情况，马上向我汇报，并设法拖住他们，争取弄清他们的准确地址以便寻找。为了尽快找到他们，学校还专门派车让我们去淄博周围的几个地区寻找，结果音讯皆无。

就在学生出走两周后的一个周末,学生刘萌突然给我打电话,说看到刘乐上线了。我赶紧要了刘萌的QQ号登录了。一想到我贸然搭话很有可能造成对方的警觉,登录之后就装作没看到她。突然,QQ响了两声,有人主动和我说话了,我一看果然是刘乐。我告诉她我很想念她,同时说自己感觉上学很累,也想像她那样去外面闯荡。刘乐对我这个"好友"倒是很真诚,说自己在外面也不容易,出走时带的那点钱基本花光了,现在两个人只好每天晚上在网吧里上通宵。由于年龄小,没有身份证,想找份工作也找不到,但是发誓绝对不回家,原因是父母和老师太不理解他们了。我知道现在尚且说服不了他们,于是就告诉她自己还存了点钱,是每年春节大人给的红包,如果他们缺钱,我可以暂时借给他们。我的一番"好意"感动了刘乐,最后终于从她口中得知两人去了很远的一个城市。

我一边和他们谈论班里发生的事情,一边联系了双方家长。考虑到他们绝对不会主动回家,家长决定立刻出发前去接人。在当地派出所的帮助下,最终把这两名学生接回了家。

通过这件事情,我们可以对于学生出走总结出以下几点对策。

第一,稳住阵脚,摸清底细。所谓"知己知彼,百战不殆",对于学生的出走,班主任一定不能惊慌失措,一定要先仔细向周围的同学了解情况,尤其是他们的室友,以及平时关系要好的同学。然后综合各种信息做出准确的判断。

第二,及时向领导汇报,寻求学校的支持。学生出走,尤其是在学校出走,学校和班主任都有不可推卸的责任,因此班主任一定要如实地向领导汇报情况,不能隐瞒事实真相,以免影响学校领导做出决策。

第三,及时告知家长,以免贻误寻找的时机。家长是学生的监护人,老师有义务及时向家长告知事情的真相,并积极协助家长寻找出走的学生,以免让家长走向学校的对立面,给班主任和学校带来不良影响。

第四,发动学生,多渠道寻找。一方面,青少年出走往往事先有些迹象,比如说找身份证,或者向同学借钱等,因此作为班主任一定要仔细调查,尽可能地多了解与学生出走相关的信息,从而做出正确判断,为寻找孩子提供线索。另一方面,青少年出走往往带有意气用事的特点,因此他们一般不会主动和班主任、家长联系,一旦在外找不到工作,花光身上的钱之后,他们就会向自己的同学或者好朋友求助,因此班主任一定要做好周围同学的思想工作,群策群力共同寻找。

第五,投其所好,缩小寻找范围。离家出走的青少年学生由于在外居无定所,又不能投亲靠友,因此他们能去的地方主要是网吧,了解学生平时的上网习惯,尤其是QQ聊天、论坛活动及网络游戏,对于寻找学生会有意想不到的帮助。

第六,低调处理,降低不良影响。考虑到学生出走会给学生个人和其他学生造成不良影响,因此班主任在处理出走的学生时一定要低调,既要达到教育学生的目的,还要尽量减少给学生本人和班级其他学生造成的影响,这是对班主任管理艺术和综合素质的考验。

案例来源　李永坤.QQ上找回来的学生[J].班主任之友(中学版),2012(1/2).

学生出走事件应对流程图如图 2-9-3 所示。

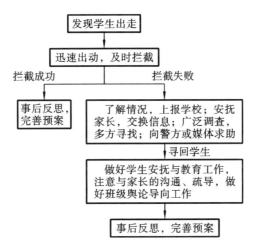

图 2-9-3　学生出走事件应对流程图

三、一般性班级突发事件的普遍策略

以上几个案例是针对具体的事件所采取的应对策略,那么,对于一般性的突发事件,是否有普遍策略可供借鉴呢?

（一）辩证对待班级突发事件[①]

面对突发事件,班主任首先要提高的是思想认识。无数的惨痛教训证明:在班级突发事件中,由于班主任处理不当导致问题升级,引发家校纠纷甚至社会指责的案例多数是班主任认识不到位,不够警觉造成的。辩证对待突发事件,是成功处理突发事件的第一步。

1. 常规管理与应急处理的一体性

什么是应急,百度百科中有三种解释:一是指应付急需,应付紧急情况;二是指需要立即采取某些超出正常工作程序的行动,以避免事故发生或减轻事故后果的状态,有时也称为紧急状态,同时也泛指立即采取超出正常工作程序的行动;三是指对于已经发生的重大事件进行相应的处理。例如抗旱救灾、应急避难等。从第二种解释不难看出,班级管理中的应急处理应该与常规管理对应,它们是一体两面,对立统一。常规管理越好的班级,突发事件发生的比例就会越小。

高二时,梁岗老师班上新分入一名住校生,据原班主任介绍,他的网瘾很大,时

---

① 何舰,梁岗.辩证对待突发事件,才能应急不急[J].班主任之友(中学版),2012(1/2).

常偷偷去校园周边上网,防不胜防。梁老师就特别留意这个学生,可一段时间下来也没有看见他有异常。一次梁老师问他:"传闻以前你经常溜出去上网,看来此言纯属捏造!"他笑呵呵地回答说:"你的'零汇报'太厉害了,我可不敢造次!""零汇报制度"是梁岗老师班上的一项常规制度,就是要求分管纪律和学习的副班长每天晚自习前将班上一天的情况向班主任汇报。这项常规最大的好处有两个,一是在同学们看来,由班主任指定班委在指定时间就指定内容做汇报,这是班委履行职责。当学生们了解到班主任每时每刻都在了解班级发展情况时,常规方面就不敢大意了。如果不是通过指定的方式,那就是"打小报告",学生是很反感的,就算班主任了解问题后公平、公正地处理,也会出现很多"后遗症"。二是在培养副班长的能力上,要求他不仅要及时发现问题,还必须谨慎思考后才能向班主任汇报,并提出解决方案,如此一来就有利于培养班委发现问题、解决问题的能力。

另外一件事情也发生在梁岗老师班上。在梁老师所教的已经毕业的班里,有一名患有癔症的学生,一旦发病就会腹痛难忍,甚至昏迷不醒。每次她一发病,班上同学一边打电话联系医院和梁老师,一边将她送往医院救治。梁老师得到通知后一边往医院赶,一边通知她的父母直接去医院。三年里,这样的情形不知道发生了多少次,可每一次都顺利解决了,靠的就是常规管理。因为在梁老师班上的常规管理中一直保留着"学生意外伤病应急性流程化预案"。一旦发生此类事件,班上的同学会立即按照应急预案及时处理,而且流程化的方式简洁明了、易于操作。

从以上两例我们可以得出这样一个结论:常规管理到位能营造出一种积极向上的氛围,这样的氛围可以大大降低突发事件发生的几率。同时,常规管理中也包含着应急处理,应急处理一方面可以检验常规管理是否到位,另一方面也能促进常规管理的完善。这就是常规管理与应急处理的一体性。

2. 集体教育与个体教育的一体性

班级管理不同于一般企业管理的一个显著特征就是它的教育意义,所以,我们需要更多的是教育而非单纯的管理。应急事件多发于单个或者少数的学生身上,问题的严重性往往是由一个点而蔓延开的。这就涉及两个问题,集体教育与个体教育。我们在处理突发事件时,往往忽略了一个重要问题:人是社会性的。这在校园暴力事件中尤为突出,特别是聚众斗殴。绝大多数的聚众斗殴都是由小集体中一二名主事者引起的,其他的人基本都是扮演着帮凶和打手的角色。所以,在平常的教育中,班主任一定要抓住大多数,只要大多数人都稳得住,不支持,很多集体暴力事件就能避免。因为主事者一旦失去"市场",就会孤立,想翻个大浪也难。集体教育的一个重要内容就是不能为某些个体提供"软支持"。仔细分析集体暴力事件不难发现,在事件发生的诸多因素中,有人"帮忙"是使事件恶化的重要因素。主事者若能找到人帮忙,一方面给自己壮了胆,一方面在人前有了面子。于是,双方一见面,说不上几句,就开打了。去"帮忙"的学生在被主事者"请"去时都说只是去凑热闹的,结果到了现场,被环境所逼,看主事者都已经冲锋陷阵了,再怎么也要象征性地给对方几下。结果,暴力事件升级,事态失控,甚至酿成悲剧。在这类事件中被请去帮忙的学生往往扮演了"催化剂"的角色,他们为主事者壮了胆,促使主事者变得更加主动积极,后又基于面子问题,出手帮忙,从"软支持"变成了"硬支持"。找到根源,平时的教育就好办了。梁岗老师曾经开展了"有人请你帮忙,你该怎么办?"的主题班会课,就是针对这一现象的集体教育。梁老师让同学们自己讨论,还列出了很多拒绝的方式及告知老师和家长的正确做法。在集体教育的同时,也对极个别的学生以威慑,间接告诉他,其实很多同学都不愿意也不会去帮忙,而且还有可能举报。不仅如此,还需要对有"前科"或有"潜质"的学生重点提醒。注意,这里用的是提醒,必须是善意的,绝不能乱贴标签。

另外,如果发生了类似的事件,在个别教育后,仍然要以此为契机开展集体教育。发生在学生身边的事情才最有说服力,最能震撼学生的心灵。

集体教育与个体教育,相互促进,也相互制约。集体教育能带动个体教育,个体教育也能丰富集体教育的形式和内涵。集体教育与个体教育密不可分。

3. 责任与责任规避的一体性

作为班主任,对待突发事件的态度和采取的方式都由我们对事件的责任感决定。在突发事件中败下阵来的班主任中,有一部分老师其实就是责任感不强才遭遇失败的。不可避免,有这么些班主任,每次遇到事情总想着怎么避免麻烦。其间不乏"我们要规避责任,班主任压力太大了"的声音。其实逃避的不是麻烦,而是责任。殊不知,责任与责任规避也是一体的两面。只有担负起责任,才能更好地规避责任。

有这么一则案例,一位名叫小李的学生成绩不怎么理想,经常谎称自己生病躲在寝室里不去上课。几次过后,班主任放松了警惕。结果有一天小李没来上课,班主任通过室长了解到他仍在寝室不愿上课后就不再过问此事。却不想,小李在寝室竟然起了轻生的念头,割腕自杀。幸好生活老师发现及时,立刻通知了家长。直到家长把小李送到医院后,班主任才得知此事。后面发生的事情,可想而知。如若班主任能保持警觉,在小李一开始躲在寝室时就及时跟进,了解情况,及时处理,也就不至于让事态进一步扩大。在这则案例中,班主任有不可推卸的责任。

所以,班主任唯有尽责,才能免责,其前提是要时常保持警觉。警觉与责任持久相伴,才能保证班主任在应急事件中急而不慌,忙而不乱,才谈得上从容应对。

4. 现场管理与后期教育的一体性

再完备的工作也不可避免地会有疏漏,我们只能尽可能降低突发事件发生的几率,但不能完全避免。一旦遭遇突发事件,就面临两个问题:一是先管理还是先教育;二是重管理还是重教育。

这两个问题很难回答,因为它们是一体的,在不同的阶段,轻重缓急不同。在问题的初期,既然是突发事件,处理必须及时。那就必须先管,管见效快,只有管,才能在最短的时间内控制局势,保证事件不升级。如遭遇学生打架,制止是第一步,查看双方是否受伤并妥善处理伤情是第二步,调查分析确证是第三步,个体教育是第四步,集体教育是第五步。所以,最初的时候先管、重管;事态控制后再教育,而且要偏重教育。管要见效快,教育要长远。应急处理就是要先治标,再治本。就像发高烧,一般都是感冒引起的,医生治疗的时候都是先打一针退烧药,烧退了再吃感冒药,感冒好了还得强身健体,避免再次感冒。

突发事件的现场处理与后期教育必须分阶段、分层次地兼顾,才能真正有效控制事态,避免此类事件再次发生。

(二)处理班级突发事件的一般策略[①]

班级突发事件的处理最重要的是坚持因事而异的原则,一切以实际发生的事件为基本依据,进行妥善的处理。但是,综合各种突发事件的共性特点,在处理这些事件的过程中也可以参照以下一些基本注意点。李宏亮老师将其概括为:一个价值追求、两个基本立场、三个分析维度、四个重要原则。

1. 一个价值追求,即道德育人

育人是班级发展的立足点和归宿点,但是如何育人却存在着方法论层面上的价值判断差异。坚持道德地育人,就是在班级发展中要以道德性为核心价值,引领教师与学生的价值判断、选择与构建,重新定位师生在班级建设与发展中的角色意识与责任。在处理突发事件的过程中,坚持道德育人,就是要确保事件处理的方法与过程本身具备道德性,努力实现三个转变:其一,突破对班级单纯行政单位的角色定位,从班级到班集体,谋求师生对班级发展的群体性责任共担,将突发事件置于师生共同成长的高度去思考和处理,而不要一味地让学生承担责任;其二,打破教师在教育过程中的绝对主宰权,实现从"阵地"到"舞台"的转变,让突发事件的处理成为引导师生进行道德教育交往的舞台,在事件中阅读并分享师生的德行,而不是一味地去责难;其三,重启学生在教育中的主动权,实现从"物性"到"人性"的转变,彰显学生创新发展的主体价值,让突发事件的处理成为学生自省与生生交往的平台,让学生成为突发事件处理中的决策者与最终受益者,而不是简单的处理对象。

坚持道德育人,是处理突发事件的价值追求,更是当前学校德育工作的应有之义。特别是在处理突发事件的过程中,坚持育人方法论层面上的道德性,是一个提前预防的灯塔,也是事后处理的暖心剂、催化剂。坚持道德育人,可以让当事人感受到,你之前为此已经做了很多的预防,处理突发事件并非临时起意;事后也能让当事人感受到你真的是为他好,而不是简单地为了处理事件。如,有一次,李宏亮老师班上的一个男生因为未完成历史作业并顶撞教师被赶出教室,他与教师之间还发生了言语和肢体上的冲突。作为班主任,他没有袒护学生,也没有立刻支持科任教师的做法。他把学生请到一边,与该生分析班级一直崇尚的立人之道,借此批评该生的莽撞与无礼,但不追究其作业,因为这是学生自己的事情。然后,他带着该生去见历史老师,当着孩子的面,主动承担自己在教育学生上的责任。随后,让孩子先走,他又以家长的名义和科任老师沟通了孩子所谓的受教育权的正当性问题。第二天,再安排科任老师和孩子面谈作业的问题,两人反馈的情况都非常好,各自退一步,也进

[①] 李宏亮.班级突发事件及其处理的一般策略[J].班主任之友,2012(1/2).

一步。

2. 两个基本立场,即学校和学生

在突发事件处理过程中,教师无论承认与否,都会存在一个立场问题。那就是教师最大限度上维护谁的利益的问题。依李宏亮老师的见解,学校和学生应该成为基本利益诉求。

首先是学校的利益。作为教师,本身就是学校的代表,因此,在处理突发事件中必须考虑到这一事件可能对学校产生的影响。如:某校发生班主任遭家长殴打的事件,从人之常情来看,教师及其家人的第一反应就是要找家长算账,但是他们并没有这么做,而是考虑到了学校利益和社会影响,采取了宽容的态度,也正是教师对家长的宽容,最终家长也对教师做出了诚挚的道歉和补偿。

其次是学生的利益。无论突发事件中学生犯了多大的错,但他终究是学生、是未成年人,在社会舆论看来,他始终是弱者,理应得到谅解,因此,我们在处理这些问题时必须坚持以生为本的基本立场,要顾及学生的尊严、权利。如,某中学,一名教师发现了某女生与男生过密交往的情书,就当众批评了该女生,结果导致该女生从三楼跳下摔伤。试想,如果教师采取的是先保护孩子隐私的做法,慢慢做工作,结果可能就会大不相同。

3. 三个分析维度,即法、理、情

我们遇到突发事件可以从哪些角度来判断和衡量自己的处置是否妥当呢?情、理、法是我们处理突发事件的三个基本维度,但是在实际的运用中则要倒过来,即先法、后理,再辅之以情。

首先,要合法。这个法最根本的就是《中华人民共和国义务教育法》、《中华人民共和国教育法》、《中华人民共和国未成年人保护法》和《中华人民共和国教师法》等,诸如任意停课(剥夺学生受教育权利);未经监护人同意任意延长学生在校时间(限制学生人身自由);以补作业为由不许学生吃饭、上厕所等(限制学生人身自由);未经学生允许私拆或公布学生的私人信件、物品(侵犯公民隐私权、财产权);体罚或变相体罚(故意伤害);收受事件一方的礼物、吃请(公职人员贪污受贿),等等都是不合法的。

其次,要合理。这个理就是做人的道理,教育的哲理,社会的公理。做人的道理是人之为人的基本常理,要相互尊重与体谅,以理服人,不能依凭教师自身独有地位和权力对学生或家长进行要挟式的处理。如,有教师在处理学生打架事件时,要求一方学生向另一方学生做出赔偿,但是家长在赔偿数额和双方责任上有分歧,教师就摔给家长一句:"反正我是这么建议的,孩子是您的孩子,您自己看着办吧。"看似给家长自主决定权,其实是一种要挟。教育的哲理,就是要有教育的智慧,讲求一些技巧,特别是要有点教育哲学的东西。如,教育语言的艺术,上面的话可以换成"您看,我们都是做父母的,他的孩子受伤了,心情能够理解。我觉得您不妨先退一步,给予对方一些补偿,这样彼此心里暖和了,再来谈就会融洽一些。您放心,该是他的责任,您多出的钱,我一定会给您退回来。"社会的公理,就是要求教师在处理事件过程中要坚持公平公正的原则,就事论事,不能因为当事学生的成绩和表现好坏偏袒或是有意打击一方。

最后,要辅之以情。教师与学生、家长的感情是事件处理的润滑剂,当然这里的感情是为师之道的感情,是教师对学生的爱、教师对家长的尊重之情,不是廉价的人情。这种感情需要不断优化师生关系、家校关系,不断积淀。

关于四个重要原则,已在本章第二节详细讲解,此处不再赘述。

四、突发事件的善后处理

如果说,突发事件的应对最能考验班主任的应急能力和处事水平的话,那么,突发事件的善后处理就要考验班主任的细心、耐心和责任心了。

班级在经历了突发事件之后,往往会有"余波",班主任如果觉得处理完突发事件就万事大吉,那就大错特错了。突发事件一般都伴有一定影响,事件虽暂时得以平息,但随之而来的一些次要矛盾和"后遗症"也会在此时突现出来。比如:学生打架事件处理之后就涉及医疗费用的赔偿,以及对当事学生和全班学生的后续教育;不法者入校行凶,在对受害学生进行生理治疗的同时,班主任还要注意班上学生的情绪安抚及受害学生创伤后的心理康复。

案例欣赏 2-9-5 是一篇关于寻回出走学生之后的后续教育的例文,案例中这位老师的做法很值得借鉴,不仅做足了学生出走后的思想工作,还为学生的回归营造了一个宽松舒适的环境,最终使出走学生重新投入班级的怀抱。

案例欣赏 2-9-5

2010年中秋节,当人们沉浸在家人团聚的温馨氛围中时,我班一女生小娟离家出走了。接了电话,小娟的信息就不断地浮现在我的脑海中。小娟是个性格很内向的孩子,平时有啥事都不愿意同老师和同学讲,喜欢上网,QQ上有一些网友。小娟个性很好强,总认为自己做的事情就是正确的。这学期开学没多久,她和班上一名同学闹了点矛盾,在课堂上就扇了别人一耳光。为此,全班同学要求她给那名同学公开道歉,她便觉得同学们有啥事都针对她。

经过长达一个月的寻找,我们终于在千里之外的西安找回了小娟。真的,当前孩子出走犹如流行性疾病,不断蔓延,现状令人担忧。现在孩子回来了,她是否会再次出走,是否会由此形成心理疾病,我们该怎样去迎接这只归巢的乳燕,该怎样面对和教育她,作为班主任我不得不深深思考。

针对小娟的具体情况,我决定从以下几个方面入手去做工作。

1. 营造环境,轻松过渡

(1)家庭环境。孩子回来以后,家长的态度有所不同。一些家长担心孩子受到刺激,以后会再次出走,就对孩子"礼让三分",这会给孩子造成一种错觉,认为出走是让父母向自己妥协的办法,是可以解决问题的;另有一些家长会在回家之后对孩子施以惩戒,这种办法往往适得其反。考虑到这些情况,我第一时间和家长进行了沟通。我让他们尽可能地克制自己的情绪,理智地面对已经发生的问题,不要对孩子的要求百依百顺,也不要打骂孩子,要与孩子交流思想,尽量保持和睦温馨的氛围。

(2)班级环境。班内的孩子听说找到了小娟,大家都吵着要去看她,连以前和她关系不是很好的同学都表现出了浓厚的兴趣,我知道这是他们的好奇心在作怪。在这个时候是不能用猎奇的眼光来看待小娟的,应该让她同正常的孩子一样来上学。我把我的想法同全班同学做了交流,告诉他们帮助小娟的办法就是不要将所有的目光聚焦于她,不要去问她出走后遇到了什么,不要埋怨她的出走给我们带来了什么影响,而是应该以同学真挚的爱去接纳她。同学们立即就行动了起来,有的去帮她擦洗几周没有用过的桌凳,有的组成了补课小组准备在她回来后给她补课……

2. 深入心灵,纠正错误

一周以后的一个晚自习,我把小娟叫到了校园的星光湖畔,和她彻底地谈了一次关于她出走的事情,力求通过这次谈话打开她的心扉。

(1)以情感之。坐在湖边的小石凳上,我打开了我的手机,里面保存着寻找小娟期间同学们用我的手机给她发的短信。"小娟,还好吗?我们马上就要半期考试了,你回来考试吗?""小娟,我们寝室被评为这一学习月的文明寝室了,大家都挺高兴的,要是你在就好了。""小娟,天凉了,记得加衣服哦。"我一条条地念着短信,没有解释也没有说教。接着我又播放了一段得知小娟出走后,小娟妈妈给我打电话的录音,听着妈妈那着急的声音,小娟再也忍不住地哭了。抚摸着她的小脑袋,我告诉她大家都爱她,其实她就是个幸福的小家伙。

(2)以理服之。借着这个机会,我给小娟讲了我们寻找她的全过程,讲了其中的焦虑、无助、恐惧和艰辛。让她知道,因为她的这个行为而给别人带来的影响。站在她的角度,我也真诚地谈了三点。第一是安全。独自离家出走很可能被坏人利用,或者陷入其他一些危险之中。第二是勇敢。要勇于去面对困难,勇于面对自己的错误并积极地改正它。没有人会永远保持优秀,但是能直面自己的问题并加以改正的人一定会不断进步。第三是责任。每个人的肩上都会有很多的责任,赡养父母、养育孩子、报效国家、服务集体等。我问她:"如果你真的出了事,你爸妈以后该怎么办?"小娟埋头沉思。

(3)以志激之。没过多久,小娟抬头望着我:"老师,你还喜欢我吗?"我说:"如果不喜欢,我早就放弃你了。""那我该怎么办?"我告诉她应该静下心来去发现生活中的美,切实感受家庭、班级的幸福和亲人、同学的关爱,去发现身边每个人的优点,学会感激、学会感恩、学会真诚、学会担当。同时也要在日常的学习生

> 活中,在一定压力的环境中,在与困难作斗争的过程中,增强心理承受能力,不断锻炼和提高自己,体会生活的乐趣,坚持自己的理想,发扬永不放弃的精神,要通过自己的表现让大家觉得她仍然是那么优秀,不要以离家出走相威胁或者企图以离家出走摆脱困境。
>
> 在以后的几天时间里,我都在关注小娟的变化。我没有再专门找她谈话,只是在她做得好的时候摸摸她的头或者投去一个赞许的微笑。我知道,大家喜欢的小娟正逐渐回来。
>
> 一段时间以后,我总结小娟归来我所做的工作,重新调整了班训,那是我借的一句广告词"自信的小鱼,缤纷的大海"。有的同学说,"大海很美丽,我们这些小鱼就应该不断地去追寻";有的同学说,"大海很大,充满了危险,而我们太小,所以我们团结才能战胜困难"……也许他们每个人都有自己的理解,我想给他们以慈母般的爱抚,关注他们的日常生活,关注他们的健康成长,让他们充满自信、充满快乐,让他们这些"小鱼"健康地在知识的海洋里遨游,我想这应该就是我们老师的幸福公式吧。
>
> 案例来源　徐蕊.自信的小鱼,缤纷的大海[J].班主任之友(小学版),2012(1/2).

当然,班主任除了应当关注事件后当事人的情绪、心理,注重事后的教育安抚外,还应该关注突发事件本身。一方面,发生在我们身边的突发事件就是一个活生生的案例,我们可以从本次事件中挖掘现成的教育资源,对学生个人和整个班级进行一次现实版的安全教育;另一方面,我们自己也可以对本次事件进行反思,找出处理过程中的缺点和不足,总结成功经验,为今后处理类似事件提供切实可行的改进措施,务必使班主任和学生都能从中吸取教训。

[思考与实践]

1. 回想一下,你在班级管理工作中曾否因自己的疏忽而造成突发事件或是致使突发事件的结果恶化? 你当时是如何应对(补救)的? 学习了本章的内容,如果再回到当初的场景,你觉得你的做法是否有值得改进的地方,可以从哪些地方改进?

2. 在班级出现突发事件,如失窃、斗殴、不法分子入校行凶等现象时,班主任应该怎样定位自己的角色,警察、法官、消防队员,还是其他?

3. 在处理突发事件的过程中,你是怎样理解责任与责任规避的一体性的?

第十章 班级教育力量的整合

| 阅读提示 |

（1）科任教师与学生发生矛盾，班主任该怎么办？
（2）"喊家长"这一做法有哪些危害？如何开好家长会？
（3）跟学校领导搞好关系是拍马屁吗？
（4）如何变"三座大山"为"三座靠山"？

人是社会关系的总和。班级就像一个小社会，学生在这个小社会中学习知识、发展能力、陶冶情操、锻炼身体，并以这个小社会为主要阵地逐步完成其社会化的过程。班主任需要调动各方面的积极因素，使班级教育力量形成合力，才能把这个小社会领导好。

何谓整合呢？整合最初是一个社会学上的术语，意指各种力量、要素的系统集合，通过集合产生某种聚集的效应。我们这里讲的教育力量的整合是指协调各种教育力量，充分调动各方面的积极性，从而发挥最佳优势，产生"1+1＞2"的教育效应。

第一节 班级教育力量整合的意义

1. 为学生营造健康成长的环境

班主任对班级教育力量进行整合是学生自身健康成长的需要。尤其是对于中小学生，由于他们处在比较幼稚、尚未成熟的状态，人生观、世界观、价值观正在形成之中，可塑性很强，对外界新鲜信息接受快，很容易被外界信息所左右。因而正确、良好的教育引导可以使学生在健康成长的过程中少走弯路。我们总是希望在对学生进行教育的过程中，身边所有的教育因素、手段都将学生向同一个正确的目标上引导，使各种教育效果具有一致性，而不要出现几种教育效果相互冲突、抵消的现象。有个别同志甚至感到自己陷入了"5+2=0"（即五天的学校教育效果在两天的双休日休息之后趋近于零）的困惑当中，其原因就在于各种教育力量在教育的方向与内容等方面相互抵制。因而，为了学生的健康成长，班主任必须下工夫对班级教育力量进行整合。

2. 发挥教师最大的教育效度

班主任对班级教育力量进行整合是教师自身发展，体现其自身价值的需要。心理学的研究表明：每个人都具有希望能在周围人群中受到关注、重视，能体现出自身价值的期待。作为受到高等教育的教师尤其如此。在教育教学实践活动中,由于教师的劳动是一种复杂的脑力劳动,教师要取得教育的成功,需要付出艰苦的劳动,要做许多创造性的工作;再加上教育过程的个体性,因而在几乎无人知晓的情况下所做出的努力及其对艰辛的体验与创造的兴奋,往往使教师对自己的劳动成果自我感觉良好,也更加深了教师需要外界对自身价值加以肯定的期待。班主任如能创造机会发挥科任教师的特长,在班级管理中主动请他们参与,不仅可以适当减轻班主任的工作负担,更重要的是科任教师感觉到自身受到了重视与尊重,满足了其精神上的需求。在这种愉悦的状态下更能激发科任教师自身的潜能,因而为了科任教师,班主任必须努力对班级教育力量进行整合。

3. 树立良好的办学形象

班主任对班级教育力量进行整合是学校提高办学质量、树立学校良好社会形象的需要。学校是由一个个班级所构成的,在一般情况下,人们评价一所学校办学质量的好与坏,往往从该校所教育出来的学生身上和一个个具体的班集体那里获得感性认识,进而产生对这所学校的大体印象。在这个意义上,班级教学质量和班级形象的好坏,在很大程度上代表了学校的社会形象。因此对班级教育力量进行整合,有利于提升学校的知名度,树立学校的良好社会形象。

第二节 校内教育力量的整合

班级的校内教育力量包括教师群体和学生群体两大方面。教师群体中包括校长、班级任课教师、兄弟班级班主任、各职能部门负责人与职工等。学生群体包括学生中的正式群体与非正式群体。校内教育力量的整合,就是正确处理好上述各方面的人际关系,充分调动各方面的积极性。

一、聪明地处理好上下级关系

首先要明确的是:我们这里所讲的上级是指学校校长、副校长及学校各职能部门的负责人,如教导主任、总务主任等。这里讲的"处理好上下级关系"是从班主任调动上级积极性这一角度来讨论的。

也许有的人会觉得奇怪,我们平时讲到"调动积极性"一般是上级对下级而言的,下级怎么可以"调动上级领导者的积极性"呢?岂不上下不分了吗?其实学校领导者也是人,也有一般凡夫俗子共有的心理特征,也希望听到别人对自己的赞美与认可,也希望在工作中体现自身的价值……学校工作中,班主任如能充分调动上级领导的积极性,取得领导对自己的支持与指导,工作中将减少很多不必要的麻烦,收到事半功倍的效果。

班主任要处理好上下级关系,以下几点是值得注意的。

1. 领会意图

班主任与学校领导者之间是被管理者与管理者的关系,因而理所当然地在工作中要依照学校领导者的想法和指示办事。而为了将工作做到更好,在执行的过程中,班主任最好能加入自己的想法与创意,而在做这些之前,一个聪明的班主任必须首先正确领会学校领导者的意图。

(1)班主任在学校工作中要认真聆听学校领导者的意见,并努力了解其中的真实含义。当学校领导者就某项工作明确提出自己的想法时,领会意图不应存在什么问题。当有些时候学校领导者没有明确提出自己的想法、意图难以捉摸时,班主任应联系该领导者平时的言论、想法加以理解并虚心请教,有疑问就当场询问,以免发生误解。

(2)班主任在学校工作中要能开诚布公地与学校领导者展开讨论以使双方达成共识。在很多情况下,就某项工作班主任可能会有一些个人独到的见解。在讨论工作时,班主任应从做好工作的目的出发坦诚地表达自己的意图,以征求领导者的意见。若讨论结果双方取得一致则皆大欢喜,万一意见相左,只要是学校领导者下了结论,班主任就应该服从。

(3)班主任需要掌握领导者的共同心态。为了调动学校领导者的积极性,取得学校领导者的有力支持,班主任有必要掌握领导者的共同心态。一般而言,学校领导者与社会上其他所有的领导者一样,他们总希望自己的下属忠诚老实,服从领导,是自己工作的帮手而不是对手;他们也绝不希望下属阳奉阴违、两面三刀、胡搅蛮缠、分庭抗礼。此外,学校领导者都希望能在全体教职工中有一个好的口碑,能得到全体教职工的赞扬与拥护;学校领导者还希望全体教职工都能紧紧团结在自己周围,形成一个团结共进的集体,他们绝不希望教职工三三两两"抱成一团",形成与集体对抗的非正式群体。因为这些非正式群体的凝聚力越强且与学校方向不一致时,对学校凝聚力的破坏性就越大,对学校领导者的权威造成的损害也就越大。

2. 批准位置

各居其位,各司其职,各负其责,这是相互配合、协调一致的前提。反之,角色错位则是管理中的一大忌讳。因此班主任找准自己的位置,对于调动学校领导的积极性有重要的作用。在教育实践中,由于班主任与学校领导者之间各自担负的职责不同,所处的地位不同,强调的利益范围不同,难免在教育过程中产生一些分歧,出现局部与整体利益的冲突。面对矛盾与分歧,有的班主任把自己放在不恰当的位置,乃至与学校领导者的对立位置,片面强调本班的利益和个人意见,这样就会影响上级领导指导本班的积极性。与此相反,聪明的班主任能理智地找准自己的位置,按照自己的角色,恰如其分地处理好与学校领导者、管理者之间的关系。为此,班主任要努力做到:尊重而不阿谀、服从而不盲从、期望而不奢望、主动而不越位、等距交往而不差距交往。

所谓尊重而不阿谀,就是尊重学校领导者的人格,实事求是地肯定上级主管的成绩,体谅他们的难处,不要一遇不顺心的事就心存芥蒂,认为是校长办事不公。不要自视清高,对学校工作不负责任地妄加评论和指责,更不可在师生面前公开地轻率地顶撞。对领导工作中的失误要以主人翁的态度主动补台,实事求是地提出善意批评，用积极的建设性的方式帮助领导者总结经验教训。上述这些做法是尊重上级的具体表现。班主任要懂得一个最基本的道理，即受到尊重是人共同的精神需要。任何人都希望受到尊重，学校领导者也不例外。当然，这绝不是说要在学校领导者面前点头哈腰。那种从个人利益出发对领导者阿谀奉承或对领导者的不正确行为袖手旁观的态度是违背教师职业道德的。

所谓服从而不盲从，首先强调的是班主任与学校领导者之间是被领导和领导的组织关系。班主任不要以为自己能力很强，就产生"你们要靠我"的想法，从而不服从上级的安排。班主任要服从学校领导者的统一指挥，即使自己正确的意见没被采纳也要在行动上服从，一旦形成组织决议，个人就要坚决执行，不允许各行其是。这是统一管理学校的需要。在教育实践中，有的人以"只服从正确领导"为由拒不执行校长的指令，这是不正确的。尤其在师资力量很强、中高级知识分子相对集中的学校，由于教师专家身份与"普通一兵"地位之间的反差，往往很难取得一致意见。在这种情况下，班主任科学地估价个人的作用，主动地服从统一领导，这并不是降低人格。必须指出，我们强调服从领导，绝不是盲从。班主任服从的是真理，而不是某种权力。面对一些腐败行为，班主任要敢于维护真理与正义，并通过合法的途径进行抵制。那种扭曲人格、为虎作伥的行为不仅不符合教师职业道德，而且会影响班级工作对学生的教育。

所谓期望而不奢望，是指班主任对学校领导者要寄予一定的期望，如期望校长把学校办出特色，期望领导者能帮助自己解决一些工作或生活中的困难等，这些是正常的。但这种期望一是不能太多，二是不能太高。太多、太高了就脱离现实。因为在实际工作中任何一个学校领导者都难以做到给予每个教师同等关心和注意。脱离现实、超越客观条件的期望就是奢望。管理科学和行为科学的研究认为，当期望小于现实时，上下级关系容易密切；当期望等于或大于现实时，上下级关系就很难搞好。

所谓主动而不越位，指的是班主任要明确自己的角色，积极主动地做好本职工作。只要是有利于班级工作，对提高教学质量有利的事，就应主动去完成，做到分工不分家。人际心理学的研究认为：人际沟通的效果受交往频率和距离的影响。因而班主任要经常主动向领导汇报工作，与他们交换意见。但这种主动要注意分寸，如果涉及权力、名誉、地位的事情，涉及需要学校领导"拍板"表态的事，班主任就不能包办代替，更不能"抢镜头"。这是协调好上下级关系的需要，也是维护班主任自身良好道德形象的需要。

所谓等距离交往而不差距交往，指的是班主任要以同等的态度根据组织分工按规定的程序对待不同的领导者，而不能亲疏有别。那种从私利出发穿梭于几个领导者之间区别对待的做法不仅有损班主任的人格形象，而且会影响学校领导班子的团结，给做好本职工作造成不必要的麻烦。

3. 锐意进取，做出成绩

一般来说，学校领导者总是希望自己的工作十分出色，都希望在自己的岗位上干出成绩。每位校长都希望将自己的学校办成一所名校。班主任锐意进取,做出成绩,将所带班级建设成为一个良好的班集体,在客观上促进着学校的发展,就是对学校工作的最大支持,也是建立良好的上下级关系的重要基础和前提。从心理学的角度来看,班主任做出了成绩、实现自身价值,也能满足学校领导者、管理者的成就需要心理。

当然,班主任要做出成绩,肯定会碰到一些困难。实事求是地说,我们国家对教育是十分重视的,由于各种复杂的原因,我们仍然在搞"穷国办大教育"。面对困难,有进取精神的教育工作者提出要发挥"中国厨房精神"。中国厨房的条件相比外国而言可谓差矣,但中国厨房做出的饭菜却名扬世界,令世人叹服。有了这种"中国厨房精神",人的主观努力程度提高了,尽管客观条件不甚理想,仍能取得很好的成就。试想在一所薄弱学校,班主任通过自身的努力,锐意进取,带出了一个有名的优秀班级时,恐怕没有哪个学校领导者不欢欣鼓舞,没有哪个领导者不全力支持。

魏书生老师、李镇西老师都是从薄弱学校中走出来的著名班主任。他们在探索中取得成绩、有所作为而使他们跻身全国著名班主任行列,与此同时,也提高了他们所在学校的声誉,他们的工作也获得了各级领导真诚认可与帮助(魏书生原来任教的是盘锦市一所普通中学,后被特批为重点中学)。这样的班主任,哪一个校长会不全力支持呢?

4. 因人而异,讲究方法

学校领导者也是人,也有自己的角色期待。但不同的领导者对同一件事的处理会因个人的性格、气质等不同而采用不同的方法。有的快人快语,有的迂回婉转,有的固执,有的豁达,有的坦诚,也有的深藏不露,等等。此时班主任要想调动上级领导者的积极性就必须因人而异,作好不同的心理准备,采取不同的处理办法,尤其是要注意正确地对待领导的批评和正确地批评领导。

有些年轻的班主任往往天真地认为,自己的意见合乎道理,一定会被上级领导者采纳;或者自己意见正确,一定会受领导者称赞;他们还有一种天真的想法,即既然是当校长、主任的人,思想境界一定是很高的,甚至应该高得令人仰慕。因此他们在给学校领导者提意见时,往往不注意方式方法,不管时间与场合,其结果往往事与愿违。因为他们不懂得一个基本的道理:人与人之间的心理距离往往不是直线的。

下面的这个事例或许对我们班主任有一定的启发。

> T公司有位才华出众的D科长,一开始,他对人际间的微妙心理全然不知,频频向经理呈上工作提案。经理却喜欢在鸡蛋里挑骨头,对他的提案未置可否。
>
> D科长尝过几次冷落的滋味后,便寻找经理不乐于接受提案的原因。几经思索后,他才明白,这是经理的性格在作祟。该经理属于固执己见、自负型的人,工作上喜欢独揽大权,"以我为主",当下属突然呈上高明的提案,并要求采纳时,就使他失掉了"插上一脚"的机会,觉得脸上无光,因此

就把提案束之高阁了。

  D科长找到症结所在后,就改用一种适用经理性格的提案方式,有了什么创意,他就对经理这样说:

  "这次的计划,我觉得A和B两种方案较为可行,究竟采用哪一个,我心中无底,请经理过目定夺。"

  他把决定权留给了经理,经理自然会注重这个提案,不但圈定了方案,还提出了修改意见,事情也就顺利完成了。

  处于被领导的地位,即使有一个绝好的方案,也要抱着虚心求教的态度去请示领导,并且恭敬地聆听领导的意见。这样领导会觉得被领导者虚心肯学,有发展前途。如果想运用和推动领导(尤其是个性固执或能力较差的领导)则必须注意"让上级也插一脚"。[①]

这是一个很精彩的事例。它反映了上下级之间的一种十分微妙、十分现实的关系,值得班主任在与学校领导者交往、取得学校领导者支持时参考。

  需要特别区分的是,这里讲因人而异、讲究方法与见风使舵、吹牛拍马是有本质差异的。实际工作中,许多班主任往往不仅不能调动领导者的积极性,反而与领导者搞得很僵,引起上级的反感。

二、细心地处理好与同事的关系

  谈论这个问题之前,让我们先来看一个实例。

案例欣赏 2-10-1

王小玲的进步

  班主任张老师几乎天天找王小玲谈话,可总不见效,真是伤透脑筋。王小玲呢,上课不是趴着睡觉就是和同学嘀嘀咕咕;打开铅笔盒会跳出一沓明星照来;书包里没装几本书,可小镜子哪天也少不了;经常不交作业,一到考试就"红灯"高照。听说最近又和3班的刘某"叙"(早恋)上了。如何解决这个问题呢?张老师考虑再三,觉得必须依靠全体老师的共同努力,协调做好教育工作。

  张老师召集了班上所有老师开会,共同商讨如何转变王小玲。在会上,张老师谈了自己的看法:王小玲表面上在班上神气活跃,在学校上蹿下跳,实际上这是她自卑的一种表现。从小到大,回响在她耳边的是"没出息","什么也学不好"的责备,加上她学习基础差,在学习上跟不上,使她在学习上没有表现自己的机会,也体会不到自己的价值,从而彻底失去信心。而随着年龄的增长,自我表现的欲望、希望被人关注的愿望又在不断增强,这促使她在另一个方面去展露自己、获得一种满足。因此要转变王小玲,必须全体任课老师共同努力,去关心、鼓

[①] 裴云浩.知人用人86诀[M].南京:江苏人民出版社,1985:118-119.

励她,帮助她从正确的方面去发现、体验自己的价值。在达成共识的基础上,全体任课老师采取了协调一致的步骤。过去不少任教师认为王小玲无可救药,因此,在课堂上采取了任其自然的态度,只要她不捣乱就行。现在统一要求,加强了在课堂教学中对她的管理。

王小玲学习成绩极差,对学习毫无兴趣。要想改变这一面貌,只能激发她的学习动机,培养她的学习兴趣。一方面各任课老师从本学科的具体情况出发,帮助她对自己学习上的失败做出正确的归因分析,指出她学习成绩差的主要原因是个人努力不够。另一方面对她提出切实可行的学习要求。如语文学科达到及格,数学达到50分,外语跳出"后三名"……同时各任课教师利用课余时间帮她补课。由于对她的要求不同,加上在平时教学过程中不断地鼓励和督促,王小玲的学习态度和成绩一步步地向好的方面变化。

由于王小玲迷恋港台歌星,平时又爱哼上几句,音乐老师主动和她谈论这方面的话题,讲解有关的音乐知识,介绍一些音乐家的成长经历,指导她如何欣赏音乐。这样改变了王小玲对歌星的盲目崇拜。同时班上还利用音乐课和学校歌咏比赛活动给王小玲展示自己、表现自己的机会,让她体验到为班集体作出贡献而受到同学尊敬的快乐。

针对王小玲的早恋倾向,张老师与3班班主任(也是本班科任教师)相互配合,引导他们正确对待友谊、友爱和爱情,从人的生理、心理规律及人的社会属性去分析问题,帮助他们从个人的感情漩涡中跳出来,把个人的情感需要投入班集体建设和个人成长方向,与个人的理想追求结合起来。

在任课教师的共同努力下,王小玲变了。人们看到的是一个充满自信的她,一个遵守纪律、学习努力的她。期末考试,在王小玲的成绩册上只剩下一盏"红灯"。

案例来源　缪建东,徐亚莲.中学教育力量整合[M].南京:南京师范大学出版社,1999:37-38.

案例欣赏2-10-1中王小玲从一个不读书、不听讲、不守规范的"差生"转变成为一个充满自信、学习努力的好学生,主要得益于班主任工作方法的得当,得益于班主任与科任教师的通力合作,得益于一个教师集体对她的积极影响。

苏联教育家马卡连柯说过,无论哪一个教师,都不能单独地进行工作,不能作个人冒险,不能要求个人负责,而应当成为教师集体的一分子。客观上讲,在班集体建设过程中,教师是以一个集体形式共同地对学生产生强有力的影响力的。尽管其中班主任的责任和影响力最大,但科任教师的作用是不可否认的。因而我们说班主任的工作实际上应是集体协作性的劳动。在班级工作中,如果科任教师与班主任没有统一协调,"各吹各的号,各唱各的调",势必会造成学生思想的混乱,影响班主任对班级的管理效果。因而,任何一个成功的班主任,都须十分细心地努力建立一个统一的、有共同目标的、具有创造性的教师集体。在科任教师之间,科任教师与学生之间,科任教师与班主任间既团结协作,互相信任,相互学习,相互帮助,取长补短,又有个人的心情舒畅和独特风格。这样就为学生在知识的掌握、能力的形成、情操的陶冶上创造了一个和谐的氛围。

班主任处理好与科任教师即同事之间的关系,应做以下几方面的工作。

1. 互通情报,统一认识

有这样一句大家熟悉的广告词:"痛则不通,通则不痛。"社会生活中也有类似的现象。人与人之间经常互相通气不仅有利于达到认识上的统一,而且能产生情感上的共鸣,从而缩短人与人之间心理上的距离。同样的道理,班主任定期或不定期地与所在班级科任教师互通情报,是调动科任教师积极性的一项重要措施。

一般而言,科任教师与学生的交往主要围绕本学科的教学工作进行。科任教师对本学科学习情况比较了解,但对学生在其他学科中的学习情况了解较少,这限制了对学生的全面了解。而班主任对学生有一个全面的了解,但在某一学科上的了解肯定不如相关科任教师。作为学生与科任教师之间的桥梁,班主任应把本班的情况及时与科任教师通气,经常倾听科任教师对任教学科的想法,既能使科任教师在教学过程中心中有数,"目中有人",又能使科任教师感受到尊重与信任。

班主任与科任教师互相沟通的基本内容和形式主要有如下几种。

(1) 班主任应将每个学生的成长档案、家庭情况及学习动态等及时归纳通报给科任教师,让他们对每个学生做到心中有数,"目中有人",以使教育有的放矢。

(2) 班主任应定期召开科任教师会,将自己工作的设想告诉科任教师,并根据教育教学计划要求,在充分调查研究的基础上与科任老师一起确立班集体的目标和学生个体的目标,确立具体的相对统一的要求。要让科任教师参与班级管理,让他们感到自身价值得到了认可。

(3) 班主任在平时的教育教学活动中,经常与科任教师交换意见,对班级发生的重大问题、突发事件,共同商讨解决办法。

(4) 为了在思想感情和学习上帮助某一个学生,班主任要向科任教师主动介绍学生的特点和要求,取得科任教师的协助,共同有效地教育学生。

2. 主动尊重,培养感情

班级教育活动不仅是一种认知活动,而且是一种情感交流的活动。对一个班级来说,良好的师生关系是完成教育、教学任务的基础和必要条件。教育实践中,由于班主任工作的特殊性,有些学生往往只尊重班主任而不尊重科任教师,往往与班主任感情融洽而对科任教师爱理不理,这是班级管理中的大忌。

班主任要利用自身的威信及与学生、科任教师良好的感情基础促进师生间的相互了解,促进科任教师与学生的关系,加深师生之间的情谊。具体做法是:让学生理解教师工作的辛苦,体会教师的一片爱生之情,同时让科任教师了解学生的所思所想,纠正个别科任教师只管"教"不管"导"的片面教学观点,尽可能地把科任教师吸引到班级的各项具体工作和活动中来。

在班级的日常工作中,有很多办法可以增进班级师生之间的了解,增进彼此间的感情,让学生了解教师,让教师了解学生,让教师间相互理解、支持。班主任只要细心,就一定能发现、利用多种时机充分调动科任教师的积极性。例如:班主任在班级管理过程中可以组织以尊师爱生为主题的系列教育活动,如庆祝教师节主题班会、庆"六一"主题队会等。

班主任可以邀请科任教师参加班级的集体活动,在活动中增进师生的相互了解。如请教师参加迎新文艺汇演、春秋游、运动会等。

班主任可以结合班会活动,开展尊敬师长的专题教育,如介绍班级科任教师的经历,增进学生对老师的了解,拉近彼此心理的距离等。

班主任可以发动身边的力量,如学生家长、自己的亲朋好友,帮助科任教师解决工作、生活中的实际困难。

班主任可以在进行个别学生转化时充分征求科任教师意见,取得科任教师的配合等。

3. 化解矛盾,维护威信

前面我们提到,由于日常班级活动中,班主任与学生接触最频繁,在教育学生、管理学生方面投入也最多,加之又有班主任的"头衔",因此比较容易树立自己的威信。学生在与班主任产生矛盾、冲突的机会也相应较少,尤其是较严重的冲突极少。学生即便心里不乐意,但口头上、行动上还是能服从班主任的指挥的。相比之下,科任教师由于参与班级活动少且与学生的交往多数局限在课堂里,因而也不易受到学生的重视,遇到问题产生冲突的几率相对就大一些。此时班主任应以情动人,以理服人,主动维护科任教师的威信。当然,科任教师能否树立威信,班主任的主动维护只是一个方面,关键还是取决于科任教师自身的人格魅力和教学水平。

为了化解矛盾,树立科任教师的威信,班主任要注意讲究方法与策略。师生矛盾比较复杂,有时责任全在学生,有时学生、教师双方都有责任,也有时主要责任在教师。处理师生矛盾时,班主任不要不分是非曲直一味地压制学生,也不要在学生面前批评教师。要在认真调查的基础上,按实际情况合理、公正地加以解决。除此之外,在班级管理过程中班主任应有意识地赋予科任教师一定的权利,如学生的入团表决权、"三好生"一票否决权;同时,要全力支持科任教师搞好教育教学工作,如支持教师在班级树立典型、表扬或批评学生,支持教师对学生的奖励等。

三、虚心地处理好与其他班主任的关系

世界上的万事万物都不是孤立存在的。班主任在班级管理过程中,必然要与其他班级发生各种各样的联系。此时班主任之间的关系就会成为影响班主任工作的一个因子。

在一所学校,尤其是同一年级班主任之间的关系总是有些微妙的。一方面,他们有共同的心理基础,有共同的管理体验,有较多的共同语言,且某班的班主任还可能是另外一个班级的科任教师,因此彼此之间有团结协作、共同提高的基础。另一方面,班主任又往往以竞争对手的角色出现在学校工作中,比如年级学生成绩名次、

运动会总分名次、良好班集体的评选等活动中都带有竞争性,因而班主任之间自觉不自觉地存在一定的竞争心理,这又使得班主任成为对手,从而造成了班主任之间关系的复杂性。

班主任之间团结协作、关系融洽,则工作起来心情舒畅,学生之间也会减少摩擦,能互相帮助。班主任之间如果相互指责,关系紧张,则工作起来心情郁闷,容易犯错,两个班级的学生之间也会相互对立、摩擦不断。因此班主任之间发生了矛盾的时候,双方都应正确对待,相互谅解,相互理解。教育实践中,常常见到两个私交较好的班主任之间因工作出现矛盾时,双方都能表现豁达大度,将矛盾化解;而两个平时关系紧张的班主任之间出现矛盾时,双方很难理解对方,甚至使矛盾升级。为了达到班主任之间互相激励、共同进步的目的,以下两点应该予以关注。

1. 互通信息,虚心请教

如上所言,当班级与班级处于竞争状态之下时,如,班主任带领各自班级参加各种评比竞争,既可能增进友谊,也可能形成对立。如果班主任对工作的计划、措施都严加保密,甚至故意施放"烟幕弹",给对方一些错误的信息,就会使双方关系蒙上一种神秘感,加重对峙心理。反之,如果班主任在交往中怀有宽广的胸怀,明确彼此教育学生的目的是一致的,而竞争仅仅是一种教育手段,就会互通信息,虚心向对方请教。

教育实践中,由于受文人相轻、同行是冤家等陋习的影响,一些班主任不愿主动与其他班级的班主任交往。即使相互交往也往往对班级管理方法、学生成绩闭口不谈,这样就很容易走入自我封闭的误区。其实作为班级的教育者、引导者和组织者的班主任,由于拥有类似的工作对象,共同的教育目标和相近的工作性质,就有了相互交流、相互学习、相互补充的基础。从实际需要出发,班主任也应走"文人相亲"之路,相互之间应主动交往,互通信息,体现彼此的信任和坦诚。这样即使是竞争过程中一方暂时失败,也不会在个人关系上添上不愉快的阴影。

班主任与其他班主任交往的过程中,应明白一个基本道理:由于各自的思想水平、受教育的程度、生活体验、工作经历不同,在管理班级过程中采用的方法、带班的思路和工作时的侧重点也不尽相同,所取得的效果也会有优劣之分。用辩证的观点看,"尺有所短,寸有所长"。班级工作处于先进状态的班主任也难免有失误之处,班级工作暂时处于落后状态的班主任在管理班级上也不可能一无是处。这就需要每个班主任盯住对方的优点、长处,虚心学习同行的有益经验与做法,使自己的教育水平不断得到提高。一花独放不是春,万紫千红春满园。班主任既要有真诚、主动向同行"亮家底"介绍自己成功经验和措施的胸怀,也要有诚恳虚心向同行取经学习的勇气,只有这样,班级建设的经验、措施才能在不断的实践修正中趋向完善。

2. 友好竞争,协调关系

班级与班级之间作为竞争对手,有时会产生一些误会,班主任对这些误会、矛盾的处理往往能反映班主任自身的修养和水平。例如:文艺演出,甲班获优胜奖,乙班没获奖,而甲班的班主任恰恰是评委,乙班的学生会认为是甲班班主任做了手脚,压乙班而抬甲班。运动会上，甲班主力队员多报了项目，被揭发出来，本来与乙班无关，但甲班学生却怀疑乙班学生在报复。这样误会越来越深，甲、乙两班学生怒目而视，而甲、乙两班班主任之间也无言以对。遇到这种情况，班主任应保持清醒的头脑，以积极的态度消除误会，千方百计引导学生正确理解班与班之间的友好竞赛与合作关系。

首先，班主任应对学生加强竞争观的教育，要用积极的语言评价竞争对手的班集体，授之以健康的竞争心理。例如：教育学生竞争不是目的，只是促进相互学习、提高自身进步的一种手段；要能容忍别人超越自己，进而作为自身进一步提高的动力；那种贬低对方来抬高自己的做法是不道德的。

其次，班主任要适时组织班级与班级间的集体活动，开展班级间的交流学习，让本班学生看到并学习其他班级的优点和长处；同时利用集体活动激发本班学生的自尊心和集体荣誉感，培养学生的主人翁意识，为建设班级奠定好的思想基础。

当然在校内教育力量整合的过程中，学生自身也是一种重要的教育资源，忽视或缺乏学生自我教育的学校教育是不完全的教育，甚至是无效的教育。

资料链接 2-10-1

变"三座大山"为"三座靠山"

一个小小班主任，面对着复杂的班情、学情，面对着个性迥异、灵动鲜活的学生个体，面对着学生各色各样的家庭背景，即使你再能干，也会经常感到力不从心。

做班主任有几大难处，除了学生难教育之外，还要和他们的家长打交道，协调各科教师之间的关系，还要应对来自上级主管部门——年级组、德育处，乃至校长的种种压力。我也是一名普通班主任，所以也经常感受到班主任的苦和累，不仅仅是体力方面的，更有心理、精神层面的。我经常说，班主任人微言轻，讲起来一个班的学生都归你管，但实际上你没有多少权力，就是批评学生，还得教育部授予你"适当的"批评权。要想在这个行业里做到从容不迫、游刃有余，除了你的个人能力之外，巧借外力、整合教育资源、利用多方面的力量形成合力是必需的。

如上所述，除了学生，班主任们还经常面临着来自三个方面的压力——家长、科任教师和学校领导。所以，有些班主任把这三种压力形容为压在班主任头上的三座大山。按我的观点，能不能换个思路或做法，把"三座大山"变成"三座靠山"？也就是说不仅不要害怕压力，也不要只想着搬走（对付）这三座大山，而是要想办法把它们变成帮助自己做教育的有用的资源。

如何变"三座大山"为"三座靠山"？

一、第一座靠山——家长

班主任应争取赢得全班家长的鼎力支持。如果家长们都支持你，那你的工作就可放开手脚，再无后顾之忧了。但你得让家长心甘情愿地支持你，而不是因为孩子在你手上是"人质",被迫就范。所以,我们先明确一个前提:来自家长的支持必须是自愿的、自发的。如果违背了这个前提,即使家长表面上说你的好话,背地里也会恨你。现在家长们的维权意识更胜过去,家校冲突是家常便饭,如果是这样,那家长就更成了压在我们头上的一座大山了。

赢得家长的支持没有多少技巧,只要让家长感觉到孩子在你的班里能幸福、健康地成长,孩子能有所进步、有所发展就可以了。所以,首先要对孩子好一点。孩子是传声筒,回家会和家长说学校、班级和老师,这其中还经常有夸大、偏颇之词。孩子有一个特点,会专门拣对自己有利的话说,如果犯了错误,也多半会为自己开脱,把责任推到别人或者老师身上。这是孩子成长中的通病,并不是什么严重的道德品质问题,即使成年人犯了错误也多半会找借口的。家长也存在偏听偏信的问题,所以,有时家长对老师产生了误会甚至不满,老师那边还浑然不觉。这样不出事还好,真到出了问题要解决时,这种隐患就暴露无遗了。

为避免这种情况的出现,班主任和家长之间应该保持常态的联系,让家长及时了解孩子在学校的表现情况。信息的沟通非常重要。从道理上说,家长有知情权;从班主任的自我保护角度上来说,及时把信息传递给家长也是非常必要的。切莫等到问题严重了再找家长,那时就被动了。所以我一再强调,特别是对难教的孩子,一定要在孩子不出事的时候与家长保持联系、建立友谊。如此,若出了问题,怎么商量都可以,因为那时你们已经很熟悉,甚至已经是朋友了。

没有经验的班主任经常会遇到一种令人尴尬的情况,就是学生犯了错误,班主任把家长请到学校时,却对家长的所有情况——个性脾气、工作情况、家庭背景、为人处世之道——都一无所知,见了面就言辞激烈地批评孩子或者拿出处分方案。这是很危险的。遇到理智一点或弱势一点的家长还好,一旦遇到性格暴躁,甚至本身就仇视社会、对老师不满的家长,便很容易发生冲突。而一旦冲突起来,受伤的往往是班主任。所以,对家长也要做到知己知彼,不能盲目采取行动。想一想另一种场景,一见面老师对家长说:"真不好意思,又麻烦你到学校来了,孩子成长中总是免不了要犯错误的……"那边家长说:"哪里哪里,是我孩子不好,总是给老师添麻烦……"在这种和谐的开场白之后,还有什么问题不能坐下来协商呢?

如果此前班主任确实不了解家长的个性,特别是第一次接触时,还有一个补救的办法,就是先不要直奔主题,而是闲聊几句。这一方面缓和了家长焦虑的情绪,一方面也给了班主任一些试探、观察的时间。几句话一说,这位家长的谈吐、素质、个性就能看出来了,暖场之后再切入正题也不迟。

我们对学生要有人文关怀,其实对家长也要有人文关怀。做家长的都不容易,特别是那些难教的学生,他们的家长是很焦虑的。所以,我们对家长的态度首先要亲和,要理解做父母的难处,切实为家长想办法。一声问候、几句寒暄,可以一下子拉近你和家长之间的距离,也创设了一种美好和谐的家校关系,何乐而不为呢?所以,我们要利用手上的一切资源,经常向家长们表露我们的心迹,既让家长感受到温暖,也让家长了解做老师的不容易。相互理解,事情就好办了。

在我们这里有短信平台,可以向所有家长发消息,也可以具体到某个学生家长。所以,每逢父亲节、母亲节、中秋节、春节、感恩节这些节日,我都会用短信的方式向家长表示问候,顺便关心一下学生——天热了注意防暑、天冷了记得加衣服,态度友善,语言温馨。你不要小看这些可有可无的短信,这是家校关系的润滑剂。不要让家长一收到信息不是考试分数就是收费通知。利用短信平台和家长联系,频率也不能太高,要适可而止。我们都反感一些垃圾信息的骚扰,不要让我们的信息被家长当做垃圾信息。

具体谈到和家长交流,我建议班主任要避免几种不良姿态。

1. 俯视

我常看到一些有点身份、地位的家长,因孩子不争气,经常被老师"请"到学校去。事后我就会听到他们这样感叹:"别看我在单位里呼风唤雨,说一不二的,到了学校照样像个龟孙子,给老师训了还点头哈腰。"我也常听到老师很牛的说法:"别看他家长是个人物,到了我这里,再大的官也得听我的。"

我们一些老师对家长缺乏最起码的尊重,来了之后既不与之打招呼,也不让座,开口就很不客气地训斥学生,甚至连孩子带家长一块儿教训。学生是你的学生,家长不是你的学生,我很反对老师批评甚至训斥家长。每逢这种场合,我都会为班主任捏把汗,心想:万一家长和你闹翻了那可就麻烦了。

2. 仰视

对有身份、有地位、有权势的家长,或者是因为接受过家长的礼物,则对家长一味迎合,在处理学生的问题上有所顾忌甚至偏袒,这是犯了班主任工作的大忌。有的家长确实不像话,和老师说话很不客气,动辄还搬出和某某领导的关系来压老师。如果遇到这样的家长,我送给老师们八个字:"有礼有节,不卑不亢。"相信只要自己坚持原则,站得正,就不必在意家长的强势,更不必仰视家长。年轻的班主任尤其需要学会这一点。

3. 歧视

对身份地位卑微、不善于和老师沟通、不太会说话的家长,有的老师虽然表面上应付,内心里却是不屑一顾。孩子的表现如果再不好,班主任心里就更不舒服了,以至于在言谈举止中都有所显露。这种姿态很不妥当。家长和教师的人格是平等的,学生的问题虽然在很大程度上和家庭教育有关,但在对待家长的态度上不应该歧视。很多家长确实不会教育孩子,试想,如果家长都把孩子教育得很好了,那还要班主任的教育干什么?不管什么样的家长,把孩子送到学校上学就是把孩子拜托给你了。

对这类家长,我们要有充分的耐心,即使心里有些想法,也要克制,要换位思考家长的不易。对于滔滔不绝的家长,要尽量学会倾听,有时倾听比给出建议更重要。如果时间太长,可以以要去上课或开会为由礼貌地结束谈话,并和家长约定下一次有机会时再交流,不要表现出不耐烦。

4. 忽视

表现平平、没有特长、不惹是生非的学生,班主任是最容易忽视的。这种忽视,也会迁移到他们的家长身上——不保持常态的联系,开家长会时对这些孩子也鲜有提及。他们的家长无疑是失落的,对于这个班级来说,他们的孩子好像不存在一样。其实,再普通的孩子在他们的父母眼中也是不平凡的。有智慧和爱心的班主任绝不会忽视这类孩子。只需要投入不多的关注,对他们的激励作用就会远远超过优等生和后进生。

这类孩子的家长平时也不太会和老师主动联系,我们班主任是否可以稍微主动一些?须知,任何孩子都是不可以被忽视的。但班主任的工作琐碎,一忙起来,最先被遗忘的,就是这个群体。为了克服自己的惰性和片面,我曾经采取过两种方法。第一种,规定一些学生的家长必须主动联系我,每个月至少一次,可以面谈,也可以电话联系,实在太忙发个信息交流一下也可以。这种"半强制性"的要求,对家长的鼓励作用非常大。班主任反客为主会让家长感觉很温暖,他们当然会全力支持你的工作。第二种做法是按照学号顺序,强迫自己和家长联系。哪怕话不多,闲聊一下也是必要的。为了完成这项任务,避免无话可说,谈话前必须关注一下学生的状况。这样对自己的工作也是一种促进。同时,要让家长有一定的说话机会,班主任可以听听学生在家里的表现如何、有什么样的特点。

我的感觉是,其实每一位家长都有和老师交流的愿望,只是由于各种原因,有的可能没有完全表现出来。对于不主动联系老师的家长,老师可以适当主动一点,效果会很好。

每一个孩子都是重要的,每一位家长也都是重要的。没有任何一位家长会存心和班主任过不去,只要我们工作到位了,家长就不可能不支持我们的工作。

班主任工作中的任何技巧,与家长无条件的支持相比,都是等而下之的,因为这将从根本上免去你工作中的后顾之忧。

二、第二座靠山——领导

在学校里,班主任是个人人都可以支派的角色,因为只要涉及学生的事务,最后都会由各个口子汇总到班主任那里,通过班主任的工作落实下去。在德育工作和活动上,班主任这条线上的直接领导是年级长、德育处主任、德育校长;在教学工作上,班主任上面的领导是年级组、教务处主任、教学校长。这还不包括像安全、财产管理(总务处)、班主任的课题和教科研任务(教科室)上的领导。平时各部门的各种检查、考核、评价压得班主任喘不过气来,相信很多教师不愿意做班主任都是因为不胜其烦。

但凡事要从两个方面理解,虽然班主任"深受压迫",但是压在班主任头上的大山,其实也是班主任在教育工作中可以依靠的最重要的力量。智慧的班主任从来不会逞匹夫之勇,把所有的问题一个人扛下来,况且有的责任确实不是班主任能承担的。这是个策略问题,也是战略问题。班主任个人的力量未免过于渺小,班主任工作需要有坚强的后盾,这个后盾自然就是各级组织了。

如何利用好这笔资源呢?

首先,要和领导多沟通。要让领导知道你带班的思路和困惑,要让领导对你班上的一些重点人物有所了解。班级出了问题,特别是涉及一些原则性的、政策性的问题时,班主任不应轻易承诺、不应随便下结论。一些可能会产生不良后果的处理,如收费、停课、处分等,班主任都不应随意作出,不应作任何超出班主任权力范围的决定。对没有把握的决策宁可放一放,要学会请示,学会请求帮助,要相信在关键时刻,学校还是会支持、保护班主任的。

其次,在制定一些班级管理的规定时,要注意和学校有关规定保持一致。这可以让你说话有依据,有底气。

再次,对学校组织的活动、下发的任务要持理解、支持的态度。对于领导的一些做法,班主任也要学会换位思考、理性分析,不要本能地反感、反对。我认为:支持是相互的,每个人都有需要帮助的时候,班主任和上级主管部门之间的关系也是互相支撑的,不完全是被领导与领导的关系,更不是有利益冲突的。要学会理顺一些关系,这对班主任的工作只有好处没有害处。作为一名普通的班主任,我想说的是,一些老师总是希望领导多理解一线教师的辛苦,这一点没错。不过,将思路换一换,一线教师是否也该理解领导的苦衷呢?换位思考后我们会发现,谁都不容易,谁也都别为难谁。

只有相互理解,才能相互支持。智慧的班主任一定是善于协调各方面关系的能手,能把看上去不利的因素转化为有利于开展工作的因素。班主任做学生工作、做家长工作,有时会面临种种困难甚至一定的危险。班主任面对这样的难题时,需要尽量避免单兵作战,以免陷入孤立无援的境地。要学会依靠组织,保护自己,实现有层次、有梯度的立体化作战。要相信团队的力量和智慧一定高于个人的力量和智慧,要相信班主任、年级组、德育处、校长这四条防线足以抵挡任何力量的冲击,这才是做班主任最大的智慧。

三、第三座靠山——科任教师

班主任习惯称呼自己班的科任教师为"上帝",这种带有调侃性质的称呼暗示着班主任们对待科任教师的一种微妙的心态。班主任既希望科任教师将最大的教学水平奉献出来,以提高自己班的学习成绩,又担心科任教师在自己班上课时心情是否愉快,是否愿意为自己班倾尽全力。所以,班主任工作的压力中有一部分来自科任教师。

　　班主任为什么要让自己的科任教师成为压力呢？科任教师应该是一支重要的教育力量，班主任应该团结所有的科任教师，全力打造以班主任为核心的教师教育团队。如此一来，教育的力量就强大多了。苏霍姆林斯基曾经说过，全体教师团结一致是教学教育工作成功的保证。

　　谁做自己班的科任教师一般情况下不是班主任说了算的，领导在配备一个班的科任教师时，会综合考虑多方面的因素，其中很重要的一条就是平衡，不可能全部配给你最优秀的教师，而且优秀与不优秀本身也是相对的。所以，班主任手上的这把"牌"是花色齐全的。智慧的班主任会把这把"牌"理得很顺，让每张"牌"都用在最适当的地方，发挥最大的作用。这就要求班主任要了解、研究你的科任教师，要熟悉他们的教学能力、教学风格、对课堂的驾驭能力及个性、脾气，要像研究学生一样研究你的科任老师，这是搞好协调工作的基础。

　　了解了你的科任老师和学生，就会知道这位科任老师的强项是什么、容易在哪些方面出问题，在对学生进行教育时就要善加引导、巧作安排。既然班主任无权调换科任老师，那就要全力以赴做好他们的服务工作。学生对不同的科任老师会表现出不同的好恶，即使一位很优秀的科任老师也不可能让所有的学生都喜欢，但学生的看法是带有个人色彩的，比较片面。当班主任发现某位科任教师不太受学生欢迎或学生意见比较大时（其实这也是可以预判的），班主任首先要在对学生的意见表示理解的基础上，多做疏导工作，强调人无完人，带孩子从另一个角度看到该老师的优点，要教育学生尊敬老师，与人为善。

　　过去有一位语文老师，教学很认真，但比较刻板。哪一位同学要是背诵、默写之类的不过关，她就会一直盯着不放，一直到学生烦了怕了才罢休。她个性很直率，不太会"讨好"学生，不会与学生和谐相处。以前，她教过的好几届学生，考试成绩尽管不错，但学生就是不喜欢她，还曾经发生过学生集体投诉的事情。为此，当时担任年级长的我还专门为她开过座谈会，听取学生的意见。最后，她终于和我合作了一次，那时她已经过了退休年龄，在我的班干最后两年。偏巧那个班又是当时全校最差的班，一方是"死认真"，一方是不肯学；一方是老太太，一方是活泼好动的调皮孩子，师生矛盾可想而知。的确，一开始的时候，学生确实烦她，但老师认真教学是对的，我总不能站在学生一边吧。怎么办？做工作呗。通过大量的工作，硬是把矛盾化解了。到后来，这一老一少、一静一动，倒成了绝妙的组合，难得的缘分。我常对学生说："语文老师都是奶奶辈的人了，认真严谨了一辈子，人家自己的孩子很优秀，名牌大学毕业，现在在国外。她看到你们的学习习惯，一定是很痛心的，但是她甘愿和我们在一起拼搏。这么大年纪了，衣食无忧，图什么？还不是把你们都看成了自己的孩子！能有一个对成绩如此差的班级还不离不弃的老师，更是我们修来的福气。要懂得珍惜啊！"我知道，我班的孩子再闹,对老师还是有感情的。学生明白了这一点,从情感上接受了,那学生看老师就什么都顺眼了。由于我精心呵护这种和谐的师生关系,我们班的语文成绩后来大有提高。同时,班上自习课的纪律再也没有让我操心过:每次自习课,语文老师都会不请自到,下到班上去辅导学生,学生也再也没有反感过老师。我想,这位语文老师在学校的最后两年一定是幸福的,我们用丰厚的情感回报让她几十年的教师生涯画上了一个圆满的句号。

实践表明,学生与科任教师的关系一旦步入良性循环,很多矛盾都将迎刃而解。这种良性循环的基础是建立良好的师生感情。有的科任教师与很多班主任的合作都不愉快,教很多班级都不顺心,但是偶尔也会遇到特别顺的情况,我们常常认为那是一种缘分。其实不然,科学地分析,缘分说站不住脚。那是因为师生双方因某种因素产生了感情,故而"相看两不厌"。这其中,班主任的"催化剂"作用是非常关键的。班主任一旦帮助科任教师与学生建立了良好的关系,这第三座大山就算从心里搬走了。

关于这点,我提供以下几条建议。

1. 班主任要和科任教师多交流沟通

定期的、不定期的;正式的、随意的;谈教育教学可以,闲聊家常也可以。如此交流有两个好处。第一,班主任可以得到大量有价值的信息。因为科任教师有他的人脉、有他看问题的角度、有他掌握的一些信息,比如,有的话学生不一定告诉班主任,却可能对关系比较好的科任教师说。科任教师和班主任的信息是可以互补的。第二,科任教师对学生的了解往往仅限于本学科,缺乏对学生学习状态和思想品德的总体把握。班主任则可以总揽全局,协调各科教师对学生的教育。科任教师从班主任那里了解到一些信息后,对调整他的教学策略会有帮助,特别是在涉及一些特殊学生的教育时。

2. 力所能及地帮助科任教师解决实际困难

比如,如果有科任老师身体不好,还坚持上课,不妨在教室里给他放一把椅子。科任老师不一定坐,但你的这一举动一定会让他感动,从而精心上好他的课。

3. 集思广益,和科任教师共同研讨问题解决方案

在制定班级的规定、教育策略时,不妨多征求科任教师的意见,不要一个人闭门造车。有时当局者迷,旁观者清,同事的一条建议往往会让你的思路豁然开朗。班主任有困难也要学会向科任教师求助,这叫互相帮助。

4. 帮助科任教师扫清工作上的障碍,减轻工作之外的烦恼

要帮科任老师选一个好课代表、经常让学生帮助科任老师做一点事情,这样,一来可以增进师生感情,二来可以培养学生尊师重教的品质。这其中最重要的是让科任教师有一个舒心的上课环境,包括硬环境(如讲台、黑板、卫生等)和软环境(如课前准备、上课礼仪、课堂纪律等)。

> 5. 在班级里大力培养学生关心、尊重老师的风气
>
> 要旗帜鲜明地捍卫科任教师的尊严,即使师生偶尔发生矛盾冲突,也要让学生养成先冷静下来,课后再处理的习惯。班主任要积极介入,平息事态,化解矛盾。班级里举行活动时,要让班干部或课代表真诚地邀请科任老师一起参加,因为活动是最能增进师生感情的。
>
> 有了这些举措,相信你的科任教师一定会紧紧团结在你的周围,为班级的发展尽心尽力。
>
> 做好了这些工作,"三座大山"就变成了"三座靠山",这样你的班主任工作就将如虎添翼,省力省心。因为你不是一个人在战斗,你的力量会很强大。
>
> 看上去班主任工作是很累人的,每天除了有做不完的事之外,还要花心思去讨好家长、讨好领导、讨好科任教师。做所有这些,都是为了讨好学生。但这样做有什么不对呢?做教育不就是这样吗?其实,"看上去如何"与"实际上如何"还是有很大区别的。班主任做好了这三方面的工作,把压力变成依靠和动力了,不仅带班轻松,效果还好。学生感觉幸福的同时,班主任自己也是受益者。
>
> 同样是三座山,心态决定了看法,决定了班主任的幸福感。协调好三大关系,胜过学会很多对付学生的技巧。所以,班主任在自我成长过程中,首先需要做的,不是提升技巧,而是改变心态;不是增强技能,而是修炼境界。班主任工作其实并不复杂,也不是那种需要很高智商和技巧的工作;其中虽然也有一些专业性的方法,但总体来说,其工作离不开一些做人的基本原则。班主任工作是与人打交道、做人的工作的,所以,做人的智慧很多也可以迁移到做班主任上。
>
> 我们要追求的,是做教育的大智慧,而不是小技巧。
>
> 资料来源　陈宇.你能做最好的班主任[M].北京:教育科学出版社,2011:15-25.

第三节　校外教育力量的整合

有一则很多人都知道的寓言故事——天鹅、梭鱼和大虾。寓言中讲到"天鹅、梭鱼和大虾都要把一车货拉走,可是它们用尽力气,那辆不重的车子却一动不动,原来,它们用力的方向不一致。天鹅要上天空,大虾直往后拉,而梭鱼呢?偏要朝水中拉"。这则寓言颇能说明学校、家庭和社会各种教育力量对学生成长的影响的形式。只有各方面对学生教育的方向一致,才可能达到教育目的。如果各种教育力量像天鹅、梭鱼和大虾那样,其影响就会相互抵消,甚至产生不良后果,即产生本章之初提到的"5+2=0"的效应。为使这些教育力量协调一致,班主任在对校内教育力量进行整合的同时,还必须对校外教育力量进行整合。

一、真诚地协调好与学生家长的关系

苏霍姆林斯基说:"如果没有整个社会,首先是家庭的高度教育素质,那么不管教师付出多大的努力,都收不到完美的效果。"

家庭是学生最初经常接触的生活环境,父母是儿童的第一任教师。学生因与家长在血缘上、经济上、思想感情上有着密切联系,因而极易受到家庭教育的影响。大量事实证明:学生在品德、才智方面表现出来的差异,其重要原因之一是家庭教育的不同。

学校教育和家庭教育在学生成长中各自具有不能相互替代的作用,所以,班主任与学生家长的关系成为学校教育过程中的一种特殊的人际关系,也是教育过程中不可忽视的重要因素。

教育过程中,班主任和学生家长的根本利益是一致的,都是为了把学生培养成德、智、体全面发展的人才,这种一致性为教师与家长的相互尊重、相互支持、密切合作提供了前提和基础。然而,在教育实践中,由于种种主、客观的原因,班主任与学生家长之间可能会产生各种矛盾。正是由于这些矛盾的客观存在,所以班主任有必要做好协调工作。

(一)班主任与学生家长之间产生矛盾的原因

(1)由于教育效果不佳而相互埋怨产生的矛盾。人的培养是一个非常复杂的过程,其效果受到多方面因素的影响。在不少情况下,虽然班主任或家长投入了大量精力却效果不佳。这时班主任和家长往往容易将失败的原因归结于对方,认定是对方关心不够或教育不当造成的。

(2)由于班主任与学生家长之间教育学修养水平的差距而导致的矛盾。由于职业的原因,班主任受过正规的教育学、心理学方面的训练,又有专门从事教育工作的经验,教育水平当然比一般家长高。如果教师以专家自居,不认真听取家长的意见、建议,而一味地指挥、命令家长怎么做,就容易引起家长的反感,产生矛盾。

(3)班主任与学生家长角色不同,掌握学生的情况不同,对学生的评价不同而产生的矛盾。

班主任只有妥善处理上述矛盾,才能使其与学生家长的关系协调一致。这就要求班主任以真诚平等的态度与家长合作,像对待自己的孩子般对待学生,做家长的贴心人。

(二)处理好与家长的关系应注意的几个问题

1. 保持密切联系

教育要取得效果,必须建立在全面深刻地了解学生的基础上。要做到这一点,班主任必须与家长保持密切的联系,了解学生的过去,了解学生在家庭的表现,细心研究学生成长的家庭环境和社会环境。与家长保持密切联系的渠道很多,常见的有以下几种方式。

（1）家访。家访是班主任代表学校对学生家庭进行的具有教育性质的访问。家访的目的是全面了解学生在家庭的表现和学生的家庭情况，向家长通报学校教育的要求和学生在校的表现，培养班主任与家长的情感，解决学生的个别性问题。教育实践表明：班主任进行家访，家长会从内心感谢教师关心孩子，这是家长配合班主任工作的心理基础。当然班主任在家访过程中要以肯定学生的成绩为主，千万不要造成家访就是向家长告状的印象。这样既不利于教育学生，也不利于调解教师与家长的关系。另外，家访的形式也不是千篇一律的，班主任在决定家访后要细心策划，有时可以事先通知，有时可以"突然袭击"，有时可以装作偶遇，有时可以电话联系，切忌"喊家长"到校。无论采用哪种方式，班主任都要事先细心准备，明确目的。

（2）召开家长会。家长会是家长参与班级管理、协助班主任教育学生的被普遍使用的形式。班主任可以通过家长会汇报学生学习情况，研究本班教育问题，征求家长对学校工作的意见，组织家长交流经验，举办家庭教育知识讲座等。召开家长会时，班主任要注意在家长会上避免当众批评后进生，以维护家长的"面子"，否则会导致学生家长与班主任的对立，影响教育效果。

（3）建立家长委员会。班主任把班级家长适当地组织起来，发挥家长间相互教育的功能，通过家长委员会使学校与家庭、家庭与家庭间的信息得到传递。

另外，班主任还可以通过书面联系等其他形式与家长取得联系。

2. 尊重家长，平等对待所有家长

尊重家长是班主任用来处理与学生家长之间联系的准则。学生来自千家万户，家长涉及各行各业，各种层次，班主任在与家长的联系中要区别不同类型的家长，采用不同的工作方法，但有一点却是相同的，即无论什么样的家长，我们都应该注意尊重、平等对待。对家庭贫困的家长，对社会地位较低的家长，教师要主动关心、热情对待，千万不要高高在上，轻视冷淡；对狂妄自大的家长，班主任要不卑不亢；对社会地位高的家长，对经济条件好的家长，班主任既不要敬而远之，也不能格外关注，应把他们视为普通家长，平等对待。

教育实践中，有些班主任与家长相处时，喜欢以自己对学生印象的好坏来决定对学生家长态度的好坏。他们与优秀学生的家长或自己喜欢的学生家长交往时和颜悦色、热情周到；与后进学生的家长交往时却轻视冷淡，这样对待家长不仅会造成后进学生家长与班主任的对立、不配合，而且会损害班主任自身的职业形象。

3. 教育学生要尊重家长

教育学生要尊重家长，能提高家长在孩子心目中的威信，使家庭教育顺利进行。家长也通过学生尊重自己的言行，可以感受到班主任教育自己孩子的成果，进而产生对教师的感激之情。这就更有利于实现家庭教育与学校教育的配合。同时也有利于学生发现自己家长的那些能使自己感到自豪的品质，有利于发挥家长的道德示范作用。

教育实践中，我们经常听到有些教师对学生说："在你父母面前，你爱怎么样，我不管。但你在学校，在老师面前就不行，要撒野到你父母面前去撒。"这样损害了家长在学生心目中的威信,或者会使学生觉得老师对他们家长不尊重,导致学生与老师的对立,也会严重影响班主任与学生家长的关系。

教育学生尊重家长,最有效的方法是教育学生用优良的学业成绩、良好的表现和创造性劳动给家长带来欢乐。这样一方面使学生品尝到取得成功的欢乐,另一方面也通过这种方式表达了对家长养育之恩的感激之情,促进家庭成员间的和睦相处。这样家长会十分欣慰,会真诚地感激老师,从而十分愉快地协助老师做好教育工作。

4. 帮助学生家长树立正确的育人观,提高教育的艺术

班主任与家长相处时,一方面要虚心向家长学习,倾听他们对教育工作的意见和建议;另一方面,也不能无原则地迁就家长的一切要求。在教育子女的问题上,有的家长受片面追求升学率的影响,往往只是关心孩子的学业成绩而不管孩子的思想品德,只关心孩子的分数而不关心孩子的其他能力;有的家长过分溺爱孩子,将孩子视为"小皇帝"、"小公主";有的家长相信"不打不成材",导致学生与家长的对立……对于学生家长在教育过程中出现的问题,班主任应通过家长会等各种途径,介绍科学的教育理论,帮助家长树立正确的教育思想,提高教育学生的能力。

案例欣赏 2-10-2

学 生 来 信

一天,我拉开办公桌抽屉,发现一个信封,上面写着"杨老师收",右上角还写着"秘密",我拆开一看,里面有这样几行字——

杨老师:

我真不好意思告诉您,我昨天的家庭作业根本就没有写,因为昨晚我爸爸又喝酒,跟我妈妈吵闹了一场,我的心怎么也静不下来,您说怎么办呢?

学生 S

原来如此。S同学近来总是无精打采,学习退步的谜终于解开了。同时我又深受感动,他用了他所能想出的最适当的办法把自己的隐私告诉了我。我感受到了这字里行间包含着的信赖、恳求和希冀。我一定要帮助他!可是怎样处理好这件事呢?再找他详细了解一下情况吗?显然他是不愿意才这样做的。考虑再三,我决定去找他父亲单独谈谈。

我在他父亲下班时间到他单位附近等着,然后佯作与之偶然相遇。寒暄之后,我说:"我正好想请你帮个忙。是这样,最近学校要搞一次作文竞赛。S同学平时学习不错,在作文方面很有潜力,参加这次竞赛对他会是一个很大的激励和推动,可他这些日子不知怎么的,总是闷闷不乐,学习也难免受些影响。我想,你当父亲的比我更了解他。你知不知道他的心事或者能帮我做做工作?"说这番话

时,我注意到了他微小的表情变化。最后,他微笑着说:"您太客气了,杨老师,教育孩子是我们家长应做的事。您当老师的对孩子了解这么细致,想得这么周到,这倒让我不好意思了……咳!说出来不怕您见笑,这些日子我的心情不好,有时跟他妈吵几句,也就顾不上对孩子的影响了。咳,老师您不知道哇……"看他欲言又止,有口难言的样子,我忙接上去说:"这我理解,您不必细说了,谁家没点磕磕碰碰的事?其实,我在家里也常遇到些心烦的事儿。可想想孩子还小,咱当家长的得为他的成长创造一个良好的家庭环境啊,想想这个,火气也就压下去了。大人吵闹,让孩子怎么办呢?不光学习要分心,天长日久,怕还影响孩子的心理性格的发展。咱们谁不望子成龙呢,您说是吧?"他一个劲地点头说:"对,您说得对,往后我会好好注意这个问题。杨老师,您放心,孩子的工作应该我去做。"随后,S同学的精神面貌有了明显的变化,又恢复了以前的活泼劲儿,并且在作文竞赛中获了奖。

案例来源　欧阳炳焕,徐书云.班主任锦囊妙计[M].长沙:湖南师范大学出版社,1991:296.

二、热情地协调好班级与社会教育力量的关系

如果说家长是班主任工作中不可少的"同盟军",那么学校围墙外的社会教育力量则应是班主任工作中必须依靠的坚实后盾。作为社会人,学生每天会与社会发生千丝万缕的联系,同时受到社会的教育和影响。社会的教育和影响既有积极的,也有消极的,有些会对学校教育产生抵消甚至起到破坏作用,正因为如此,班主任必须做一个热心人,充分发挥社会教育力量的作用。

这里讲的社会教育力量包括社会的物质资源、信息资源和人力资源。

物质资源包括:祖国壮丽的河山;广泛分布各地的艺术品、博物馆、展览馆、科技馆;日新月异的市政建设;专门建设的青少年教育活动基地……

信息资源包括:中华民族和各地悠久的文明史;祖国和当地改革开放的伟大成就,大好形势;文学艺术;人际交往无私的奉献;每天的科技动态……

人力资源指:社区的各级领导;热心的长辈;各行业关心青少年教育的人……

我们在这里讲的协调好与社会教育力量的关系,主要指社区的人力资源。尽管他们没有教师的"光环",但他们都在以不同的方式、方法给学生的成长施加影响。班主任只有将这些教育力量正确协调,共同携手才能完成好育人工程。

班主任协调社区教育力量的方法很多,一般而言,有以下几种常见形式。

1. 携手共建教育基地

越来越多的学校意识到开发社区教育力量的重要性,他们主动出击,在学校周围建立了许多教育基地、共建单位,充分利用它们给学生以正面影响。与此同时,各级政府和教育行政主管部门也积极开发新的教育资源,建立了一些诸如爱国主义教育基地、国防教育基地、社会实践基地、学工学农基地等多种形式的教育基地,在社

区与学校之间架起了有益的桥梁。这些一般是学校出面联系的,班主任也可以利用家长的力量与家长所在单位建立特定的社会实践基地。通过社会实践活动,凝聚人心,锻炼能力,达到教育目的。

2."请进来"

班主任应及时了解社会动态和社会意识新动向,将符合教育要求和有利于教育目的的社会教育力量引入课堂,例如请社区的老红军到校讲革命史等。这是弥补学校教育不足和丰富教育内容的常用方法。目前,多数学校都与公安机关、法院、部队建立联系,聘请校外辅导员。班主任还可以利用社区中的领导、老干部、先进典型及家长的力量,结合班级实际,有目的地请这些"老师"联系自己的亲身经历对学生进行爱国主义、集体主义教育。教育实践证明,"请进来"是一种行之有效的办法。

3."走出去"

在"请进来"的同时,班主任还应带领学生走出课堂,走出校门,走向社会,让学生领略祖国的壮美河山,浏览改革开放的丰功伟业,体验各行各业劳动者的精神风貌,进而增长学生的见识,开阔学生的视野,陶冶学生的健康情感,激发学生上进的志趣。

4.利用各种媒体

大众媒体的发展,大大扩大了学生获取信息的渠道。从总体上看,这对学生的成长是有利的。它不仅能扩大学生的视野,而且能为提高学生分辨是与非、美与丑的能力提供生动的材料。因而班主任不能只看到媒介宣传的负面效应,而与大众传媒站在对立面,要设法将大众传媒中的教育力量利用起来,增添班主任工作的时代色彩,加速人才的培养。

总之,教育力量的整合是多方面的。在教育学生的过程中,学校教育、家庭教育、社会教育各有特色,只有将三者有机地结合在一起,发挥总体的教育作用,班主任才能在班级管理中游刃有余。

【思考与实践】

1. 仔细阅读本章内容,谈谈让家长、科任教师、领导成为三座靠山的关键。

2. 通过网络查找有关统一战线的资料,谈谈统战思维方法对做好教育力量整合的意义。

3. 存在"难缠"的家长吗?如何做好有个性家长的工作?

第十一章 班级管理的类型与战略

阅读提示

（1）什么样的班级管理方式适合我？
（2）班级管理能走到什么样的高度？
（3）我应做出怎样的战略选择？

第一节 班级管理的类型与境界

一、班级管理的类型

教师对教育本质的领悟不同、性情不同、目的不同，其管理的方法也不相同。

从管理手段上来看，班级管理有经验型、技巧型、理论型和综合型四种。

（1）经验型：在班级管理中，面对各种问题，跟着感觉走，总能兵来将挡，以各种失败和成功的案例，或自己的教育经历，或同行的成功经验，作为管理班级依据。经验型管理，在班级管理中，可以临危不急，有条不紊，使班级迅速进入有序状态，但如果停留在这一层次，则难以形成有序的教育目标体系和班级稳定中的持续发展。

（2）技巧型：在班级管理中，研究各种问题处理的实际技巧，以此保障班级各项事务的顺利进行。技巧型管理，往往能四两拨千斤，巧妙解决班级管理中各种复杂的问题。但如果将学生看做是对手，仅满足于一招一式的技巧，追求克敌制胜的方法，满足于单独事件的有效、妥善的解决，容易将师生关系变为猫与鼠的敌我关系，从而背离真正的教育目标。

（3）理论型：注重教育实践的理论支撑，运用教育学、心理学及管理学的科学理论来管理班级、教育学生。理论型管理，有助于研究问题的实质，形成班级管理的体系，提升班级管理的境界。但若不加选择与变化地运用，甚至把企业、军事等管理方法简单套用到班级管理中，则有可能走向形式主义。

（4）综合型：从经验中提炼升华，综合各类管理方法之长，迅速地找到理论中能契合自己已经模糊形成的教育思想精华的部分，经过加工，拿来为自己所用，创造性地制订出一套适合学生发展的有战略意义的教育计划及实施方案。综合型管理，不只着眼于一事一人，而既能针对班级及学生的具体情况，同时也能针对某个具体情境或突发情况，迅速而灵活地找到最确切、最适合的解决问题的办法；亦调动和整合各方面的力量，以形成教育合力，实现教育的多元化、立体化。应该说，综合型管理是班级管理的最高境界。盲目跟风、朝令夕改的作法,不属于真正的综合型管理。

从班级管理中主客体的参与度来看,班级管理有专制型和民主型两种。

(1)专制型:在班级教育管理实践活动中,处于绝对的主体地位的班主任主要依赖自然权威,施行教育,实施管理,学生则处于绝对的接受教育、服从管理的地位,班主任的主要职责是发布命令,学生的主要任务是无条件地执行命令、完成任务、实现目标。这种管理模式简单易操作,管理环节少,班主任对班级中的每件事都亲自指导督促,易于减少班级管理阻力,班级管理的效率相对较高,尤其在完成紧急任务时,其执行效率优势比其他管理模式可能更明显。但长期采用,易造成管理机制的僵化,学生的自主性和创造性受到压抑,班集体缺乏活力。

(2)民主型:采用民主的教育方式,在平等对话、理性协商、自由交流中实现班级管理中各项事务的计划、部署和实施。民主型的管理方式,能让每个学生都能感受到自主的尊严,感受到心灵成长的愉悦;学生在与教师的相互尊重、合作、信任中全面发展自己,获得成就感与生命价值的体验,获得人际关系的积极实践,逐步完成个性和健康人格的确立。民主型的管理,一定要在教师了解民主的实质,正确处理好收与放、松与紧、个性与共性等关系的基础上,正确引导,才能实现真正的民主,否则很容易走向放任自流。

> **资料链接 2-11-1**
>
> 著名教育专家王晓春根据不同班主任工作特点将班主任细分为九种类型,即"班妈"型、"班官"型、鼓动家型、领袖型、导师型、科学家型、"维持会长"型、"寨主"型和"书生"型。这种细分,有助于我们更好地剖析在班级管理中的各种理念与行为。
>
> 一、"班妈"型
>
> "班妈"型班主任主要靠"爱心"来工作,给自己定位的主要角色是学生的"准妈妈"。其中自然是以女老师为多,但也有一些男老师情愿做"班妈",这与传媒铺天盖地的"爱的呓语"有关,也与学校教师女性优势有关。
>
> 这种班主任总是把爱的旗帜举得高高的,把爱的气氛搞得浓浓的。无论遇到什么问题,他们都诉诸感情,求助于爱。他们活脱脱是"亲妈",眼巴巴地盯着一帮儿女,喜怒哀乐搅成一团,师生关系类似亲情关系。
>
> 这种班主任领导下的班级,其班风是情绪性的,一切都围绕师生关系旋转,各种活动主要靠爱来推动。如果弄得好,班级会显得很团结,多数学生与老师的思想保持一致,听老师的话。但因为教师对学生的爱极难做到绝对平均分配,其中不可避免要夹杂教师个人好恶,所以这样的班级里,学生之间常常会发生争夺班主任之爱的矛盾,类似兄弟姐妹争宠。
>
> 若遇到一些对班主任的爱不领情的学生(个性如此),这个班就可能"弄不转",班主任会很寒心。无奈之下,他就有可能转而求助于严格管理,把手中主要

的武器爱换成权力,于是他就变成了"班官"型的班主任了。"班官"型班主任与"班妈"型班主任常常互相转换,常常是混合型的。

"班妈"型的班主任,以小学为多。这种工作姿态,学生年龄越大越不灵,因为教育学生的过程并不等于爱学生的过程,教育的含义要比师爱宽阔得多,深厚得多。

对这种班主任,应该告诉他们,爱当然是需要的,但班主任工作主要靠爱是不行的,班主任工作需要专业技术,而爱,不能算专业技术。学生家里已经有一个妈妈了,如果学校的作用只是给他增加一个妈妈,对于教育,那太狭窄了。这种班主任急需补教育科学课。

二、"班官"型

"班官"型班主任主要靠监督、检查、评比等管理方式来工作,他们给自己定位的主要角色是学生的"上级",学生的管理者。

他们当然也高唱"师爱"(教师没有不唱"师爱"的,"师爱"是教师胸前的徽章),但心里真正相信的却是严格管理。这种人往往热衷于制定各种条条框框,热爱指标,喜欢板上钉钉的要求。他们早来晚走,眼睛总是紧紧地盯着孩子,高频率地使用赏罚手段。这种老师摆出的是一副和学生拼到底的架势,学生没办法,只好就范,于是各项工作井然有序,颇见成效。

"班官"又可以细分。比较公正的是"清官";偏袒"好学生"、偏袒家长有势力的学生的为"昏官";恩威并施、表扬批评兼用的是"好官",一味批评、惩罚、请家长的是"酷吏"。

"班官"们的形象也是丰富多彩的,有时看起来像经理,有时看起来像警察,有时看起来像法官,有时看起来像救火队员,有时看起来像牧师,偶尔也像个和蔼可亲的长辈,但其头顶上总是隐隐约约有一顶乌纱帽。这是他们的主要角色认同。

恐怕我们得承认,这类班主任比例是比较大的,无论是在中学还是在小学。这与我们的传统文化有关,也与我们的教育体制和上级导向有关。教育行政领导部门安排工作、评价班主任,基本上是把他们当成行政单位(班级)负责人来对待,而不是把他们当成教育专业人员来对待的。上级反复强化行政思维,不可避免地加深主任的"官员"意识,虽然班主任只是一个不入品的芝麻官,但经验告诉我们,官阶低不等于官气小,据我观察,有些老师官僚气味还是挺浓厚的。

鉴别"班官"型班主任的主要办法是询问学生的感觉。如果班级学生的多数都觉得班主任首先是自己的"顶头上司",是领导自己的人,师生关系的主轴是上下级关系,那这位班主任就基本可以认定是"班官"型的。

"班官"型的班主任中有不少人完成上级任务很出色,甚至被评为优秀教师,但他们的工作有很大弱点,即管理压倒教育,管理代替教育,没有深入学生灵魂,教育的效果往往是表面的。而且,由于学生一代比一代"难缠",他们的管理正受到越来越大的阻力,有人甚至已经穷于应付、束手无策了。特别值得注意的是,酿成教育突发事件(学生自杀、教师对学生施暴、学生或家长对教师施暴)的班级,往往班主任就是"班官"型的。这道理很简单,官僚主义最容易激化矛盾。

这种班主任,急需转变角色意识。他们要明白,自己首先是一个教育专业人员,而不是一个"管人的人"。

三、鼓动家型

鼓动家型班主任主要靠"煽情"来工作。他们有个人魅力、知识和才能,他们给自己的角色定位是要做学生喜爱和钦佩的人。

他们性格外向、热情四射、口才上乘、有一定的表演才能;他们凭三寸不烂之舌,能把学生一会儿说哭了,一会儿又说笑了。如果你能引领学生的情感,当然你也就能引领学生的行动,于是我们就看见他们的学生常常热泪盈眶地追随在他们后面,像被催眠一样。他们和学生的关系,有点类似歌星与粉丝的关系。

这种班主任往往能把工作做得很好,班级带得有声有色。他们在班主任中比例很小,因为不是每一个班主任都有他们那样的鼓动才能的。他们的工作经验,别人也很难学习,因为往往带有很强的个性。还有一个问题是,他们带过的班,别人不大好接,一旦后面的班主任才能不及他们,或者个性差别很大,学生就可能产生抵触心理。

不过,我觉得这种工作风格无可厚非。我希望校长们不要打击他们,不要非把他们的个性磨平不可,应该允许他们发扬个性和个人魅力搞好工作。当然,同时也要引导他们注意提高工作的科学性。科学性和艺术性,原是可以很好地结合的。

鼓动家型的班主任和"班妈"型的班主任都诉诸情感,他们之间的区别是,前者的情感诉求更宽阔,不限于母爱和亲情。

鉴别鼓动家型班主任不难,因为你和他接触不久就能感到他的鼓动才能(语言感情强烈、表情丰富、动作夸张),而他的很多学生看他的眼神都是炽热的。

四、领袖型

领袖型班主任主要靠活动来工作,他们给自己的角色定位是"带领者"、"组织者"、"统帅"。

他们是鼓动家,更是组织家和活动家。他们的拿手好戏是不断地组织学生进行各种各样的活动,在活动中凝聚集体,在活动中形成正确舆论,在活动中冲刷存在的问题,用活动裹挟问题往前进。他们领导的班级往往充满生机。他们与学生的关系有点类似政党主席和党员的关系,主席一声令下,党员蜂拥而上。

领袖型班主任负责的班级,一般都是优秀集体,班风往往有明显特色,班级凝聚力强,学生集体荣誉感强,集体温度高,这在比赛中表现得尤其鲜明。

领袖型的班主任与"班官"型的班主任都强调行动,二者的区别是:前者侧重发动群众,而后者侧重管理群众。

这种班级比较容易出现的问题是学生的个性可能受到压抑。这种班级往往非常强调齐心合力、步调一致、为集体争光、不给班集体抹黑,当一切都从集体出发而且以集体为归宿的时候,教育、培养学生个性的任务就会被淡化甚至遗忘,于是班级的性质就变了,与其说它是一个帮助每个学生成长的"花园",不如说它是一辆冲向特定目标的"大轿车",而手把方向盘、掌握目标的则是班主任。

鉴别这种班主任的方法是,你和该班学生聊天,如果发现他们说话几乎都是一个调子,甚至使用词汇都比较统一,而且大家谈的常常都是集体的目标,较少说到个人感想,那就可以判断,这位班主任是领袖型的。

五、导师型

导师型班主任主要靠思想和人格魅力来工作,他们给自己的角色定位是学生人生的指导者。

他们有自己独立的教育思想,个性非同一般,人格魅力过人,有特殊思路,会用班干部。他们能把学生迷住,使之甘愿为老师赴汤蹈火。

他们的威信往往高到令学生"迷信"的程度,这样,他们就可以摆脱一些俗务,很多事情只要运筹帷幄甚至"遥控"就行了。

这种班主任是有思想的,他们对人生、对自己的成长之路有相当深入的思考,而且往往认定自己的成长之路值得推广,于是他们就有意无意地在学生身上复制自己的成长过程,推己及人。他们和学生的关系有点类似教主与信徒的关系。

指导人生当然是很好的,这是班主任的分内工作,学生崇拜老师也是可以理解的,这种老师肯定有值得崇拜的地方。问题是,如果这种崇拜形成某种狂热,导致迷信,导致排他,导致封闭,那就对学生成长不利了。

班主任的任务是为学生提供一个优良的成长平台,对学生成长的大方向作正确引导,而不是过于具体地为学生设计成长路线,在一个开放的社会尤其要注意这一点。

这种班主任极少。有的会成为知名教师,有的则可能被排斥(因为他们特立独行)。鉴别这种班主任不难:和他本人接触或读一读他的著作,你会发现他的想法、做法与众不同,且坚信自己是正确的;而和他的学生接触,你会发现他们比较会思考,但往往是沿着老师的思路,用老师的习惯语言,而且对老师无限景仰。

六、科学家型

科学家型班主任目前也极少,我希望多起来。

他们主要靠科学来工作。他们给自己的角色定位首先是学习者和研究者,其次才是学生的领导者和组织者。

他们对学生,第一是尊重,第二才是爱。他们遇到问题,总是采取研究的态度,进行诊断,然后拿出解决方案。对他们来说,学生不但是朋友,而且是研究对象。对他们来说,工作本身也是一门科学和艺术,是研究的对象。更重要的是,对他们来说,自身也是研究对象,他们很注意经常反思和梳理自己的思路。

对这种班主任来说,教育首先不是一种任务,而是生活本身,班主任首先不是一个职务,而是一本需要阅读的书。他在关心学生成长的同时关心自我实现,在教育学生的同时超越自我,如果学生变了而他自己没有变化,他对这种"成绩"是不满意的。班主任工作在他们看来是一群年龄小的人和一个年纪大的人之间的交流、互动、互相影响,很难说是谁在教育谁,只不过因为职务关系,因为年龄、知识、经验的某种优势,老师对学生的影响可能稍大一点而已。

他们与学生的关系,类似成人与成人的朋友关系,温暖、理智、平和。

如果我们见到这样的班级,我们会发现学生对老师尊重而不迷信,师生和谐而不统一。学生并不刻意和老师保持一致,但是也不刻意和老师唱反调,师生都遵守共同的人际关系规则。这种班级不会"团结得像一个人一样",但是也不会突然分裂,它在动态中实现了稳定。这是一个个独立的人的自由联合体。在学生的心目中,这种班主任是普通人,但是学生比较喜欢听他的建议,因为他热心而少干预,指导而少控制,而且富有智慧。

做这种班主任有没有弊端呢?有。我相信他们在现行体制中不大容易被评为优秀,说不定还会遭到一些非议,比如"管理不严"、"迁就学生"、"集体主义教育不够",甚至"不负责任"。另外,这种班主任的态度十分冷静,或许对小学尤其是小学低年级的学生不大适用。教育小学低年级的孩子,情感色彩还是浓一点为好,这符合小孩的心理特点。

上述六种类型的班主任,虽然各有弱点,然而总体说来还都是值得肯定的。完美的班主任并不存在,我们应该允许甚至提倡各种类型的班主任自由竞争,这样才有生气。

但是下面几种班主任情况不同,基本上不能肯定。这些都是一些不合格的班主任的类型,我们也许无法杜绝其产生,但应竭力减少。

七、"维持会长"型

"维持会长"型班主任其实就是在那里维持局面而已,他们主要靠权力和空洞说教来工作,给自己的角色定位是学校领导布置的各项任务的机械执行者。他们治班,无一定计划,无一定方向,无一定目标,无一定政策,完全跟着学校的检查评比走,学校让抓什么就抓什么,学校没抓什么就不动。班里出了事,应付一阵,挡过去就好,不求根治。对学生不甚关心,对工作谈不上热爱。有点成绩高兴一阵,但不总结经验,以利再战;遇到挫折埋怨一阵,但不接受教训,下次还这么办。有时候这种老师也显得很忙碌,但一是被动,二是不动脑筋,他们在瞎忙。

这种班主任如何鉴别呢？你和他们谈话，就会发现他们往往一问三不知。比如你问该班学生家长的职业结构，他会说"没统计"；你问该班有多少学生非正式小群体，他会告诉你"不清楚"。他所掌握的，除了学生的学习成绩、班级评比分数之外，就只有他耳闻目睹的学生最表面的言行。你和学生接触，就会发现班主任没有什么威信，学生对班级前途茫然，班级归属感和荣誉感很差，好像大家都是过一天算一天，维持而已。师生关系是冷淡的，甚至是陌生的，有点像路人。

班主任为什么只能充当"维持会长"呢？有的是缺乏责任心；有的是根本不愿做教师，迫于生计勉为其难；有的是家庭等个人问题缠身，无心工作；有的也曾经满怀热情，但屡遭挫折失去了信心；有的则是能力不够。责任心缺乏的，应该教育；根本不愿做教师的，应该劝其另谋职业；家庭等个人问题缠身的，应予以具体帮助；屡遭挫折失去了信心的，应该给予具体的指点；能力不够的，可以考虑安排其他工作。总之，让"维持会长"们继续"维持"下去，师生都受罪，必须早日加以改变。

八、"寨主"型

"寨主"型班主任很厉害。他们主要靠权力和权术来工作，给自己的定位是"寨主"，"我的地盘我做主"。他们刚愎自用，独断专行，顺我者昌、逆我者亡，吐个吐沫就是钉，压制不同意见，专门照顾"自己人"，其作风是专制主义的。当然，对外他们也会打着"民主"的旗号，还声称自己特"爱"学生。如果学生年龄小，如果该班学生比较老实，或者班主任有一定能力（有的教学还有一套，有的善于煽动，有的善于指挥，有的嘴像刀子，有的动手打人，有的善于利用学生之间的矛盾），或者班主任善于讨好校领导而有后台，则他们的工作也会有些"成绩"，有的甚至会被评为"优秀教师"。

但他们的工作与其说是教育，不如说是"占山为王"。他们和学生的关系，类似"寨主"和"喽啰"的关系。

怎样鉴别这种班主任呢？你一接触这种班级，就会感到怪怪的，有点神秘，学生好像都不敢说话，要说什么话也是先看班主任的脸色，一副小心翼翼的样子。这种班级对外封闭，像一个独立王国，像"都市里的村庄"，那里有自己的规矩，一切都听"大当家"的。

"寨主"型班主任还是有一些的，有的还在得势。我主张有关领导及时发现之，换掉他们。他们人格有缺陷，或者心理不健康，比较难以改正。他们往往对学生心灵造成很大伤害，有的甚至会酿成校园暴力事件。他们不适合做班主任。

九、"书生"型

"书生"型班主任是一些刚毕业的大学生，新当班主任。他们只是从书本上学了一些理论，完全没有教育实践经验，甚至缺乏生活经验。班主任到底靠什么工作，该扮演哪些角色，他们全不知道，单凭一股热情就干起来了，而且往往以为自己的理念是最新的,自己的办法是最先进的,自己的理想是最崇高的:民主、自由、和学生做朋友,等等。当然,这肯定碰钉子。他们会发现学生虽然和自己关系还不错,但是实际上并没有多大进步,教师说话学生不听,班级失控。慌乱之中,他们就会去请教老教师。老教师告诉他,"你那套不行!"教他几招,他就渐渐放弃了自己原来的幻想,变成"现实主义者"了。很多今天的老教师当年都有类似的经历,好像老教师的今天就是青年教师的明天。书生气少了,理想和改革的锐气也没了。

所以,"书生"型班主任是临时的角色。他们的主要特点是思路容易走极端,从这个极端摆向那个极端。开始热情而忙乱,找不到路又茫然,或者会十分焦虑,心灰意冷。

对这样的青年教师,一定要保护他们的热情,同时很具体地加以指导。不要让他们因实践失败而轻易怀疑正确的理论,也不要让他们轻易放弃自己的理想。要帮他们把正确的理论变成可操作的办法,逐渐学会当班主任。不应该片面强调青年教师向老教师学习,而应该强调互相学习。老教师应保持青年人的天真和热情,不断超越自我;新教师应脚踏实地不虚浮,切切实实搞研究,又不轻易放弃理想,这两种人,才是教育的希望之所在。

上面,我借鉴心理学角色理论的思路,把班主任分成了九类。这种分类法,只是为了研究的方便,现实生活中很少有这样单纯的类型,一般都是复合型的。但是,我们却常常可以看出一个班主任的主要倾向和主要色调,这对于班主任的培训工作和班主任的自我认识很有好处,否则模糊一片,就很难有针对性地思考了。

我感觉中小学班主任普遍不知道"我是谁":既不知道自己的优势,也不清楚自己的弱点,而且几乎没有"照镜子"的习惯,遇到挫折只会怨天怨下。我们单位每年都体检,我每次拿回自己的体检表,不管结果如何,总会感到一种明晰,一种清醒,一种对自己的了解,像是在镜子中看见了自己:这就是(从生理角度看到的)我,不是别人。我们的班主任工作有这种(从教育科学角度)"体检"的机会吗?有这种专业性的"镜子"可照吗?没有。有的只是行政性的评比、笼统的歌颂和具体的批评,还有就是无穷无尽的要求——"你应该如何如何"。

这种情况下要真正做好工作是很难的,这种情况下要做到不焦虑也是很难的,因为人只要进入幽昧不明的环境,就难免焦虑。于是你就明白为什么班主任心理健康状况令人忧虑了。信心来自明晰,力量来自知己知彼,这就是我决心尝试从科学角度给班主任分类的动因。

还有一个有趣的问题:这九类班主任,目前在班主任中各占多大比例?我没有确切的统计数字,各地各校情况也不尽相同,只能凭经验和感觉谈一谈。据我看,他们所占的比例从大到小的排列顺序可能是这样的:二("班官")、一("班妈")、

> 七("维持会长")、四("领袖")、三("鼓动家")、八("寨主")、九("书生")、五("导师")、六("科学家")。
>
> 本章写完之后,我把它发到 K12 网上征求意见,网友老菜鸟回复说——
>
> 我擦亮眼睛,努力照了照:50%"班妈",40%"班官",10%"书生"。非常想成为"科学家"(班主任工作只是让一个人领悟教育真谛的一把钥匙)。或许是因为个人能力(现实)与努力方向(梦想)的剧烈反差,十年,我在痛苦中走过。
>
> 资料来源　王晓春.做一个专业的班主任[M].上海:华东师范大学出版社,2008.

二、班级管理的境界[①]

1. 班级管理境界的三个层次

班主任的班级管理,做一天和尚撞一天钟,放任自流都算不得管理,更谈不上境界,甚至可以说是师德问题。在此,我们要谈的是有一定效果的、能够得到一定认可的,甚至可能是被称为优秀的班主任的班级管理。

设想今天你开始面对一个新的班级,作为班主任,你会首先想些什么、做些什么?

全面了解和研究学生、搞好班级的组织纪律工作、组织和培养班集体、组织和领导课外活动……这些工作绝不是同一层次,同样,即使是常规的项目,也各有其基本的要求和更高的要求。如何对待和处理这些问题,给自己定下怎样的要求,决定着班级管理的境界。

不同的班主任,其工作的思路不同、目的不同、遇到的问题不同,自然会选择不同的方法策略,其班级管理的境界自然也不同。

从管理目标上来看,班级管理可分为三层境界:完成任务(事务层)、狠抓学习(成果层)和关注成长(育人层)。

从工作方法上来看,班级管理有按部就班式、讲究技术式和注重人文式三个层次。

从工作视角上来看,班级管理有学校视角、教师视角和学生视角三种。

从使用班级管理的主体来看,班级管理又可分为人治、法制和自制。

显然,最初级的,从目的上来看,只是满足于常规管理,最低要求是拴得住,班级里能够建立一个基本规范的秩序,不出什么乱子或者事故,完成学校任务,高的目标是想完成好学校的任务,得到认可。其工作应该说是被动的。因而,此时的班级管理,自然是以约束、管制为主,严防死守,步步为营,对学生的成长很可能是一种扼杀,以经验型、专制型居多。班主任根据学校的常规要求,以完成学校任务为目标。依据学校要求,做到下班、看操、放学、布置任务(任务往往是学校下达的)等。自己

---

① 李伟胜.班级管理[M].上海:华东师范大学出版社,2010.

不用动脑筋安排班级活动,上面有布置,下面就有即时的对策,重在一招一式。

在这个层次,惩罚常常是老师的法宝;人治是管理的特征;学校要求是风向标;按部就班是班级管理的节奏。

这样的管理方式,班级看似纹丝不乱,班风稳定,学校的任务可以完成,甚至完成得很好,得到家长、学校的认可,认为带班严格,是位认真负责的好老师。但实际上,这样的管理方式,越往高年级,老师可能会越感到力不从心,只能依赖自身威信强硬约束、勤看勤查来维持。时时去班里去亲自坐镇,自己很累,师生关系却日益恶化,学生的成长也严重受阻。

而大多数班主任可能处于中间层级,从目的上来看,他们并不满足于任务应付式的常规管理,而是希望能够在各方面尤其是学生的学业上成为年级的佼佼者。为了达到这个目的,班主任会想方设法让班级充满好的学习氛围,形成良好班风,提高学生的学习兴趣,解决学生中阻碍学习的各种问题,提高班级的凝聚力。高目标者,则希望通过自己和学生的共同努力,将所带班级打造成明星班级;力争自己的学生能力出众、成绩出色、活动出彩,班集体出类拔萃。

在此阶段,赏识与批评是班主任的左右手,法治是管理特征。班主任充分发挥制度在规范和调控学生言行方面的作用,用制度来管人,用制度来立威,对于违反班规校纪的人和事,都给予应有的批评和惩戒。班主任善于在自身教育实践中摸索出或是学习借鉴他人的各种治班策略,创造性地形成一套成熟的带班方案和技巧,能够较圆满地解决各类问题,在各项活动和学业考试中,班级皆能够名列前茅。

这一层次的班主任,更多地站在教师的视角上思考,思考我要给孩子什么、在何处何时及时指导运作……其工作具有前瞻性和计划性,能将问题扼杀在萌芽状态,而不再是没完没了地补漏洞;他们也能合理把握好各种尺度,宽严恰当,工作效率高,效果明显。班级能在他们的指导下快速形成集体,经过较短时间的磨合,学生之间、学生与班主任之间即可形成认同和默契,班级人际关系和谐,心往一块儿想,凝聚力强,班级有着共同的愿景,并且每个孩子都自愿为该愿景去奋斗和奉献。

这样的班级,班主任的技巧和策略决定着学生成长中的收获。技巧型、理论型多在这一境界。

到了班级管理的最高境界的班级管理,从目的上来看,班主任已经超越了琐碎的事务工作,学习是发展最为重要的目标,而不是唯一的目标。关注每个孩子的发展,搭建更多的平台,让几乎所有的孩子都能在适合自己的平台上获得成长和发展才是班主任工作的重点内容和目标。

此时,班主任能站在学生立场上思考问题,关注孩子的情感需求和发展需要,用科学、人文的理念来选择管理策略,用智慧的方式去引领学生自制、自强、自由成长。他们希望以良好的舆论环境的创设、多种多样的活动的组织、丰富多彩的生活的呈现来建设一个优秀的集体、一个良好的团队、一个生态的发展环境,不仅使孩子能够获得现实生活意义上的好,更为重要的是能够达到精神与心灵的好。

自此,班主任从"我要给孩子们什么",变为"孩子们需要什么"、"孩子们获得了什么";他们意识到"你是谁"比"成为谁"更重要,从法制走向更为民主的自制,从关注战术到更重战略,关注学生个体和班级整体的精神生活质量,从有形到无形,从学习到创新,班级管理已经成为一种对各种资源游刃有余的调动和整合。

在这个过程中,班主任的策划力、创造力和执行力,以及对学生、对班级、对教育理解的深度、把握的敏锐精准度,决定着班级管理的境界。这层境界依靠的是学习、积累、感悟和修炼。兼有经验、技巧、理论、民主、科学的综合型管理往往能达到这一境界。

达到班级管理的最高境界,是一个班主任逐渐成长和成熟的过程,但能够走到哪层境界,是由班主任的教育理念决定的。只有站在学生的立场上,真正明白教育的真谛,追求教育的最高境界,并通过专业阅读、专业写作、专业共同体的不同途径的学习,不断提升班主任的专业素养,在班级管理的实践中不断积累经验,探索班级管理的规律的人,才可能走到最高境界。

2. 班级管理五层境界说

华东师范大学李伟胜老师认为,"在 21 世纪的中国,班级管理应该追求最高境界:致力于开发班级的教育价值,有效提升青少年的精神生命质量,使他们成为 21 世纪拥有内在的生命尊严的新人。"[①]他认为,教育工作者应追求班级管理的最高境界——着力提升学生的精神生命质量,与之相应的班级可被称为"民主型班级"。通过对大量的班级管理实践进行辨析,根据班级管理的教育目标,他总结出了五层境界的追求:维持班级秩序、营造学习氛围、形成班级合力、学会自主活动、提升生命质量。

第一层境界:维持班级秩序。这显然是最基本的境界。班级不陷入混乱,才有可能继续存在下去,并在此基础上发挥更多样、更高级的作用。就这一境界的班级而言,学生的发展特征是规规矩矩。

第二层境界:营造学习氛围。这是在维持秩序的基础上,力争形成集体学习氛围,形成良好的学风。在这样的班级中,每门学科的学习成为班级生活的核心。毕竟,学习知识是学生在校生活的主要内容。不过,这里所说的学习活动不是由学生个体孤独进行的,而是在与其他学生的相互联系之中进行的。同学之间,有相互比较,更有相互促进。相应地,学生的发展特征可被描述为相互激励。

第三层境界:形成班级合力。与上一境界相比,这样的班级中的学生在知识学习之外还有更多文化生活。通过更丰富的班级生活,同学之间形成了团结的氛围,学生非常认同并珍惜积极向上的班级整体形象,班级凝聚力得以产生。在这样的班级中,学生发展的更鲜明特征是乐于奉献,即乐于为同学、为班级作出更多贡献。

第四层境界:学会自主活动。达到这一境界的班级,不仅有良好的秩序、学习氛围和班级凝聚力,班主任更在此基础上致力于培养学生自主活动的能力。这包括多

---

① 李伟胜.班级管理[M].上海:华东师范大学出版社,2010.

方面的自主活动:自主管理班级事务、自主组织并实施班会、自主开展小组活动,等等。学生在这一境界的发展特征是做事能干,许多事务性的工作都不必班主任亲自操劳,因为学生们(主要是班干部)能自己处理好这些事情。

第五层境界:提升生命质量。这可能是最高的境界,即关注并着力提高学生个体和班级整体的精神生命质量。这样的班级,以达到前四种境界的要求为基础,为学生提供了更为开阔的精神生活空间。不仅如此,在拓展精神生活空间、丰富精神生活内容的基础上,更强调提升精神生命质量。这种提升,就在于让学生不仅具备各种基础知识、基本能力,更拥有清晰的自我意识、高尚的追求、远大的志向。并且,这种更高质量的精神生活又以成熟的发展能力为基础,并与后者相互支撑。达到这种境界的班级中的学生的发展特征可被描述为做人高尚。

> **资料链接 2-11-2**
>
> **从一个班级看不同发展境界**
>
> 一批"准班主任"——师范大学的一群学生,正在学习班主任工作的理论知识与实践策略。他们完成的第一份作业就是:在你从小学到现在的多年生活中,你感觉最好的班级是哪个班级?请你对它进行描述,并以班级管理的上述五层境界为参照系,作一简要分析。下面是其中的一份代表作。我们可以从中看到班级管理的一些典型情形,进而体会符合时代需求、更符合学生成长需要的班级管理目标。
>
> **我心目中最好的班级**
>
> 细细想来,我已在学校中度过了将近14个年头。小学、初中、高中、大学,都给了很多美好的回忆,也让我度过了快乐的14年。在这其中,如果真要我选出心目中最好的班级的话,那肯定非小学那个班莫属了。
>
> 我小学六年都在同一个班里。其实,这也可以算两个班,虽然同学都没换,班主任却有两位,每三年一位。这两位班主任的风格是完全不同的。虽然如此,我却觉得,正是因为这两位班主任相继带我们班,我们班才成为了最好的班级。
>
> 一年级到三年级时的班主任是一位很严厉的女老师。她经验比较丰富,而且在学校也小有名声(一半是因为她的严厉)。当时大家年龄都小,基本就是唯老师之命是从,再加上她的严厉,我们个个都对她有点畏惧。不过,也正是因为班主任的严厉,我们班级的班风非常好,基本没有人调皮捣蛋,因为大家都知道后果会很严重,一般情况是罚抄100遍课文,通常会抄到半夜。当然,在严厉的同时,这位班主任也还是有些和蔼可亲的,因为她的年纪就和我们的妈妈差不多大,她还是会经常关心我们的,比如当我们生病或者家里有事时。

四年级到六年级时的班主任是一位刚从大学毕业的年轻男教师。他就像我们的大哥哥一样,也像一个朋友一样陪着我们。他的管理模式是很宽松的,基本属于寓教于乐。我们和他的感情也就很深。他组织了很多很多活动。比如,他组织了一个雏鹰小队,这个小队每星期都会去大街上义务劳动或者去敬老院慰问老人等,很好地培养了我们的爱心和责任心。他还组织了一次大型的主题班会,我们大家一起参与策划和排练等,在全校同学面前演出,这大大锻炼了我们的胆量和表演能力,也提高了我们班在学校的知名度。他还多次组织出游活动,加强了我们的集体感。总之,大家在认真学习之余玩得很开心,同时我们班级的整体成绩也有了大幅度的提高。

虽然表面上对比下来,后来的班主任与我们的关系更好,但是,如果没有前面那位班主任的严厉,没有我们先前形成的严谨的良好班风,可能我们不会在参加那么多活动的同时仍不断地提高学习成绩,我们班级也不会在我们那所小学享有盛名!现在,我们那些小学同学仍然保持着密切的联系,也会组织些聚会,当然也会邀请班主任参加。能够在小学里遇上这么好的一个班级,这么好的老师,我真的很幸运!

我认为,一年级到三年级时,我们班级有如下特点:①班主任对我们严格规范,班级里形成了良好的秩序;②我们对班主任言听计从,形成的师生关系就是管理者与服从者之间的关系;③班主任对待学生,确实是以学习成绩为标准区别对待。四年级到六年级时,我们班的特点是:①班主任很注重我们个体的发展,帮助我们形成了良好的品格;②我们每个人在班级里都是主角,对这个班级都有一种责任感,个人的荣誉与班级的荣誉完全连在了一起;③班主任给我们提供了很多认识自我的机会,也带领着我们发现生活中的美。

虽然我的小学班级已经达到较高境界了,但在某些方面还是可以做得更好的。①在班级管理体制上,四年级到六年级的班主任还是需要向一年级到三年级时的班主任学习,特别是强化纪律方面。应该在学生中建立一点威信,否则,真有特别调皮捣蛋的学生的话,就无法管理好了。纵然老师与学生成为朋友可以更便于沟通,但也容易使学生忘却尊敬师长的道德规范,在以后的学习生涯中可能会给其他老师留下不好的印象。②在班干部选拔机制上,不应该只用学习成绩来衡量,而应通过选举来决定哪位同学做班干部。成绩好并不一定就能当好班干部。班主任也应该采取轮换班干部的措施,每个月或每学期选举一次,而并不是固定几个人一干到底,除非犯了严重错误才撤职。这样让每个同学都有机会来管理一下班级事务,更能加强大家的班级集体荣誉感,也能使大家了解究竟哪些同学才真正有能力当好班干部。③班主任需要和学生加强沟通交流,这是针对一年级到三年级的班主任来说的。同学们都畏惧她,所以根本不敢接近她,只有班干部有班级事务要与她商量时才接近她。我建议可以采取交换日记的方法。一年级到三年级时,学生年龄很小,大人很难猜测那时小孩的心理,所以可以通过看他们写的日记来了解他们,并及时发现问题解决问题。当老师帮学生解决了一个棘手的问题时,师生的距离也就会进一步缩小了。

这里所描述的情形,在中小学中是比较常见的。我们在许多教师的工作经验介绍、许多学生所写的作文或回忆中,都可以找到类似的描述。

因此,对上述情形作进一步的分析,也许可以启发我们进一步理解上述五种境界的班级管理。

1. 同一个班级在不同阶段处于不同境界

在我们看来,这个班级前一阶段(一年级到三年级)大致处于第一境界,班级管理以"维持班级秩序"为主要目标;后一阶段(四年级到六年级)大致处于第四境界,班级管理以让学生"学会自主活动"为主要目标。同一个班级,因为班主任的不同,也就有了不同的发展情形。这说明,班主任对于中小学班级有着重要影响,而班主任自身的班级管理思想和思路就是产生这种重要影响的关键因素。

2. 提升班级管理的境界,有丰富的可用资源

就前一阶段的情形来看,让班级形成良好的秩序,可以用到纪律、教师威信等教育资源。就后一阶段的情形来看,让学生学会自主活动,可用的资源有师生沟通、班级活动,尤其是学生对班级活动策划和实施的积极参与过程。

这位"准班主任"很辩证地看到,这个班级之所以能达到令人满意的状态,与前后两位班主任相继的努力是分不开的,该班最后能达到第四个境界,是以早已达到第一境界为基础的。此外,该班达到第四个境界,并没有简单地跳过第二、第三境界的状态(即有良好的集体学习氛围、有比较强的班级凝聚力),而是在新的班级管理格局中,实现了超越式的发展,从而同时实现了四个境界追求的目标。

这说明,更高境界的追求,可以包容、超越而不是放弃相对基础的追求。但是,若满足于相对基础的追求,则难以达到更高境界,因为更多的教育资源可能被闲置,甚至根本就没有进入班主任的视野。罗丹说过,"世界上并不缺乏美,而是缺乏发现美的眼睛"。类似地,我们可以说,班级中并不缺乏教育资源,而是缺乏发现资源的眼光。

3. 由五层境界形成的参照系，并不是绝对的标尺

文中提出，后一位班主任需要向前一位班主任学习如何强化班级纪律，尽管后一阶段的班级已经达到了第四个境界。这一具体情形说明，我们不能机械地理解班级管理五层境界之间的关系。一方面，它们之间并不一定是截然相异的；另一方面，我们也不能在一个具体的班级与某层境界之间画等号。也就是说，由这五层境界组成的参照系，并非绝对的标尺，而只能成为一个相对有效的参照系统。至于如何运用这个参照系，就取决于运用者自己的用心观察、辨析和感悟了。

因此，我们不赞成用图 2-11-1 中间列所示的方式来让现实中的班级一一对应、"对号入座"，而主张采用右列所示的方式来对具体班级进行具体分析。

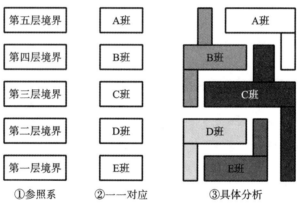

图 2-11-1　班级管理五层境界示意图

注：在"一一对应"的处理方式中，我们可能会以为某班各方面都属于某层境界，而不存在其他境界的情形；而在"具体分析"的处理方式中，我们则会发现，一个具体的班级很可能主要方面处于某一境界，但在其他方面处于其他境界。

4. 更高的境界，值得追求

文中也指出，这个班级其实还有很大的发展空间。也就是说，假设班主任和学生还能有更好的班级管理思想和思路，这个班级其实可以达到更高境界的发展状态。例如，轮换班干部，这样让每个同学都有机会来管理一下班级事务，更能加强大家的班级集体荣誉感，也能使大家了解究竟哪些同学才真正有能力当好班干部。

实际上，如果我们能够看到更高境界的情形，并且用心追求更高境界的目标，还有许多教育资源可以被发现、被利用，这正是我们希望做到的。

资料来源　李伟胜. 班级管理[M]. 上海：华东师范大学出版社，2010.

资料链接 2-11-3

五种班级形态的发展目标如表 2-11-1 所示。

表 2-11-1　五种班级形态的发展目标

班级形态	发　展　目　标
管制型班级	在班级建立严格的规范,以便有效地控制学生,保证传授知识和落实德育的秩序
学习型班级	以知识学习为中心,通过教师的指导、学生的主动投入及师生、生生相互作用而形成集体学习氛围,完成学习任务
团结型班级	以"社会-个体"关系作为最高参照维度,强调在班级中形成共同价值、共同的活动目标与任务,使班级成为具有高度凝聚力、高度组织化的群体。其中,有的班级关注通过形成集体的过程发展学生的个性品质,有的班级强调学生集体应在班级发展中发挥主体作用,而不仅仅是接受教师的管理和教育
自主型班级	班干部能自主制定班级活动规划并有效实施,学生能够互相协作共同完成各项任务,从而自主处理班级事务。此外,这种班级还特别关注发展学生的个性、特长,因为要真正自主管理好班级,不可能仅仅依靠统一的思想、单调的组织能力和一致的生活内容
民主型班级	让每一位学生都能充分展现自己并形成主动发展的动力和能力,使班级成为提升个体生命质量的精神家园

资料来源　李伟胜.班级管理[M].上海:华东师范大学出版社,2010.

第二节　班级管理的战略问题

一、班级管理的战略问题及内容

班级管理涉及的对象是整个班级的学生群体及这个群体背后的各种教育力量。这就必然存在一个全局性的问题,也就是战略问题。

所谓班级管理的战略问题,就是关系一个班级发展的方向性的、全局性的、统领性的问题。班主任需要用战略的眼光——从琐碎的常规看似没有任何新意的或重复或随机的事件中看清前面的方向,遵循现实的基础上着眼终极目标——站在教育目标的战略高度,站在学生发展的战略高度,站在班集体发展的战略高度,看清班级管理中各类事务的地位,动态把握班集体及学生的发展方向,全局筹划、经营管理。可以说,班级管理中的战略问题决定着班集体建设的走向,体现了班主任工作的境界。

从内容上来讲,班级管理的战略问题,涉及战略规划与战略实施,体现在前面所谈的常规管理、班集体建设、应急事件处理、问题生指导等诸方面,包括目标管理、策略选择、问题经营等问题。

目标管理就是确定什么样的目标是班级管理战略的关键点,属于战略规划层面。纵向来讲,要站在时代的高度,要帮助学生逐步树立起争当现代优秀公民的意识,培养未来合格的公民和创造型的人才。横向来看,必须明确班级管理当前的主要矛盾,抓住班级管理的普遍性问题,解决班级管理的迫切问题,尤其是影响和制约班级发展的问题。切忌把注意力放在个别学生身上,或者把主要精力用于做少数学生的工作,这样解决不了根本性的问题。

策略的选择和问题经营,则属于战略实施层面。只有好的目标与规划当然是远远不够的,必须还要有好的管理方法和制度,以确保执行力持续高效,从而真正达到管理的目标。

策略选择应当以目标的实现为着眼点,避免短视行为,全盘考虑,进而采用科学而艺术的方式来解决问题。如,建班初期,可选择制度管理,甚至巧用专制管理,迅速建立起班主任的权威,而当班集体初步形成后,可以融入民主管理,慢慢放手,逐步形成以自主自制为主的管理办法。再如,运用宽严弹跳的策略,有时可以宽为主,有时可以严为主,有时可宽严并举。让学生既能体会到严肃性,又能有自在感及宽严并举的适应感。

而问题经营,则是体现班级战略的重要方面,同时也是战略问题中的重点。班级管理就是不断地预防问题和解决问题的过程。班主任要善于将战略管理日常化,对各类问题在预测和判断的基础上,采取有效措施防患未然,同时,能对已经发生和正在发生的问题,以科学的方式进行分析、分类、汇总,提供解决的方案,即既要具有一定前瞻性的预警系统,又能有即时性的战略实施和跟踪。如,系列主题活动与即时性的主题班会,前者重在预防问题,而后者重在解决问题。

二、战略问题的确立

班级管理的战略问题需要从纵横两个方面进行整体考察。

一是考虑班级及学生纵向发展的"蓝图",即长远规划,不能只顾眼前,就事论事。二是要考虑班级管理与思想、纪律、学习及其与学校和家长之间的关系等横向的问题,为班级不同的目标配置有效资源,最终培育班级核心生长力,从而使班集体及其中的每一个个体获取更长远的发展。也就是要将切实的远见落到实处,以管理之梯,走向班级管理的最高境界。

如在班级文化的建设上,横向的整体观照就是要把班级文化各个层面的要素融为一个有机的整体,对同一时期发生在班级管理各个领域的事情进行统筹的安排,做到了这一点,班级文化的结构才完整合理,同时对班级整体目标也起到了战略匹配作用。而从操作层面上来看,除了要有为取得班级优势和特色所采取的各类行动,如学习、竞赛等实体行为,还要重视对班级精神、班级个性等精神文化要素进行表达和传播的符号行为,二者相辅相成,才能形成既有硬件基础,又有软件支撑的班级文化。这样班级文化建设不仅是辅助性管理,而且涉及主导性的全局性问题。这是战略管理的重要特征之一。

而从纵向的整体观照上来看,班主任要把握班级文化建设的长期性,除了要有长期的规划,还要坚持坚守班级文化定位,把握好班级文化建设启动、发展、成熟各阶段不同的工作重点和中心任务,审时度势,不断创造相关的优势和特色。这是班级文化建设的战略管理特征。

落实班级管理的战略问题的几个步骤如下所述。

首先,明确发展主体。应当毫无疑问地将学生作为发展主体突出地置于班级管理的整体场景之中,且这种主体地位应当落实在每一个具体的学生个体身上。由此,我们便能恰当地处理班级的工具价值与教育价值、教师与学生、学生个体与班级整体的关系。

其次,确立教育主题。坚持促进学生这个发展主体的成长,培养每一位学生主动发展的意识和能力,提升他们的精神生命质量这个教育的大主题,并将其具体化为每个学年、每个学期、每个月,甚至每个周的发展主题。只要关注学生的真实生活,提炼学生的成长体验,发现学生的成长需要……就能从中汲取资源,形成富有个性并符合每个班级实际的班级教育理念,形成系列的主题,形成每个班级在具体阶段的发展目标,进而突显教育的大主题。

最后,形成活动主线。关注学生个体精神生命的逐步发展,而不只是关注简单地罗列并完成各项事务。在此基础上,超越以往的工作格局,理清班级管理工作的不同领域及其工作重点和工作方法,整合班级管理中的各种教育资源,包括任何班级都有的各种岗位、常规事务、主题活动等,提炼出能持续若干学期的活动主线,并以此为基础形成班级的整体格局。

三、班级管理中应避免的几个误区

(1) 视班集体为简单的群体组成。满足于群体的集合,追求随机的灵感与智慧,忽视了班集体是包括一定的规章制度、共同的集团意识和目标在内的正式组织。事实上,班级管理是严格的、缜密的、有科学规律可遵循的。

(2) 视班集体为教学群体。受应试教育的影响,在班级管理评价尚不完备的情况下,简单地将班集体视为教学群体,将抓教学等同于管理班级,取消各种活动在学生发展中的价值,将教学活动管理视为班级管理的唯一工作。

(3) 视班级管理为德育教育。将学校德育目标视为班级管理的全部,而忽视了学生在其他方面的成长,将班级管理工作单一为德育的灌输,而忽视了习惯的养成、创新能力的培养、学习能力的培养、健康心理的发展等,忽视了学生的生命体现与经验世界。

(4) 视管理为管制。在班级的人为建构过程中,将学生放置在客体的位置上,让学生成为完全的服从者,没有发挥学生的主体性和能动性。

（5）视多元为唯一。作为班级管理的核心责任人，班主任并非是唯一责任人，班级管理绝不是班主任一个人的职责。科任教师同班主任一样承担管理的职责，甚至学生家长与学生都可在管理中发挥效应，应当重视全员管理。

四、班级管理战略突破口的选择

针对不同的班情、不同的个性，战略突破口的选择各有不同。

王晓春认为，班级工作几个重要的战略问题是班风、班级日常管理及问题生诊疗。

魏书生19岁当民办教师，从20世纪80年代初作为优秀班主任脱颖而出，到后来被任命为校长、教育局局长。他认为：要始终把自强放在第一位，只有教师自己强大了，才有底气育人，学生会做人了，他们才能主动地去获取知识，教书育人工作才能顺利、愉快、有效地进行；应坚持民主科学的目标与策略管理，强调三大系统的建立，即计划系统、监督系统和总结反馈系统。

万玮的战略重在策略管理。他认为一切源自于正确的方法。作为一名理科教师，在面对问题时，他总是习惯性地闭上眼睛，先冷静地思考一下各种解决方法的可能性。然后，从中选择一个最有把握、结果最优的解决方案并实施。在他看来，有些事情看起来不可能，只是因为没有找到方法而已，而有些方法，是需要一些创造精神的。

被称为"老板老班"的网络名师陈宇老师，则把班风列为首要的战略问题。班风中，他又将尊师重教、考风考纪、公德意识列为战略要点之首。

博士班主任周勇把班级文化建设列为首要的战略问题。1998年12月至2001年6月，他在湖南省南县较偏远的北河口中学担任了三年的初中班主任，在这一理论的指引下，把一个学习成绩差、纪律差的班级带成了优秀班级。

> **资料链接 2-11-4**
> **从战略问题入手**
>
> 首先是班风，即一个班级的气场。对一个团队来说，风气问题是最重要的。班风是一个比较感性的概念，我们对班风的认识更多的是一种感觉。正因为这种感觉比较笼统，所以意义才重大，是战略问题。一个健康的班风会让走进这个班级的人感到舒适，能让生活在这个班级的人感到幸福，正气占据着绝对的上风，歪风邪气没有立足之地。如果一个班级有了这样一个氛围，任何困难都能被克服，何愁不能成大事！
>
> 泛泛地谈论班风的重要性是没有意义的，因为谁都知道这些。我们需要知道的是该怎么做。"班风"这个总体上的概念是有许多具体的支撑的，这些支撑让班风建设有了具体的方向和可操作性。
>
> 班风建设既体现在班级学生思想意识的大方面，又体现在很多细节上。班主

任要细心观察班级发展的动态,特别要注意以下两点:有号召力的学生和对一些事情班级表现出的压倒性看法。我们要把向好的趋势大力发展下去,把坏的苗头遏制住。在这项工程中,班主任要起到绝对的引领作用,要表现出绝对的权威。很多具体的事情可以放手让学生去锻炼,包括自我管理,但事关班级整体氛围的事一定要抓在手上,这就是有所为有所不为。

班风的一个重要指标是舆论导向,具体表现在学生价值观、荣辱观、学习观和生活观的形成上。优秀的团队一定是有着正确的价值取向的,知道以什么为荣以什么为耻,这个大是大非的问题容不得含糊。如果班级里一个同学做了不好的事,他得到的应该是全班同学或有声或无声的谴责,而不是默许,甚至是赞同。比如,一个学生和老师顶撞起来,对错应该自有公论,但无论谁对谁错,其他人采取的态度都应该是主持正义,积极平息事态而不应该是冷眼旁观、幸灾乐祸,甚至火上浇油。如果同学漠视顶撞老师的行为甚至视其为英雄之举,那这个班级的氛围就危险了,班主任要不惜代价把这个趋势扭转过来。

公德意识的培养是另一个重要的战略问题。班级除了要有规则,更要有道德的约束。而后者的力量更加强大、持久。教室、校园也是公共场所,班主任要大力培养学生的公德意识,包括与人为善、团结互助、自我约束、恪尽职守等。培养公德意识的重要方法是营造良好的舆论导向和创设良好的监督机制。班级事务不要都依赖于几个能力强的学生,不要让学生养成"这不关我的事"的思想。要培养班级事务全员参与的意识。班级氛围要靠全班学生努力营造,一荣俱荣,一损俱损,覆巢之下无完卵,班级氛围好了,全班都是受益者,否则全班都是受害者。所以,在我的班级里,很多事情都交给全班学生去做,强调每个人都必须参与。无论是班级公约的制定、班徽的设计,还是班级文化的建设,每个人都要提交意见。现在已经形成习惯,只要事关全班的事,全班学生都会参与。

我们一定要让学生知道,在这个班级里生活,有的事是必须要做的,而有的事是绝对碰不得的。班主任一定要有这样的气魄:学习成绩虽然重要,但不是第一位的,更不是唯一的。课上不好宁可停下来不要上,把风气问题解决后再上,否则在一个糟糕的氛围里学什么都没用。考试风气不正就不要考,把考风整顿好再考,否则越考孩子的品德越坏,这样的考试还要它干吗?我曾经处理过一个粗暴顶撞老师的学生,还没处理完他就急着要求去上课,说上课是他的权利不能耽误,被我断然呵斥:"不把你这个问题处理好就别指望去上课,我就是拼着这个饭碗不要也要把你的毛病改过来!"处理完了之后我在班里强调,这是第一次也应是最后一次在我班发生这种情况,下次若再有类似事件,一定给他纪律处分,绝不宽恕。我要让全班学生都意识到,在我们的班级里什么是最重要的,做人做不好什么都不要谈、什么都可以停下来。唯有如此大力度地强化一个班级的风气建设,才能让学生走入正轨。而一旦走入正轨,才能促进学生个性健康发展,让这个团队中的所有成员分享进步的成果。

我认为一个班级需要重点解决的几个战略层面的问题包括：尊师重教（从抓课前准备和课堂纪律入手）、考风考纪（第一次考试就要特别强调并采取严格的措施）、公德意识（从抓自习课纪律和卫生入手）。

具体的做法如下。

（1）在刚开始接手时采用"陪读"的方式，跟班了解情况。虽然麻烦一点，但和后期出了问题再去解决相比要好得多。

（2）运用各种方法，口头的或书面的，了解班级的即时行为动态和思想动态。掌握信息是非常重要的。

（3）运用一切可能的手段宣传主导思想，强调、强调再强调，反复强调。事实证明，要想让学生重视一件事，班主任首先要格外重视。

（4）用规则的形式把最先要巩固的战略性问题固定下来，不宜太多，但一定要严格执行。

（5）特别注意班级里具有影响力的学生。对有坏的影响的学生应该予以严肃的批评教育，大力扶持有正义感的同学，让他们在班级里有支持者、不孤单。选择班干部要特别慎重，新接班时不可过于民主或随意。发现班干部身上有不良风气时要及时撤换。绝不能因为这样的干部能力强，需要倚仗他的能力为自己做事就重用他。因为他的能力越强，对集体的破坏性就会越大。在所有的班干部职位中，班长一职是最重要的。班长的选择一定要慎之又慎。人选的第一标准就是正派、阳光，能力其次。因为班长具有风向标的意义，他的存在就是一种影响。

总体来说，班主任带一个班的姿态应该是先战略后战术。在具体战术中贯彻战略指导方针，一切战术都围绕战略部署安排。班级的状况应该是越来越好，虽然开始时问题很多，工作量较大，但之后问题越来越少，工作的重心越移越高，学生的境界也越来越高，班级的发展步入良性循环。不成功的带班实践往往是开始时还凑合，后来问题越来越多，班主任的工作量越来越大，工作积极性越来越低，而班级的状况每况愈下，班级陷入恶性循环。造成这种恶性循环的原因是班主任忽视了战略层面的教育，只关注具体的战术甚至连战术都没有，班级发展出现了方向性的错误。

资料来源　陈宇.你能做最好的班主任[M].北京：教育科学出版社，2011.

资料链接 2-11-5

班级管理工作方案

班级管理工作方案如下所述。

（1）班级教育思想（不说套话，就谈自己最真实的想法）。

(2) 班级现状分析:①现状描述;②原因分析。

(3) 班级发展思路(突出与上一学期相比的新进展):①发展目标;②发展主题。

(4) 班级发展措施:①管理体制设计;②主题活动策划(系列"大班会");③班级文化建设。

(5) 自愿研究的新内容:①拟重点尝试的创新举措;②拟重点研究的学生(个体或小组)。

关于这一方案,有以下问题值得说明。

(1) 这一整体策划方案的基础是研究本班学生。最好能经过深入、系统的研究,熟悉班级整体、学生小组、学生个体的发展特点,尤其要看到他们的优势,包括潜在优势。如果可能,这种分析可延伸到他们在每门学科中的发展情形,包括科任教师的情况。在此基础上,结合班级实际,具体地阐述班主任的班级教育思想,提炼出班级发展目标和发展主题。

(2) 最应关注的是班级发展措施。其中主要的要求如下。①管理体制:着力培养学生主动参与管理的能力。这包括组织班干部竞选,以及主动开发班级各种事务岗位的教育价值。②活动机制:着力提升学生发展需要(包括学科学习上的发展需要),整合各种教育活动。首先,形成每学期班级发展主题,并争取在每学期之间形成发展阶梯。其次,围绕主题策划系列大型主题活动(大班会)。每个大班会中的系列小型活动已在整体策划时逐步设计。在各环节都应注意激活学生的参与愿望,提升他们的精神品位。其中,应注意在各种具体场景中灵活运用"敞现—交流—辨析—提升"的教育思路。③文化建设:环境布置及时更新,反映本班学生积极向上的精神风貌,并利用这些因素激励学生不断进步。

案例欣赏 2-11-1

经营你的班级

班级管理中有这样一些普遍现象:工作的系统性、条理性不强,甚至随性而为。即使有一些成功的事例,也很难形成理论,给他人提供参考。这些成功事例好像各有特色,实际是科学性不足。但是,班主任工作一定有科学性可循。正所谓"他山之石,可以攻玉",笔者从现代企业管理中寻找可借鉴之处,在班级管理中收到了较好的成效。

为什么想到借鉴现代企业管理呢?因为经济领域往往是最具活力的,理念往往更先进、科学,值得借鉴。经过筛选与甄别,我在班级管理中借鉴了企业建立团队与制定战略战术的经验。

1. 建立班级团队

我们先来看看群体与团队的区别。群体(group)指的是有共同点的个体组成的整体,在这里,强调的是个体,只是他们有某个或某些共同点,从而组成了整体,如果抽去了其中的共同点,那么便是分散的,所以,群体是松散的。团队(team)指的是有某种性质的集体或团体。这里强调的是集体,他们具有共同的性质,可以是共同的理想、目标,突出的是集体的智慧与力量。这样看来,一个班级,可以是一个团队,有共同的奋斗目标,所以充满战斗力;也可能是一个群体,仅仅是在一个教室学习的人而已。相信所有的班主任都希望把自己的班级建设成为一个团队,但是真正能把班级建设成团队的很少。那么,班级团队如何建立?有没有科学切实的程序?现代企业管理给了我们很好的借鉴和参照。

我们可以参照以下程序。

首先,班主任在接手一个班的时候,就该着手寻找班干部。有过班主任经验的老师都知道,其重要性是不言而喻的。首先可以培养学生的能力,其次可以使班级工作顺利进行,当然也可以帮助班主任减轻压力。

那么刚开始的时候如何选择班干部呢?

这就见仁见智了。笔者有个经验:刚开始的时候一定要慎重,因为这是开头,好的开始等于成功的一半。所以一般不主张民主选举,因为这个时候,同学之间根本不了解,所谓的民主也是假民主。这时要靠班主任的眼光及平时的观察。班主任的判断即使有些微的失误,也不要紧,因为这只是实习期(约一个月),还有机会换人。选好了实习期的班干部,班主任就要好好考察了。

我们选择班干部时,学生的意愿是第一位的,因为没有意愿的学生,很难有动力去完成自己的分内工作。对于既无意愿又无能力类型的学生干部,考虑到学生的承受能力,换人的时候要注意方法,可以先换个岗位,如果还不理想,一定要果决地换下来。不称职的班干部会导致工作的不必要麻烦,而且会造成不好的影响,影响班干部的团结。况且,让学生承受挫折并正确地认识自己也是教育的一部分。

实习期满后,举行民主投票,正式确定班干部人选。

之后就要着手培养班干部,可以从以下几个方面进行。

(1)自主性。每个人都有自己的思想,所以要给班干部以足够的空间让他们发挥。当然,开始的时候班主任要跟踪,要注意细节,因为细节是决定成败的关键。给班干部自主性,是要他们把班级建设当成自己的意愿,主动去维护,而不是让他们成为班主任的命令执行者。可是我们也要切记他们毕竟还是学生,不能放任,要给他们设定范围,不允许他们越过界限。例如举行活动可以,但是不允许占用学习时间等。

(2)思考性。不能让班干部一有什么事就来报告,必须要让他们形成这样的观念:找老师是在实在没办法的情况下才做的事。所以班里出现了什么问题,班干部首先要充当解决者,而不是报告者。实在要找老师的时候,也要带上解决方案,而且,最好是不止一个方案。

(3) 合作性。班委之间一定要合作,不然班务会弄得一团糟。成立以班长为首的班委会,各委员明确分工,定时开会,对班里的情况进行总结,有问题集体解决。班干部虽然分工明确,但绝不是单独作战,班委首先是一个团队。绝对不允许班干部在工作中掺杂进私人恩怨,一经发现,一定严惩。

如果做到了以上三个方面,班级工作基本上就步入了正轨,班主任这时最重要的工作是树立班干部的威信,要在全班面前表示:班干部的工作希望大家配合,因为班干部的决定就是老师的决定。班干部的人选要做到优胜劣汰,这样才能保证干部队伍充满活力。不过值得提醒的是,更换不宜频繁,不然会造成工作的不连续性。

一个班,班干部选好了,培养起来了,那么接下来的事就好办了。

2. 制定战略战术

班主任往往只注重日常的管理,忽略了为自己的班级制定战略战术。一个明确的战略战术将会令班级成为前进中的战舰,不可阻挡。

战略与战术是从宏观与相对微观来划分的,战略是大的方向,是终极目标,而战术是为战略服务的,是为达到终极目标而采取的方式方法。所以战略一经制定,基本上不会改变,而战术可以调整。

举个例子:作为一个班级,我们的战略是成为学校里最优秀的班级,但是我们通过分析得出,由于一些特殊的情况,比如确实没有体育尖子,没有什么艺术特长生,决定了班级不可能所有的方面都最好,那么,我们只有把战略定在纪律与学习成绩上面。这样,我们就要好好分析各次考试的情况。

就以我带的班为例,经过分析,我发现我班平均分总排在中间,是因为中间层的学生总是上不去。只要中间层再上去一点,我们班的各科平均分完全可以名列前茅。针对这个情况,我制定了"促中间"的战术,联合各科任老师,每个人负责3~5个学生,针对学生的兴趣科目及优劣科目,跟踪辅导。平时中间层的学生很少受到关注,一旦有专门的教师辅导,马上激起了他们的斗志,成绩稳步上升,终于在期末考试中大获全胜。

又如为了解决偏科的问题,我尝试过这样的办法:集中严重偏科的学生,找出他们最需要提高的科目,要他们每个人编制一份表格,按照表格中1~4的顺序安排每天的学习。往往学生容易自己先放弃弱科,他们愿意花整个晚自习的时间在优势科目上,对较差的或没兴趣的科目却不闻不问,导致恶性循环。学生填好这张表,也方便我们检查督促。一段时间后,学生就会明白自己这段时间的学习情况,哪些有了效果,哪些没有效率等,有助其反思。经过这样的战术训练,学生的偏科现象往往有较大的改善。

> 制定战术要在详细分析之后,切不可想到什么就去试验,因为有些东西是不可以从头再来的。
>
> 　　不管制定什么样的战术,首先要清楚,工作不应成为负担,而是一种享受。作为班主任,最大的享受就是班级能在自己的管理下走向辉煌。
>
> 　　案例来源　范桂飘.经营你的班级[J].班主任之友(中学版),2008(2).

【思考与实践】

1. 说说班级管理的类型和境界。
2. 说说班级战略问题的确立及应避免的几个误区。
3. 案例欣赏 2-11-1 中,范老师的班级管理属于哪种类型?其班级管理的战略及战术你赞同吗?

第三篇　专业发展篇

第十二章　班主任专业发展
第十三章　专业发展的途径
第十四章　班主任的德性修养

学习目标

如何培养合格的班主任,如何增加优秀班主任的比重,这是学校和教育行政部门很关心的一个问题。

一旦学校把一个班交给自己,怎么才能不辱使命,当一个合格的班主任,怎样才能成为像李镇西那样的优秀班主任?这是班主任老师关心的问题。

班主任的专业化是一种制度安排,通过准入与资格、培养与培训、专业研讨、激励等系列规范的把关,保证任职的班主任都是合格的班主任,并让优秀班主任成批涌现。

班主任专业化也是一种专业发展指南,为班主任提供了追求的方向和目标,规划了其成长的路径,期望班主任少走弯路,更快地成长。

第十二章 班主任专业发展

第一节 班主任专业化概述

一、班主任专业化的由来

1. 专业与专业化

"专业"一词从拉丁语演化而来,最初的意思是指公开地表达自己的观点和信仰。与之相对应的是行业,包含着中世纪手工业行会所保留的专门知识和技能只能传给本门派的人的神秘色彩。德语中的"专业"一词是指具备学术的、自由的、文明的特征的社会职业。1933年,社会学家卡尔·桑德斯和威尔逊首次为"专业"下了定义:所谓专业是指一群人在从事一种需要专门技术的职业,是一种需要特殊智力来培养和完成的职业,其目的在于提供专门性的服务。①

近代西方哲学家怀特海认为,专业是一种行业,其活动有理论的根据,有科学实验的验证,并且能从理论分析与科学验证中积累知识来促进这个行业的活动。

由此可见,专业是一群人经过专门教育与培训,具有较高和独特的知识与技能,按照一定标准从事活动,从而解决复杂的科技与社会问题,促进社会发展并获得相应待遇的某些职业。

专业化是指一个职业经过一段时间的发展,不断走向成熟,逐步符合专业标准,逐渐获得相应的专业地位,成为专门职业的过程。

综合起来看,我们可以得出这样的结论:专业是由职业发展而来的,是一种专门性职业。它要求从业者需要经过专门的教育或训练,具有较高深的和独特的专门知识和技术,并按照一定的专业规范从事某一专门的活动。

专业与非专业的区别在于,专业必须达到其专业的标准。关于专业标准,尽管有所差异,但一般都强调这样几个方面:①有专门的知识体系;②有较长时期的专业训练;③有专门的职业道德;④具有专业上的自主权;⑤有专业资格的限制和认定专业的组织;⑥要持续地在职业中成长和终身学习;⑦有较高的社会声望和经济地位。

2. 教师专业化

早在1966年,由国际劳工组织和联合国教育、科学及文化组织颁布的《关于教师地位的建议》中就提出:"教育工作应被视为专门的职业(profession),这种职业是一

---

① 教育部师范教育司. 教师专业化的理论与实践[M]. 北京:人民教育出版社,2003.

种要求教员具备经过严格而持续不断的研究才能获得并维持专业知识及专门技能的公共业务；它要求对所辖学生的教育和福利具有个人的及共同的责任感。"美国卡内基报告《国家为培养21世纪的教师作准备》则表达了提高教育职业专门化和提高教师专业水平的强烈愿望，以及如何提高教育的专业化水准的建议。

1993年10月31日，我国第八届全国人民代表大会常务委员会第四次会议通过《中华人民共和国教师法》，其中特别说明："教师是履行教育教学职责的专业人员。"这是我国教育史上第一次以法律的形式肯定教师是专业人员。

在随后进行的研究中，各研究者努力构建教师专业化评价指标和专业成长参照系。研究者一致认同教师专业化评价的指标体系分成七个方面：①专业知识；②专业训练；③专业组织；④专业伦理；⑤专业自主；⑥专业服务；⑦专业成长。

当然，从教师个人的成长和发展来看，专业化是一个相当漫长的过程，需要教师付出艰辛的劳动和持续的努力。美国学者霍伊尔认为，教师专业化还必须具备两个最基本的元素：一是教师社会地位的提升；二是教学能力的提升。

第二次世界大战以后至20世纪60年代，欧美许多国家都采取了积极有效的措施来促进教师的专业化。主要表现在以下两个方面。①提高教师的经济待遇。1974年，日本国会第72届会议通过一个法律，连续三年增加教师的工资待遇，其平均增长率为25%，而同期公务员工资的平均增长率才3.7%。据日本官方统计，实施增资计划后，日本中小学教师的平均工资超出一般公务员的19%。在第二次世界大战时期的美国，教师的社会地位较低，为提高教育质量，促进教师专业化发展，美国政府通过增加教师工资、提供巨额奖学金、改善教师工作条件、给予教师更多的专业自主等措施，提高教师的质量和他们的社会地位。②开展定量标准化运动，主要是大力开展教师资格认证制度和评价教师运动。美国及西欧一些经济发达国家在全球率先实行教师资格认证制度以确保从教人员的资格，尤其是学历资格。例如，日本早在1854年就开始执行《教育职员资格证书法》，建立了教师从业人员素质的基本门槛。在此基础上，日本还推行教师录用制度，即获得教师资格证书只是从教的必要条件而非充分条件，符合条件者还必须参加各县教育委员会一年一度的教师采用考试。通过者方可被任命为该地区的试用教师，经一年试用合格后，方可获得该地区正式教师资格。

20世纪80年代开始，国际上还兴起了一场针对教师工作的教学评价运动。它的主要做法是通过检查教师教学成绩、学生的考试成绩等来检查一个教师的能力以及评定他的等级。例如，英国自《1993年教育法案》实施以来，开始对教师进行评价，解雇无能教师，取消了教师终身制。在美国，自1993年开始，由全国教师委员会实施优秀教师全国性认定制度，从而把教师的薪酬和待遇以及教师的专业发展挂钩，为教师的专业发展提供动力。

3. 班主任专业化

2002年10月，中国教育学会教育学分会德育论专业委员会在天津大港区召开全国第11届班集体建设理论研讨会，首都师范大学的王海燕教授在大会上首次提出

"班主任专业化"理念。

2003年11月,在广西柳州举行的全国第12届班集体建设理论研讨会,围绕"现代班集体建设与班主任专业化发展的研究"这个中心议题,从班主任专业化和班集体建设两大方面进行研究。

2004年是班主任专业化理论研究和初步实践阶段,广西柳州以一些小学为"班主任专业化"课题研究基地,进行班主任专业化的理论与实践的探讨。2004年8月《人民教育》15-16期以合刊形式,推出了"中小学班主任专业化"专辑。该专辑以10万字篇幅报道了广西柳州市教育局在中小学班主任专业化方面所作的研究探索,回答了县(市)一级教育行政部门和学校在推进班主任专业化过程中应该承担的责任。中国教育学会教育学分会德育论专业委员会副主任兼秘书长、博士生导师班华教授发表多篇有关班主任专业化的文章,为这一概念提供了理论支持。

2005年1月,南京师范大学教育科学学院开办了第一期班主任专业化培训班,开创了全国班主任专业化培训的先河。

2005年4月,教育部周济部长在记者招待会上指出,要把班主任由教书的"副业"变为育人的"主业",他认为,要实现班主任从"副业"转变为"主业"的必由之路,就是班主任专业化。

2006年6月4日,教育部颁布了《教育部关于进一步加强中小学班主任工作的意见》。

2006年8月31日,教育部发布了全国中小学班主任培训计划。

2009年8月教育部印发的《中小学班主任工作规定》,不但明确了班主任工作在学校工作中的重要性,而且对班主任的选聘、职责与任务、待遇和权利、培养与培训、考核和奖惩做出具体规定,将班主任的专业化要求提到历史的高度。

二、班主任专业化的含义

要探讨班主任专业化的含义,关键是要讨论清楚班主任专业化与教师专业化的关系。

经过20多年的努力,教师专业化逐渐从文本变为现实。明显的证据包括:教师资格制度已建立,且正在不断完善中;教师职前教育、入职教育、职后培训制度已经形成;专业信念、专业精神、专业能力已成形并成为教师职业的基础,教师的专业形象已开始为社会所接受;教师的经济和社会地位得到提升,教师开始跟医生、工程师一样,逐渐成为一种有吸引力的专门职业。

问题在于,目前的教师专业化对于科任老师来说,还是合适的,它提供了所教学科的知识和教育心理学的一般原理,也重视实践教学能力的提高。但班主任工作作为一种专业岗位,则明显准备不足。这种局面的形成,也许可以这样理解:教师专业化是从西方引入的,在他们那里,中小学岗位只有教师,而没有班主任,因此,他们的专业化主要是科任教师的专业化。

为了提高班主任工作的专业水平,学者提出了班主任专业化问题,主要有以下两种观点。

一种观点认为,班主任专业化是教师专业化基础上更高层次的一种专业化。班主任是含有特殊职责的教师,班主任除了要完成所任科目的教学任务外,还对所带班级学生的学习、生活,以及学生的身心健康和班集体形成与发展负有重要责任,要对学生和班集体进行教育与管理。其工作复杂程度高于科任教师,工作重要性也高于科任教师。因此,班主任专业化应以教师专业化为基础,其内涵要比教师专业化更加丰富。它是班主任在达到教师专业化标准的基础上,逐步掌握德育与班主任工作的理论知识,经过长期培养训练形成班级德育和班集体建设与管理的能力和技巧,提高自身的学术地位和社会地位,从而全面、有效地履行班主任职责。简言之,它不是教师专业化的组织部分,而是比教师专业化更高层次的一种专业化。

另一种观点主张班主任专业化是教师专业化的一个重要组成部分。该观点认为,班主任专业化不是跟教师专业化平行并列的一种专业化,而是后者的一个组成部分。班主任不是一个独立的职业,班主任的身份是教师。教师主要有两个岗位,一个是授课,另一个是当班主任。因此,教师专业化理所当然由教学专业化与班主任专业化两项构成。

班主任专业化的提出,针对的是不承认班主任工作的专业特性,教师专业化偏重于课堂教学专业化的现状。现阶段,班主任工作作为一种事务性工作受到重视,但它的专业特性被忽视,缺乏相应专业培训与专业研讨,更谈不上按照专业工作进行管理。

班主任专业化是岗位的专业化,它面向教育界内部,目的是确立班主任工作的专业地位,吸引更多的教师去做班主任工作,做好班主任工作,它追求的是班主任岗位与教学岗位的平衡。

对于科任教师来说,教师专业化面对一个岗位,侧重于课堂教学(当然也包括育人的知识与能力);对于班主任老师来说,教师专业化包括两个岗位,即课堂教学与班主任工作。

通过比较班主任专业化与班主任专业发展,可进一步明确班主任专业化的含义。

班主任专业化侧重于群体专业发展,反映了一个岗位逐步达到专业标准,向专业阶段发展的过程。它首先要求班主任的专业地位得到充分认可,并保证拥有较高的声誉和经济待遇;其次要求班主任有明确的上岗标准,进入班主任行列必须取得专业资格证书。如果班主任没有较高的专业地位、声誉和经济待遇,那么,班主任工作本身就没有吸引力,连基本的从业人数都难以保证,更谈不上专业资格的要求了。

班主任专业发展侧重于个体的发展。专业发展是更新、完善从业者的专业知识、专业技能和专业态度的过程和活动。班主任专业发展是班主任这个岗位所要求的、个体的、内在的专业品质的不断提升、发展和完善的过程。内在的专业品质包括专业信念、专业知识、专业能力、专业人格和专业发展的意识等。

群体意义上班主任的专业化与个体意义上班主任的专业发展是密切联系、相互制约的。如果没有对岗位的专业地位的认可,没有严格的资格认证制度,就不可能有对班主任个体专业发展的要求。同样,没有个体的专业发展,群体的专业化也是不可能的。专业化取决于从业人员的专业素质,个体的专业发展是群体职业上升为专业、保持并巩固其专业地位的必要条件。所以,班主任专业化的建设应该双管齐下,"外塑形象,内强素质"。

三、班主任专业发展的意义

为什么要促进班主任专业发展?

这是现实的迫切需要。在现实生活中,不少教师在担任班主任工作的问题上,存在着不愿做、不会做的现象,结果是班主任痛苦,学生受罪,基础教育因此受拖累。

不愿做班主任工作是一种较为普遍的现象。班主任,世界上职位最低、责任最大的"主任"——这句带着几分调侃意味的"定义"极其准确地概括了班主任工作的特征。每天,每一所学校,每位班主任都会陷入琐事和忙碌之中,忙、累、紧张是他们的共同感受,有一些人因此而感到痛苦。在某市对中小学教师进行的问卷调查中,只有15%左右的老师表示喜欢当班主任,60%以上的老师称自己不喜欢做班主任,另一部分老师表示无所谓。学校给班主任的压力太大,班主任工作太繁杂,而其待遇低,与付出不成比例是教师不愿当班主任的主要原因。

一个学校有多少班就需要多少位班主任,不愿意做也得有人做。学校不外乎采用两种方式。一是适度提高经济待遇,用外在诱惑来增强岗位的吸引力。工作不好做,又忙又累,那就多加一点津贴,或者进行一些精神上的奖励,比如评奖、评优。二是各种形式的逼迫。用经济利益来吸引老师做班主任还算仁慈,问题是,因经费紧张,许多学校所给的经济待遇不能吸引到足够数量的班主任,那就只得用上强迫手段了。比如,直接采用行政命令——轮流做,不愿做也得做;还有间接命令,不做班主任不能评职称。林林总总的强迫手段让老师们更难受。

不会做班主任工作是另一个大问题。这个问题也可以理解。把几十个不同家庭背景、性格各异、活泼好动的孩子组织起来,不仅要维持好正常教学和生活秩序,不断地应付各种突发事件,提高学生学业成绩,还需在这个过程中联系家长,协调科任老师,完成学校各部门下达的形形色色的任务。更具挑战性的是,班主任不只是被动地执行各种指令,在事务层面上完成任务,还要管理育人,促进学生的全面发展,激发学生生命活力,让学生享受学校生活。这一岗位要求班主任扮演学习指导者、心理咨询师、人生导师、活动的导演等角色;具备丰富的管理与教育学知识、心理咨询知识、法律知识;能深入地了解学生内心世界,能熟练地与家长打交道;具备一定的表达沟通能力、协调能力、领导能力、教育能力,最好还能有完美的人格、广泛的兴趣,才华横溢。可是,班主任入职前基本上未做任何培训,或者那点培训对于班主任的素质要求而言根本微不足道。不管他会不会做班主任工作,是否具备相关的素质,就把一个班丢给他,好坏全凭他的造化。碰到一个好班主任,学生和家长像中大奖一样高兴,因为这是一个概率问题,能遇到自然是运气好。遇到专横的班主任、管不住班的班主任以及形形色色的不合格的班主任,那学生就要受罪了,不得不忍受漫长的折磨。有多少不合格的班主任,就有多少班的学生,连带他们的家长,一起跟着受罪。

毫无疑义,我们都希望减少不愿做、不会做班主任的比例,增加优秀班主任、专业班主任的比例,从而让更多的学生从受罪的状态进入享受教育的状态。因此,加强班主任队伍建设刻不容缓。

问题是采用何种模式才能达到大幅度、大面积地提高班主任队伍素质的目标?才能让更多的教师愿意做班主任,会做班主任?

树立榜样、大力宣传班主任奉献和牺牲精神、提高班主任待遇、加强班主任培训工作,当然是一种思路,这也是通常的思路。

另一种选择是走专业化的道路,促进班主任专业发展。

后一种选择与前一种思路并没有矛盾,专业发展也强调要坚守专业信念,确立正确的专业态度,要求班主任爱生敬业,但它的内容更丰富,体系更完整,方法更科学。"专业化"不只是简单的一个词,在它的背后有着一系列完整的、被众多行业证明是有效的制度与措施,是医生、律师、工程师等专业发展几十年,甚至是几百年的经验积淀。班主任队伍建设走专业发展道路,实质上是对医生、律师等专业发展成功经验的借鉴,也是对几十年国内外教师专业化成果的享用。在此平台上结合班主任岗位的特征去探索去研究,比那种没有基础没有方向的摸索,成功的可能性更大。

走班主任专业发展的道路,意味着什么呢?

第一,确认班主任岗位是一种专业性岗位。要树立班主任专业形象,提升班主任工作的"专业含金量",开发班主任工作专业潜力;要强调班主任工作跟教学工作一样都是专业性工作,教师专业发展不能简单归结为教学专业发展。

第二,提高班主任岗位的吸引力。要提高班主任待遇,特别是要开通班主任评职称的通道,让班主任工作跟语文学科、数学学科一样成为一个专业技术职务,这是根本性的举措。

第三,按照专业人才的成长规律来促进班主任专业发展。要制定班主任专业发展标准,从专业信念、专业知识、专业能力、专业态度和专业人格等方面来规划班主任的专业素质发展。要把专业发展的主动权交给班主任,鼓励他们自主发展、自我反思、修身养性。

第四,为班主任专业发展提供制度保障。树立全心全意为班主任服务的思想,为他们提供进修、反思、交流的机会和宽松的工作环境。

四、班主任专业发展的制度保障

1. 进一步落实班主任工作的主业地位

关于这一点,在本书第三章第三节已经详细阐述,这里不再赘述。

2. 打通班主任职称评聘通道,增强班主任岗位的吸引力

专业发展是一个艰苦的过程,需要个体的主动投入,需要个体有源源不断的发展动力,而动力来自于这个岗位的吸引力。一个没有人愿意做,或者因为义务而被

动地做的工作,是不可能有好的专业发展的。

在一些地方和学校,班主任不是一个有吸引力的岗位。一是没有人愿意做,班主任成了大家"争相谦让"的角色,"班主任荒"已成为一个很突出的问题。如果十个班主任岗位,只有五个人来做,连人都凑不齐,那还谈什么班主任职业资格审查、班主任准入、班主任挑选?二是做班主任工作是被动的,出于无奈。因为没有多少人愿意做班主任工作,所以出台规定,教师评定职称时,没有当班主任的经历或没有达到时限的,一票否决;或者采用行政命令,每一位青年教师都必须做几年班主任,轮流做。这样上任的班主任,连工作都是敷衍、应付、出工不出力,还谈得上花时间、费精力去进行专业发展吗?选择这个岗位是被动的,在这个岗位上无法实现个人价值和相应的利益追求,所以班主任对自己的专业发展不感兴趣,无法维持发展的长久动力。

要使班主任专业发展有持久的动力,班主任岗位需变得有吸引力,让教师争相去竞争这个岗位。

第一,班主任岗位要有极具吸引力的经济回报。获得稳定而丰厚的经济收入是专业人员不断追求专业发展的基本物质保障。任何一个专业成熟度很高的岗位都有相当高的经济回报作支撑,只有这样才能吸引更多的优秀人才加入这个行业,也只有这样,才能促使从业人员不断地致力于提高专业水准、建立严格的职业伦理规范,从而提高这一职业的权威性和社会地位。因此,合理的薪酬制度是激励班主任不断追求专业发展与职业自我实现的一种激励制度。要落实班主任工作量以当地教师标准工作量一半计入教师基本工作量的政策。这一规定不仅能保证班主任教师有时间有精力做好班主任工作,还保证了班主任劳动能得到应有的回报。此外,还应适度提高班主任津贴,在绩效工作分配中适度向班主任倾斜。

第二,设立优秀班主任评选和奖励制度,重视从精神层面上提高班主任岗位的吸引力。许多教育行政部门和学校,已经建立了优秀班主任评选制度,每年或每两年都会开展评选,这些做法和经验值得推广。还有一些学校在促成"人人愿意当班主任"的风气方面很有办法,比如明确了班主任人选后,郑重宣布任用,使其产生荣誉感、使命感和责任感,努力让学生、家长和教师逐步达成这样一个共识:能当班主任的教师都是好教师。

第三,将"班主任工作"与语文、数学等学科教学并列,纳入教师专业技术职务评聘系列。虽然一直说,跟学科教学一样,班主任工作也是主业,也是一种专业性岗位,但是,学科教学可评聘职称,班主任工作却不行。正如许多教师所说,班主任工作成绩再突出,获得的荣誉再多,论文写得再好,评定职称时也不算数。这让教师们觉得班主任工作是"人人能为,人人须为"的非专业性工作,这还有什么专业尊严可言!从利益上考虑,教师最在意的是职称,不仅教师的工资、津贴和福利与它挂钩,而且它还是教师专业水平,甚至是社会声望的一种象征。可以说,班主任工作不能作为一个专业岗位参加职称评选,是班主任专业化的最大障碍。把班主任工作与学科教学并列,作为一个专业技术岗位,纳入教师专业技术职务评聘系列,让"班主任中级"、"班主任高级"与"中学一级"、"中学高级"一起出现在职称的行列中,这会提升班主任工作的专业形象,大大提高岗位的吸引力。它能增加班主任老师的选择空间,班主任教师除可以学科教学身份参加职称评选外,还可以班主任工作岗位参与。

3. 建立健全专业培养、培训与研修制度

班主任专业发展也可分为三个阶段——职前教育、入职教育和职后教育。

班主任职前教育向来比较薄弱,有些院校只是在"公共教育学"中辟出一章来讲班主任工作,有些院校开设了"班主任工作"或者"班级管理"课程,只有少数院校开设班主任方面的必修课。一门几十个课时的专门课,再加上教育学、心理学课程,对于形成班主任专业素质要求来说,是远远不够的。在大学校园里,"班主任工作"这门课很难教,因为班主任工作是科学,也是艺术,起主导地位的是实践性知识,具有综合性、情境性、个性化等特点,不易全场记录、观摩与练习。课堂教学的实践性也强,但优秀教师精彩课程可以录下来观摩与学习,学生也可进行模拟上课练习。班主任工作分布在整个教育过程中,只有主题活动是以课为单位的,而它远不是班主任工作的全部。观摩、了解班主任工作全貌很困难,模拟班主任工作也不容易。因此,班主任职前教育主要是学习班级管理的一些基础知识与规范,通过案例研究、了解班主任工作的局部细节。

相对而言,班主任入职教育更为有效。教育部规定,初任班主任要接受 30 课时以上的培训,这种明确的岗位培训比泛泛学习效果好。还有一些学校让那些刚从大学校门出来的新任教师担任副班主任,身临其境,跟着优秀班主任学习。这种做法非常科学有效,值得大力推广。

班主任专业发展的重点在职后教育。班主任工作是一种实践性极强的专业活动,它的专业程度是凭借实践性知识来加以保障的,它的专业性主要体现在反思和行动研究上。它的职后教育有两种形式:一是培养,即传统的面对面的授课,或者远程网上培训;二是校本研修。后者更为重要。明确了这一点,就知道如何为班主任专业成长提供空间了。

首先,组建班主任专业研修支持组织体系,定期开展专业研修活动,形成专业研修制度。中小学教学研究从上到下有一个支持体系,省、市、县有教学研究室,学校设有教研组和备课组,每年或每学期有业务活动计划,按期开展教学研究活动。但是,班主任工作长期以来没有被列为一种事务性工作,行政事务性布置会倒是经常开,偶尔也开展一点评比活动,但业务学习、专业研讨性质的活动很少,更谈不上业务研修计划。因此,我们应当以教学研究为蓝本,组建班主任专业研修支持体系,让班主任专业研修形成制度。

其次,为班主任专业研修和培训提供经费支持和时间保障。班主任工作也需要时间准备,需要时间反思,需要划一块时间大家坐下来研讨。同时,班主任研修和培训也需要经费支持。

最后,要形成专业发展共同体。实践、反思、阅读和行动研究,在一个专业发展共同体中进行将更有效率,更容易出成果。孤独的、封闭的、单个的专业发展不容易成功。在前些年,由于以学校为单位的班主任专业发展共同体没有形成,一些班主任就在网络上结成专业共同体,相互学习,相互支持与鼓励,共同成长,许多优秀班主任正是在网络上脱颖而出的。在班主任专业发展逐渐形成气候的条件下,就要以学校或以县市为单位组成专业共同体,并且鼓励网上网下相互连通,为班主任专业发展创造更好的条件。

4. 推动班主任管理变革

毫无疑义,班级是学校的基层组织,班主任要服从学校的管理。把班主任管理工作当做一种专业的管理,显然不同于当做一种纯事务性工作的管理。

王晓春从专业班主任角度对此说过一段很精彩的话:"要制定班主任工作较详细的专业法规,不但要规定他该做什么,还要规定他不必做什么,不但要规定必须服从什么,还要规定他有权拒绝什么。绝不能允许什么人都来指挥班主任。对班主任的评价考核标准必须经过论证,要开听证会,听证会必须有班主任代表参加,不允许任意出台评价、考核教师的标准和办法。对班主任的管理,要抓大放小,尽可能让班主任自己做主,这样他才能真正负责任,而且称得上名副其实的专业人员。班主任应该用更多的时间开教育研讨会,而不是应付领导的检查。各种检查、评比应该减到最少。班主任能自主策划班级的管理和学生的教育(领导把住大原则),才能有成就感,才有可能真正进入研究状态。"

这段话说得很明白:第一,要尽可能减少班主任行政事务,减少各种检查评比;第二,对班主任的管理要抓大放小,领导把住大原则,尽可能让班主任自己做主;第三,制定出专业法规来限制学校不断自我膨胀的管理行为。

确立班主任主业地位,是班主任专业发展的前提;让班主任成为一个吸引人的岗位,为班主任专业发展提供强劲动力;建立健全专业培养、培训和研修制度,为专业发展提供空间;对班主任管理进行改革,尊重班主任专业自主性,真正让班主任工作成为一项专业。这四个方面是相互联系的,共同构成了促进班主任专业发展的制度保障。

第二节 专业型班主任特征

教师专业发展内容,大体上从专业信念、专业知识、专业能力、专业态度与人格、自主专业发展意识与能力等几个方面来建构,不同研究者在分类或名称上有些差异。我们可借助这一框架来构建班主任专业发展内容。

一、班主任专业信念

信念指确信的看法和坚守的思想。信念是自己认为正确的观点,是人在自我生活和社会生活中信奉的观点,是需要坚守的理念。信念与知识有区别,知识是一种知道和了解,而信念则是在此基础上的进一步认可和接受。信念往往与理想有关,它通常是正面的、有价值的,信念需要在实践中坚守,只有真正推动实践的理念才能叫信念。

专业信念是一项事业、一个专业岗位要求从业者信奉或坚守的理念，起着为专业指导方向、提升层次和提供动力的作用。班主任专业信念是指班主任自己认可并确信的、指导自己班级管理和教育实践的理念。

如何选定班主任专业信念呢？班主任专业信念是为许多优秀班主任所信奉的信念，或者是被许多理论学者认可的信念，并且能够构成一个比较完整的体系。

（1）管理育人，做一名教育型管理者。相信班级管理与教育并不冲突，相信能够在班级管理中促进学生的发展，提升学生的生命质量，让学生感受生活的幸福，立志做一名教育型的管理者。这一信念决定着班主任工作追求的目标和达到的境界，是班主任专业发展的基础。管理育人与教书育人并列，是一种公认的说法。它与"新基础教育"提倡的"生命教育"和班级建设中"教育学立场"相通。"教育型管理者"这个概念因王晓春老师《做一个专业的班主任》一书而广为人知。

（2）以学生为本，也称学生立场。班主任应在工作中树立一切为了学生，学生利益摆在第一位，全心全意为学生服务的职业信念。这是以人为本的科学发展观对班级管理的要求，也是众多优秀班主任坚守的理念。

（3）民主管理。肯定民主管理的正当性，并在班级管理中坚持民主管理。魏书生老师视民主管理为班主任工作最基本的两项原则之一。"民主就是大家的事大家商量，班级怎么管？知识怎样教？能力怎样练？作业怎样留？班会怎样开？都和同学们商量。"李镇西老师提出"没有民主，便没有创造；没有民主的教育，便没有民主的未来"。坚持民主管理，不仅仅是因为民主管理有效，还因为它是未来成人社会民主政治的预演，能培养学生的民主意识和能力。

（4）自主管理。相信学生的潜能，学生能做的事，尽可能让学生去做，这不仅有助于管理班级，还能锻炼学生的能力。这也就是魏书生老师讲的"班级的事，事事有人干；班级的人，人人有事干"。

（5）精神关怀。班主任专业化主要倡导者和研究者班华教授认为，班主任最根本的教育理念、最重要的教育品质就是对学生的精神关怀。精神关怀主要是关怀学生的心理状态、道德情操、审美情趣等方面的成长与发展，即关心他们的精神生活质量和精神成长。精神关怀最基本的表现是关心、理解、尊重、信任学生，学会精神关怀是班主任专业化的必然要求。

专业信念，是班主任信奉和坚守的理念，是班主任自觉行动的指南，是克服职业倦怠、专业发展自我修炼的动力。班主任选定自己的信念，长期坚守信念的过程，就是专业发展的过程。

二、班主任专业知识

1. 专业理论知识

班主任工作的学科基础主要是三类，即教育学、管理学和心理学。毫无疑义，教育学是基础。班级管理也属于管理范畴，管理学知识丰富了，才会吸收先进的适合班级管理的知识,放弃粗暴的"管理主义"倾向。心理学是前两学科的基础,更是班主任专业化的基础,了解与理解学生、开展心理咨询等都必须掌握心理学知识。这三门学科知识繁多,而班主任学习时间总是有限的,要择其相关的精华而学习。

按照学术研究的规范,借助多学科理论框架,深入研究中小学班级管理实践,形成比较完整的知识体系,这种知识体系就是"班级管理学"或"班主任工作原理"。它既是教师教育中的一门课程,也是学科研究的重要领域。这门学科虽然还不够完善,许多问题有待于进一步深化,但它包括许多有价值的东西,为班主任专业发展提供了理论基础。

2. 实践知识

实践知识是由班主任在实践中反思和总结出来的知识。这类知识极为丰富,也最有价值,是班主任专业知识的主体。

这类知识存在的形式多种多样。一是以著作、论文和各种讲演的形式出现。特别是近些年来,随着班主任工作越来越受重视和班主任培训的开展,一线优秀班主任纷纷著书立说。这类知识来自于实践,贴近实际,最受班主任老师的欢迎。二是以日常工作中的经验交流的形式出现,更多时候,这类知识存在于班主任身上,与实践合为一体,有待于反思,有待于被叙说。

3. 人文和科学知识

相对于班主任来说,人文知识、科学知识是通用知识,是现代社会成员都应当掌握的知识,广博、漫无边际,似乎不能称做专业知识,但它确实是班主任专业发展所必需的。班主任专业发展建立在广博、深厚的人文和科学知识基础之上,这正是它的魅力所在,也是难度所在。

三、班主任专业能力

班主任的专业能力是指班主任在工作中所形成的,围绕班级管理、学生思想工作的一整套顺利完成教育工作的实践能力。它是班主任专业发展的核心构成,是完成班主任工作的保障。

和科任教师相比,班主任主要是依托班级开展工作,有效地解决班级教育工作中的班级目标、班级管理、班级文化、班级活动、班级教育合力、学生发展评价等问题,建立正常的班级秩序,形成良好的班集体,顺利完成育人的工作任务。班主任的专业能力主要包括以下几个方面。

(1) 了解、研究学生的能力。班主任必须具备敏锐的观察力,既要有善于通过各种渠道调查、了解学生情况的能力,还要有对信息进行分析、判断的能力。了解、研究学生的能力是班主任专业能力的基础,也是前提。

(2) 交往、沟通和协调能力。班主任必须具有协调教师和学生、联系家长和社会的能力,使家庭、学校、社会彼此配合,形成教育合力。学生的思想变化很大,经常会发生各种意想不到的问题,要想解决这些问题就需要很强的协调能力。

(3) 组织管理能力。班级管理是一项艰巨、复杂、专业性很强的工作,班主任作为班集体的组织者和管理者,必须具有较强的组织管理能力。要善于调动学生主动参与班级活动的积极性,让他们成为活动的真正主人。

(4) 应变能力。在班级管理中,班主任经常会遇到种种突发事件,这就需要班主任具备很强的应变能力。要时刻保持冷静,使自己处于清醒、理智的状态,并且迅速而准确地做出判断,然后选择正确的方法予以解决。

四、班主任专业态度与人格

1. 班主任专业态度

关于班主任的专业态度,在此列举三项。

(1) 爱心。关爱学生是班主任最宝贵的职业情感。只有当班主任真正从内心热爱学生,才会潜移默化地影响学生、感染学生,从而进行有效的教育。无论有多丰富的知识、多么强的能力,没有爱心,一切都是空的。

(2) 责任感。责任感是班主任对社会、对他人应承担的义务和应尽职责的内心体验。班主任工作非常细致、琐碎、复杂,难以在各个方面规定详细的操作规程,难以对工作的数量、质量提出额定的要求,工作做多做少、工作绩效如何,往往取决于班主任的责任心。因此,教育从本质上说是一种需要有高度责任感的活动。

(3) 公正感。公正就是班主任在教育教学过程中,公平合理地对待和评价每一个学生。具体地讲,就是要求班主任在教育和评价学生的态度和行为上,应公正平等、正直无私、不偏袒。对待不同智力、不同性别、不同个性、不同亲疏关系的学生,班主任应一视同仁,公平相待,满腔热忱地去关心、热爱每一个学生,从每个学生的不同特点出发,因材施教。

2. 班主任人格

班主任人格修养更为复杂和丰富,在这里也只列出三项最能影响班主任专业品质的内容。

(1) 善良、宽容。善良,指与人为善、时时处处为学生着想;宽容,指能够容纳与自己不同的看法与见解,从成长的角度看待和处理学生问题。宽容不是纵容,在宽容基础上的严格,体现着班级管理的专业品质。

(2) 为人正派。班主任自身正直、诚实、正派、为人师表,学生才会在内心真正佩服。

(3) 乐观、幽默。班主任乐观向上,笑对生活,班级才会充满阳光;有幽默感,能营造轻松气氛,就能化解班级管理中的许多矛盾,更显智慧;有童心的老师更可爱,更能走进学生的心灵。

五、班主任自主专业发展意识与能力

班主任专业发展是一个自主发展的过程。班主任专业知识主体是实践性知识,而这类知识的获得依靠自我反思;专业能力是在实践中自我磨炼而成的;专业信念是自我的长期坚守;专业态度的形成过程和专业人格的提升过程,更是班主任自我

修炼的过程。

班主任专业发展属于反思性实践取向。这种取向中的教师的专业程度是凭借实践性知识来加以保障的。实践性知识有这样五个特点：其一，它依赖情境而存在——透过丰富、复杂、动态的关系反映出来，植根于生动、具体、完整的教育场景中；其二，它是作为一种案例知识而积累并传承的；其三，它是以实践性问题的解决为中心的综合多学科的知识；其四，它是作为一种默会知识发挥作用的；其五，它是一种"个体性知识"。

班主任专业发展反思性实践取向不同于理智主义取向。在知识属性上，理智主义取向主张教师职业同其他专业职务一样，其专业能力是教育学、管理学、心理学原理与技术的合理运用，专业属性受专业领域的科学知识与技术的成熟度所制约。反思性实践取向主张教师工作具有创造性、发散性的特点，不仅需要知识、技术和技能，而且需要艺术素养和审美情趣。理智主义取向认为专业发展过程是一个由他人主导的训练过程，而反思性实践取向则主要依靠自主的修炼。理智主义取向专业发展强调规范化、通用化、程序化，而反思性实践取向专业发展则强调情境性和个性化。

因此，对于班主任来说，有没有强烈和长久的专业发展意识，是否学会阅读、学会反思、学会与他人组成专业共同体共同分享实践经验、学会修身养性，决定了他的专业发展水平能达到的高度。

总之，定义优秀班主任是一件非常困难的事情。班主任不像企业及其他经济团体中的员工，可以以经济效益作为衡量优秀与否的指标。班主任工作更多的是一件隐性的，情感性的，关乎学生道德观、价值观、人生观等方面的工作。

美国著名社会心理学家戴维·麦克利兰于1973年提出了一个著名的素质冰山模型（见图 3-12-1）来全面衡量一个人取得成功的素质特征。

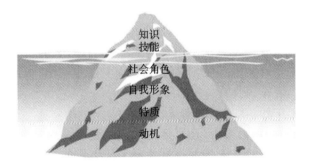

图 3-12-1　麦克利兰的素质冰山模型

注：所谓"冰山模型"，就是将个体素质的不同表现划分为表面的"冰山以上部分"和深藏的"冰山以下部分"。其中，"冰山以上部分"包括基本知识、基本技能，是外在表现，是容易了解与测量的部分，相对而言也比较容易通过培训来获得和发展。而"冰山以下部分"包括社会角色、自我形象、特质和动机，是人内在的、难以测量的部分。它们不太容易通过外界的影响而得到改变，但却对人的行为与表现起着关键性的作用。

> **资料链接 3-12-1**
> **人的素质的六个层面**
>
> 　　人的素质的六个层面包括：①知识，指个人在某一特定领域拥有的事实型与经验型信息；②技能，指结构化地运用知识完成某项具体工作的能力，即对某一特定领域所需技术与知识的掌握情况；③社会角色，指一个人基于态度和价值观的行为方式与风格；④自我概念，指一个人的态度、价值观和自我印象；⑤特质，指个性、身体特征对环境和各种信息所表现出来的持续反应，与动机一起考量，可以预测个人在长期无人监督下的工作状态；⑥动机，指在一个特定领域的自然而持续的想法和偏好（如成就、亲和力、影响力），将驱动、引导和决定一个人的外在行动。
>
> 　　其中，第一、二项大部分与工作所要求的直接资质相关，我们能够在比较短的时间内使用一定的手段进行考量。可以通过考察资质证书、举行考试、面谈、翻阅简历等具体手段来衡量，也可以通过培训、锻炼等办法来提高这些素质。
>
> 　　第三至六项往往很难度量和准确表述，又少与工作内容直接关联。只有其主观能动性变化影响到工作时，其对工作的影响才会体现出来。考察这些方面的东西，每个管理者有自己独特的思维方式和理念，但往往因其偏好而有所局限。管理学界及心理学界有着一些测量手段，但往往复杂不易采用或效果不够准确。

第三节　优秀班主任专业成长历程

　　这一节主要例举三位全国著名班主任——万玮、李迪和钟杰的成长历程。他们都还很年轻，都在班级管理中做出了出色的成绩，他们的学生和学生家长都感激他们；他们都出版了几本有关班主任工作的书籍，而且还很畅销；他们都在全国各地作班主任工作的报告，在全国具有一定的知名度。

　　1. 他们当班主任之前都没有做好专业准备

　　"做班主任的感觉，不去亲历，是永远无法说清楚的。当时的我，完全没有做班主任的意识。在此之前，我从未接触过有关班主任工作的知识，可以说完全不具备上岗资格。但工作已经安排了，不管会与不会，我都将拥有一个班，去做它的班主任。没有人会教你怎么做，我必须独自面对。那些必须完成的事务性工作，可以通过询问和观察，逐渐入门。但最令人困惑的是：我该如何去面对那四五十张仅比我年轻几岁的面孔？我该怎么开始我的第一次讲话？我感觉昨天还是坐在下面的学生，而今天，包括以后的很长一段岁月，我都将站在那张讲台前，以一种新的身份出现在教室里。"这是优秀班主任陈宇说的一段话。

　　钟杰，中等师范学校毕业，一走上教师岗位就当班主任。万玮走进中小学校园半年后接任班主任,他复旦大学毕业,基本没有受过教师教育的培养。李迪是音乐教师,通常不是当班主任的科任教师,温柔单纯,常常被学生气得哭鼻子。领导一声令下,他们都成了班主任。

没有足够的专业培训,并不意味着完全没有基础。班主任所需的许多素质与能力,是在生活基础上形成并发展而来的。当学生,当子女,与家长、教师、同学的交往,做班干部和学生会成员的历练,都会培养一定的沟通能力和管理能力。一些人似乎天生就有亲和力和领袖魅力,在他周围总能聚集一群人。再说,刚参加工作的年轻老师也具备许多优点,善良、温和、热情,与学生没有隔膜,能与他们打成一片。钟杰与学生一起追逐嬉闹,顺顺当当地就走过了班主任生涯中的第一阶段。李迪与学生则是高兴时一起欢笑,痛苦时一起流泪,他用善良、温情,包括在学生面前的示弱,把淳朴的学生团结在一起。

2. 因为没有做好专业准备,他们遇到困难与挫折

没有做好专业准备,肯定是要付出代价的,区别在于时间的早晚。

万玮相比李迪和钟杰就没有他们那样好的运气了,第一个班就出了问题。与学生打成一片,如果只是玩,不会有什么问题。一旦要督促他们投入高强度的学习中,遵守严格的纪律,仅凭这一点是不够的,甚至在一定的情况下是"有害的"。因为种种原因,他管不住他的班级,失控了,因而被"下课了"。

李迪在带第三届学生时遇到了困难。班主任专业能力没过关,遇到"好班"能对付过去,遇到厉害、有个性的学生,就会乱成一团。好在在带这个班级时,她已能开展专业反思,专业水平迅速提升。

钟杰也许是天生适合做班主任的那类人,她带班是不会出现失控的情况的。这类人如果专业能力不过关,会出现什么问题呢?可能会过于严厉,也有可能是班主任过于劳累,班级生活过于沉闷,学生失去发展个性的机会,师生缺乏幸福感。班级不失控只是班级管理的初级阶段,而促进学生全面发展,提高师生的幸福指数则永无止境。班主任专业水平的高低决定着班级的境界。

应当说,本节三个案例的主人公都是我国班主任群体中的杰出人物,在他们班主任生涯的起步阶段,他们都因为缺乏专业上的准备,或者表现为班级失控,或者是"挑班",或者是影响班级生活质量。对于更普通的班主任,这种专业准备的不足,对学生的影响,对班主任工作自身的影响会更严重。

3. 他们的成功都得益于他们的专业发展

他们三人的共同点是,他们都走上了班主任专业发展的道路;他们都勇于实践;他们都开展了专业阅读,读了大量的书籍,而且是带着问题来读;他们都不停地反思,坚持专业写作,累积百万字之多;他们都生活在一个专业发展共同体中,都是网络知名人士。

案例欣赏 3-12-1

激情与理智的结合

一、教师缘

1996年,我从复旦大学毕业,偶然认识了上海市建平中学当时的校长冯恩洪,他那时是名震全国的教育改革家,有十足的人格魅力。应该说,如果不是他,我不会到一所中学做老师,毕竟那时候我已经获得精算师的证书,去保险公司是我的首选。但是,鬼使神差,因为冯恩洪的赏识,也因为自己对教育这个行业的喜爱,我还是下定决心,成为一名普通的中学教师。

事实上,我自己可以说是应试教育的受害者之一,读书时,除了学习成绩好,我几乎没有什么其他优点。我几乎没有当过班干部,较缺乏管理和领导能力;我喜欢体育,但是身体特别单薄,体育成绩总是在及格线左右;我长相普通,口头表达能力也很弱,除了上课回答问题,很少在公共场合发言;我性格内向,脾气还很暴躁,读大学时甚至因为一点小事和同宿舍的室友发生口角,差点大打出手……我能够成为一名好老师吗?

那个时候,还不大有职业规范的说法,否则我可能很快打退堂鼓。那时的我对自己没有像现在这样深刻的认识,相反,自我感觉还不错,没有什么自卑,没有什么犹豫,很快就投身到教师行业中去了。我现在任职的上海市平和双语学校正是在1996年创办的。当年的一个新兵已经成为这所学校的校长助理兼教务处主任。

二、初上岗

成为一名班主任是我工作半年之后的事情。前班主任是学校的一位中层干部,工作本来就很忙,之所以一开始没让我做班主任,现在想来应该是我那时太不让人放心的缘故。虽然我缺点很多,但是我也有优点,一是善良,二是温和,三是热情。

善良就不必说了,人之初,性本善,尤其是跟天真可爱的孩子在一起,我本性中善的一面完全袒露出来。我就像他们的大哥哥一样,跟他们在一起玩,无论谁碰到困难我都毫不犹豫地伸出援助之手。那时的我因为刚做老师,还没有学会对学生板着面孔,更没有学会批评学生、责骂学生。

也是因为没有经验的缘故,我对学生的态度始终很温和。我是发自内心地喜欢这些孩子。因为学生寄宿,而我也住在学校里的缘故,我和学生有更多的时间接触,我上课都不会批评学生,更加不用说课后了。一个温和的老师,一个让学生很有安全感的老师,自然而然也被学生所喜爱。

真正打动领导的是我的工作热情。由于学校初创,人手缺乏,第一年工作的我每周要上将近30节课,每个工作日从早忙到晚,每个周末把下一周的课全部备完,但是我几乎没有累的感觉,唯独觉得时间过得太快。现在回想起来,自己都很难想象。

期中考试之后,校领导找我谈话,说让我接任这个班级的班主任。领导说,在家长会上,所有的家长都给了我很高的评价。这是我没有想到的。家长的评价从哪儿来?他们的孩子。后来我一想,那些学生那么喜欢我,每次回家都说我的好话,家长能不受影响吗?

年轻的我一口应承了。我从来没有意识到工作的压力会加大很多,更没有想到从此很长一段时间我的工作陷入漫漫苦海。

三、必经路

每一名成熟的班主任回过头看,都会发现自己必定经过了这些过程:失败、反思、再失败、再反思……如此几个回合,终于有一天幡然悔悟,茅塞顿开。

我带的那个班级,女生都特别乖,男生却特别调皮。因此,尽管我没有教学经验,没有管理经验,女生却非常自觉听话,她们不但学习很认真,在班级管理上也很配合我。男生可就不同了,本来我跟他们关系也很好,但是当了班主任,情况就发生变化。男生时常在一些副科老师的课上调皮捣蛋,副科老师告状到我这里,我必须处理,这时就暴露出我班主任工作能力的不足来。我不知道怎么批评学生,怎么说服学生改正他们的不良习惯,我只能好好地跟他们讲道理,好好地劝他们"给我面子"。

初中学生正处于似懂非懂的年龄,尤其是男生,自控能力偏弱,经受不了诱惑,犯点小错误再正常不过了,但这些小错却足以使我疲于应付,常常是摁下葫芦浮起瓢,班级里烽烟不断,搞得我手忙脚乱。

我渐渐地失去了耐心和好脾气,转而对一些屡教不改的男生大动肝火。记得有一次我没收了一名上课看武侠小说的男生的书,并且罚他去操场跑1 000米,那男生怨恨地看着我,眼含热泪,我却已是怒不可遏,坚持把他押到操场,看着他跑完。从那之后,那个男生开始处处与我作对,并且在公开场合与我顶嘴。

那是我班主任权威迅速下滑的一个阶段。蔑视我的男生越来越多,向我告状的老师则越来越少——因为他们知道向我告状也没有用。我的班级迅速沦落为学校里的一个差班、乱班,而我想尽了一切办法,却没有任何起色。

终于有一天,校长在全校教师大会上点名批评了我这个班,我当时羞愧无比,恨不得地上有条缝让我钻进去。回班级后,我几乎含着泪,跟全班学生回忆我是怎么对他们的:我早上起床,首先到学生的宿舍,把他们叫醒,随后和他们一起早锻炼;整个白天,我都扑在班级里,中午休息的时间都用来义务给学生补课;到了晚上,我还在晚自修之后去学生的宿舍,跟学生聊聊天,一直到熄灯离开,还不忘把学生的被角披严实了。让我刻骨铭心的是两个男生的表情,他们斜坐在座位上,脸上一副毫不在乎的表情,一名男生嬉笑着说,"万老师,你就别再说了,我们知道你是为我们好,但我们就是要和你作对!"这句话像一声惊雷,气得我差点晕过去。我愣在那里,嘴巴张了几张,一句话也说不出来。

四、羞耻感

带班带成这个样子,下课就是早晚的事了。有一天,校领导又一次找我谈话的时候,我虽然已经预感到谈话的内容,但当他正式宣布时,我还是非常失落、愤怒。

失落,是因为两年前我决定做教师,许多亲朋好友都不理解。一位同学说,"你这个高才生,去初中教数学,不是杀鸡用牛刀吗?"最初,我自己也是这么认为的,教教小孩子,我那水平还不是绰绰有余!可是没想到,力气都使尽了,鸡不但没杀死,牛刀还折了!

愤怒,一是对领导,二是对自己,三是对学生。愤恨领导的不近人情,恼怒学生的恩将仇报,也懊悔自己的软弱无能。这种愤怒后来演化成一种充满羞耻感的痛苦一直压抑在我的心头,促使我学习,促使我反思。

韩信当年受了胯下之辱,于是痛定思痛,开始刻苦读书;越王勾践卧薪尝胆,忍辱负重,终于有一天报仇雪恨,收复国土。那段失败的班主任经历于我来说,像是将我钉在了耻辱柱上,让我的自尊无时无刻不受到挑战。我深刻地体会到古人所说的"知耻近乎勇",事实上,我也开始凝聚无穷的反思和解剖自己的勇气。

五、反思路

我应该庆幸的是,在极度羞耻的情况下,我选择了一条正确的道路,那就是自我分析,自我反思。通常在这种情况下,人很容易怨恨其他人,怨恨周边的环境。我身边就有这样的同事,在带班失败之后,怨领导、怨家长、怨学生、怨同事,唯独不怨自己。多年以后,他带班水平几乎没什么提高:几年前不能解决的问题仍然找不到解决的方法,遇到挫折后,怨声依旧。

我选择反思可能因为我是一个自负的人。我失败了,但是我不相信我的能力就是如此,我坚信我是一把"牛刀",这把牛刀终究要杀鸡如探囊取物。我想,五年复旦大学的读书生活(当中还军训了一年)给我最大的收获可能就在于此。我心高气傲,不服输,不愿承认自己的无能。那段时间,我一直用一个信念支撑自己:我教不好不代表别人也教不好,我今天教不好不代表我明天也教不好!

有将近两年的时间,我的日子在反思中度过。我苦苦思索我失败的原因,苦苦思索为什么学生明知我对他们好还要和我作对。我回忆我和学生交往的每一个细节,然后再模拟我如果从头开始究竟应该怎么做,怎么说。在反思中,我逐渐成熟了。我不再只凭着激情和冲动做事,而是学会了冷静,学会了理性。

……

如今,我努力成为一名理性教育者,我总是在探究教育的可能性,面对学生的错误时不再是暴跳如雷,而是静下心来思考学生这么做的原因;情绪不佳时不是只顾着自己发泄的需要,而要冷静地思考究竟怎样做才是真的对学生有益。

而当参透教育规律的时候,仍能够在教育实践中保持一种激情,在激情之余,始终怀着一颗理智之心,这样的教育怎么会不成功呢?

案例来源 陈玮.班主任专业成长的途径[M].//万玮.激情与理智的结合.上海:华东师范大学出版社,2008.

案例欣赏 3-12-2

我的班主任成长三部曲

一、误入藕花深处

1997年夏,当学校领导宣布我做新生班主任的决定时,身边亲友无不为我捏着一把汗——不仅仅因为我少不更事缺分量,也不仅仅因为我是一名音乐教师,不具备多数班主任的严谨精细和心机,还因为我常常被初中的学生气得哭鼻子、使性子。如今领导一声令下,我摇身一变,成了职业学校纯女生班的班主任……温柔单纯、不谙世事的年轻女教师,面对的将是怎样的挑战?遭遇的将是怎样的困难?和学生演绎的班级故事又该怎样曲折离奇,抑或惊心动魄?

这一切都不得不让所有了解我的性格的朋友、亲人,为我,也为我的学生忐忑不安。

但是,领导如此冒险的安排并非没有经过深思熟虑。1997年,我们学校第一次招收职业高中的学生(原先只有初中部),开设了幼儿教育专业,音乐、舞蹈、琴法这些课程由初中的副课,一跃成为此专业的主课。领导认为专业课老师当班主任有利于学生掌握一技之长。而当时学校的音乐教师只有我一个人,我不做班主任,谁来做?

所以,直到今天我还常常感叹:自己1997年当班主任,完全是硬着头皮、被逼无奈、误入藕花深处——学校但凡再有一个音乐教师,班主任就不会轮到我李迪去做。

万没料到,更大的挑战还在后面。

1997年,学校本打算只招收一个幼儿教育班。报名结束,却发现这个专业的女生竟然有131个。于是,在手忙脚乱中,在亲朋好友、领导同事的无限担忧、焦虑和祝福声中,柔弱敏感、心无城府的我,走马上任,同时成了两个新生班的班主任。

我精彩的班主任生活也从此拉开了序幕。

我的学生几乎全部来自农村,乍一离开父母,难免想家。那时候,若有一个女孩子在晚上哭哭啼啼,寝室里便会悲声四起。所以,在第一次班会上,我用发自肺腑的声音,缓缓表白:"从今天开始,同学们不要再说自己在郑州市没有亲人了。因为,李迪就是你们的亲人。我实在不能许诺给你们,将来一定让你们有一个辉煌的前程。但是,在未来的三年中,我会和你们一起面对成长中的沟沟坎坎、风风雨雨;我会陪伴你们左右,在每一个泥泞的黄昏……"

没有修饰、没有激昂，也没有抑扬顿挫，就是这样朴实如白开水的语言，用柔和平淡的语调说出来，格外动情。很多女孩子在那一刻，明眸里闪烁着晶莹的泪花。我真切地感受到，我们师生的感情，在开学初就已经汇成了滚滚向前的热流。

　　是的，除了真情、激情和爱心，年轻的我不知道自己还有什么可以奉献给我的工作、我的学生。

　　没有冷静沉稳的办事风格，没有圆融的处世能力，更没有长远的目光和顾全大局的缜密思维，那时的我常常干一些吃力不讨好的事情。

　　记得1997年国庆节前，学校要开运动会，运动会一结束就放假。我的许多学生是第一次出远门，一个个归心似箭，有几个哭着闹着要请假回家，我心一软批准了。这一来不得了，没有运动会竞赛项目的同学都来请假，我实在受不了了，又批准了几个。大多数没批准的同学不由对我横眉立目，有几个胆子大的学生干脆不辞而别。运动会结束后全校清点人数，我的两个班只剩下60多人。校长勃然大怒，当着全校师生的面批评我……

　　我心中一酸，回想起当班主任一个月来，起早贪黑陪伴着学生，当她们生病想家时，我带去慈母的关怀；当她们生气拌嘴时，我带去姐姐的情怀；当她们苦恼困惑时，我带去朋友的理解；当她们违反了纪律时，我从不粗暴地批评，只是带去严师的教导。可是，她们一点儿也不为我着想，不为我分忧，只想她们自己。我才比她们大几岁呀！于是，回到宿舍我泣不成声。恰好班长找我有事，我本不愿让她看见我流泪，但实在忍不住，就把自己的委屈一股脑儿全向她倾诉，转眼间她和我一样也成了泪人。

　　班长回寝室召集学生，并将我的烦恼一一告知。姑娘们大为震惊，从没想到自己犯了错误会使老师如此忧虑和苦恼。当天晚上，没走的同学代表全班集体向我道歉，并修订了班规班纪。师生在一起，有了进一步的理解，忍不住又一次泪水长流。至此我才知道，学生有感情，老师关心他们，他们也会体贴老师。有时候应该让学生了解老师的苦，分担老师的忧，这样有利于培养他们的责任心。

　　我们都曾感叹学生一点也不理解老师，埋怨学生"不知好歹"、"没良心"，其实是我们没有把自己的心亮给学生，没有创造学生理解我们的机会。许多学生把老师看得很神秘，不知道老师也有喜怒哀乐。我们为工作呕心沥血，对学生爱护体贴，学生看在眼里可能已熟视无睹，我们为何不明白说出来，提醒他们？其实，学生很愿意了解老师、帮助老师。如果我们把教学管理中的苦恼告诉学生，他们会帮助我们出主意，而学生想出来的管理方法，他们自己一定会遵守的。

　　根据这一经验，我与学生相处时不再隐瞒自己的感情，高兴时我们一起欢笑，痛苦时我们一起流泪。学生随时能触摸到一颗激烈跳动的心和最真实的感情，在我受到伤害、遇到困难痛苦时，那簌簌的泪水、那紧锁的眉头和毫不自持的生气、宣誓、恼怒、愧疚、道歉，能让人感受到最真切的心，绝不虚伪、绝不矫揉、绝不造作。一件小事、一篇短文、一句嗔怪、一个眼神，或嫣然一笑，或几声牢骚……都能和学生产生心有灵犀的会意。从此，我的班主任生活变得幸福绵长、有滋有味。

二、沉醉不知归路

李清照的《如梦令·常记溪亭日暮》本是："常记溪亭日暮，沉醉不知归路。兴尽晚回舟，误入藕花深处。争渡，争渡，惊起一滩鸥鹭。"如今，我却要把"沉醉不知归路"放到第二部分。因为，我是在"误入藕花深处"，当了班主任后，才体会到此中意趣，并开始沉醉的。

第一次当班主任，我带的虽然是131名女生，但那届学生特别懂事，总是希望我高兴，害怕我失望。如今，我写着这篇文章，思绪又飞回了十年前，脑海里浮现出几个让我倍感温馨的场景——

1998年初冬的一个傍晚，一名女生怀抱一只六斤重的萝卜，到办公室找我："老师，我们家今年萝卜大丰收，我妈说让您尝尝鲜……"

幸福常常被说成是一种看不见、摸不着的感觉，但接过那胖胖的、水灵灵的萝卜，我似乎触摸到了一种有形的幸福。学生的家长哪里是让我尝鲜？他们分明是让我分享丰收的喜悦啊！这名女生家在新密，是什么力量让她路远迢迢带一个萝卜送给了我？

是一颗真诚的爱心，学生对老师的爱心。

1999年冬，我身怀六甲，却依然担任着第一届学生的班主任。当时我妊娠反应很厉害，还常常莫名地担心宝宝出生后会不健全。有一天，学生小娟送给我一本手掌大的小日历，一共六页，每一页上都有几个不足半岁的婴儿，或坐或卧、形态各异。有一个婴儿坐在一棵大包菜里，头上还顶了一片包菜叶子，小手向前伸着，呼之欲出。我爱不释手，对小娟连声道谢。她说自己是在一元店里无意中发现的，我却明白如果她没有替老师分忧的心，是不会发现如此合我心意的小礼物的。

可以说，第一次当班主任，我就收获到了人间最宝贵的真情，体会到了做班主任的幸福，也成了一个精神最富有的教师。人们常说一个好老师能培养出许多好学生，怎知道学生对老师也有反作用力？我这个班主任就是由那131名学生，和后来的许多学生培养出来的。

李镇西老师说：教师与学生在不知不觉中形成的依恋感，有时会产生连教师也意想不到的效果。那个时候，我还不知道李镇西老师，但已深深体会到了自己对学生的依恋。在我的第一届学生毕业时，我一声声叮咛她们、祝福她们，最后说："无论你们走到哪里，都要相信，老师会在母校深情地关注着你们。再过十年，等到我们相会时，但愿你们像我，也但愿我像你们，都有热烈的心，都有快乐的歌……"

将学生送走，我转回来坐在教室里，竟如同一个送女儿出嫁的母亲一般，几分欣慰、几分惆怅、几分轻松，还有几分自己也不能理解的失落，一起涌上了心头。

送走第一批学生一个月后，我的宝宝出生了。

春露秋霜、寒来暑往，转眼间孩子三岁了，我又迎来了自己的第二届学生。这是一个只有38名学生的班级，学生多是文静谦和的"甜妹子"。

因为有了三年班主任工作经验，我带这一届学生非常顺利，没有下什么工夫，班级里的一切事务就井井有条。但自我感觉和她们的感情没有和第一届学生深。这是一个沉稳型班级，班风极正。我却总感觉不过瘾，如同演员和观众没有互动一般，想达到第一次带班时"金箍棒一挥，众猴儿抓耳挠腮"的局面，简直是痴心妄想。

如今认真思索原因，我明白自己第一次带班风华正茂、激情飞扬，学生又是温厚纯洁、积极上进的。这个时间段教师的冲击力相当强。我对于教育抱有各种新的理解，往往与一般教学方式有很大的差别，不可避免带有反叛的特征，而这种特征恰恰满足了青少年反叛求新的天性，所以学生很容易把老师当做"自己人"，对新教师抱有很多宽容。师生所作所为，浑然天成，在情感上有天然良好的沟通。第一届学生常常用崇拜的眼光看我，模仿我的发型、衣服，甚至说话的语气和走路的姿势。第二次带班，除了学生本身的结构因素，还有一个原因：我随着年龄的增长，刚当班主任时具有的天然优势在变化直至消失；而学生对教师的期望却在逐渐提高，师生的隔阂由此产生。这时候老师若不及时调整教育方法，很可能迷茫困惑，失去信心。好在我的第二个班级"战斗力"不太强，同时我自己常规管理方面的业务能力也有增长，因此班级在一个相对稳定的环境中，依然能不断成长和进步。

我的烦恼、困惑是从第三次当班主任开始的，也就是《我班有女初长成》中所说的"刺麻苔"班。班级刚成立时简直可以用"鸡飞狗跳"来形容：学生打架、三次丢钱、逼班长退位、发癔病、被外班男生追求等。有一次，为豆大的小事，一个学生竟气得胃疼（不知道是不是装的，当时是大半夜，我不在），和她生气的同学二话没说，拨通了"120"急救中心的电话。一会儿时间来了一大帮医生，那胃疼的学生却怎么也不肯去医院，直着脖子喊自己没病，把人家医生气得也没辙。我便起急：她们给我惹乱子也就罢了，怎么连急救中心也敢惹呢？但两个人分明也都没有坏心。"炒我的鱿鱼"当属班级故事的高潮：学生集体给我提意见，言辞别提多尖刻了，我难过得要命，要辞去班主任职务。她们却又哭着集体向我道歉，还在大喇叭里一遍遍喊对不起我，只怕别人不知道似的……我们就是这样既有矛盾，又有和谐，既相互生气，又相互关心地相处着。每到矛盾爆发，眼看不能收拾的时候，便换成了宽容、理解，于是和好，于是下一个矛盾继续产生。

据说，优秀的教师都能做导演，能在班里导出一幕幕精彩故事。那时的我却感觉自己根本控制不了局面,我和学生都是演员,都在认真地扮演着各自的角色。

现在思索原因:我的挫折来自于自己一直在"纯天然"地凭感觉带学生,我似乎只有程咬金的三板斧,缺乏十八般武艺。在前两届学生面前,我有"大姐大"的影响,学生对我是宽容的,而现在的学生一进校门就听说我带班不错,便偏要找到我不如她们意的地方,而我却没有及时调整自己的方法,只停留在"吃老本"的阶段,偏偏我的"老本"——年龄优势已不复存在,不免犯下刻舟求剑的错误。

尝过了当班主任的乐趣,我不满足自己失去年龄优势的现状,这样的困惑让我对班主任工作的研究欲罢不能、沉醉其中。

三、惊起一滩鸥鹭

2005年8月,我在《班主任之友》杂志上,看到了李镇西老师为自己的班级日记《心灵写诗》写的序言,一时感慨万千,决心要做李镇西那样的老师。我开始在夜深人静的时候,一边回忆着当天发生的事,一边在键盘上一个字一个字地敲下来,细细体味生命的律动。当时我没有想到这些文字将来能出版,只是想在书写的过程中,反思自己教育里的失误,提高班主任工作能力。同时,我和所有的女人一样多愁善感,常常叹息红颜易老、青春易逝。写日记,也是我挽留青春的一种方式。等到我脚步蹒跚、两鬓斑白的时候,翻阅年轻时的日记,多少是一种欣慰。若能被儿孙看见,他们也会明白,自己的母亲或祖母也曾经如此美丽过。所以,我的写作,更多的是为了表达女人那"心似双丝网,中有千千结"的惆怅。

2005年12月,我开始上网。那时我的班级日记已经写下了十万字。我先是在班主任之友教育论坛上发表帖子,这真实的教育日记立即引起了众多老师的关注。接着我进入了教育在线论坛,找到了无数志同道合的朋友,和让我敬仰已久的良师。我的生活因此有了转折。

李镇西老师曾经说:"教师的成长,实践是基础,读书是关键,思考是灵魂,写作是成果!"

我迫切地要成长,我已经在实践、在思考、在写作了。但我如何读书呢?茫茫书海,我读哪些书好呢?

在偶然的机会中,我得知张万祥老师在招收网络弟子。为了能拜张老师为师,为了尽快缩短和张老师弟子的距离,我把张老师为徒弟们列下的书单,一本本买来阅读;张老师为徒弟们布置的作业,我一旦得知,总是早早完成、上交;张老师告诫我"读书随处净土,闭门即是深山",我时刻铭记在心,尽力保持着心境的宁静平和。在这样的阅读、写作中,我的思索不断深刻。同时,我又在网络上得到了郭敬瑞、蒋玉燕等热心老教师的关注和指导。王晓春老师和孙阳立老师也多次点评我的案例,指导我的工作。

这是我在班主任艺术上突飞猛进的时期,我永远不能忘记这些恩师对我的指导。

与这些资深教师的交往,使我明白:和学生相处,有时候用爱就够了;有时候信任就行了;有时候帮助就可以了;而很多时候,则要用"艺术",或用三十六计。其实,我所带的前两个班,也并非没有"刺儿头"学生,不过是那些孩子把老师当成了"自己人",心甘情愿配合老师;随着我年龄的增长,我对学生的爱、信任和帮助的效果大打折扣。所以,如今的我必须掌握三十六计。这就要求老师有很强的识别能力、谋略能力和掌控能力。学生已经不再崇拜班主任,更适合民主讨论和辩论。遇到重大事件,我便发动全班讨论,决策举手表决,少数服从多数。我所带的班级越来越顺手,每个学生都能找到归属感,她们的个性都能被班级包容,班级凝聚力也越来越强。这一届学生在毕业的时候,格外受用人单位的欢迎。

但是,我的成果不仅仅只有这些。

在"刺麻苔"班参加实习后,我翻阅自己写下的班级日记,思索着每一个案例的处理是否得当,并随手将阅读时的思索记录在每一篇日记后面。没想到,这样的思索对我的专业成长颇有益处。当我把四个问题学生的成长日记和反思整理结束,著作《她不仅仅只叫"刺麻苔"——四个问题学生的成长及反思》也完成了,用时仅仅三个月。这本书与我的班级日记和随笔同时公开出版。

一个普通平凡的一线教师,同时出版四本著作,这一消息在网络上和现实里颇让人吃惊,如同李清照"误入藕花深处"后,"惊起一滩鸥鹭"。因为许多老师都感觉发表文章难,免费出版书就更不容易。怎知道,只要我们思索着去实践、阅读、写作,专业成长、著书立说的梦想就不难实现!

路漫漫其修远兮,吾将上下而求索。

如今的我,尚在起飞的阶段,我不能忘记众多恩师、网友对我的殷殷期盼,还是要去浮华、离喧嚣,沉下心来实践、读书、写作、思考。哲学、文学、心理学等书籍,我都会一一找来阅读;苏霍姆林斯基、陶行知、魏书生、李镇西、张万祥等老师的书,更是我案头桌边必备的精神食粮。我不知道自己将来还会遇到怎样的班级、怎样的学生,但我相信自己只要加强自身专业素质,所有棘手的问题,都不怕面对。

案例来源　http://www.bzrzy.cn/bbs/blog/blogshow.asp?ID＝203526.

案例欣赏 3-12-3

经历练就独特的我

我1991年参加工作,至今已经是20年了。这20年里,我一直做着班主任工作,乐此不疲,无怨无悔。掰指细数,完整的,不完整的,我一共带了10个班。就是这10个班,极大地影响了我,促进了我的专业成长,打造出了我独特的带班风格。

从我的带班经历来看,我觉得除了班主任本身的性格会影响带班风格外,更多的还是不同班级的打磨使得每个班主任形成了自己独特的带班风格。就我来说,形成自己独有的风格特色,经历了如下五个阶段。

第一阶段(1991—1993年):玩乐带班凭感觉。

1991年,我从师范学校毕业,心不甘情不愿地走向三尺讲台。学校安排我担任初中二年级的语文科任老师兼班主任。我没有初为人师的喜悦与激动,也没有那种"人类灵魂工程师"的自豪感,更没有那种坚守讲台、唤醒灵魂、成就自我的雄心与壮志。有的只是对环境的抱怨、对工作的懈怠、对领导的不满、对学生的厌烦、对命运的不甘……总之,我觉得我是天底下最倒霉的人!为啥呢?因为我压根就不想当老师!

从小到大,我的心里都装着两个梦想:自由撰稿人和服装设计师。我勤奋刻苦,我出类拔萃,我一门心思地想考大学,都是为了缠绕在我心中的这两个梦想。可是,中考填报志愿的时候,我的父母和老师没有经过我的同意,擅自给我填报了中等师范学校。

虽然,我以全县第一名的成绩进入了师范学校,但我心中没有半点喜悦。我之所以在极不情愿的情况下还努力地学习,并非想要学好本领以便将来做一个优秀的教师,而是谋划着为今后的改行添加筹码。

尽管我不愿意做教师,但最终我还是没能逃脱做教师的命运。带着心有不甘的心态走进教室,是绝不可能营造出温馨和谐的人际气氛的。我还记得有一次上课,我悻悻地对学生说:"把练习作业拿出来,今天咱们评讲作业。"刚说完,就有一个叫梅政凯的男生搭腔了:"讲嘛,不讲白不讲,讲了当没讲。"我本来对当教师就心怀不满,一直想找个出气筒来发泄一下,正好有个孩子撞上来了,不找他找谁呢?于是我从讲台上走到那个搭话的孩子旁边,干脆利落的两掌拍去,生硬地对他说:"不打白不打,打了当没打!"梅政凯满眼惊恐,捂着脸,低着头,不敢吱声,其他学生大气不敢出。从此,但凡上我的课,教室里没有一点声音,那种寂静让我和所有的学生都能感觉到压抑和不安。

如果没有遇到菊花飘香的季节,我想,我的教育人生一定是充满黑暗和恐惧的。这辈子,我不可能成为一名优秀的班主任,更不可能在班主任工作领域享有一定的知名度。

天,冷了;云,淡了;太阳,暗了;遍地的菊花,开了。

校园周围、田野里、山崖上,到处都是金黄的野菊花。淡淡的菊香沁入我的鼻腔,渗入我的心脾,穿行在我的五脏六腑。也许是这遍地的菊花,空气里,甚至尘埃里的菊香使得我的心情好了许多,我开始对学生有了一丝笑意。

我的吝啬的给予竟让学生看出来了。

那天,我同以往一样倦倦地去上课,刚走到门口就嗅到一股淡淡的菊香。我以为是空气里的菊香,哪知我一走进教室,赫然看到讲台上有一大瓶金灿灿的野菊花，那些菊花肆无忌惮地开着，无所顾忌地释放着它们的幽香，学生们都笑盈盈地望着我，我的倦怠一下子被这一切冲走了。我的眼睛有点发潮，好久都没有这种感觉了，我以为我都不会有这种感觉了。

下午，梅政凯躲躲闪闪地来到办公室，喽嚅了好一阵才说出口："老师，星期六我们约你去采野菊花，你去不去？"我随意地说："那就去吧。"见我应了，梅政凯满心欢喜地蹦跳着回了教室。

星期六一大早，我还在床上睡觉，梅政凯就和几个同学来约我了。我本想不去了，随后一想：出去散散心也好。

尽管梅政凯的个子比我高大，但他还是孩子气十足，一边走，一边和其他同学打闹，或者就是在路边捉一些小昆虫让我看。我问梅政凯有多大了，他自豪地对我说："我十七岁了！我妈说我是大人了，要宽宏大量，不要记仇，要帮助别人。"我心里顿时涌起一种痛感，他只比我小两岁，却要挨我的打，挨了打还想着要宽宏大量，不记仇。我又问梅政凯怎么取这样一个名字，他兴致颇浓地给我解释："我出生的时候，梅花正开得欢，我又姓梅，我爷爷说就取'梅正开'，可我妈说这个名字太妹气，就改成了'梅政凯'。"

梅政凯热切地对我说："老师，我要采很多野菊花回去，把它晒干，拿些给你泡茶喝，拿些装在枕头里，我妈说喝了这个茶声音好，枕了这种枕头对眼睛有好处，老师，你是近视眼，正好可以医治你的眼睛。"我的眼睛又发潮了。

回到学校，我静静地坐着，沉寂在空气里，整个心间充塞着菊香。我不想思考，不想追寻，不想移动，只是沉浸在这种淡淡的菊香里，我想这种香味可以疗好我所有的创伤，它会使我得到重生。

自那以后，我不再自怨自艾，也不再牢骚满腹。我每天除了认真上课，就是和学生玩，与他们一起跳绳、修房子、躲猫猫，甚至在校园里追逐打闹。春天，我和学生一起到田野里挖野菜，到油菜地里捉迷藏；夏天，我和学生到河沟的青木树下拾菌子；秋天，到山野里采集那黄灿灿的野菊花；冬天，我则和孩子们一起奔跑以御寒。我们就像一群快乐的鸟儿，整日飞来飞去。

说句老实话，我那个时候根本不懂得如何规范有序地去开展班级管理工作，更谈不上专业化地去诊断班级里的问题学生，更多的是随心所欲凭感觉出发。由于学生的年龄跟我的年龄相差不大，我大多数时间都是在和他们玩，甚至有时还玩得吃住都在学生家里。不曾想，两年下来，这个班不但没有出现任何问题，中考的时候还考出了理想的成绩。事后校长跟我说："我当初一眼就看出你并非真心当老师，所以拿个差班给你带，带好了，功德无量；带不好，也无所谓。哪知这两年你像个疯丫头一样跟学生疯玩，竟然还把这个班玩成了好班，还考出了我们做梦都没想到的成绩。"

后来我一直在想，之所以我现在能童心不老，能宽容大度，能和学生顺畅地沟通且打成一片,应该是那淡淡的菊香温润了我的灵魂,旷野的追逐嬉闹滋养了我的童心,学生的淳朴和真诚孕育了我的宽容,毫不设防的师生交往教会了我如何换位思考、如何真诚地走进学生的内心。

说到底,我成长的真正推手,应该是我的学生,我能取得今天这样的成绩,是他们教育和成就了我!

第二阶段(1993—1997年):恩威并施初告捷。

1993年,我调到了丈夫的学校。但让人难过的是,分班的时候,另外一个班主任欺生,把分给我的优生调换了。如果说这算是一种欺负,那么接下来发生的一件事在我看来则是一种羞辱。

一名女生分到我班上,已经坐在教室里读了两三天。可她的哥哥硬是跑到学校大吵大闹,要求换班,理由就是我是一个新来的老师,教学经验不丰富,他不能拿他的妹妹做试验品。尽管学校领导出面调停,但他无论如何也要让妹妹换班,否则就要转学到其他学校。学校领导没有办法,只好把坐在我教室里的这个女生给换到另外的班级去了。

这件事对我的刺激很大。我发誓一定要带出一个优秀的班级来,我不能让我的领导、同事,以及学生家长小看我。

虽然我鼓足了大干一番的勇气,但当我走进教室面对那帮学生时,我还是深深地失望了。由于分班的时候,优秀学生都被换走了,剩下的不是"捣蛋鬼",就是"惹祸精"。面对这样的学生,我想,我再像以前那样跟他们疯玩,只怕最后就要"玩火自焚"了。怎么办?俗话说"看客下菜碟"。既然我的学生惹是生非的多,那么我也就没有必要跟他们客气。先给他们一个下马威,抖抖我的威风再说。

于是,我制定了严格的惩罚措施。比如,迟到,除了放学补课之外,还要罚跑操场或者是罚扫地;上课不认真,轻则挨批评,重则贴墙壁;不按时按质完成作业,就要做双倍的作业,等等。由于制度严苛,并且又能执行到底,再加上我性情率直,说一不二,行事雷厉风行,凡事亲力亲为,学生的那些小动作、鬼把戏,没有一样逃得了我的法眼,于是学生就特别害怕我,不得不按照我的要求去做。

1996年6月中考,这个班一举夺魁,考出了全区综合评估第一的好成绩。

同年8月,校长找到我,说我带班能力强,尤其是带差班很有一套办法,所以安排我再带一届初三。我当时已经怀孕,学校给我的又是一个差班,所以我执意推辞。可校长赖在我家里不走,跟我诉苦,说要是我不接手的话,就要流失很多优质生源,会影响学校的发展。无奈,我只得"挺儿走险"。

因为班上调皮生多,所以,我照样重手出击,强悍管理。即便是最后腆着个大肚子,我对学生的管理也毫不放松,对他们的违规行为也绝不手软。

1997年中考,这个班再创中考辉煌。当我端着庆功酒穿梭在祝贺的人群中时,我并没有得意忘形。我脑子里始终在问自己,我为什么取得了成功呢?仅仅是我的坚持到底吗？仅仅是我的强悍管理吗？

我承认，我对学生要求很严格，但我的严格并非没有尺度，也并非无情。我就像一个大姐姐一样对他们呵护备至。我不仅在学生面前抖了我的威风，更重要的是，每个学生都得到了我细致周到的照顾。这也是若干年后学生始终铭记我、感激我的原因所在。

那个时候，农村学校条件非常艰苦。学校的住宿条件很差，连一张像样的床都没有。每个学期开学，学生都要从自己家里带来木棒、竹竿、稻草来铺床。我不仅要帮学生铺床，还要帮他们缝被。学生没有水蒸饭，我就给他们挑水。孩子们的饭没蒸熟，我二话不说，就生火为他们做饭。学生来上学时，途中淋雨，我会及时地找来干净衣服为他们换上，或者是用电吹风帮他们把淋湿的地方吹干。夏天，我每天都会熬两大锅清热解暑的中药水放凉了供孩子们喝。冬天，我为孩子们织毛衣、刻试卷，手脚生满了一串串葡萄似的冻疮，又痛又痒。哪怕就是我怀有身孕，除了不挑水之外，我对学生都是照顾有加。我是1月20日的预产期，19号还在上班，连领导都看不过去了，说："你就休息一下吧，眼看就要生了，别操心了。"

我以为这些付出只有我自己知道。哪知十年后的学生聚会，他们嘴巴里说的，没有一句是我在课堂上教给他们的语文知识，也没有一个人说我批评他们甚至体罚他们的话，他们津津乐道的是我对他们的好，他们还感慨万千地说，这辈子遇到我这样的老师真是有幸。甚至还有学生不无担心地说："不知道我的孩子能不能遇到像钟老师这样又细心又负责的好老师啊。"

这就是学生，老师对他的伤害，若干年之后，他都忘记了，而老师对他的哪怕是一丁点的好，他都铭记在心。

以我现在的带班理念来审视这个阶段的班主任工作，我都不好意思提，甚至我自己都会嗤之以鼻。我时常庆幸我当初遇到的学生都是一些心理健康且秉性纯良的孩子，所以，我那恩德不足、威严有余的带班风格才没有为我招来麻烦。

第三阶段(1997—2002年)：温情带班生爱心。

由于1996年、1997年连续两年的中考我带的班都取得了辉煌的成绩，1997年9月，我被组织调动到镇中学。

在镇中学，我带了两届学生。这个阶段，我做了母亲。以前的那种麻辣、尖锐都随着孩子的牙牙学语不见了，取而代之的则是温情脉脉。以前看到学生，多是恨铁不成钢的心情，做了母亲之后，看到学生则多了一份怜惜和喜爱。

还记得我带99届学生时，由于是中途接班，孩子们开始有点排斥。面对孩子们的怀疑与敌视，我竟然没有一点火气，而是默默地身体力行地为他们做着各种事情；在言语表达方面，我也一改以往的犀利，不管学生如何对我，我都温和地与之交流。半个学期下来，每个学生都真心接纳了我。

为了让他们安心地学习,我几乎为他们解决了一切生活上的后顾之忧。比如每天早晨早早起床为住宿学生煮鸡蛋,每天中午我都会烧几锅开水凉着,下午提到教室为孩子们清热解暑。班里有十多个住宿学生,离家远,生活差,晚上下了晚修还舍不得回宿舍休息,看着他们勤奋而疲惫的身影,我真心疼啊。于是我就会准备一些面点,拿到孩子们的宿舍,让他们加点餐,垫垫肚子好睡觉。十多年过去了,那些曾经在晚上吃过我的加餐面点的孩子,始终不忘我对他们的好。有一个孩子曾经对我说:"老师啊,工作之后,我也到了很多地方,吃了不少美食,但我始终记得你做的蒸饺是最好吃的。"

我每天做的,就是友好热情地与孩子们相处,设身处地地为他们着想,宽容地等待着他们成长,然后就是明确地告诉他们我有梦想,我每天都在追逐梦想,我不仅仅只是口头上说说我的梦想,我还把自己的生命姿态变成了奔跑的姿态。不论是在教室,还是在办公室,我的学生都能看到我孜孜不倦学习的身影。也就是在这三年时间里,我读完了大学本科课程,拿到了汉语言文学教育专业的本科文凭。

我始终认为,光有爱心是不够的,爱心装在心里学生看不见,挂在口上靠不住,学生真正需要的是老师行动上表现出来的爱心。比如学生失败了,一抹鼓励的眼神;学生受委屈了,一句安慰的话;学生犯错了,一句理解贴心的话;学生生活费短缺了,毫不吝啬地帮助;学生在成长的过程中遭遇了困惑,真诚地走进他们的内心去倾听他们心灵发出的颤音。

我始终认为,一个真正有爱的老师,是要自觉地努力地去学习爱的艺术,掌握爱的秘诀,然后,把师爱做到极致,那么,教育就会走向极致。否则,教育的效果将会与我们的预期目标相差甚远。

回想这五年时间,应该是我教育生涯中最为得意与辉煌的时间。

我真切地认识到:把师爱做到极致,教育才会走向极致!

第四阶段(2002—2008年):民主带班出奇效。

这个阶段,是我教育理念的质变时期。由于大量地接触教育类书籍,我学会了反思。反思的结果是,我以前带班虽然小有成就,但那只能算是我的运气好,或者说是我的性格因素起了重要作用,我其实并未走进教育的本质。

这一反思让我大大吓了一跳,以前的沾沾自喜,以前的狂妄自大,以前的所谓成就,其实都是井底之蛙的自我鸣唱罢了。

于是我决定在治班之道里揉进民主的元素。正如李镇西老师所说,我们要为未来社会培养合格的公民。那么什么是合格的公民?一味顺从、盲目听从的孩子,就是合格的公民吗?如果我的学生都成了这样的"顺民",那么,我就兢兢业业做一辈子教育,岂不是在用一颗善良的心干害人的事?

那么如何在治班之道里揉进民主的元素呢?我告诉学生民主是什么,为什么要在班级管理中实施民主管理。并告诉他们从现在开始，我要把班级还给大家，凡事我们都商量着办，不由我一个人说了算，也不由某一个班干部说了算。

孩子们都兴奋得欢呼起来。看来，他们受我的专制统治实在是太压抑了，早就有了"造反"的念头。

既然要搞民主管理，那么班主任就要把民主思想深深地扎在脑子里，不能嘴巴上说民主，实际上搞的又是专制，那么学生就会认为你这是假民主，反而降低班主任在学生中的威信。

还记得，有一次班里有个叫李明的学生与外班同学打架，为此我很生气，抓住他就是一顿疾颜厉色的训斥，然后就叫他请家长。谁知这个学生说，请家长的事还要经过班委会讨论才能决定。我一听气不打一处来，厉声说道："我是老师还是你是老师？惹是生非，打架斗殴，性质这么恶劣，还需要班委会讨论？我说了算，下午给我把家长叫来！"这个学生看我语言凌厉，态度生硬，不敢跟我顶嘴，唯唯诺诺说下午就把家长叫来。

中午的时候，班长来找我了，说："老师，你自己说的实施民主管理，凡事都要商量讨论。李明打架是不对，但你没去调查事情的真相，又没交班委会讨论，就擅自做主了，这好像不叫民主哦。"我一听，有理，惭愧地说道："我也是一时气急，那么你说说看，李明打架的内情是什么？"

班长说："李明谁都没惹，就在寝室里和大家聊天，三班有个外号叫花豹的走到寝室里，说看不惯李明的样子，抬手就给了李明一耳光，李明在大庭广众之下莫名其妙地挨了一耳光，自尊受到沉重打击，所以才还手的。我们都觉得，一个男人应该为维护自己的尊严而勇敢还击。"

听班长说完，我陷入了沉思，是啊，情绪化的表达、不问真相的判断、专横霸道的思维模式，怎么不让我陷进假民主的怪圈呢？

事后，我在班上跟孩子们道歉，说我缺乏真正的民主思想，需要重新补课，也需要大家监督以及真诚的帮助。说完，我自嘲道："我培养你们的民主意识，现在你们通通找我要民主，我可是把自己拉上断头台咯。"班长嘿嘿笑道："那是哦，你要是不民主，我们就要反抗哦。"有个孩子马上接嘴道："哪里有压迫，哪里就有反抗！"

班级管理中揉进民主的元素，特别能培养一个老师的耐心。因为一切都要尊重大家的意见，而班级里又有那么多个性迥异的孩子，所以要有极大的耐心去等待他们。现在，我很多同事都会不解地问我："你怎么那么好的耐心啊？真是少见啊！"是的，我的耐心确实很好，不管学生犯多大的错，给班级造成多大的损失，我都只会平静地告诉学生，我很愤怒，我很难过，我很伤心，我很失望，但我不会火冒三丈。接下来，我会和学生一起分析我们失误或者失败的原因，然后，站起来，抹干眼泪，收起悲伤，重新往前冲。我的童心、细心、爱心、耐心以及坚持心，这一切,都是我的学生、我的班级赐给我的。

第五阶段(2008—2011年):科研带班究真相。

这三年时间,是我教育生涯中最为动荡的三年,同时,也是我最逼近教育真相的三年。可以这样说,这三年时间,我已经由一个教书匠蜕变为一个为追逐教育理想而孜孜不倦的教育行者。三年时间,我在三个地方带了三个不同的班级,获益无数。

这个阶段的我,已经不是以前那个靠感觉、耍手段治班的我了。我已经能用科研的眼光来看待我的学生,用科研的思想来管理我的班级。学生犯错了,我不再像以前那样,迫不及待地问"怎么办",而是冷静地寻找"为什么"。班里不论出现什么问题,我都会去思考,为什么会出现这样的问题呢?原因在哪里呢?我不停地追问,不停地去寻求真相,坚持不懈地朝教育的真相漫溯。由于有了这样的思想,很多看起来匪夷所思或者是难以解决的问题都得到了彻底的解决。

当初我把带奋进班的教育故事挂在论坛上,很多朋友都为我捏着一把汗,担心我一个弱女子怎么对付得了一群调皮大王。事实证明,我不仅"对付"得了那群调皮蛋,我还把他们"收拾"得服服帖帖。我离开海南的时候,孩子们哭得一塌糊涂。其中最让人头疼的尤玖,说我是"黑暗里的一盏明灯",为了我,他改掉了身上的缺点,他说,一定有那么一天,他会到四川找我,亲口告诉我,他已经成长为一个真正的人了!

在海南待了一年多时间,我回到了四川,中途接手了一个被称之为"烂班"的班级。我首先着手班干团队的建设,接着是班级文化的建设,再接着是推行自主化管理。这一连串的动作做下来,班级面貌不可同日而语,班级风气也由原来的"软、懒、散"变成了积极进取。待到班级大局已定,我就揪住班级的一些小问题开始探索,一年下来,光是文案记录就有50多万字。其中关于海林的个案记录近15万字。这些文字记录无不显示着我的带班理念——科研带班。

我坦然接受孩子们暴露出来的所有问题,然后分析原因。找到原因之后,我就开始对症下药。

由于在带班的理念里揉进了科研的元素,所以我看待问题就非常客观和理性。每出现一个问题,我都在欣喜,为什么呢?为我自己欣喜,因为我找到了研究的切入点;我也为学生高兴,因为犯错就意味着学生成长。或许是因为我的认知态度变了,我的行为模式以及话语表达方式都发生了变化。当我改变之后,我惊讶地发现,我的学生也改变了。很多在别的老师看来非常头疼的学生,在我的班级里就不让人头疼了。

总有人会问我,你带班的风格是什么?我一时还真的答不出来。现在,经过我的回顾与梳理,我发现,我带班的经历很丰富,各种类型的学生都见过。我的成长离不开学生的帮助,更离不开班级的滋养,在与学生的交往中修炼打磨,让自己更善良、认真、执著、淳朴、温和……更有责任感,更有使命感。如果没有这些美好的人性或者说个性打底,我认为,不论怎么做,都难以形成自己独具魅力的带班风格。

案例来源 钟杰.经历练就独特的我[J].班主任之友(中学版),2011(11).

【思考与实践】

1. 简述班主任专业化的由来及其发展。
2. 专业型班主任应具备哪些特征?
3. 万玮、李迪和钟杰这三位全国著名的年经班主任,给你最大的启示和收获是什么?

第十三章 专业发展的途径

阅读提示

(1) 班主任需读哪些专业书?
(2) 如何写班级叙事?
(3) 如何构建促进班主任成长的专业发展共同体?

第一节 专业阅读

一、为什么班主任必须读书

近几年来,对教师阅读状况的调查结果不容乐观,教师阅读缺失已经成为一个十分严峻的问题。

《东莞时报》2010 年 10 月对东莞市教师读书情况进行问卷调查,发放问卷 200 份,收回问卷 76 份,很多老师"忙"得连填写问卷的时间都没有。调查结果显示,老师们由于忙于教学而很少读书,主要原因是没时间。在收回问卷的 76 名教师中,年阅读量 3 本以内的教师占样本总数的 23.7%,年阅读量 4~10 本的教师占样本总数的 57.9%。结合教师这一职业群体在社会心目中的形象来看,这无论如何不能让人满意。

《教育信息报》2010 年 3 月调查数据显示:20.9%的教师每天至少有一个小时以上的业余时间用于阅读;66.7%的教师每天的阅读时间在半小时左右;91.3%的教师每天都会坚持阅读。在"你最常读的书"和"你最喜欢的书"这两项中,记者发现,教师们的选择有些矛盾。根据统计结果显示,76.8%的教师最喜欢的书是文学作品,但 87.1%的教师最常读的书却不是文学作品,而是教学参考用书。在"阅读目的"这一选项中,有 89.1%的教师都选择"是为了做好教育教学工作"。从本次调查结果来看,部分教师并不是带着思考去阅读。有 53.6%的教师在阅读完一本书后不作任何评论,仅有 26.7%的教师会在阅读后与人讨论,或在博客上写体会,及时表达自己的想法。

教师不读书,班主任作为教师队伍中最忙的一群人就更不读书了。2011 年,《班主任之友》杂志社编辑刘永存对 1 082 名中小学班主任进行的随机抽样调查数据表明,超过 70%的中小学班主任每年无法阅读一本完整的书,碎片化阅读、浅阅读成为他们读书的常规方式。

著名教育专家朱永新先生曾说:"一个人的精神发育史就是他的阅读史,一个民族的精神境界取决于这个民族的阅读水平,一个没有阅读的学校永远不可能有真正的教育。"借用他的逻辑,我们可以说,一个没有阅读的班主任是不可能成为优秀班主任的。

朱永新认为:"对于任何一个具体的专业领域而言,都存在着一个最合理的知识结构;专业发展,必然会经历一个'浪漫—精确—综合'的有机过程;每一门类知识的掌握,都存在着一条由浅入深的路径;对每一个教师而言,都存在着一条独一无二的阅读路径;在特定发展阶段中的具体的教师,面对特殊的场景,一定有一本最适合他阅读的书籍。"

教师如此,班主任也如此。作为教师这一角色的细化,班主任工作也需要专业知识、专业技能、专业思维和专业情意,而专业阅读能够形成班主任思考问题、解决问题、创新工作方法的原点。所以,我们说阅读是班主任专业发展的重要源泉和重要标志,阅读应该像衣、食、住、行一样,成为班主任基本生活方式的一部分,成为班主任赖以生存和发展的方式。只有阅读成为越来越多班主任生活方式的有机构成,班主任的专业发展才具有扎实的基础。

二、班主任怎样才能坚持读书

班主任工作繁杂,哪有时间读书,如何能坚持读书,针对这些问题,张刘祥、管建刚、戴建华等老师给出如下建议。[①]

1. 列一个读书清单

做一个列表,上面是你想读的书的清单。你每天在任何角落都要能看到这份清单:你的日志、你的记事簿、你的个人主页……而且,这份清单必须是动态的,当你从别人那里或者网上看到了一本好书,马上加进清单;如果其中某本书你已经读过了,就划掉。

2. 从强迫开始

读书可能有100个十分崇高的理由;但在更多的情形下,读书的理由可能是十分卑微的,甚至是十分功利的。读书的要求其实十分简单,那就是放下一切借口,拿起书本,强迫自己一页一页地读下去。

有个数学老师,从来不喜欢读书,后来迫于压力,怕自己在读书会上"出丑",同时为了给儿子做榜样,她强迫自己拿起了《论语》,并在每晚睡前"作秀","演"给儿子看。谁知,日复一日地"被逼"读书,由装个样子而"假"读的她,竟在不知不觉中"弄假成真",逐渐被《论语》深深地吸引住了。

3. 一个月读一本书

奥斯勒是加拿大著名的医师、医学教育家,因为成功地研究了血小板等医学问

---

① 班主任之友(中学版),2011(7/8).

题而名扬四海。由于他对事业的热爱及兼任多种社会工作,时间非常紧张。为了读书,他规定自己在睡觉前必须抽出至少15分钟来阅读自己喜欢的书。就一般的阅读速度而言,1分钟可以读300字,15分钟可以读4 500字,1个星期可以读3.15万字,1个月至少可以读12.6万字。这样,一年就可以阅读151.2万字。奥斯勒坚持睡前读书15分钟达半个多世纪,共读了8 235万字。有人说:"成功与失败的分水岭可以用五个字来表达——我没有时间。"按奥斯勒坚持的读书方法计算,实现一个月读一本书的目标应该不费吹灰之力。

4. 以实用引导

以管建刚老师为例,他一直认为,读书是一种寻找,寻找自己的精神所在,寻找自己的需求所在。没找到自己要读的书,那个时候的阅读,是没有范围界定的,是模糊的、混沌的。寻找到自己要读的一类书,那个时候的阅读,就有了范围界定,就有了比较清晰的主次之分。对于教师来说,这个寻找,首先要寻找到教育的兴趣点和研究点。管建刚老师的主要研究方向是作文教学,阅读与写作、与作文教学相关的书籍相对读得比较多,读其他书籍时也会想到写作和写作教学上去。他相信,以后或许还会回到最初的没有范围界定的状态,经历"山是山、水是水"—"山不是山、水不是水"—"山还是山、水还是水"的三重境界(其中,第二个境界最为关键)。

5. 与写作同行

管建刚老师说:"因为写作,迫切地需要我去阅读,阅读别人的思想、阅读别人的实践、阅读别人的表达。文章的发表,既激励我再次写作,也刺激我再次阅读。为写而读,是我的重要的阅读经验,虽然比较功利。"

在张刘祥老师看来,写比读更重要,只读不写,常常是泛泛而读,随兴所至,往往是边读边忘,犹如走马观花,不会留下深刻的印象;而边读边写,情况就完全不一样,就会认真地读,反复地读,仔细琢磨,深入思考。所以他竭力提倡、推崇教师不仅要多读,更要多写。写,能推动阅读,能促进思考,能达到提升,能实现超越。只有带着思考去阅读,才能真正收到阅读的效果,否则,就会变成书呆子,还是不读的好。

6. 让同伴督促

阅读教育类名著虽然可以单独进行,但最好还是选择有组织地群体共读。这是因为,研读过程中的"议"——交流和讨论是必不可少的,有助于互相启发、取长补短、共同提高。有组织的议(读书沙龙)要做到时间固定、主题确定、提前准备,提高议的质量和效益。

三、读哪些书

虽然常说开卷有益,书读得越多越好,但是,班主任工作很忙,用于读书的时间毕竟有限,而现代社会出版业发达,书特别多,所以必须有所选择。全国数十位优秀一线班主任列出了一个最具借鉴意义的班主任阅读清单,我们在此基础上又进一步进行了筛选,筛选标准为内容有关班主任工作、原创、必读书籍,筛选结果如下。从事班主任工作而没有读这些书,对于班主任个人,特别是对于他们的学生和家长,都是一个损失。

1. 魏书生《班主任工作漫谈》

关键词：自主教育　自强·育人　人人有事做　事事有人做

郑立平评论：本书不仅讲了班主任应该怎样科学管理班级，如何教育特殊学生，更重要的是魏书生老师还把班主任的自我改变摆在了重要位置。对新班主任而言，这是一本入门手册；对老班主任而言，这是一本提高指导书。

于伟力评论：本书蕴涵着深刻的哲理，闪耀着智慧的光芒，给我们一线班主任指明了正确的前行方向。正如魏书生老师所说，我们不能只把自己囿于班主任的角色中，而言尝试变换角度思考问题，选择积极的角色进入生活，这样会更容易取得成功。

2. 李镇西《爱心与教育——素质教育探索手记》

关键词：爱心与智慧　精彩活动　师生交流　个别教育

郑学志评论：我是被舆论牵引而读这本书的，而且读了之后，第一次发现很多事情我也可以做，于是我开始了教育写作。我对教育事业真正有感觉的爱，是从这本书开始的。

陈晓华评论：在我教育生涯进入低谷并且开始动摇的时候，李镇西的《爱心与教育——素质教育探索手记》像一股和煦的春风吹拂我快要干枯的心房。这本书唤醒了我沉睡已久的爱心，激活了我早已麻木的心灵，使我走出低谷，走向爱心教育的幸福之路。

3. 万玮《班主任兵法》

关键词：青年教师　斗智　实战

郑英评论：该书巧妙地把兵法融入到班级管理实践中，作者俨然如同一位运筹帷幄的军事家、一位洞若观火的心理学家。

钟杰评论：这是我第一次接触班主任工作书籍。一读，就迷上了。在没有读这本书以前，我对教育类书籍存在误解——深不可测、枯燥难解。可是，当我阅读本书时，我被书中一个个鲜活的教育故事震撼了。同时，也让我底气丛生：只要班主任秉持的教育理念是正确的，即便要点手段、使点招数，又有何不可呢？

4. （美）雷夫·艾斯奎斯《第56号教室的奇迹——让孩子变成爱学习的天使》

关键词：美国优秀"班主任"　开发学生潜力　多彩班级活动

秦望评论：当我们为教育身心俱疲时，不妨看看疯狂教师——雷夫，他的奥秘在于创造了一系列卓越课程，例如德育课程、阅读课程、写作课程、经济学课程、电影课程、旅游课程、摇滚课程、莎士比亚课程等。

谌志惠评论：一位美国的传奇教师，用创新的教育方式，把孩子变成爱学习的天使，让一群贫困且来自移民家庭的孩子长大后纷纷就读于哈佛、斯坦福等顶尖大学并取得不凡的成就。他让我们深信——教育蕴含着无限可能。

5. 王晓春《做一个专业的班主任》

关键词：班主任专业性　透彻　一针见血　发人深省

李小琴评论：如果你渴望当一名优秀的班主任，那你会和我一样，在茫茫书海中,命里注定遇到它。王晓春老师呼唤的是怎样的班主任？是"即使在夹缝中,也尽可能保持着自己的独立性；即使在一片盲从中,也能保持一份清醒；即使在'类体力劳动'的包围之中,也能捍卫思想的权利和尊严"的班主任。

秦望评论：王老师以研究者的姿态帮班主任探索规律,构建体系,寻找方法。告诫我们把班主任工作真正作为一个教育专业进行学术研究,做一个减少行政手段和劳模色彩的、有专业尊严的学习型班主任。

6. 张万祥《致青年班主任》

关键词：青年班主任导师　班主任成长路径

内容简介：本书是著名班主任工作专家、德育特级教师张万祥老师给青年班主任的建议。数十篇文章,凝聚了作者从教30年、做班主任26年的宝贵经验和教训。在书中,作者以自己的成长经历现身说法,辅以大批优秀班主任成长的案例,系统阐述了班主任提升专业素养的途径,提供了丰富的班主任工作方法。作者"把班主任工作当主业"的情怀更令人感动,相信会给青年班主任甚至所有教师以诸多启迪。

7. 陈晓华《班主任突围》

关键词：与学生精神交往　班级文化　爱与智慧

评论一：总觉得像陈晓华那样的老师才是学生最喜欢的,总觉得像陈晓华那样当老师才最有意思！

评论二：今天开会,校长说：遇到一名好的班主任是学生的幸运。看了陈老师的故事,更是有如此感受。

8. 李迪《做学生欢迎的班主任》

关键词：智慧与美　原生态日记　热烈美好　班级生活　优美语言

编辑推荐一：她演绎出这个时代成功班主任的传奇,成长的道路,一波三折、蜿蜒曲折；师生间的交往,一咏三叹,爱恨交加,她用什么"手腕",收服了一个又一个"辣"学生,造就了一个又一个优秀班级？

编辑推荐二：这是一本以和谐师生感情为主题的书。理性的思索穿插着真实的日记,记载了一个年轻女教师与一群个性张扬、桀骜不驯的学生,如何通过师生之间诚挚的爱,化解班级纷纭矛盾。班级如何活动？如何整顿班风？怎样处理学生打架事件？怎样解决学生财物失窃？怎样和学生探讨青春与爱情？……

9. 钟杰《治班有道——班主任智慧手册》

关键词：实战　实践智慧　实境　实用

钟杰老师因人而异,研究每一个学生,采取了多种多样的方法,她与学生斗智斗勇,赢得了学生的信赖和尊重。她是一位教书育人的能工巧匠。面对几十个性格各异、不断变化发展的孩子,她走进了他们的心灵世界,找到了属于他们的那片沃土,播下了适宜他们成长的那粒种子。一线班主任亲身经历的一个个感人肺腑的师生故事,饱含了作者的爱心、苦心、慧心,定会触及一线班主任的心灵。

10. 陈宇《你能做最好的班主任》

关键词：真实　透彻　战略思维

世界上可能再没有什么职业像班主任一样充满了创造性：每一个班级都是不同的，每一个学生也是不同的，班级和学生的每一天也是不同的。班级的发展充满了不确定性，孩子的成长充满了变数，这一切，因为有了班主任的介入而显得有了一定的方向感。优秀的班主任能够把一件件小事做出艺术感，在平凡中现伟大。教育智慧的产生，源于对学生的爱。有了爱，就会为学生的健康成长苦苦思索，自然会有智慧，奇思妙想也会不绝如缕。

第二节　行动研究与专业写作

当然，仅仅阅读还不够。实践是检验真理的唯一标准。班主任的专业发展还需要班主任将阅读的知识进行内化，并用于指导自己的班级管理实践，在实践中印证理论的价值。每一种实践都会给实践主体和客体带来许多体悟，这种体悟包括方法上的有效性、对问题解决的适切性、当事人的内心体验等。如果班主任不经常对这些实践当中的元素进行科学、合理的反思，他就丧失了许多促进自己成长的机会和资源。因此，及时记录关于实践的、班级管理理论的反思是促进班主任专业发展的有效途径之一。苏霍姆林斯基说："我建议每一位教师都来写教育日记。教育日记并不是什么对它提出某些格式要求的官方文献，而是一种个人的随笔记录，在日常工作中就可以记。这些记录是思考和创造的源泉。"

广大班主任都知道专业写作是班主任专业发展的一个重要内容，也是实现专业成长的一个必经途径。愿不愿写、能不能写、会不会写，是班主任优秀和平庸的分水岭；写不写得好、善不善于写，是班主任从优秀走向卓越必不可少的"升级装备"。

专业写作的基础是实践、反思与研究，这里先探讨行动研究。

一、行动研究与专业发展

长期以来，中小学班主任并没有获得应有的学术声誉和地位。瑞士著名的心理学家让·皮亚杰在1965年出版的《教育科学与儿童心理学》一书中指出："律师、医生、工程师都具有一种被人尊重且值得受尊重的学问，他们代表着一门科学和技术。大学教师也代表着他所讲授的这门学科，以及他对这门学科钻研的程度。一位中小学教师缺乏可资比较的学术声誉。一般的理由是：别人认为，尤其坏的是，他自己也认为，学校教师无论是从技术和科学的创造性来说，都不是一个专家，而只是一个知识的传递者，这是任何人都能做到的事。"在国内，社会对班主任工作的认识也大多停留在这个层面。

为了改变人们对教师工作的一般性认识，20世纪80年代以来，"教师成为研究者(teacher as researcher)"已经成为一个新的口号，在欧美教育界广为流传，它作为教师专业发展的同义语已经成为一个蓬勃的研究领域和新的焦点。班主任开展行动研究以提高专业化水平在此背景下也被广泛认同。

1. 行动研究的定义

所谓行动研究就是由社会情境(包括教育情境)的参加者担任进行的一种自我反思的研究方式,其目的在于提高下列三方面的合理性和正当性:①他们自己的社会实践或教育实践;②他们对这些实践的认识;③施行这些实践的所在情境。行动研究由参加者共同担任进行时最能合理地授予人权力。不过,通常情况下,它常是由个人进行的,有时也和外界人士合作进行。

对于班主任来说,就是班主任在班级管理情境中,根据实际情况不断自我反思,从而提高班级管理能力,使自己的班级管理符合儿童成长和发展规律,以及教育发展规律,以使自己的教育行为更符合教育的内在规定性。

行动研究通常有这样三个目的。首先,它是用来改进实践的。班主任在实践工作中会遇到许多困惑和班级管理疑难问题,通过行动研究可以解决班级管理问题和疑难,改善自己的班级管理实践水平。其次,它是用来增进理解的。一层含义是,班主任通过开展深入的行动研究增进对学生的了解,同时,也增进学生对自我的了解。另一层含义是增进行动研究的主体(包括班主任和学生)对教育、班集体、儿童成长和发展规律的理解。最后,行动研究有助于改善班级管理情境,直接有惠于班主任的工作,使班主任的工作变得更娴熟、更能够得心应手。

2. 行动研究的特点

行动研究的关键特征大致体现在四个方面:参与、改进、系统与公开。

所谓参与即教师参与到研究中并成为研究的主体。班主任不再只是研究成果的操作者或教育行政指令的执行者,他在行动研究中将充当研究者的角色,亲自参与研究的过程,提出等待研究的问题并在自己的反思性实践中观察研究的进程、收集并分析有关数据。班主任成为研究主体并非像研究者那样脱离教学工作而成为专门的研究人员,事实上,他的行动研究就是在其日常生活和工作中展开的。

所谓改进就是要对班主任的班级管理实践有启迪意义,是一种始于实践、研究实践,同时研究结果又有助于实践的研究。这种研究是直接指向变革的。此外,研究应该有助于改进班主任的生存状态和思维方式,促使班主任建构属于自己的班级管理理念和实施符合教育规律和儿童发展规律的班级管理行为。

所谓系统是指行动研究也是一种科学的研究方式,因此,它必须具备研究的基本品质。一项真正的研究必须是系统的或持续的探究,而不是零碎的或偶然的思考,更不是灵光乍现的激情式的显现。

所谓公开至少意味着两层含义。一是发表自己的研究过程和研究成果,使自己的研究成为公开的探究,而不再是私底下个人的思考。公开发表自己的研究还意味着要接受其他研究者的检验和批判。二是与其他教师或者研究者合作,而不是一个人默默地操作,做"苦行僧"。在一个信息开放化的时代,班主任要成为真正的研究者,就要学会与别人合作开展研究;就要接受他人的支持与鼓励,以及对研究过程的修正、建议和批评。

3. 行动研究的步骤

沃尔特·R.博格等人将行动研究的过程设定为七个步骤：①确定问题；②选择方案；③确定研究的参与者；④收集资料；⑤分析资料；⑥解释和应用结论；⑦报告研究结果。这一程序被称之为"博格程序"。事实上，博格程序跟普通的教育科学研究方法大致相同，并没有特别之处，它只是将一般的教育研究方法的操作程序运用于行动研究领域。

科特·勒温曾经用"螺旋循环"比较完整地设计了行动研究的一般过程。在他看来，行动研究的计划总是始于某种基本主题。这里的基本主题其实是进入研究领域的某个问题域（或称之为"课题"）。它看起来似乎可以达到某种目标，但具体怎样去界定并达到这个目标又不那么清晰，所以可以循以下步骤使基本主题逐步清晰化。

第一步就是用简便的方式仔细地考察这个目标，不断地在情境中观察或收集证据。如果这一步比较成功，将出现两种结果：如何达到目标的总体计划和采取行动的某种决定。

第二步是执行已经确定下来的总体计划。

第三步是观察行动的过程。这种观察有四个作用。一是评价行动。它将显示行动的结果高于或低于事先的期望。二是它为研究者提供一个学习的机会，即增加新的见解。三是它将为下一步计划给出一个可靠的基础。四是它为修改总体计划提供依据。

第四步是重新设计一个计划、执行和观察的进程，以便评价第二步的执行效果，为第三步的设计提供理性依据，并对总体计划做出可能的修改。

勒温认为，合理的社会管理总是处于这样一种由多个步骤组成的"螺旋"进程中，而"螺旋"中的每一个"圆环"总是包含了计划、行动以及对行动结果的观察。

二、专业写作

班主任专业写作提了很多年，但一直缺乏一个准确、完整的定义。时代在催生一个新词语的同时，并没有给它穿上一件"准确的外衣"，而是让时间不断去锤炼它、丰富它、界定它。郑学志老师从六个方面对班主任专业写作进行了定义。[①]

班主任专业写作究竟有什么要求，它和文学写作或其他行业写作有什么区别？为什么我们有些老师的小说、诗歌、散文写得很好，专业写作却并不怎么样呢？郑学志认为，"班主任的专业写作是一种职业写作、特定写作、应用写作、本色写作、纪实写作，也是一种科学写作，肯定和其他门类的写作是有区别的。擅长文学创作的老师写不好班主任专业写作也很正常，因为我们的出发点不一样。"

1. 性质——职业写作

班主任专业写作首先体现为一种职业写作，或者说职务写作，这是班主任专业

---

① 郑学志.班主任专业写作的六重定义[J].班主任之友(中学版),2011(7/8).

写作的本质属性。也因为这一点，才把班主任专业写作与其他任何一个行业写作区分开来。

每个行业都需要一定的专业写作，政府部门有公文，律师要写起诉书、答辩状，生产领域要写说明书、性能报告，班主任领域自然也有因为职业需要而进行的写作，这就是职业写作。从广义上说，凡是和班主任职业相关的写作，都可以归纳为班主任专业写作范畴，如班级工作计划、活动组织方案、特殊学生转化案例、日常管理日志、班级叙事等。

班主任的专业写作，根本目的是教育，根本任务是围绕实现教育目的而采取的一系列文案行动，那么我们的专业写作，就要写出我们的职业特点——班主任，写出我们的工作特色——教育和管理，写出我们的根本目的——探索教育规律，为学生成长服务，为教育发展服务。离开了这个本质属性，我们的写作就与其他行业写作没有任何根本区别。

所以，我们把班主任的专业写作理解为职业写作，它是班主任将工作中的点点滴滴加以记录，并在此基础上进行分析、整理、研究和提高，用以改善班主任工作方式，提升班主任的工作能力，提高班主任的工作效率，探索班主任工作规律的一种职业化写作。

2. 内容——特定写作

特定写作是指班主任专业写作的内容。很多老师不明白班主任专业写作要写哪些东西，有什么可写。一提专业写作，他们的脑海里就只有论文，就只有案例。这实在是对班主任专业写作的误解。

班主任专业写作的内容很宽，凡是涉及班主任工作范畴的所有事项，都可以理解为班主任专业写作的内容。比如比较生动有趣的教育叙事、班级管理日志、教育随笔、教育反思等，这些文章读起来比较生动，也富有生活情趣，这些是班主任专业写作的内容。还有一些，如班级工作计划、主题班会设计与组织、班级管理效能评估和考核方案、学生操行评语、毕业生品德鉴定、班级管理论文等，也是班主任专业写作的内容。

班主任专业写作的内容特定，是指我们写作的内容必须是和工作有关的，不能天马行空，任意乱来，什么异域风情、科幻小说、爱情故事，都塞到班主任专业写作中来肯定是不行的。即使要有涉及，肯定也是和班主任工作有关的。

目前各种媒体广泛使用的班主任专业写作，它的品种主要是教育叙事、案例分析、教育反思和随笔等，因为这些文体比较大众化，方便交流和探索。但是，这并不是说，班主任专业写作的内容就只有这些，这一点我们要保持清醒认识。

与内容特定相关的，是我们班主任专业写作的审美标准、读者群体、价值取向也比较特定，但这不是我们重点交流的内容，这里就不多说。

3. 目的——应用写作

班主任专业写作是应用写作，它的目的是探索教育规律、解决教育中存在的问题，更好地为学生成长服务、为教师成长服务、为教育发展服务。专业写作是班主任专业成长的必然途径，这是专业写作的性质决定的，即使是那些妙笔生花的教育叙事，虽能够给你带来精神上的愉快，但是它更重要的目的，不是休闲，而是经验交流和规律探索。

正因为如此，班主任专业写作具有下面三个典型特征。

第一，班主任专业写作是一种反思写作。反思精神应该是班主任专业写作的灵魂，我们的专业写作目的是提高，不反思就无法达到这个目的。不是有这么一句话说，"你写一辈子教案，你也许不能够成为优秀教师，但是你写三年教育反思，你一定能够有所提升"。可见，反思是班主任专业写作必备的能力，工作得失与进步，也只有反思才能够看得清楚。先反思再写作，边反思边写作，写作是为了反思，反思提升写作质量和档次，这应该是每一个班主任在专业写作前必须弄清楚的一个关系。

第二，班主任专业写作是一种务实的写作。我们的专业写作，不是专业作家的专业，也不是把写作当成专业，而是围绕我们的教育管理这个工作专业进行写作。我们的专业写作精神是务实——文风务实、内容务实。没有必要把目标定位在追求写高质量的、高水平的学术论文上，也没有必要追求写出高深莫测的理论，甚至弄几个别人不懂的词语，或者整几个别人不懂的术语以显示我们的渊博。我们要写的应该是工作实践的总结与升华，是教育教学思想和情感的真实流露，是日常教育管理的反思和心灵日记。内容要实、做法要实、感觉要实，态度更要实在。

第三，班主任专业写作是一种深度写作。要解决教育中存在的问题，浅尝辄止是不行的，班主任专业写作的目的是应用，要围绕同一个问题进行深度写作，或者围绕同一个问题进行专题写作，这样它的应用价值才会更大。在班主任之友教育论坛上，艾岚的《教育西游记》、班主任自主化实验栏目的很多帖子，都可以说是这类写作的专辑。

看了，就能够用，至少能够参考，这是我们班主任专业写作在应用上的基本要求。

4. 风格——本色写作

班主任的专业写作，它不是浓妆艳抹的文艺写作，不要求老师写作有多少文采；班主任专业写作是一种本色写作，是"我口说我心、我笔写我语、我写出我自己的经历和体会"的写作。本色写作，是班主任专业写作的风格。

事实上也是这样，阅读同行的作品时，文笔优美的，大家当然喜欢读，但我们更注重文章的内容。唯有真实、唯有原始、唯有本色，才被老师们喜欢。那些夸张的、虚拟的，甚至综合起来富有传奇色彩的故事，大家只会用一个字评价——假。或者，老师们会质疑它的真实性——"是真的吗？真有这么神？"

很多老师喜欢读班主任之友论坛上艾岚（钟杰）、爱影摇曳（覃丽兰）、边城（潘雪陵）、彩云（刘丹会）的帖子，原因就是他们写作的内容真实。艾岚也许是"大家"了，她每一个做法都堪称经典，但是后面几位却是初出茅庐，很多做法还有很大的提升空间，要说价值和意义，远不能和魏书生、李镇西等大师相比。可是，大家为什么喜欢呢？答案就是真实。读他们的作品，会有一个相同的感受——真实的教育本来就是这样的！我们需要一种能够感受到的真实和亲切。

不管会不会写,不管你作文功底有多差,抛弃文采的压力,只要写你真实、真诚而又真切的教育管理体会,你的专业写作,就是好的专业写作!什么也不要怕,本色的就是最受欢迎的,先写起来再说!

5. 手法——纪实写作

网络实在是一个好东西,它使写作由昔日的精英表演专利转向了草根自娱自乐的方式,很多没有写作习惯的人也参与了网络写作,写作变成了一种全民行为,很多文体被创新、很多体裁被突破、很多创作手法被重新定义。我们的教育行业也诞生和兴起了一种新的文章体裁——教育叙事。郑学志老师在全国各地和老师们交流:"你们最喜欢读的教育类文章是什么?"答案是教育叙事。教育叙事已经成为广大教师喜闻乐见的一种主流文体。

教育叙事为什么"被喜欢"? 就是它真实地记录了我们教育生活的点点滴滴,就在于它纪实的写作手法让我们感到亲切。其实,班主任的专业写作,它的主要表现手法也是纪实。郑学志老师建议老师们不要去想什么很复杂的表现手法,荒诞的、浪漫的、现代的、意识流式的天马行空……也许在别的行业这些手法很有市场,但在班主任专业写作领域里,老师们更应该掌握的表现手法是纪实! 因为真实的教育生活往往比小说来得更生动、更离奇、更有意义。郑州著名的青年班主任、全国知名女生问题专家李迪说:"学生每天都是新的,每天他们都会给你弄点事情,他们的问题层出不穷,你只要照着生活的本来面目写就够了!"

我们不要担心自己有没有想象力,纪实的表现手法、纪实的写作态度、纪实的写作精神,就是我们专业写作的有效武器。

6. 态度——科学写作

班主任的专业写作必须注重写作态度的科学性。班主任的专业写作是对教育艺术和教育规律的探索,是对教育现象的真实记录,离开了科学性,就会走向歧路。

如何做到科学性? 首先,要忠于生活、忠于事实。打个比方,班主任专业写作是史诗,必先忠于事实,然后才忠于诗歌。其次,要有严谨的写作态度,准确叙述、客观表达。我们可以在文章中表达自己的情感,抒发自己的胸怀,但对问题处理措施、解决办法的叙述,一定要掌握分寸,既不夸大,也不要缩小。最后,要尊重教育规律,尽量让自己的写作内容体现教育规律,让自己的做法符合教育规律,用自己的写作形象地诠释教育规律。

有老师会问:"难道我们的专业写作不允许艺术性吗?坚持科学性,是否就一定要把艺术性排除在外呢?"那也不是。班主任专业写作的艺术性是在遵从教育规律基础上的科学表达,是科学性和艺术性的完美结合,它和纯粹的文艺作品是有区别的。《放牛班的春天》可以虚构一个故事的存在,甚至因为虚构而美丽,但我们将真实的差生转换教育进行虚构的话,却只能够安慰我们自己,而无半点实际意义;文艺作品可以设计捕捉有小偷习惯的孩子,真实的教育生活却不能够诱骗孩子上当。如果你在教育叙事里展示诱骗的细节,很多人会拿砖头砸你。

我们做的是教育,不是文艺创作,科学的写作态度是专业写作者们应该坚守的一个职业底线。

明确专业写作的定义后,我们再来探讨班主任如何克服写作的畏难情绪,写出好文章。

张万祥老师分析有些班主任之所以认为专业写作"难于上青天",是因为心里存在难以跨越的几道"坎"。①

第一道"坎":门路之"坎"。这些班主任将投稿失败归咎于"朝里没人",错误地认为,文章写得再好,编辑部没有朋友,发表不了就是板上钉钉。其实,这是误会。凡是正规杂志社都是视质量为生命,绝大多数编辑都是"以才取文",而不是"以貌取人"。否则,版面上都是平庸的关系稿,报刊也就"寿终正寝"了。

第二道"坎":门户之"坎"。有些班主任认为自己不是教文科的,所以文章写不好,发表文章更是痴人说梦。难道教文科的,天生就有生花妙笔,就能下笔千言吗?鲁迅先生是学医的,却成为一代文豪!以一本《班主任兵法》闻名天下的万玮,是学数学、教数学的!教什么学科,不是能否发表文章的决定因素。

第三道"坎":急功近利之"坎"。这些班主任或许也曾写过稿,也曾投过稿,但是失败了,于是"金盆洗手"了。当初写稿,恨不得第一篇就可以发表;没有发表,他们或许会投第二次,如果还是失败,他们就事不过三,再也不投稿了。于是,他们"一朝遭蛇咬,十年怕井绳",把写作和发表文章视为"难于上青天"。其实,发表文章也需要慢工夫。想一蹴而就,一举成功,第一声啼哭就"惊天地,泣鬼神",那是不现实的。

第四道"坎":写作无用之"坎"。这些班主任认为写作没有什么用,教好书、上好课才是至高无上的。教好书、上好课,是正确的,但不是唯一的。写作是总结,是反思,是提升,这必然会使教学更上一层楼。我们是班主任,为培养青少年付出了青春和热血,这之间有多少故事值得我们珍藏,有多少真情给我们永恒的温馨,有多少教育智慧让我们怦然心动,有多少失败让我们刻骨铭心,把这些记载下来,作为一生的伴侣,也不枉这个我们钟情一生的事业。不为别人,仅为给我们自己留下生命成长的痕迹,也值得我们用心血去笔耕。

第五道"坎":视写作枯燥之"坎"。这些班主任认为写作太累。其实,坚持写作,提升自己的水平,就会获得无限的乐趣;文字变成铅字,你会体验到无穷的幸福。养成了写作习惯,就会忘记了疲劳、忘记了枯燥,就会乐而忘返。任何事情,只要产生了兴趣,就会"春风得意马蹄疾"。再简单的事情,缺乏兴趣,往往做不成。班主任工作需要沉静,因为担忧枯燥而疏于写作,是缺乏追求的表现。

第六道"坎":自我菲薄之"坎"。有的人认为:"我不是写作的材料,从小作文就不好。我哪里能发表文章?"自己否定自己最可怕,自我菲薄,即使有写作的潜能,也扼杀在摇篮里了。其实,谁又是天生写作的材料呢?现在,不少教育报刊、教育出版社的编辑经常向张万祥老师邀稿,他的文章的发表率也比较高,有的青年朋友便误

---

① 张万祥.谈班主任写作与投稿[J].班主任之友(小学版),2010(3).

以为他有写作的天赋。其实,他曾走过一段崎岖坎坷的路。20世纪,投稿还是手写稿,张万祥老师的字写得不好,他想:"任何编辑都欣赏字体漂亮的文稿,怎么给编辑比较好的第一印象呢?"他发现自己用蘸水笔尖写的字显得漂亮多了,而且蘸水笔尖物美价廉,写字写秃了,随即换上新的,一来二去竟然写秃了上百个。另外,他还珍宝似地收藏了上百封退稿信——那时报刊如果不采用稿件,还给作者发退稿信。英国小说家约翰·克里西年轻时立志创作,埋头写了许多作品,却屡屡失败,竟然总计收到了743张退稿信,他毫不灰心,继续努力,终于获得成功。当初张万祥老师是约翰·克里西的"追星族",甚至还想与约翰·克里西争夺退稿信的头把交椅。这些蘸水笔尖和退稿信见证了张万祥老师付出的艰辛,他是从退稿信中走出来的。增强信心,发扬坚持不懈的精神,往往是实现发表文章理想的保证。

发表文章,把自己的思考、自己的探索、自己的经验展示出来,让自己的文字变成公开发表的作品,这应该说是每一位班主任的愿望。而要想实现这个美好的愿望,必须破除这几道"坎",斩关才能夺隘。为此张万祥老师为青年班主任朋友支了几个破"坎"之招。

第一招:坚定信心。一线班主任鲜于动笔,而伟大的教育家必定诞生于那些既敢于实践又善于思考的人中间。张万祥老师是班主任,是一线教师,有丰富的经验,最熟悉青少年发表文章有优势,而找关系、买版面是缺乏自信心的表现,应把花钱发表文章视为耻辱。"世上无难事,只怕有心人。""世上无难事,只要肯登攀。"张万祥老师建议青年班主任不要总是觉得人家比自己会写、能写,要对自己有坚定的信心。

第二招:积累资料,多多益善。有的人绞尽脑汁,难以成篇,这和积累不足有关。勤于积累,有丰富的素材,"为有源头活水来",写作素材源源不断,写出来的文章才会鲜活新颖、富有魅力。如果缺乏资料,硬挤牙膏,就难以写成好文章,发表就会难上加难。被誉为"现代科幻小说之父"的儒勒·加布里埃尔·凡尔纳一生记下上千本笔记,这是他积累的素材资料库,一本本震惊世界的科幻巨著就从这里诞生。这难道不是很大的启迪吗?班主任在工作中面对一届届迥然不同的班级、几十几百个性格各异的学生,是怎样对症下药而取得成效的,班级在德智体美诸方面的建设,班集体的成绩与失败、光荣与耻辱,做好后进生转化的经验,班级工作的独特设计……这些都是无比珍贵的资料,应该随时随地积累下来。平时勤于积累,到写作时就可以做有米之炊。有时一闪的感悟、一瞬的火花,若不及时记下来,就会逝去。而珍贵的资料若不随时收录起来,一到用时就会"上穷碧落下黄泉,两处茫茫皆不见",留下遗憾。当然,最初的积累往往是幼稚的、低级的、零散的,但若能持之以恒,待积累的资料信息多了,自然就会逐渐由低级到高级、由零散到完整、由肤浅到深刻、由贫乏到丰富、由不成熟到成熟、由不自觉到自觉。这样,借助"积经",写作必可由"必然王国"进入"自由王国",发表文章也是轻而易举的事情了。

第三招:写自己熟悉的、得心应手的。文章有各种体裁、诸多内容,有的人看见别人写什么,不管自己是否熟悉,也硬着头皮去写。写得很艰难,这样出笼的文章难有"一笑百媚生"的"花容月貌",发表自然就"难于上青天"了。把写作过程当做记录自己工作与生活的过程、充实自己的过程、修炼自己的过程、挑战自己的过程、提高自己的过程，写自己熟悉的，就会得心应手，就容易写出打动编辑的好文章。

第四招：先从小处写，不要写鸿篇大论。如果自己觉得底气不足，那么最好从小处写，写自己的点点滴滴的体会、点点滴滴的经验、点点滴滴的感受，"小"更容易驾驭，更容易精雕细刻，更容易成为精品。这样发表的几率高了，一旦发表，势必增强自信心；有了自信心，就能坚持写作；坚持写作，熟能生巧，就能多发表，这样就能形成良性循环。如果练笔起始阶段，就想写鸿篇大论，就想一鸣惊人，很容易就会力不从心，失败是自然而然的了。

第五招：发扬"咬定青山不放松"的精神，下定不达目的誓不罢休的决心。能够著书立说的班主任哪一个没有百折不挠的精神，哪一个没有经历过一而再再而三的失败的锤炼？张万祥老师建议青年班主任给自己设定一个投稿失败线——不要设定为第一篇要成功，第二篇、第三篇要成功，将失败线设定为十篇，给自己一个比较宽松的时间。

第六招：研究教育报刊。知己知彼，才能百战百胜。文章写好了，投稿到哪家教育报刊比较合适？每家教育报刊都有独特的编辑思想、独特的风格、独特的栏目、独特的重点……了解这些，投稿就有的放矢，命中率就会高。此外，研究报刊问题探讨的进展状况也是十分必要的。比如，若一家报刊刚刚集中刊发了关于疏导学生心理的系列文章，你又把相关文章投给这家报刊，也没有超越原先的高度，那么报刊肯定不会发表你的文章。

下面我们一起来看看一位一线优秀班主任是如何通过班级叙事促进自己的工作并走向专业化之路的。

案例欣赏 3-13-1

班主任如何撰写班级叙事

一、为什么要撰写班级叙事？

1. 写是为了反思，反思是为了提高

为什么要撰写班级教育故事？其实答案很简单：为了反思，为了提高！没有反思，就没有进步！而反思的最好方式就是教育写作。我始终认为，看不到文字的反思是流于形式的假反思，而通过文字梳理自己工作的反思才是真正的反思。做了教师，注定就是灵魂的敲钟人，所以，每走一步，都要反思自己，走对了吗？只有经历这样的反思才会真正知晓自己的成败得失，才会更快地进步，也才会真正地提高。

我不敢说别的老师在自己的工作中是否犯过错误，但我要说，我犯过很多的错误，甚至是不可饶恕的错误。虽然在提到这些错误的时候我心里就像针扎一样痛，但我还是要提。不仅要提，我还把这些故事写出来，时不时翻出来看看，以警醒自己要时刻记住：我是一名教师，一言一行都会对学生产生影响，不是积极的，就是消极的！

2005年以前,我自认为我是一个很了不起的优秀教师。但是,当我通过网络,来到各教育网站之后,我发觉我简直就是一粒尘埃,我自卑了好长一段时间。然后,我敲击键盘,坚持不懈地书写班级叙事,不断地反思。

截至现在,光是班级叙事,我就写了近200万字。这200万字让我彻底清醒了。我再也不敢认为自己是了不起的教师了,我只能说,我是一个不断探索、不断进步的教师。

2. 写是为了追问,追问能促进教师个人成长

班级叙事不仅要具有一定的可读性,同时还得具备真实性。当然,还得有教育功效,能体现出教育者的教育理念。所以,一旦你有了写班级叙事的念头,你在处理班级事务的时候就会想,"我怎么处理才更合理、更人性、更有效呢?"做之前要反复思考。事情做了之后,要把它梳理出来。光有写作技巧是不行的,因为你得遵循真实的原则,写的时候还要不停地追问:我这样做的目的是什么呢?我这样做合理吗?还有更好的做法吗?等等。不停地写,不停地追问。写的时候要进行自我追问。若每一件事,我们都能做到事前反复思考,事后不停追问,几年下来,用李镇西老师的话说:想不成功都难!

我坚持不懈写了四年多的班级叙事,不断地思考,不停地追问,凡是认识我的同行都觉得我的成长速度惊人。近年来我也发表了不少文章。实话告诉大家,四年前我还在为如何能够发表一篇文章而愁肠满怀呢。这是因为我的教育理念根本到不了那样的高度,我也做不到那样的高度,我只是一个凭着感觉做事的教师。坚持了四年多的班级叙事书写和反思,现在,写文章对我来说不再是难事,用不着抓耳挠腮编故事。

3. 写是为了学习,学习能促进班主任的专业化发展

一线教师工作非常忙,要腾出大量时间来静读如卢梭、杜威、苏霍姆林斯基等的著作,显然对这些老师有些苛刻。再说了,没有目的地读理论,读后即忘的现象非常严重。但是,不读又不能进步。老本是吃不了多久的,如果不与时俱进,最后极有可能被自己的学生赶下讲台。

怎么办?

书写班级叙事是快速进步的一条捷径。你要写好,就要做好;你要反思,就要找到依据。这就迫使你主动去寻找支撑理论的材料。自然,那些你看着就发晕的理论书籍在你眼里也变得可爱一些了。

我是四川人,可能是常吃辣椒的缘故,性子自然要急躁一些。所以,办事或者处理问题往往风风火火、雷厉风行。一急就不理性,不理性了自然就谈不上专业化了。书写班级叙事的好处就是让我学会了理性地分析问题,专业地诊断问题。

二、班级叙事写给谁看？

1. 写给自己看

古语云：人贵有自知之明。可很多人恰恰就缺乏自知。不是知错不改，而是有错不知。有时候，教育上的失误会不知不觉地发生在自己身上。如果我们没有记录和反思的习惯，错误会一直存留在身上，甚至还会把错误"发扬光大"，这是多么可怕的事情啊！所以，教育中的每一个故事，不论是成功还是失败，都应该写下来。尤其是一些失败的案例，更应该形成文字，随时翻看，随时告诫自己，让自己时刻处在清醒之中。

2009年的寒假，我在整理《教育西游记——我和"后进生"的故事》一书时，不是读得泪眼朦胧，就是读得我后悔不迭。有时我也会惊呼，这是我做的吗？这是我想的吗？这是我写的吗？我怎么这么厉害呢？有时，我也会埋怨自己，我怎么会这样处理呢？我为什么不用一种伤害最小、效果最好的办法来处理呢？整个寒假，我的大脑几乎都处于一种自问、反问、追思的焦灼状态。书稿整理完毕，我以为，不论是我的思考与理念，还是我的专业水平，都得到了提高。

2. 写给学生看

我记得美国人有这样一个观点：不管什么事，说一次，正常；说两次，重复；说三次，啰嗦；说四次，折磨，当然，也就彻底无效。现在的中学生非常反感老师喋喋不休地说教。所以，我的态度是：能少说的，绝不多说；能不说的，绝对闭口。但是，教师的职责是教书育人，学生有错不指出，岂不失职？

《教育西游记——我和"后进生"的故事》中第四十五、四十六回里面有个叫雨霏的女孩子。为了帮助她彻底改掉臭脾气，我始终不理她。最后，她按捺不住，满腹委屈来找我，我什么都没说，直接把那几天写的与她有关的班级叙事递给她，叫她自己看。所有的问题，我一句话都没说，就轻松化解了。2008年中考，她以优异的成绩考入重点高中。假期里，我们还曾有过一次同床共枕夜话天明的美好记忆呢。闲聊之中，雨霏说了一句话最让我感到欣慰："老师，你是我生命中真正的贵人！"2009年暑假，她送了我一个厚厚的笔记本。从2008年的10月一直到2009年的8月，整整一本笔记，都是写给我的。里面写满了她对我的思念、担心、祝福，以及她向我汇报的学习生活、人际交往等。这辈子，我能得此大礼，心已足矣。

3. 写给家长看

现在的家长，你说他一点都不懂教育，他是不服气的。你说他很懂教育，那肯定是带着情绪的。说孩子的好话，他难免怀疑你这个老师为了学校的声誉或者为了自己的名誉只报喜不报忧；说孩子的坏话，家长的面子哪里挂得住？不找你这个老师说事就算是涵养非常好了。

我就不做这样费力不讨好的事情。只需要把家长的邮箱或者QQ号搞到手就行。谁的孩子做了故事的主角,谁就是我的第一读者。我把写好的故事发到家长的邮箱里,并短信告知。当然文章中详细地记述了事情发生的来龙去脉,也做了细致的分析,并且还呈现了我的处理方式,以及我对此事的观点。家长看后,再把他的一些想法反馈回来。

在别人眼里,我好像没怎么与家长接触,但家长却对我这个老师及自己的孩子了解得很清楚。家长心里充满感激与佩服,他们在孩子面前也经常夸我这个老师,不难想象,我在学生面前的威信该有多高。

4. 写给同行看

如果说教育只面对自己的一亩三分地,我以为还是太狭隘了。每一位班主任都有这样的责任:当把自己教室里的事情做好、做优之后,把经验向同行推广,带动和影响周围的同行们把教育做得更好。所以,书写出来的班级叙事应当拿出来与同行分享。目的有二:一是交流,共同提高;二是影响,带动别人提高。我以为这是功德无量的事情。我是一线教师,默默无闻,普通得很。万千教师,谁知道这个队伍里有我呢?何况我以前还是在一所偏僻的农村中学。就算到了海口,也只是短短的一年,谁又知道我呢?可是,很多人都知道我,就因为我一直思考不断、笔耕不辍,所以,很多同行在网络上看到了我。2009年暑期,我被海南省万宁市请去对全市的中学班主任进行培训。其中一位老师说:"钟老师,你来海南一年,就能做到这种程度,你真了不起。"其实不是我了不起,是网络了不起,如果没有网络这个平台,没有我的坚持不懈,谁又知道我呢?与别人分享,不仅自己提高了,别人也提高了,这是多么愉快的一件事啊!

三、撰写班级叙事应修炼哪些个人素质?

1. 态度决定高度　　坚持是成功的必备品质

海伦·凯勒说:"当一个人感觉到有高飞的冲动时,他将再也不会满足于在地上爬。"不管做什么事情,态度非常重要,正所谓"态度决定高度",而决定高度的态度就是坚持。我还记得,2006年5月,我与一些朋友相约在"班主任之友教育论坛"上注册安家,我们当时激情满怀、踌躇满志、誓言铿锵,约定要一起书写班级叙事,抒发教育情怀,要做一个在校园中诗意栖居的新教育人,那份对教育的热情乃至痴情把我感动得一塌糊涂,以至于好多天都茶饭不思。可是,三年过去了,很多朋友不见踪影了,坚持下来的寥寥无几。但坚持下来的基本上都在教育这块方阵里取得了不俗的成绩。

来到"班主任之友教育论坛"这三年多的时间里,我分别以"招招都是情,情到深处即无招"、"静听花开的声音"、"教育航海记"、"教育西游记"为题,写了200多万字的班级叙事。这些故事将是我和我的孩子们一生的珍宝。很多调皮捣蛋的孩子就是因为读了我的班级叙事而痛改前非。而我,也在不停地书写中成长为一位成熟的教育工作者。

在这里，我只想说：教育是一个必须坚持的过程！而且是一个"不以物喜，不以己悲"的坚持的过程。它必须用行动来践行，能够几年甚至几十年如一日地坚持，这样的坚持背后一定是有着对教育朝圣一般的热情。

2. 去掉功利之心，做一个虔诚的教育者

人年轻的时候，难免有较强的功利心。其实以功利做内驱力也没有不妥之处。不过，我始终认为，教育不同于其他职业。如果教育者脑子里浸透了太多功利思想的话，将会物极必反！我之前也因为功利之心太盛而吃过不少亏，对不起好多孩子，以至于现在看到某些孩子都不敢正面对视。

2009年的中秋之夜，我乘飞机从海口到达双流机场。很意外，接机的竟然是我96届的几个学生。看着长大变相的孩子们，我还算争气，一个个认过去，竟然全都叫对了。学生们激动了，说我竟然还记得他们。他们激动了，但我心里却难过了。为啥？因为这里面有一个就是曾经不想读书，被我踢了一脚，叫他滚蛋，然后就真的滚蛋了的王军。那一年，这个消极分子走了，班里孩子们稳定了，成绩也直线上升，中考取得了辉煌的成绩，给我长了好大好大一张脸。庆功大会上，我一脸灿烂，花蝴蝶一样满堂飞。我以为我这辈子都不会碰到王军了，哪知道会在这么一个时间、这样一个地方碰到王军。更令我发窘的是，王军是这次负责接待我的东道主。

孩子们在一起说啊、笑啊，他们记得的都是我的好。后来，我终于小声地说道："其实，那个时候，老师真的是一个不合格的老师，我的脾气不好、心态不好、教育理念也很落后……"

孩子们打断我的话，纷纷说："老师啊，您是为我们好啊。"尤其是王军，他诚恳地说："老师，后来我做美发，前前后后带了一两百个徒弟，有时看到徒弟不思进取，真想打他几下，用剪刀戳他一下。转念一想，学不学得好，又关我啥事呢？所以，老师是最无私的，想的就是如何要我们学好。"

这就是学生啊！你打了他、骂了他，明明心里有私心，他还是认为你好，认为你最无私！扪心自问，我之前做教育有很重的功利思想。最起码，我想得到领导的重视、学生的爱戴、家长的认可。我最大的功利心就是想出几本自己写的教育专著以证明自己的成功，然后可以鹤立鸡群、得意洋洋，以满足我的"小人心态"。但是到了海南遇到那群令每个老师都发疯的纨绔子弟后，我对教育的理解不再充满功利了。尤其是2008年的几起弑师案、2009年的学生跳楼案……给了我心灵以深深的撞击。现在，领导器重与否、家长认可与否、学生爱戴与否、出书与否，都不是我第一考虑的问题了。我想，我第一要考虑的问题是：我要把我的学生带向何方；我们的国家，十年后、二十年后、三十年后，将需要什么样的人才。我一直认为，不了解社会需要，只把屠龙术传授给学生的老师，不算是成熟的老师！

四、如何撰写班级叙事?

1. 方向决定进退——想、做、梳、写、思

天道酬勤没错,但有一点需要说明,那就是勤的方向要对!若方向错了,勤得越厉害,错得就越厉害。所以,作为教师,首要的是要弄懂什么是教育的真义、教育的终极目标是什么、我们究竟需要什么样的教育。只有把这些疑问搞清楚了,确定了正确的方向,我们的勤奋才会有回报!

方向正确就能决定你前进。之后,你只需拿起你的笔或者敲动你的键盘,开始书写你的班级叙事,丰盈你的教育人生。那么,该如何操作呢?

第一,想。这是完成一篇班级叙事的前提。每天晚上睡觉时,想一想第二天该做什么、什么先做、什么后做、如何做。第二天早晨醒来,再梳理一下当天要做的事情,调整好心态,满脸阳光地去迎接你生命中最重要的人——你的学生!

第二,做。想了就要做,并且要及时做。我们很多老师都有一个自己都讨厌的毛病——拖沓。想得很美,可是做的时候就推三阻四或者丢三落四。结果明日复明日,岁月蹉跎,什么也没做成。做的时候,要尽量地精彩和创新,常给学生惊喜。有创意的老师,学生是非常喜欢的。并且这些有创意的点子就是撰写班级叙事的最好素材。

第三,梳。每天下班,做完家事,坐在电脑前,静静地先对当天的事情进行梳理,然后再进行筛选。琐碎的、常规的、毫无生气的、没有创意的,搁置一边;有趣的、有代表性的、有警示作用的重点内容就是班级叙事的素材。

第四,写。有了素材,装在脑子里过几天就会忘记。因此,一旦梳理好,筛选之后,就应该及时写下来。写的时候,除了保持故事的真实性外,还应尽可能叙述得生动有趣。我反复提到班级叙事要真实,为什么呢?因为这些故事都要给学生和家长看,如果我们提供假的素材,学生看了会觉得你这个老师简直就是一个伪君子,你的劳动不但不会赢得学生的尊重,相反,他们还会鄙视你。而家长呢,也无法了解到真实的情况,这样做,不仅是费力不讨好,简直是费力讨咒骂!

第五,思。这里的思是指反思。故事叙述完毕,教师应该有自己的追问与反思。所谓的追问与反思其实就是问自己:我这样做,对吗?我这样做的理论依据是什么呢?除了这样做,还有没有其他更好的做法呢?等等。没有这个过程,班级叙事的写作是没有用的。因为我们不是创作小说,不是靠情节的曲折来吸引读者。我们要的是通过反思来提高我们的专业水平!所以,班级叙事的写作跟其他写作是有区别的。反思可长可短、可深可浅,那就看你的底了。相信这样一个规律:开始的时候,你可能很浅薄,但只要坚持,你就会变得很深厚!

2. 写得精彩必须做得精彩

有老师在我的帖子后留言道:你的文笔真好!你写得真精彩!看着这些话,我心里隐隐叫屈:其实,我是做得精彩。如果做得不精彩,又怎么能捕捉到并写出

生动的班级叙事呢？反过来，为了写得精彩，我每天都要挖空心思去想怎么做才能够精彩，才能够为我的笔端提供可描述的精彩故事。所以做的背后是不倦地学习和反思。做，分为苦做和巧做。费力了未必讨好，老师把事情做完了学生未必认账。所以，这里有一个巧做的问题。那么，教育的智慧哪里来呢？

一是习得；二是学得。习得与各人的人生经历有关，难以模仿和复制。但是学得就不一样了。每个人都可以通过各种途径进行学习，从而累积自己的智慧。读书是学习新知的首要途径。不过我要提醒大家的是，拿本书随手翻翻，除非你的记忆力和理解力超群，否则很可能是翻书了然、关书茫然。我有过这样的经历：看书的时候，看得入境，会情不自禁地拍案叫绝，过后别人再问我有何得，我只能翻着白眼说，"好！真好！好得不得了！"然后双手一摊，不好意思，忘得差不多了！如何避免这种现象呢？最好的办法是动笔。古语有云：好记性不如烂笔头！做笔记，写心得，把书上学到的东西用到工作上去，用到学生身上去，然后，再形成趣味横生的班级叙事。这样下来，那些可能被你忘光光的东西经过你的反复运用，早已消化成自己的了。只要不停地学习和反思，我坚信，你的做绝不会是老黄牛的死做，而是甩手掌柜的巧做！

3. 底蕴决定技术——读书、练笔是提高教育写作能力的不二法门

我听很多年轻教师说："我想写啊，可是，我不是学中文的，我的文笔很差。"然后摇头叹息。魏书生、李镇西、万玮，他们的书能征服每一位教师。除了李镇西老师是中文系毕业外，余者如：魏书生老师起点非常低，初中毕业；万玮老师是数学系毕业。难道他们的写作技术出生就高明吗？非也！那是因为他们本身做得好，再加上有非常深厚的底蕴，勤于练笔，所以，他们的写作技术日趋高明。

那么，如何才能提高自己的写作技术呢？读书、练笔！这是提高教育写作能力的不二法门！以我自己来看，2005年的班级叙事只是简单的记录；2006年除了记叙故事情节之外，还有议论；2007年的班级叙事贴到论坛上就有许多问津者了；2008—2009年，写出来的班级叙事自己看着都会感动；2010年，我更加注重每个个体生命的感受，更注重聆听孩子内心的声音，班级叙事也更加理性。

如果有跟着读我的帖子"教育西游记"的老师，一定知道里面有个叫海林的孩子，可以说海林是我接任意搏班后遇到的最让人操心的一个孩子了。在老师和同学的眼中，他就是一个怪人，就是一个今后可能犯罪的人。他的价值观："别人骂我一句，我还别人一耳光，别人给我一耳光，我还别人一刀；别人给我一刀，我就让那个人去死！不管哪个惹我，我必须讨回公道，不管用什么方法，都要争回来。大不了就是一死，死也要拉个陪葬的。"面对海林，我该怎么办呢？我先是找来相关的书籍进行阅读，比如《重塑心灵NLP——一门使人成功快乐的学问》、

《不要用爱控制我》《心态的能量》《灵魂之心:情绪的觉察》《情感勒索》等。大量的阅读,加上对海林的调查和了解,我很快就形成了如何转化海林这个问题生的可行思路。当然,我也没忘记将我如何转化海林的具体细节写出来。我还和海林约定,只要海林能依照我的指点重塑心灵,健康成长,我将单独为他写一本书!海林听我说要为他一个人写一本书,真是又兴奋,又惊奇,竟然站在原地傻愣了半天才缓过神来。之后,不管海林出现什么问题,只要我给予建议,他都会积极采纳,慢慢地,海林回到了健康的轨道。

截至现在,我为海林个人写的班级叙事就已达 12 万字。我撰写的班级叙事《教育西游记——我和"后进生"的故事》亦在 1+1 教育社区评选的"2010 年度十大优秀教育作品"中位居第一。说句实在话,像海林这样的问题孩子,如果我不广泛阅读,我怎么可能对他的病态行为进行准确的诊断?如果我不坚持把转化海林的细节写下来,我又怎么可能形成有效的转化思路?更重要的是,如果我不读书、不练笔,我所撰写的《教育西游记——我和"后进生"的故事》一书又怎么可能获得今天的成绩呢?

提高教育写作能力,没有捷径可走,没有窍门可言,有的只是坚持不懈的读书和练笔,并把孩子当做自己生命中最重要的人去对待。

4. 心态决定质量——用自己的一生与青春做伴

有不少的年轻人对我说:"我算是入错行了,现在教师是高危职业,学生是骂不得、打不得,教师真正成了弱势人群。"如果你真要觉得自己是弱势人群,那么,你什么也做不了。你连教育中的一些必须要做的事情都会处于应付状态,更不要说坚持不懈地写班级叙事了。要不了几年,你便人未老,心却垂垂老矣。这样的教育人生非常可怕。

曾与一群女生闲聊,正欢,一个女孩突兀地问:"老师,你嫉妒我们比你年轻吗?"我灿笑若花,说:"我不嫉妒,我感激。"其他女生一脸疑惑,问:"为什么?"我一脸诚恳,说:"我老了,一天天地落英飘零,可是,伴随我左右的却是阳光灿烂的青春可人啊!有娇艳群花相伴我的红颜衰退,就算我老了,我也老得惊艳,老得心醉!"

因此,我感激我的学生用他们的青春与我做伴,感激他们用青春洒了我一身的芬芳。也正是因为心怀这份深深的感激,所以,不论是哪一届的学生,我都和他们相处得情同母子。我一直以为,作为一个教师,不论你有多深厚的教育理论知识,不论你有多理性、多长远的教育手段,也不论你懂得有关和谐的多少知识,如果你没有一颗和谐的心,你就无法构建真正和谐的师生关系。若没有真正和谐的师生关系,那么教师除了做一名只知抱怨的"教书匠"之外,没有幸福可言!一个没有幸福感的教师,他会每天深夜埋首灯下,用真心真情敲击出他与学生的每一个快乐或者悲伤的细节吗?其实,教师的人生是奢华的!我以为,没有哪一个

> 职业的人生有教师的人生这样豪奢。你想想,你在老,可是陪伴你的始终是惊艳的青春!你的生命不是萎缩了,而是在青春的浇灌下充满了张力!
>
> 　　有了这样的心态,还怕你的叙事写不好吗?还怕提不高教育的质量吗?
>
> 　　案例来源　钟杰.班主任如何撰写班级叙事[J].班主任之友(中学版),2011(4).

第三节　专业发展共同体

1. 什么是专业发展共同体

1997年,美国西南教育发展中心(Southwest Educational Development Laboratory)首次发表了关于专业发展共同体的描述和介绍:专业发展共同体是由具有共同理念的管理者与教师构成的团队,他们致力于促进学生的学习,并且进行合作性、持续性的学习。

全美教学与美国未来委员会在2005年6月的报告《导入学习共同体》中,提出教师专业发展的路径不是个体化,而是依托专业发展共同体。同年,经济合作与发展组织也发表了26国教育政策议题的报告《教师问题:吸引、发展和留住优质教师》,报告中提出教师专业发展主要不是依靠在师范院校学习期间的课程中获得专业理解,而是在参与和实践中学习,即在教学工作过程中的专业提升,因为教师的专业素养是一种植根于教学情境的实践表现。2007年美国国家科学院、美国国家工程院和美国国家医学研究院的执行机构——美国国家研究理事会发表报告《推进教师专业发展:信息技术的潜在用途》,提出通过在线联机的工作坊活动提升教师专业素养,有经验的教师、研究者、课程与信息技术开发者、专业发展专家、州教育决策者、基金代表一起参与其中,享有相应的权利和责任,成为一个专业发展共同体的"创造差异",以形成一系列富有弹性的、满足不同学科和类型教师的专业模式。信息技术的发展使教师共同体脱离了地域的限制,丰富了教师学习和实践的内容。

可以看出,教师专业化发展思想的关注焦点已经发生了转变,重心从"个人化努力"转向"学习者的共同体"。

实际上,美国的第一个专业发展共同体早在1927年的威斯康星大学(University of Wisconsin-Madison)就建立了。在后来的七年多里,在高等教育领域出现了许多专业发展共同体。纽约高中在美国北中地区教育实验室设计并构筑了一个有效的专业发展共同体。

综上所述,所谓专业发展共同体就是指在共同的目标前提下,由学习者及其助学者(包括专家、辅导者)构成的团体组织,成员之间在学习过程中相互帮助、相互影响,交流情感,分享资源和心得体会,体验学习带来的乐趣,共同完成学习任务。①

2. 如何构建专业发展共同体

首先,建立专业发展共同体的愿景。企业愿景又译企业远景,简称愿景,或译做远景、远见,在20世纪90年代盛行一时。所谓愿景,是由组织内部的成员所制订、借由团队讨论、获得组织一致的共识,而形成的大家愿意全力以赴的未来方向。所谓愿景管理,就是结合个人价值观与组织目的,通过开发愿景、瞄准愿景、落实愿景的三部曲,建立团队,迈向组织成功,促使组织力量极大化发挥。建立愿景就是为共同体的学习树立远景目标,描绘美好未来,这是促使每个成员坚持学习的内在动力并形成归属感的基础。

其次,制定学习标准。对参与者进行学习的约束,在团队商议的基础上达成共识,并对学习标准进行清晰的界定。

再次,确定运行流程。共同体的学习过程包括经验分享、阅读讨论以及共同开展合作研究。在研讨之前,对于每一项流程进行科学分析和设计,保证共同体个体的学习能够流畅进行。

最后,展现成果。寻找相关媒体的支持,尤其是借助网络系统,使共同体学习的成果能够在广泛的范围内进行共享。

3. 班主任专业发展共同体的几种形式

班主任专业发展共同体建设相对滞后,不能跟学科教学相比。中小学学科教学研究从上到下有一个支持体系,省、市、县有教学研究室,学校设有教研组和备课组,每年或每学期都制订业务活动计划,按期开展教学研究活动。但是,班主任工作长期以来没有被列为一种事务性工作,行政事务性布置会倒是经常开,偶尔也开展一点评比活动,但业务学习、专业研讨性质的活动很少,更谈不上业务研修计划。实践、反思、阅读和行动研究,在一个专业发展共同体中进行将更有效率、更容易出成果,孤独的、封闭的、单个的专业发展不容易成功。

由于班主任专业需要共同体,尽管生存困难,还是出现了许多不同形式的班主任专业发展共同体。以成员来源划分,班主任专业发展共同体可分为以下几种类型。

（1）学校层面。正如前文所述,学校层面的班主任专业发展共同体不太发达,比如班主任沙龙、班主任论坛、名班主任工作室之类,远远跟不上学科教学专业共同体类那样经常开展活动,对成员成长影响力较小。

（2）区域层面。有一些县、市级的教育行政部门、教研部门、培训机构把一个区域的班主任组织起来,形成名班主任工作室联盟,或称名班主任成长协作体。但是,与学科教学相比,还很少配备专门教研员,也没有常设机构。

（3）全国层面(通过网络)。专业发展共同体成员来自全国,都是纯民间的,通常是通过网络组织在一起的,比如班主任之友论坛上的班主任工作半月谈,新教育在

---

① 齐丹.基于网络的学习共同体的研究与设计[D].长春:东北师范大学,2004.

线网站的新教育实验网络师范学院等。

> **案例欣赏 3-13-2**
>
> **有效的班主任专业发展共同体**
>
> 我们为什么存在？我们为什么在一起？我们究竟应该做些什么？
>
> 这是最近我在"8+1"工作室建设过程中经常思考的问题。相对于教学交流来说，班主任之间的交流缺少内驱力，很难形成团队。这也是很多学校班主任专业发展共同体建设流于形式的重要原因。在校本班主任专业发展共同体建设方面，我们进行了六年探索，总结了一些经验。
>
> 一、有效的班主任专业发展共同体需要四个条件
>
> 1. 有领军人物
>
> 如果缺乏领军人物，共同体的学习和发展将会止步不前。领军人物的高度决定着共同体发展的高度，特别是在共同体的组建阶段和发展的节点上。领军人物需要具备以下几个特点。
>
> （1）专业能力，包括解决班级管理过程中疑难问题的能力；具体指导团队阅读、教育叙事和组建推进共同体的组织能力。这是获得共同体伙伴认可的首要条件。
>
> （2）专业成果，包括自身所带班级的成绩优秀（这一点在校本班主任专业发展共同体中尤为突出）及领先的班主任理论研究成果的呈现。
>
> （3）民主性格，包括乐于分享、善于沟通、勤于反思、服膺真理、勇于承担、敢于创新等。共同体建设的大敌就是阶层，团队成员只有视彼此为工作伙伴，才能共同深入思考问题和开展深度会谈。如果领军人物视自己为不可侵犯的领导或不可超越的权威，共同体就会变成一个唯上的组织而缺乏活力，这也是很多行政力量推动的共同体建设成效甚微的重要原因。一个由有民主性格的领军人物组织的团队一定有着伙伴们彼此欣赏、乐于分享、真诚批评、勇于争辩的民主氛围。在这样的共同体里，人人都是赢家。
>
> （4）外界通路，即领军人物需要有一定的与外界交往的能力，包括与班主任专家、媒体和其他共同体建立良好关系，能够给伙伴发展提供平台和通路。我们不能一概否定年轻的班主任加入团队是为了发表文章，抑或为评职晋级做准备的一种功利化追求。他真正深入理解团队存在的真正意义后，他就会把班主任当做一种事业，这需要时间。
>
> 2. 有群体目标
>
> 我们为什么在一起？这就需要共同体有不同阶段的奋斗目标。目前，死看硬治型（靠勤奋或强势的性格）、方法技巧型（靠一招一式的应对技巧）、激情澎湃型（能"忽悠"、擅鼓动）的班主任虽能带出成绩优秀的班级，但不专业。专家型的班主任不仅掌握了一定的具体带班方法和技巧，而且有一定的教育思想，并依个性

形成自己的管理体系。"8+1"工作室的目标分三个层次：成绩优秀—研究成果—专家型班主任，即带班前三年努力争取所带班级被学校考评为优秀，增加成员的认同感和自己的成就感，带班六年的老师要有自己的研究成果（论文或专著），最终目标是做一个专家型的班主任。

3. 有团体学习

团体学习的主要形式有以下几种。

（1）共同阅读，即寻找共同的语言密码。我们确定每月共读一本教育专著，每次研讨时交流读书感悟。在此基础上确定每个人的根本性书籍，帮助每个人找到符合自己个性的阅读方向。第一阶段，研读当代教育名家与一线名班主任的著作；第二阶段，阅读中外著名教育大师的著作；第三阶段，攻读心理学，主攻方向为发展心理学和人格心理学。值得说明的是，伴随班主任终生的则是人文阅读。

（2）专业写作。即使在同一学校、相邻的班级，每一天发生在不同教室里的故事也是大不相同的，我们注重教育叙事和周记、班级日记的批阅。目前工作室有12个人在专业论坛上共同写作，记录每一天的教育生活，分享彼此的经验与教训。

（3）集体探究。集体探究分主题研讨和案例分析。主题研讨围绕实际工作中的问题展开，形成系列。如一学期集中研讨"如何提高班级德育量化成绩"，为了提高研讨的实效性，在研读学校考评条例基础上把这项工作分解为寝室、卫生、跑操、纪律、安全、活动六个系列，然后再逐一细化。研讨前，每个成员将自己的研究形成短文，交流讨论，集思广益后修改丰实，最后成体系梳理，提升为理论，用来指导团队成员的实际工作。案例分析则是将在班级管理过程中遇到的问题以案例的形式写出来，由团队进行多角度的分析解释，以帮助个体解决问题，在此基础上形成团队的典型案例库。在深度会谈中，因打碎了习惯性防卫心理，可使每一个人都从会谈中获得进步。进步、成长和更新的动力主要是集体探究，这个过程可称为团体学习循环，即集体思考——共同体成员共同讨论彼此的做法并相互进行友好而充分的质疑；共同的信念——共同体达成共同的基本观点和见解；合作计划——共同体共同设计行动步骤，验证他们的共同观点；协作行动——共同体协作执行行动计划，行动不必是共同进行，可以是共同体成员独立完成。集体探究能使共同体成员形成新的技能和能力，新的技能和能力反过来又能带来新的经验和认识，逐渐地，提高了的认识转化为态度和信念，这就完成了一个重要转变。

（4）资源分享。乐于分享自己的阅读体会、管理经验、德育资源，共同体内伙伴间才会彼此支持。如我们的分享德育资源的"十大工程"活动——每个成员在三年内写出十个案例（早恋问题、网络成瘾、盲目追星、盲目攀比、人际交往、逆反心理、逃学厌世、吸烟饮酒、考试作弊、打架斗殴），十节班会，十个活动，推荐给学生的十本书、十篇文章、十个故事、十个栏目、十部电影、十个视频、十支歌曲、十个榜样、十句话等。这样,依靠群体的力量很快就建立起了团队的德育资源库。

(5) 成果展示。在团队学习的基础上,每个人梳理具有特色的个体研究成果,并在学习会上展示,经团队研讨丰实再修改,通过这一途径培养团队专家。

(6) 现场观摩。团队伙伴互相观摩班会课、班级活动课、教室文化建设、寝室文化建设、学生周记、班级日记、班级史册等,然后展开评议,用教育理论剖析观摩活动,把对事情的感知上升到理性认识,彼此学习活动策划和创意。

(7) 聆听窗外。除有计划地请名家来校作报告,同时还依托市教育局、学校的力量请专家到校或团体团队伙伴一起外出学习,如参加新教育年会、全国班集体建设理论研讨年会及临时的培训会。高层次的会议也为团队注入了新鲜的教育思想,涤荡了日常僵化应试教育带来的困扰,团队伙伴的研究方向、行动纲领都是在会议期间研讨确定下来的。

4. 有核心理念

"我们都是普通的人,但对教育事业的热爱让我们不甘于普通;我们都是平凡的教师,但对学生的热爱让我们不甘于平凡。行动起来,我们共同倾听专家和同伴的声音,我们共同追寻教育的理想和真谛,我们共同书写人生的幸福和美丽!"这是"8+1"工作室的共同宣言,如果教师专业发展共同体仅仅停留在交流学习方法、改变育人手段的层面,那是低层次的交流,这样的团队是不具备自我成长的能力的。学习型组织必须有共同的理念和价值观,这是一个基本前提。重要的是使命、愿景、价值观必须是生成的,才会深深扎根于全体同伴心中。

二、有效的班主任专业发展共同体需要合理程序

共同体建设分为初始阶段、执行阶段、规范阶段,不可一蹴而就。

(1) 初始阶段。在实践过程中我们逐渐摸索出第一年的研讨模式:上周做法+下周规划。约一年,确定交流的时间、地点、主持人。定位在经验交流层面,能够兼顾到不同层次的班主任。

(2) 执行阶段。这一阶段约需一年。在第一年研讨的基础上我们认识到班级管理的研究和班主任的成长绝对离不开自己的班级,离不开对学生每天在校生活的深度参与,和学生一起奋斗、共同生活是最好的教育方式。在此我们通过"四课"来规划我们每天、每周、每月、每年的教育行为和教育研究,这就是"做功课"。长期坚持行动研究,进而创新产生新思想,提炼为新价值才叫"做功课",偶尔为之只能叫"做事"。日课十项:和学生一起跑操、每天阅读一小时、共写班级日记、和学生一起写寄语、和学生一起唱歌、和学生一起宣誓、学科教学德育化、营造温馨的家、一日总统演讲、每天写教育日记;周课五项:周记、班会、家校联系、资源管理、团队研修;月课三项:共读一书、活动策划、民主评议;年课两项:课题研究、旅游开会。2008年制定团队行动纲要时,这"四课"被确定为团队成员共同遵守的行动准则。团队成员的相互督促,有效地提升了团队的专业化水平。

（3）规范阶段。建立组织机构,制定学习制度、例会制度、活动制度、考评制度、课题研究制度,并依据制度对成员进行考评,进而确定核心成员,以核心成员带动共同体发展。《"8+1"工作室行动纲要》对团队的性质、理念、目标、模式、功课、文化做了明确的界定,同时我们还制定了《"8+1"工作室行动契约》,从班级成绩、研修活动、班级自主化教育管理课题等三方面确立了量化标准。一些网络共同体或名师团队,由于成员成长意识强,一开始就可以完善各方面制度,而校本班主任专业发展共同体建设更为艰难,它需要帮助成员解决带班基本技巧,在这个过程中培养专业意识。经过了前两个阶段的建设,团队成员专业意识明显增强,时机成熟才能进入到规范阶段。

三、有效的班主任专业发展共同体需要共同超越

共同体的学习意愿与能力植根于个别成员对于学习的意愿与能力。因此,有效的班主任专业发展共同体的结果导向应以个体项目和群体项目的完成为标志,个体和共同体实现共同超越,组织才能具有持续发展的生命力。

团队成员既有共同探索和追求,又有个人的研究领域。把"8+1"工作室放在一个更大的共同体当中更有利于大家的成长。我们共同参与了郑学志老师主持的"班级自主教育管理研究"课题,并将此作为群体项目。此外,秦望老师的"高中生涯规划教育"、杨兵老师的"高中班会研究"、王晓琳老师的"论语课程"和魏俊起老师的"企业文化与班级管理"等实验都各具特色。

经过六年的努力,我们打造出一个温暖和激励的班主任成长生态环境,我们相互感染、互相扶持,探索出一条校本班主任专业发展共同体建设的有效途径。目前,团队23人中已有十人被评为市级优秀班主任,发表文章200余篇,出版专著三本,参著十本,应邀外出作报告100余场。《人民日报》《教育时报》《中国教育报》《班主任之友》等国内多家媒体也曾对团队进行过相关报道。

案例来源　秦望.有效的班主任专业发展共同体[J].班主任之友(中学版),2011(7/8).

案例欣赏 3-13-3

团队行走让教育更美好

用网络传递感动/用智慧点燃激情/用真诚抚慰心灵/用追求擦亮行程/用温暖凝结同心/我们,在网络上结伴而行……

"班主任工作半月谈"(简称"半月谈")成立三周年之际,我写下了这首诗。这个"班主任之友教育论坛"上最早成立的专业发展共同体,已经走过了她不平凡的三年。三年来的网络结伴行走,团队老师10人次登上了《班主任之友》、《教师博览》、《班主任》等杂志封面,27名老师成为省市和全国优秀班主任,近200人在公开刊物上发表了470多件作品,团队成员出版专著10部。这一切都显示出:

团队行走让教育生活更美好!

一、引领一种深度学习的生存方式

网络上活跃着很多精英人才,如朱永新、李镇西、张万祥等名家常在网络上发出声音,很多有才华的一线教师也在论坛上展示自己的精彩做法。如何让我们从海量信息的泛读走向精品意识的深度学习和思考,并给自己提供一条充实的成长之路呢?2008年6月,在我们成立"班主任工作半月谈"之后,团队出台了三条深度学习的措施,在论坛上引领了一种新的学习生存方式。

1. 精选佳帖,引领深度思考

我们在团队内部建立了"班主任工作半月谈专用学习帖",链接了"班规粗细讨论"、"提高成绩的办法"等17个主题帖;在"杏坛人生"建立了"精华帖总集",链接了郑学志、钟杰、覃丽兰等13位老师的精华帖;在"班级自主化实验"里根据年级段建立了4个"实验专贴集锦",链接实验中涌现的精华帖子。海选精华帖并设置链接,可以节约老师们查找的时间,尽快分享信息。

如何在精华中推出精品进行深度阅读呢?2011年上半年,我们推出《今日发现——郑学志读帖并推荐阅读》专题,把精彩佳帖汇总到一个主题帖里加以点评推出,并在文章背后,设置原文链接,以助大家延伸阅读。

此外,我们还在整个论坛上寻找精华帖子,在团队内部推介。我们先后推介了张万祥、杜林、"维C"郑英等老师的帖子,尤其是张万祥老师的《送给青年班主任朋友的礼物——德育素材》,更是我们团队的日常必读帖。

2. 对话作者,提升阅读质量

先在规定时间自学,做笔记;再在团队内交流碰撞;最后邀作者面对面,讨论答疑解惑。这样的三步曲,可开阔视野,提升专业认识水平,促进一线教师和专家交流,有助知识内化。有人质疑万玮的兵法是一种"对付",不是教育,和万玮老师面对面,听了万玮《成功班主任的五个平衡》的讲座及对老师所提问题的一一解答后,老师们理解了兵法背后的教育之爱,理解了万玮老师重手法背后震撼教育的精髓,同时对自己的教育行为和思想进行了深入的反思。这样的阅读无疑有助于加快专业成长的步伐。

3. 批注教育经典,领悟职业奥妙

2011年,我们借鉴和学习了新教育实验网络师范学院的阅读教学模式,采用批注式阅读方式组织大家共读教育经典。比如我们现在正在读的《自主课堂》,精读该书,每人都在书本上做好批注。团队组织老师分章分节把图书内容一字不改地以电子文档的形式输入计算机,活动主讲人在电子文档上做好批注,上传到群共享里。大家集中时间下载阅读后,团队再集中时间进行交流、讨论。这种阅读方式有点难,难点并不是批注得怎么样,而是你的批注是否站得住脚。因为集中交流的时候,大家要对你的批注进行质疑,你的解释站不住脚就得重来。很多老师坦言"残酷",甚至比原来在大学读书还难。但更多老师说,他们痛并快乐着,因为这种读法比大学更能够提升老师们的专业能力。

二、打造一个班主任专业发展共同体

网友艾岚曾经笑言:"论坛自从来了一个郑学志,这个平静的江湖就不再平静。"有时候闲下来想想团队在论坛上做的事情,还真令人欣慰。

1. 创新了一种网络研讨模式

2008年6月,"半月谈"成立之后,探索、创造并固定了这种QQ群聊天和论坛发帖相结合的研究交流模式。每周固定时间的QQ群即时交流,围绕一个问题,采用"观点+内文详细叙述+文后署名单位和联系方式"的方式发言,这样,核心思想是什么、主要内容是什么、谁说的……阅读起来一目了然。记录者只需稍作提炼,就能够整理出一篇观点鲜明、层次清晰、论证严谨的好论文出来。

即时研讨之后,团队成员再针对研讨的主题撰写教育叙事。我们对团队成员明确要求:周一的交流仅仅是火花的点燃,是思维的启迪,研讨过后每个人必须联系具体工作实际,写出详细的案例来。我们参与到《班主任之友》组织的"班规研讨"、"新班主任接班"、"理想教育"等专题中,并展示了我们的研讨结果。

自2008年6月以来,我们先后研讨了近70个专题,内容覆盖了班级管理、学生思想工作、干部队伍建设、同事关系处理、家校矛盾调处、特殊学生教育等19个方面。2011年1月,"大夏书系"把我们两年多的研讨记录整理成一本书——《挑战班主任19项全能》并出版。该书被媒体誉为"班主任的专业成长地图"、"班主任的头脑风暴",上市不到一个月既告罄。

2. 用课题实验打造专业发展共同体

学生问题层出不穷,如果我们只把精力集中在小问题的研究上,肯定看不到班主任的专业成长方向。我们既要埋头拉车,又要抬头看路。从2009年11月开始,我们开展了"班级自主教育管理课题实验",用共同实验打造全新的班主任专业发展共同体。

我们在"以人为本、提升技能、解放教师、发展学生"核心理念的指导下,按照不同年级段,组建了小学、初中、普高和职校四大网络专业发展共同体,用共同阅读、共同研究、共同实践、共同写作的方式开展实验活动。

我们建立了"课题指导与管理核心层"(由"半月谈"的13名骨干力量组成,承担课题的研发)、各年级段"骨干力量核心群"和"年级具体实验交流群"三个层级的实验模式,层层落实,开展工作。最高核心管理层有"四组七部",即小学、初中、高中和普高四个实验组的组长和行政部(负责日常工作协调)、学术部(负责课题研发)、学习部(负责理论学习)、活动部(负责实验开展)、新闻部(负责信息沟通)、基地部(负责基地学校)、档案部(负责成员信息)。"四组七部"在每一个实验群里都对应有自己的下属单位,"四组七部"纵横结合,共同完成课题实验的行政管理、学术研究、新闻宣传和实验考核评估等工作。

> 时间上统筹安排，确保骨干力量能参与每个实验群的学习、实验和讨论，并于每月第三周周一晚上为整个实验群做大型公益讲座。从2009年以来，已经先后做了"构建班级自主教育管理的七个机制"等20多场大型公益讲座，为老师提供了有力的理论和技术支持。
>
> 2010年之后，我们在构建小学群重在自主习惯养成、初中群重在自主责任唤醒、高中群重在人格自尊塑造、职校群重在自主发展上寻求突破的四级自主实验模式的基础上，提炼出"打造优质高效的自主课堂、营造润泽心灵的书香教室、寻找学生成长的生命支点"等自主化实验的三大品牌活动，进一步深化推行自主化实验。
>
> 2010年8月16日，我们在班主任之友杂志社和河南济源市教体局、济源市一中的支持下，成功地举办了"首届全国班级自主教育管理论坛"，来自全国18个省市的1 500多名教师出席了我们的会议。会上我们为六省七校授牌实验学校，目前共有九个实验基地。各基地学校分别成立一个单独的实验团队，我们安排核心成员进行实验技术指导和组织平时的班主任工作研讨，共同解决该校班主任实验和工作中存在的问题。
>
> 从2009年11月30日到现在，近两年的时间，1 100多名班主任参与了我们的课题实验，撰写实验专题帖子达521个，总发帖量突破20 800个，实验覆盖了全国360多所学校，在全国引起了深远反响。
>
> 案例来源 郑学志，鞠锋. 团队行走让教育更美好[J]. 班主任之友(中学版)，2011(7/8).

【思考与实践】

1. 制订专业阅读计划，与同学们一起读几本班主任专业书。
2. 为什么班主任专业发展离不开专业发展共同体？
3. 班主任专业写作与通常写作有什么区别？

第十四章 班主任的德性修养

 阅读提示

(1) 班主任德性修养的意义有哪些?
(2) 班主任德性主要由什么构成?
(3) 如何提升班主任的德性修养?

尊严而惮,可以为师;耆艾而信,可以为师。(《荀子·致士》)教师的职业素养是一个永恒的话题,早在春秋战国时期,先秦思想之集大成者韩非就对其提出了理想化的诉求。在荀子的眼中,那些凭借博大的思想、高尚的品格、宽厚的性格、灵动的智慧、伟岸的行为来诠释长者之风范、砥砺教育之尊严、收获敬畏与威信的人,才有资格担任教师的重任。教师的道德崇高感本是这个行业的特殊要求,遗憾的是在现代社会运行机制与现代社会思潮的侵蚀与冲击之下,教师的崇高感从一度"名正言顺"的表达变成了"羞答答"的诉求,原来那些令人敬仰的"蜡烛"与"园丁"等隐喻,不知何时悄悄地消失在人们的思想中。从某种程度上说,我国教师现在和将来很长一段时间内面临的最主要任务,就是修复日趋庸俗与消极懈怠的思想道德境界,不断砥砺个体思想道德修养的内涵,持续拓宽思想道德修养的公共视角。

一、班主任德性修炼的意义

德性是一个既有共性又有个性维度的概念:共性维度扎根于人类社会集体生活领域,属于"众生之心",起着维持人类和平、正义、民主、秩序与和谐的作用;个体维度源自人们对特定角色的期待,属于"行业之心",为个体角色的完美演绎提供强大内驱力。教育部 2009 年印发的《中小学班主任工作规定》对班主任主要任务做了明确描述:班主任是中小学日常思想道德教育和学生管理工作的主要实施者,是中小学生健康成长的引领者,班主任要努力成为中小学生的人生导师。德育实施者、健康成长的引领者、中小学生的人生导师这样的角色期待,不仅要求班主任教师必须具有高超的教育能力,而且要求班主任拥有卓越的道德品性。

(一) 班主任德性的社会意义

有段时间,我看到有些学生在升旗仪式上不够严肃,我很生气。我想:国歌凝聚着我们中华民族的精神,它反映的是我们中华民族的声音。可是我们的孩子们无动于衷,在升国旗的庄严时刻嘻嘻哈哈,如此表现反映了他们爱国精神的淡薄,对此我们不能熟视无睹,更不能麻木不仁、放任自流,而是要借此狠敲锣、重击鼓。那么从何入手才好呢?对!找机会让他们默写国歌,促使他们牢记国歌,以激发他们的爱国之情。

一天我利用早自习的时间布置全班同学默写国歌。统计结果让我大吃一惊。全班46人,完全正确的仅4人,占8.7%;有不超出三处小错的17人,占37.0%;丢漏一句或有三处以上错误的22人,占47.8%;根本不会默写的3人,占6.5%。默写的错误有的让人哭笑不得,如:开头的"起来"后面加了个"吧"字;"把我们的血肉筑成我们新的长城"中将"把"误作"让",把第一个"我们"误作"你们","新"误作"心";"中华民族到了最危险的时候"中将"危险"误作"危急","时候"误作"时刻";"每个人被迫着发出最后的吼声"误作"每个人们都爆发出最后的号声"……拿着默写卷子,拿着统计结果,我情不自禁地热泪盈眶,我给同学们讲了国歌诞生的背景、沿革历史、国歌的重大意义,最后我无比激动地说:"我们的国歌,字字千钧,它应该镌刻在我们每个炎黄子孙的心上。国歌,字字是利剑、字字是火炬、字字是号角、字字是雷霆、字字是风暴,它一字千金,字字不能改。国歌,不仅要用嘴唱,更应该用心去唱。不能准确无误地默写出国歌是我们的耻辱。国歌唱乱了、唱错了,我们的脚步就不稳。谁是热血青年,谁心中有祖国,谁就应该从今天起把国歌的每个字、每个标点都准确无误地镌刻在心中!"默写国歌的结果以及我的这一席话深深地震撼了每个学生,当天全班都完全背下了国歌。几天后,团支部又搞了次国歌默写检查,结果正确率达到100%。为了巩固成果,我又组织全班同学利用双休日到天安门广场去看国旗班升旗仪式。在雄浑响亮的国歌声中,展现在同学们面前的是金光四射的旭日、雄伟古朴的天安门、猎猎飘动的国旗、威风凛凛的国旗班战士、充满生机的早晨……这一切,都以强烈的艺术魅力在学生心中奏响了爱国主义交响乐,同学们的心灵再次得以净化,情感再度得以升华……[①]

教师心灵的世界有多大,就能创造多大的世界。就学生的德育而言,班主任的道德认识范围有多大,德育的视角就有多大;道德情感有多强烈,德育的感染力就有多强烈;道德意志有多强,德育的效果就有多强。我们不可能期待一个道德认知异化、道德情感冷漠、道德意志薄弱的班主任能将真、善、美的种子播撒在中小学生的心田,更不可能指望他能引领学生沿着成长的道路沐浴春风、不断前行与攀升。在上面的班级德育案例中,正是因为班主任张万祥心系祖国、情牵中华、具有强烈的爱国情怀,才能在学生的不严肃的升旗态度中敏感地捕捉到学生的思想动态。正是因为班主任具有高度的道德责任感,才会抓住班级生活中的一些琐碎生活,将其上升为一次班级德育事件。在让人啼笑皆非、心情沉重的"默写卷子"面前,班主任"情不自禁"的"热泪盈眶"深深地触动了学生的心灵,促使学生意识到,爱国不是一句空洞

[①] 张万祥.班主任工作创新艺术100招[M].南京:江苏教育出版社,2002:5-6.

的口号,而是蕴藏在生活中所思所想与所言所行。在和平发展的时代,"爱国"可以是为祖国之崛起而奋发图强的意识,可以是怀着感恩之心学习科学文化知识的努力,可以是维护各民族团结的言语与行为,可以是在国旗"猎猎飘动"时的敬畏之心与仰视的目光。

近些年随着青少年成长环境的复杂化,我国部分青少年的向往和追求有了新的动向,出现了价值选择的多元化、价值标准的多重化、价值取向的功利化、价值追求的庸俗化现象,引起了社会各界广泛的担忧与焦虑。和科任教师相比,班主任工作具有一个不可替代的作用——负责全班学生的德育工作。这既是班主任工作的特殊性,也是具有中国特色的教育传统与实践。与国外的学生管理工作不同,我国实行的是专职教师管理学生的制度,也就是说,科任教师将相当大的一部分德育任务"提交"给班主任,由班主任以协调、配合、统合的方式完成学生的思想品德教育工作。从微观角度看,我国每一个班主任要负责几十个学生的管理与教育工作,在个别中小学校,班主任甚至要管理五六十个学生。从宏观视角看,我国中小学目前约有435万个教学班,有近2亿的中小学生在班级中接受教育。这就意味着近2亿中小学生的德育工作主要是由435万个班主任来承担的。班主任地位虽然很低,却处在教育的战略前线,担负着极其重要的历史责任。孔子云:"其身正,不令而行;其身不正,虽令不从。"班主任的德性、德闻、德思、德言、德行不仅是个人的事情,而且是促使中小学生秉承传统美德、皈依核心价值观的施教前提,也是推动教育在"建国君民"与"化民成俗"中的奠基性作用的工作基础,具有较强的社会属性。

(二)班主任德性的教育意义

杨晓峰老师在2010年秋期担任师范生《班主任工作艺术》的授课任务时,结合"班级德育管理艺术"的章节与内容进度,要求每个学生以作文的方式回忆在过去的经历中,什么人或事件改变了他们的认识、陶冶了他们的情感、震撼了他们的灵魂,影响了他们的行为。学生在规定时间内,把记载着他们生命经历的故事交给了他。

> ……九几年的小镇很穷,班上很多同学都交不起学费,她(小学班主任)用自己的钱为我们先交了学费,保证我们一个都不少地在上课的时候能有书学习。对于家长们感谢的礼物,她从来都是真诚地拒绝……九几年的小镇很穷,我们上学的路途很遥远,山路崎岖,然而不可能有车可乘。每天放学后,她总是跑到教室和我们一起做扫除。我们只做到四点半就走,其他的都交给她一个人,五年来,从未间断……九几年的小镇很穷,家里没钱没衣服。她经常带点小礼物,向学校其他老师要一些衣物给我们,几个寒冷的冬天就那样过来了。她通过在城里的亲戚、同学给我们送了一些文具盒、小彩笔、钢笔、蜡笔、还有书包。我们的那份喜悦、那份感动仿佛就在眼前……

这是学生形形色色的成长故事中的一篇。大二学生×××用颇有文采的笔法,回顾了一段如白描一样素净,又如工笔一样色彩明快的小镇故事。作为一名小学班主任,平凡普通的"她",像母亲又像姐姐那样关怀与牵挂着每一个学生,把感动与喜悦永远定格在孩子们的生命记忆中,滋养着他们的灵魂,为他们将来的事业树立了一个可资借鉴的道德原型。一般的理解是,学生的德育主要由德育课堂来完成,但从学生的作文来看,德育课堂或许在认知方面影响了学生,但却不一定能真正进入学生的情感世界,不一定能有效作用于学生的意志,也不一定能从根本上改变学生的行为。在那些永驻学生道德观与价值观世界,对学生产生长远影响的因素中,教师尤其是班主任老师的道德示范占据了一席之地。亲其师而信其教,在班主任教师言谈举止中透露出来的爱心、善良、理解、尊重、宽容,远比枯燥的课堂道德说教更有生命力。

班主任的德性除了可以起到"不言之教"的榜样作用外,还会左右班主任的教育与管理方式。从某种程度上说,尽管不同的哲学理念对道德品格具有不同的理解,但我国中小学教师的道德观与传统的理念论道德观比较接近。更确切地说,或许我国的中小学教师不了解康德的"绝对命令",但却是按照"绝对命令"的方式行事——任何人都不能离开别人的行动而单独行动;①人的道德是建立在不伤害别人的基础上的;具有善念的人知道他们的责任是什么。具有善念的班主任自然也会从自己与对象的联系中展开教育活动,己所不欲,勿施于人,推己及人,从而消除在教育与管理过程中的管理主义行为,减少对学生具有伤害效果的"反管理"行为;具有善念的班主任面对成长中的中小学生,会自觉履行教师传道授业解惑的义务,有责任针对学生个体差异因材施教,能从静态与动态的辩证关系中选择合适的管理与教育方式。如此才能长善救失、化性起伪,以高超的班级经营与运作手段,创设良好的班级心理与文化氛围,引导学生健康成长。

(三)班主任德性的自我意义

中国社会正处在前所未有的发展与改革阶段,虽然在政治、经济、文化、科技、教育等各个领域取得了巨大的历史进步,但也不能否认某些方面的无序与混乱。具体到教育领域,复杂的教育环境使我国中小学教师遭遇与承担着巨大的困难与压力。我们可以从网络上广为流传的"打油诗"中一窥教师的生存现状。

教师的几种死法②

上告教委整死你;笨蛋学生气死你;野蛮家长打死你;不涨工资穷死你;竞聘上岗玩死你;职称评定熬死你;考试排名压死你;教育改革累死你;假期培训忙死你;光辉职业哄死你;一生操劳病死你;公务员待遇想死你!

2005年,中国人民大学公共管理学院公共组织与人力资源研究所携手新浪网教育频道,对中国教师职业压力和心理健康进行了调查。在接受调查的8 699名教师中,超过80%的教师认为压力较大;有49.7%的教师有较明显的情绪衰竭;68.2%的

---

① [美]Howard A. Ozmon & Samuel M. Craver. 教育的哲学基础[M]. 7版. 石中英,邓敏娜,等,译. 北京:中国轻工业出版社,2006.

② http://fuzhou.fujian.teacher.com.cn/DvBBS/topic.aspx? topicid=1791.

人成就感低落;近 60% 的教师出现了中度工作倦怠;38.5% 的教师的心理健康状况不佳;还有 20.7% 的被调查教师的生理状况不是很理想。这是一组令人非常忧虑的数据。任何职业都是生活的一部分,都是人之存在的一种方式,如果这种职业生活是如此的辛苦和提心吊胆,在这种生活中,人们普遍感受到的是压力、低成就感、情绪低落、高度的疲惫、心理健康不佳、生命的价值无法体现、扭曲的人格……那么,生活与生存也就失去了意义,职业本身的价值实现就会受到严重损害。[①] 我国的班主任主要是从优秀教师中选拔出来的,一方面要担负教学工作,另一方面要应对事无巨细的班级管理工作,承受的压力较之一般教师更大。较高的思想道德水平和人生境界,是班主任教师获取学生认同、感受职业价值、获取职业幸福感的基石,也是班主任教师在困难面前坚守阵地的最原始、最强大的动力。

有学生在课堂上告诉杨晓峰老师,她在街上碰到一个乞讨的人,看到他很可怜就给了钱,事后发现那个人是骗子,觉得自己的善心遭到了愚弄,以后碰到乞丐再也不去理会。杨老师告诉她:"从某种程度上说,对方是真乞丐还是假乞丐,对于你没有什么意义。你行善的时候,不仅仅是行善,还可以满足你的内心行善需要。也就是说,在你行善的时候,你会被你自己感动,你可以感到一种幸福感。"

古罗马学者波爱修斯写了一本书叫做《哲学的慰藉》。这本书和迪特里希·朋霍费尔的《狱中书简》与哈维尔的《狱中书简》一起被称为人类文明的三大狱中书简。波爱修斯官至罗马执政官,后入狱并被秘密处死。由"天堂"堕进"地狱"的命运波折,使波爱修斯遭遇了极大的痛苦。在监狱中,为了克服潮水般的痛苦折磨,他开始思考什么东西可以给心灵带来永恒的安宁。在《哲学的慰藉》中,他认为,世俗的幸福是不可靠的:荣誉、权利、欲望等各个方面并没有永久安顿人的灵魂。他通过和哲学女神对话的方式,提出自己的看法:心灵的慰藉来自一种信仰。在他看来,这种信仰就是善,就是上帝。

我们在这里不谈论上帝,而是讨论一种信仰。人只有保持一种信仰,才会赋予很多事情以意义,没有这个支架,一切就可能归入虚无和没有意义。所以,有的时候我们不需要讨论信仰是不是科学合理的,而是看有没有一种信仰。班主任德性的意义,就像我们面对乞丐时慷慨援手时内心的那份感动,又似一种慰藉精神与灵魂的信仰。这份信仰赋予我们坚守的意义和信心,充盈我们的内心,让我们乐在其中,增强我们抵御诱惑的能力,使我们趋于强大。德性缺失了,我们自己也就迷失了。正如波爱修斯在他的书中写的那样——

> 有人持之以恒地去寻觅,一处永恒不变的地方,能同人生的风暴做顽强的对抗;也想获取一息平安,不受狂怒海洋的侵扰。就必须离开巍峨的山巅,摒弃松软的沙地。高山招致猛烈的狂风,沙泥溶解不能负重。飞跃

---

① 杨晓峰.存在主义视角中的现代性陷阱与教师专业伦理的回归和发展[J].中国德育.2010(3).

命运中的艰难险阻,眼前的快乐也不能迷惑你,小心谨慎地把房屋,建在低稳的磐石上。那么就任凭狂风呼啸,卷起海面滚滚波涛,你仍在不变的宁静中自得其乐,有防御的力量保护着你,你可以在安静祥和的生活中度过,你可以嘲笑世间的喧嚣。①

二、班主任德性修炼的内容

从本质上说,班主任的德性属于伦理学的讨论范畴,是职业伦理的体现。对班主任德性内容的探讨,既要从一般的伦理学出发,也要考虑到职业的特点。

(一)良知、良心与善良:生成班主任实践伦理的德性

"对善的追问本身就是我们生命的一部分,正如我们的生命从属于对善的追问。"②在人的生命旅程中,我们会经常追问,"善"究竟是什么,什么才能称为"善",我们到底该不该从善如流。尽管这里的"善"不是严格意义上的良知、良心与善良,但却是包含了良知、良心与善良的概念。亚里士多德认为,人的灵魂的理性可以分为理智理性与实践理性,而人的灵魂的理性与人的德行相互符合,也就是说,德行也可以分为理智德行和伦理德行(实践德行)。理智理性超越了现实性,而进入了某种神的境界,具有本体的意义。与此相对应,理智德行就是人的本性的一部分,具有衍生与生成功能,可以指导伦理德行,指导在现实生活中经过协商与磨合的德性,同样具有本体的意义。个体对良知、良心、善良的追问,一般不会去涉及具体对象,多指向人之所以存在、之所以区别于其他动物的探讨:仰望夜空,环顾四周,低头沉思,其目的在于沉淀内心的烦躁,纠正人格的颓废,重返德性之途。正是因为如此,亚里士多德认为"德性就是善良,有德性的人就是善良的人";③存在主义把良心视为防止个体异化的手段,认为良心可以让人在纷繁芜杂的现实牵绊中保持本真状态;而我国明朝学者王守仁在《传习录》中指出"良知者,心之本体",将良知视为摆脱物欲邪念的最根本动力。

> **案例欣赏 3-14-1**
>
> 作为一名为人师表的班主任,(安徽)宿州人韩某却多次向多名女学生伸出"咸猪手"。一审法院判处其两年有期徒刑后,具有大学文化程度的韩某表示不服并提起上诉,大言不惭地称自己"只是违反了治安管理处罚法,不构成犯罪"。昨日记者从宿州市中院了解到,韩某的上诉请求被驳回,维持一审原判。
>
> 案例来源 班主任猥亵多名女生受审 辩称仅破坏治安未犯罪[N/OL]中华新闻网,2011-12-21. http://www.chinanews.com/fz/2011/12-21/3547824.shtml.

---

① [古罗马]波爱修斯.哲学的慰藉[M].代国强,译.南昌:江西人民出版社.2007:53-54.
② [德]朋霍费尔.伦理学[M].胡其鼎,译.上海:上海人民出版社,2007:177.
③ 强以华.西方伦理十二讲[M].重庆:重庆出版社,2008:29.

第十四章 班主任的德性修养

案例欣赏 3-14-2

……"雷梦佳生命就此结束!爸、妈,对不起,你们的恩情来世再报!辉辉,来世再做好朋友!"4月7日,在学校附近黄河渠边的青石板上留下三句遗言后,河南洛阳孟津西霞院初级中学初一学生雷梦佳投渠自尽。

媒体报道,雷梦佳死于4月7日上午10时许。而在10时以前,雷梦佳被全班多数同学投票赶出了学校。

全班投票的起因是雷梦佳犯了错。4月6日,雷梦佳和同年级其他班另一个女同学打架,班主任周老师在4月7日组织全体同学投票。投票之前,周老师让雷梦佳先回避,然后让全班同学就雷梦佳严重违反班纪班规的现象做了一个测评。测评是道选择题:是留下来给她一次改正错误的机会,还是让家长将其带走家庭教育一周。结果对雷梦佳不利。26个同学选择让她回家接受教育一周,12个同学选择再给她一次机会。

根据多数学生的意见,周老师给雷梦佳母亲朱女士打电话,让她把孩子领走。

案例来源 全班投票逼死花季女生 律师称属变相体罚[N/OL]人民网,2010-04-27. http://edu.people.com.cn/GB/11463972.html.

近些年,个别班主任教师放松了德性的修炼,丧失了作为人的底线,泯灭了教师的良知,侵害与伤害学生的事情时有发生,引起社会各界的广泛关注,严重影响了教师群体的形象。恪守良知,不仅可以避免与消除班主任的"不端",以及极端的伤害行为,还可促进班主任德性的进一步提高与完善。良知是个体面临或者已经"分裂"之时呼唤自身恢复统一的声音。在良知面前,生命分化出被允许的和被禁止的两个世界,而被允许的世界就是善的世界,被禁止的世界就是恶的世界。"在良知中,人自身呼唤变恶的人返回他原本的、较好的自身,返回善。"[①]所以说,良知是一切善的本源,可以激发并提升诸如理解、尊重、信任,无私、公平、公正,平等、爱心、宽容等方面的要求与素养。

(二)理解、尊重与信任:保障学生主体地位的德性

教师对良知、良心与善良的追问与坚守,指向的是自己的内心,具有自我修正的作用。当教师内心充盈、端正明净之后,还需要将目光投向学生,用理解、尊重与信任去审视学生。成长——意味着从浅薄、浮躁、冲动、乖张、偏激、叛逆等,走向深刻、安详、冷静、客观、理性等;作为成长中的人,各种各样的不足必然会长期伴着学生,班主任教师要对此表示理解。马斯洛分析了普通个体的需求等级,认为人一般具有生理上的需求、安全上的需求、情感和归属的需求、尊重的需求、自我实现的需求。在班级生活中,学生会有各种各样的需求,这些需求会演变成诸如兴趣、爱好、取向等方面的差异,班主任教师必须尊重学生各种各样的需求。除了理解和尊重学

---

① [德]朋霍费尔.伦理学[M].胡其鼎,译.上海:上海人民出版社,2007:42.

生之外,班主任对学生的信任也非常重要:相信学生的解释与理由、赋予学生以重任、大胆赋予学生管理权力是更为有效的主体建构途径。

> **案例欣赏 3-14-3**
>
> ……课堂上同学正认真听讲,当老师写板书时,忽然响起几声笛声,老师一回头,笛声戛然而止,吹笛子的小雨装模作样地坐得笔直,不露半点声色,其他同学都抿着嘴笑。老师又继续写板书,而笛声又响了,老师再回头,笛声又止。如此反复,使课上不下去,科任老师只好向班主任赵老师"告状"。赵老师经过调查,知道小雨上课吹笛子,便把他找来,笑着对他说:"听说你很爱吹笛子,我也很喜欢,把你的笛子拿来,吹支歌给我听听。"小雨非常高兴,取来笛子,吹了一曲。赵老师称赞他吹得不错,接过笛子也吹了一曲,并教他一些技巧,小雨十分佩服。两人亲热地交谈起来,赵老师问他最近功课如何,小雨惭愧地低下头说:"不好。"赵老师说:"上课要专心听讲,才能学好功课。吹笛子是正当爱好,但上课不能吹,要把学习和娱乐的关系处理好。"小雨点点头,记住了老师的话。以后,赵老师经常利用星期天教小雨吹笛子,同时了解他的学习情况。小雨渐渐转变了,上课不再吹笛子,而是聚精会神地听讲,作业认真了,考试成绩有了很大提高。在一次全校文娱晚会上,小雨的笛子独奏赢得了全场热烈的掌声。
>
> 案例来源　高谦民.今天,我们怎样做班主任(小学卷)[M].上海:华东师范大学出版社,2006:11-12.

对于案例欣赏 3-14-3,杨晓峰老师认为:孩子的天性就是好动、调皮、不守规矩,课堂与班级生活中的捣乱是他们天性的真实流露。从某种程度上也可以说,不好动、不调皮、太守规矩的孩子,往往是性格缺失、教育过度的孩子。顺天致性是对儿童特征的体认与尊重,理解并平和处理"课堂上的笛声"的事件,是班主任教师站在学生立场上思考问题的结果。

(三) 无私、公平与公正:处理学生之间关系的德性

我国的中小学班级规模相对而言是比较大的,有些重点学校的重点班级人数多达六七十人,普通班级的人数达到四五十的现象非常普遍。家长的期望与学校的教育思想、班级正式组织的规范与班级次级团体的取向、班级共同目标与学生个体诉求、不同学生基于兴趣与个性的表现,会呈现出较大的差异。这些差异最终都体现在学习资源的配置、情感态度的形成与表达、人际关系的建立、问题行为的出现以及班级的突发事件之上。在处理这些问题时,班主任教师要能做到不以自己的好恶为依据,也不能受学生家庭背景的影响,而是要不偏不倚,以事实为准绳,以教育为目的,无私、公平与公正地进行处理。这不仅仅是教育公平的问题,还会影响学生对人际、教育以及社会的认知、判断与评价,最终作用于学生的健康成长。

案例欣赏 3-14-4

……今年开学初,我接手了一个新的班级,着眼于班集体民主意识的培养,在公开竞选演讲的基础上,确定了新的班委会、团支部成员,最后所有同学心悦诚服,都立志在新的班级中更好地学习、生活。学生座位已在开学初按个子高矮进行了一次调整,本想一学期就调整一次,但学生张某及其家长多次反映坐在最后一排因听力问题而听不见,我就把张某和坐在第一排的李某的位置进行了调换。调座位时,虽然已征得李某同意,但李某性格本身比较内向,是老师心目中听话的乖学生类型,极有可能是碍于老师的情面,一时答应了老师的要求,但心里其实很不情愿,又没有直接表现出来。

第一次月考后李某的成绩有些落后,分析原因时,不免带着一些偏见,认为是座位的原因。李某的爸爸本身也是某学校的校长,开学后不断拜托同事与我打招呼,自己也亲自打电话要求给孩子调座位。作为班主任的我,心里总觉得不是滋味,总会涉及其他同学的利益,还是慎重为好,但李某的要求又不能不满足,因为上次调座位他做出了牺牲。于是我还是硬着头皮将李某调到靠近讲台的位置上。李某位置调整后,回去跟他爸爸抱怨老是吃粉笔灰,很不舒服,他爸爸又打电话,甚至有点急了,似乎我这个班主任欺负了他孩子似的,要求调换到第二排正中间的位置,我想,这分明是为难我了。时下也已有同学私下开始议论,开始用怀疑的眼光看待我这个班主任:"班主任是否是势利小人,动不动就调整某同学的座位?"

案例来源 赵国忠. 班主任最需要的心理学[M]. 南京:南京大学出版社,2009:55.

在班级生活中,班主任的一举一动、一颦一笑、每一个决策、每一个安排、每一个行动,都会被置于几十双眼睛的凝视之下,任何细微的东西都有可能在这种注视中得到放大,被掩藏的动机会在学生叠加与补充性的思考中暴露无遗。看似很小的事件——如案例 3-14-4 中的座位安排——也会体现出班主任的教育思想、管理理念与决策立场。班主任教师能不能摆脱学生家庭、自己的喜好的干扰,一视同仁,无私、公平、公正地处理班级各项事务,不仅会影响学生对班主任教师的认知、期待与评价,还会影响班级管理中教育资源的公平分配,甚至影响学生乃至班级整体的面貌与风气。

(四) 平等、爱心与宽容:协调班主任与学生关系的德性

我国绝大多数中小学班主任,既要承担班级管理工作,又要担任教学工作。繁重的工作压力常常让班主任教师处在高度紧张、焦虑,甚至抑郁之中,很多教师感觉到身心疲惫。面对学生群体中出现的各类问题,很难保持一份平静理性的态度,对学生的管理会趋于苛刻。当班主任的价值体系、教育思想、期望目标、管理理念、管理措施等,受到学生语言和行为的挑战时,就会带着情绪去处理这些问题。这样的

行为一旦出现,就会很容易将学生置于工作对象之上——将学生置于设计、改造、规训、压制的位置上,导致师生关系的不平等。部分班主任教师或许并没有感受到工作中的压力,能较好地进行班级管理,但长期以来在我国教育界盛行的师道尊严的教师观、"外铄论"之下的学生观、工具理性的管理观等,还是把教师置于高高在上的位置。不平等师生关系中的爱心、宽容与理解或多或少带着一厢情愿的色彩,不能深入学生内心,有的只是表面工夫,还有的仅仅是情感"作秀"而已——满足的是班主任教师的形象塑造需要。

案例欣赏 3-14-5

平时由于工作忙,我对自己孩子关心很不够。儿子曾多次恳求我带他和我班上的学生一起玩,我总是说:"那不是玩,那是搞活动,以后妈一定带你玩。"儿子让我教他画画,我总是马马虎虎画上几笔,然后说:"以后妈一定好好教你。"以后,以后……谁想到再也没有以后了。就在孩子被意外夺取生命的那一刻,我守在孩子身边,心情很不平静。可是,想到学生正面临期末考试,第二天我强忍悲痛又到学校。学生们一见到我,都哭起来。可我没有流泪,我说:"老师都不哭,你们哭什么?你们都是我的孩子!"同学们痛哭失声地叫我"妈妈",把一封封慰问信送到我的手中。他们给了我生活的勇气与希望。一件件感人的事件使我终身难忘:我生病时,学生写来慰问信,一批批来家中看望我;不少学生在我过生日的时候,热情地邀请我到家中做客;新年晚会上,他们送给我一对闪光的金杯……这一切,使我感动得彻夜难眠。留在我记忆中的,难道仅仅是一封信、一件件礼物吗?不,是一颗颗赤诚的火热的心啊!

案例来源　丁榕.班级管理科学与艺术——我的班主任情[M].北京:人民教育出版社,2004:22.

用杨晓峰老师的话来讲,评价丁榕老师的生命经历,是一件很不忍心、有点残忍的事情——害怕这样的文字会触动丁老师伤感的记忆。每一个有孩子的班主任教师,应该都可以体会到丁榕老师那刻骨铭心的痛苦与遗憾。为了学生,她不能抽出更多的时间陪伴孩子的成长。拥有美术专业背景的她,甚至没有认真地为孩子画几张画。她把自己毕生的精力都投入到了教育与班主任工作之中。这一切,源自一个教师无私的、博大的爱心。她失去了自己的孩子,但拥有了无数个孩子。每一个在班级管理生涯中感受到师生关系紧张、抱怨学生桀骜不驯、感叹人心不古的班主任,都应该从丁榕老师超越生命的情怀与高度的社会责任心中,低头反思,检视内心,看看自己是否完全付出了爱心、真正平等对待了学生、是否有一颗开阔宽容的心灵。

三、班主任德性修炼的方法

和科任教师相比,班主任教师的德性受到学生、学校领导、家长的更多关注。德性不可能与生俱来,而是在学习、工作、生活之中不断磨砺而逐步提高的。

第十四章 班主任的德性修养

（一）知识：丰富德性的宝库

无知者无畏——一个人所知越少，对这个世界越是没有敬畏感，越容易恣肆骄狂、目空一切；一个人所知越多，越是觉得自己无知，越容易放低姿态，保持谦恭。从无知到有知的一个重要途径就是知识的学习。知识是人们对人类、社会与自然思考的丰硕成果，凝聚着古今中外优秀学者的智慧，反映着人类思考、审视、参与世界的基本立场、方式、规范。从我国现实情况看，中小学班主任教师最缺的就是读书。尽管教师每天都必须面对书本，但多数教师的书本仅仅是教科书、教辅材料或者是消遣类书籍。有些教师确实能在工作中不断反思，但经常是思而不学，困惑多，而收获少。在人类知识生产加速，思想观念激变的时代，不读书必然会导致班主任教育知识的落后、思维水平的低下、思想境界的庸俗。

> **案例欣赏 3-14-6**
>
> 我常常感叹，班主任要胜任工作，存在先天不足。作为科任老师，我们在师范院校早就进行了三四年的专业学习；而作为班主任，却只在师范院校进行了很少的班主任工作学习，可谓"先天不足"。走上工作岗位后，班主任又被大量的课务、琐碎的事务，甚至还有繁重的家务所困扰；加上教育要求不断提高，教育对象不断变化，许多班主任无暇读书，又实在是"后天失调"。
>
> 班主任要适应时代发展的需要，要胜任本职工作，当务之急是加强学习，不断丰富自己的知识底蕴，提高自己的学识修养，增加自己的人格魅力。
>
> 记得30多年前，我刚走上教育岗位不久，在上海的一家教育书店里，发现了苏霍姆林斯基的《帕夫雷什中学》这本书。打开书，我立刻被苏霍姆林斯基生动的语言、丰富的实践、深邃的思想所征服……读着他的书，我少走了很多弯路；读着他的书，我有了许多思考。
>
> 案例来源　丁如许.给班主任的建议[M].北京：教育科学出版社，2010:1-2.

作为一个在高校承担"班级管理"与"班主任工作艺术"两门课程的教学工作的教师，杨晓峰老师对丁如许老师所说的"先天不足"现象感受深刻。在杨老师的相关教学经历中，最大的体会是，这些未来的班主任（师范大学生）是真正的无知无畏——在我们的班级管理案例教学中，多数学生的决策缺乏理念、管理没有取向、思辨没有功底、认识比较浅薄。作为一个拥有六年基础教育经历的教师，杨老师同样对丁老师所说的"后天失调"深有同感：在长达六年的中学教育生涯中，所阅读的多数书籍多数是英文，几乎没有读过比较优秀的人文社科类著作，导致思维与思想境界的低下；在进入研究生学习阶段之后，才开始初步接触古今中外的一些哲学、美学、伦理学、文化学、社会学等方面的书籍。这些书籍为杨老师打开了一扇通向人类智慧的大门，令他深陷其中，欲罢不能，深受教育，思维与思想的能力也有所提高。这或许是每一个喜欢读书的人共有的感受吧，正因为如此，很多知识分子发出了"回归读书"的呼声。杨老师认为：在当代的中小学班主任教师中提倡"读领风骚"的学习运动,应该是班主任专业成长包括德性完善的一个重要途径。

(二)生活:提升德性的场所

生活对于班主任德性的第一层意义,在于它为班主任教师提供了实践的舞台、观察的对象和反思的机会。先哲的智慧与警示,需要通过班主任在生活中加以运用,内化为自己的德性认知。他人德性的品味,需要班主任教师在生活中观察、评价与借鉴。"爱人不亲,反其仁;治人不治,反其智;礼人不答,反其敬。"在生活中,别人的"不亲"、"不治"与"不答"为我们"爱人"、"理人"与"待人"的行为提供了反思的机会。只要班主任教师在生活中不断地体知、借鉴与反思,他们的德性生命就可以不断地充盈,德性范畴就会持续地扩充,德性境界就会逐步地提升。生活对于班主任教师的第二层含义,在于生活本身对于班主任教师的馈赠。生活中的贫寒、波折、波澜与不幸,会磨炼班主任教师的意志、增加班主任教师进取德性的勇气;生活中的幸福、和谐与美满可以调和班主任教师的心态,常怀感恩付出之心。

案例欣赏 3-14-7

你走了,悄无声息地走了,那么迅速,那么突然。你究竟走向何方?现在你在哪里?你可知道,我在寻找你。你可听到我在积郁深厚的懊恼中向你发出的呼喊。整整14年了,我才真正悟到你的走留给我的是那么多的悔恨、那么多的内疚。斗转星移,风霜雪雨,随着头上白多黑少,尽管脸上"山水纵横",但这心灵的负担却越来越深刻,越来越沉重。知道么,我急切地想见你,期求你的谅解,渴望你的微笑。

那是1978年,我当上了十年动乱后的第一个毕业班的班主任。我和所有的人一样,希望能用革命加拼命的奋斗来弥补这虚度的10年。在这个时候,经一位老师的介绍,你插到我的班上来。你给我的初次印象并不好:一双黑布鞋,洗得发白的蓝裤子,脸是黑黑的,那眼睛也是黑黑的,带着一股倔强劲儿的嘴唇,稍微一动,便流露出蔑视人的冷笑。我不喜欢你的一切,可是你的入学成绩却又是那么优秀,尤其物理成绩是那么赫然的100分。

同学们和我一样,开始的日子里并不接受你,他们笑你土气,笑你身上的汗味。看得出你忍着,抿嘴强忍着。

一个学期下来,你赢得了包括我在内的全体师生的喜爱。你的朴素、你的成熟,尤其是那名列前茅的学习成绩,使大家不但扭转了对你的看法,而且你也成为报考清华大学的重点培养对象。

第二学期开始了,班上的学习气氛更加浓厚,可是你呢?变了,变得令人难以置信。往日的专心致志变成了精神恍惚,往日整齐的作业变成了一纸空白,你的学习成绩也在急剧下降。看到这些,同学们议论纷纷,我更是暴跳如雷,要知道,你是恢复高考制度以后我的"首发子弹"啊!

激烈的争吵终于发生了。

第十四章 班主任的德性修养

那天,第一节照例是我的物理课,你呢,又照例地迟到了10分钟。

一声报告,你进来了,满脸汗水,神态狼狈。全班哄堂大笑。

我火冒三丈,大喊一声:"站住!"

你站住了,低下了头。

我连珠炮似地说道:"你看看你,都成了什么样子!你还有没有自尊?高考临近,看看别人,再看看你自己,你怎么变得这么不可救药。"

你抬头看了我一眼,那嘴唇动了动。

我被你火上浇油,悠悠然接着训斥:"你知不知道天下尚有'羞耻'二字?你要是不想参加高考,还来上什么课!"

还没等我接着往下说,你却抬起了头,黑眼睛直视着我,嘴角又露出了那令人讨厌的冷笑,你一字一句地说:"老师,这是我的事,您干吗发那么大的脾气。"

嚄!居然有人敢和我顶嘴,还当着这么多同学的面。

我已急不择词,大声吼道:"你给我滚!不许你破坏班集体的荣誉。"这后一句话,显然是希望其他同学都能站到我这一边。

教室里寂静得可怕,几十双目光中既有愤怒也有谴责,只是我当时没有心情去考虑这目光是投向谁的。

你眼中含着泪水,向同学们鞠了一躬,又向我鞠了一躬,然后拉开门,走了出去。

这一节课是怎么上下来的,我也说不清……当晚我失眠了,开始意识到我太主观、太粗暴,意识到我的师道尊严太严重了。于是我决定第二天找你推心置腹地谈谈。

一个星期后,教务处的人通知我,你已经办了退学手续。我感到遗憾,因为凭你的成绩,高考是完全有希望的,何况机会这么难得。

时间飞快,高考完毕后的最后一次主题班会上,一个同学小心翼翼地说:"老师,您知道吗?您在我们心中是偶像,是楷模。可是您上次的发火,把同学从课堂上轰走,多影响您的形象!我希望,您今后要注意工作方法,做同学们的真正知心人。"

这似一记重锤击敲在我的心上,旧事重提竟有这么大的震撼力。我难以自持,我懊悔不已。

从教务处查到你的地址,我蹬车足有一个多小时才在郊区的一个小村子里找到你曾住过的地方。领导说,你早已搬走了。

我又找到介绍你来的那位老师,才知道你父母早已先后去世,给你留下奶奶和一个妹妹,你每天不得不利用空余的时间去干活,好养活那一老一少。转到五中后,你的负担更重了,因为每天往返路程要三个小时,遇到赶不上车,你要跑步

> 上学。就在高考前夕，奶奶又病故了……我赶忙问，现在你在哪儿。那位老师说，你搬家的事连他也不知道，现在去向不明。
>
> 我的心在流血，我这才认识到，由于我的过失，由于我一时的火气，造成的损失何等巨大！何等惨重！
>
> "路漫漫其修远兮，吾将上下而求索。"你给我留下了懊悔与愧疚，也给我留下了教训和思考。我体会到：作为教师，要做到为人师表谈何容易！要当好班主任，首要的任务就是全面了解学生，要把学生当成一本书去读，去学，去研究；要当好班主任就要爱学生，爱的基础是信任，对学生要有一颗真挚的心；要注意工作方法，要做大量的艰苦细致的工作，而不应该像我当初对待你那样冷嘲热讽、简单粗暴、唯我独尊；还要不断地学习心理学和教育理论……然而，一切都太晚了，一切都无法挽回了。
>
> 你走了，悄无声息地走了，走得那么迅速又那么突然。你像一根无形的鞭子，时刻抽打着我，催我自省，促我上进；你又像一篇无言的檄文，那条条款款都是我今后行动的准则。做一个优秀的班主任，是我终身奋斗的目标。
>
> 哦，知道么！我急切地期望见到你，请你给我一次机会吧。
>
> 案例来源 袁大彤.请给我一次机会[M]//赖华强.班主任工作案例教程.广州：暨南大学出版社，2004：223-226.

杨晓峰老师相信案例欣赏3-14-7中的故事会触动很多中小学班主任教师。在杨老师看来：也许每一个班主任教师的记忆中，都有这样的一个故事，一个让自己悔恨的故事。回顾自己的班级管理生涯，我们也许会发现，留在我们内心深处的是学生盯着我们的眼神——或失望、或愤怒、或鄙视；也有可能是学生萎靡的状态——或退缩、或自卑、或黯然；还有可能是学生退学的背影——甚至连个告别都没有，就消失在人群中，从此杳无音信。在班级管理生活中，受自身素质的限制，我们可能或多或少、有意无意地伤害过学生。班主任教师要经常回顾自己的经历、自己的生活，感受生活经历赋予我们的警示，不断改善自己的教育方式，不要把悔恨留到满头白发之时。

（三）社会：考验德性的平台

社会对于班主任德性的第一层意义，在于它将班主任教师置于各种各样的关系之中。人是各种社会关系的总和。每个人都生活在错综复杂的社会关系之中。每一种具体的关系都会在教师身上施加某种影响。在这些日常化的、随处可见的、影响性的关系中，班主任教师为了保持被他人所接受的认同感、不被他人排斥的归属感，就要不断地修正自己，最终导致自己陷入"常人"状态——一种远离本真自我的异化状态。这就是我们常见的"千夫之诺诺"现象的根本原因。只有那些严守立场、敢于面对、勇于开拓、不惧流言、不放弃、不妥协的班主任，才能在各种各样的异化力量面前，保持内心的高贵、思想的高洁、行为的高尚。

第十四章 班主任的德性修养

社会对于班主任德性的第二层意义,在于社会思潮对班主任教师的影响。在功利化、庸俗化、市场化、娱乐化的社会思潮下,班主任教师要瞩目未来、不入俗流、甘于清贫、接受落寞,才能入世而脱俗,出淤泥而不染。

案例欣赏 3-14-8

从踏上讲台的那一刻起,我就清醒地意识到此生已经与贫穷结下了不解之缘。因此,任教10余年来我从未有过非分之想。虽然我也曾不止一次地遭遇飞来的"横财",虽然我也懂得"没有钱是万万不能的",但这些都无法改变我坦坦荡荡做人、清清白白从教的初衷。

有人说:"有权不用,过期作废。"做了若干年的班主任,虽然只管着几十个学生娃娃,也勉强算是掌了一点儿"权",但我却从未滥用过一回,不曾以借款的名义去向学生家长索要钱物,不曾接受学生的请吃、送礼,更不曾对学生乱收费、乱罚款。

有位名人说过:"没有精神上的清白,就不会有物质上的廉洁。"我时常提醒自己要谨慎对待钱物,并且在工作中时时注意。为了应付班级的日常所需,每学期都有一笔班费掌管在我的手中,但我从未挪用过一分钱。每到学期末,我便将班上所有的购物发票摆在讲桌上,让学生代表将支出账目一笔一笔地写在黑板上,由全班学生都参与结算,当场退还结余。如此,学生们对我放心,我也落得个坦然。

有一段时间,我也很渴望有钱。那时妻子下岗,一家人的生活全靠我微薄的工资收入来支撑,日子过得寒碜极了。这时候,一个挣钱的机会来了:某书商要我代销《现代汉语词典》。这是一本对初中生非常有用的工具书,我便让全班60多个学生每人购了一本。事后,书商为了感谢我,每本给了我10多元的回扣,共计千把块钱。这种钱"得来全不费工夫",在当时那种吃回扣成风的"气候"条件下,似乎也是很正常的事。对于正处在经济窘境中的我来说,也确实是有几分诱惑的。但最终我还是战胜了自己,没有把那钱揣进自己的腰包,而是全部返还给了学生。"清白的良心是一个温柔的枕头",拥有这个"枕头",便可坦坦荡荡地生活。

前不久,一个已经是某镇镇长的学生给我来信,在信中写道——

> 老师,您还记得吗?那次我替班上买纸,将6元钱的花销谎报成了10元。事后被发现了,同学们都因此而看不起我,而您却多次找我谈心,替我化解心中的郁结,并用您的行动教我做一个清白的人、一个纯粹的人。在这个纷纭复杂的时代,太多的诱惑让人稍不留意就会被卷进私欲的漩涡,但每当想起您,想起您对我的教诲,我就有足够的理智和勇气来战胜诱惑……

> 捧读来信,一种欣慰之情回荡心间。那种感觉,正如农人捧着一把金灿灿的稻子。
>
> 一个人能守住清白,洁身自好,已经很不容易了。但是仅仅固守是远远不够的,在这个物欲膨胀的年代,身为教者,我还有责任像播种者一样,将清白播撒进学生们的心田。
>
> 案例来源　海星星.固守清白[M]//人民教育编辑部.新世纪班主任必读.北京:高等教育出版社,2005:79-80.

在物欲横流、急功近利、暴戾浮躁的时代,钱权交易、请吃送礼、乱收费、乱罚款等现象渗透进每一个社会角落,啃噬着人们的良知与良心。尽管这是一个"时代病",但它不是我国所独有的,而是人类社会普遍的现象。教育的历史价值,就在于它能在一定程度上反抗不良社会思潮的"围追堵截",重塑人类社会的新面貌。对于班主任来说,保持自身的清白,不仅是自我良心的需要,也是学生的需要,更是这个时代的需要。

(四) 自然:启迪德性的良师

大自然是人类最伟大的良师益友,"大言"但却"无言"——日月星辰、山川河流、花鸟虫草、四季更替、冬蛰夏眠——都在默默地向人类世界传递信息。善于观察的班主任教师,可以从身边的一草一木中获得生命的启示、人生的哲理、生活的智慧、职业的伦理。"天行健,君子以自强不息;地势坤,君子以厚德载物"即是人们从自然世界的运行规律中衍生出来的德性要求。高山仰止的情感、水滴石穿的精神、雷厉风行的作风、和风细雨的态度,都可以在人与自然的交流与对话之中,或生成,或强化。以大自然为师,走近自然、注视自然、聆听自然、触摸自然,可以抚慰我们驿动的灵魂、摆脱浮躁的情绪、重置自己的位置,获得前行的力量。

> **案例欣赏 3-14-9**
>
> 我上西南师范大学后的第一件收藏品,是三片红叶——我亲手从母校背后的缙云山一棵树上摘下来的三片红叶,它们已经伴了我25年。
>
> 我的一个学生在作文中描写道:"树叶上的脉络,好像是植物的规矩,是类似'装在套子里的人'中那种桎梏生命的套子,约束着叶子按遗传的生命密码生长,所以自己一点也不喜欢叶子上的脉络。"这大概是长期生活在考试制度下的高中生的特别感悟吧?作为老师的我,对此感到很惊讶,而后我评讲作文时告诉全班学生,老师更倾向于认为:树叶的脉络是一种自由的生命在个性化成长过程中不可替代的特征,筋络张扬着每一片叶子与生俱来的与众不同,异而合群,同而有变。世上没有两片完全相同的树叶,也没有完全相同的生命过程和生命体验,这些都不是靠脉络的约束而来,而是生命本来的、直观的个性表白。
>
> 在我心中,红叶的脉络默默述说着个性化的生命,它无言地启示着我们每一

个教育者。

红叶的前世是树叶,来世当然还是树叶。从北到南,从艳到枯。年年有缘识春风,世世都忆花香浓。结束了疲惫的高中生活,我像一片浑身正泛着浓绿的树叶,从小县城飘到了位于重庆北碚区的西南师范大学,准备下一个四季的竞争轮回。

近水楼台先得月,向阳花木易逢春。所以人类择水、逐水而居,树木尽力地在群体中向上生长,即使在同一颗树上,树顶和下面的树叶长势也是不大一样的。这是大自然给予所有生命公平的竞争机制。阳光不择不弃任何生命,但生命却可以选择阳光——向阳向背、普照疏晒甚至暗无天日!生无所息啊,树叶是不能休息的,要么在属于自己的树上努力生长,要么在树上消失,化作泥土中的肥料去滋养别的树叶。树叶的脉络,并不能决定树叶的大小、长势和生命,决定这些的都是树叶自己。

案例来源　龚志民.深眸:班主任笔记[M].桂林:广西师范大学出版社,2010:148.

班主任德性的建构,是一个反复迂回的过程。我们长期以来形成的价值体系,可能受到某个时事物的刺激之后瞬间坍塌。因此,需要班主任教师能经常去维护它、更新它。睁开双眼,投向自然,抑或可以从中获得启迪。三片红叶,无尽遐想,可铸一世情怀——从红叶中也可以感受生命的价值、人性的差异、向上的努力、尊重生命、珍惜生活的道理。

(五)学生:修改德性的标杆

在学习渠道多元化的时代背景下,学生群体的知识面不断扩大,质疑与评价能力不断增强,对教师的喻示作用也会随之跟进。任何人都是有缺陷的,即便是最优秀的班主任,同样也不能跳出这种必然。班主任教师要学会以学生为师,敢于面对学生的不满与指责。学生的指责,对于班主任教师来说,其实就是指点——指点教师走出迷津。善于学习的班主任教师,可以从学生的问题中觉察到自己管理的不足、管理的过度或管理的死角。将学生的不满意与批评,作为最直接的管理信息反馈,就可以让学生的情绪与态度、言辞与行动,变成教师反思的参照物、改进工作的推动力和提升德性的标杆。

案例欣赏 3-14-10

案例1　安徽一位教师为了学生忽略了自己的家人,致使妻子一气之下离家出走,儿子的学习也每况愈下,期中考试八门功课中有六门不及格,就连在儿子生病时,他也没能及时陪在儿子身边……就是这样一位几乎把全部精力都投在教育教学工作中的老师,却在一年一度的学生评价中遇上了"红灯",只获得73分,这是所有参评教师中的最低分……

> 案例2 我从事教育已经有几十个春秋了,实践使我深深体会到:做一名光荣的人民教师,要把自己的全部知识和力量献给可爱的孩子们。
>
> 我开始担任初一一个班的班主任工作时,有一次,我和一个同学谈心,他直率地说:"老师,历史的含义是以新代旧,由此推动社会前进,对吗?您不要以为您挺先进的,实际上您是落后的。"我听了一愣,不解地问:"我为什么是落后的呢?"这位同学说:"因为您是用20世纪50年代的教育方法来教学生。"这话虽有片面性,但却向我提出了一个尖锐的问题:如何针对学生的特点做好思想工作?我带着这个问题学习了《教育学》《心理学》,向学生、家长、社会做调查,努力探索对初中生进行思想教育的规律。
>
> 一次开班会,我在上面讲,发现有的学生用双手捂住耳朵看外语书。班会是我费心准备的,他们为什么不爱听呢?会后,我征求同学们的意见,大家说:"您讲的这些大道理我们有点听不进去。"我反复思考学生们的意见,感到现在学生的求知欲很强,光靠生硬的说教,讲些肤浅的道理是不行的,他们需要的是充实的精神食粮……
>
> 案例1引自:李淑范.热心不被学生理解怎么办[M]//张万祥,席咏梅.破解班主任难题[M].福州:福建教育出版社,2007:18.
>
> 案例2引自:丁榕.班级管理科学与艺术——我的班主任情[M].北京:人民教育出版社,2004:20.

丁榕老师和安徽的那位教师,同样都有高度的责任心,也愿意为学生付出。他们的区别在于,丁榕老师能从学生的不满反应中,不断地修正自己的路线,而安徽的那位老师,却忽略了学生的信息反馈。教学相长和师生"互喻"是教育与管理的基本要求,违背这一要求,必然是事倍功半,费力不讨好。

班主任德性境界的飞跃,蕴藏在对学生问题与指责的反思之中,可以从大自然中获得驱动的力量,需要得到知识的滋润与涵养,需要在社会思潮中进行沉淀,更需要在生活中不断历练。面对纷繁芜杂的世界,班主任教师要保持视角上的开阔、良心上的清醒、情绪上的乐观、价值上的积极,在过去、现在与未来的连接中思考社会、人生与教育,将生活赋予我们的一切,都转化成德性的启迪与德性的动力,享受教育,收获尊严,砥砺幸福。最后,用亚历山大·谢尔盖耶维奇·普希金的一首诗,结束本章的论述。

假如生活欺骗了你

假如生活欺骗了你,
不要忧郁,也不要愤慨!
不顺心时暂且克制自己,
相信吧,快乐之日就会到来。
我们的心儿憧憬着未来,

现今总是令人悲哀；
一切都是暂时的,转瞬即逝,
而那逝去的将变为可爱。

【思考与实践】

1. 现代社会运行模式对班主任德行修养会造成哪些挑战?
2. 如何消除班主任教师各式各样的"先验"偏见?
3. 你如何看待知识即美德的观点?
4. 新上岗班主任教师应如何提升自己的德性修养?
5. 中小学校应该如何开展师德师风建设?

附 录

附录一 中小学班主任工作规定
附录二 《中华人民共和国未成年人保护法》

附录一 中小学班主任工作规定

(教育部 2009年8月12日)

第一章 总则

第一条 为进一步推进未成年人思想道德建设,加强中小学班主任工作,充分发挥班主任在教育学生中的重要作用,制定本规定。

第二条 班主任是中小学日常思想道德教育和学生管理工作的主要实施者,是中小学生健康成长的引领者,班主任要努力成为中小学生的人生导师。

班主任是中小学的重要岗位,从事班主任工作是中小学教师的重要职责。教师担任班主任期间应将班主任工作作为主业。

第三条 加强班主任队伍建设是坚持育人为本、德育为先的重要体现。政府有关部门和学校应为班主任开展工作创造有利条件,保障其享有的待遇与权利。

第二章 配备与选聘

第四条 中小学每个班级应当配备一名班主任。

第五条 班主任由学校从班级任课教师中选聘。聘期由学校确定,担任一个班级的班主任时间一般应连续1学年以上。

第六条 教师初次担任班主任应接受岗前培训,符合选聘条件后学校方可聘用。

第七条 选聘班主任应当在教师任职条件的基础上突出考查以下条件:

(一)作风正派,心理健康,为人师表;

(二)热爱学生,善于与学生、学生家长及其他任课教师沟通;

(三)爱岗敬业,具有较强的教育引导和组织管理能力。

第三章 职责与任务

第八条 全面了解班级内每一个学生,深入分析学生思想、心理、学习、生活状况。关心爱护全体学生,平等对待每一个学生,尊重学生人格。采取多种方式与学生沟通,有针对性地进行思想道德教育,促进学生德智体美全面发展。

第九条 认真做好班级的日常管理工作,维护班级良好秩序,培养学生的规则意识、责任意识和集体荣誉感,营造民主和谐、团结互助、健康向上的集体氛围。指导班委会和团队工作。

第十条 组织、指导开展班会、团队会(日)、文体娱乐、社会实践、春(秋)游等形式多样的班级活动,注重调动学生的积极性和主动性,并做好安全防护工作。

第十一条 组织做好学生的综合素质评价工作,指导学生认真记载成长记录,实事求是地评定学生操行,向学校提出奖惩建议。

第十二条 经常与任课教师和其他教职员工沟通,主动与学生家长、学生所在社区联系,努力形成教育合力。

第四章 待遇与权利

第十三条 学校在教育管理工作中应充分发挥班主任的骨干作用,注重听取班主任意见。

第十四条 班主任工作量按当地教师标准课时工作量的一半计入教师基本工作量。各地要合理安排班主任的课时工作量,确保班主任做好班级管理工作。

第十五条 班主任津贴纳入绩效工资管理。在绩效工资分配中要向班主任倾斜。对于班主任承担超课时工作量的,以超课时补贴发放班主任津贴。

第十六条 班主任在日常教育教学管理中,有采取适当方式对学生进行批评教育的权利。

第五章 培养与培训

第十七条 教育行政部门和学校应制订班主任培养培训规划,有组织地开展班主任岗位培训。

第十八条 教师教育机构应承担班主任培训任务,教育硕士专业学位教育中应设立中小学班主任工作培养方向。

第六章 考核与奖惩

第十九条 教育行政部门建立科学的班主任工作评价体系和奖惩制度。对长期从事班主任工作或在班主任岗位上作出突出贡献的教师定期予以表彰奖励。选拔学校管理干部应优先考虑长期从事班主任工作的优秀班主任。

第二十条 学校建立班主任工作档案,定期组织对班主任的考核工作。考核结果作为教师聘任、奖励和职务晋升的重要依据。对不能履行班主任职责的,应调离班主任岗位。

第七章 附则

第二十一条 各地可根据本规定,结合当地实际情况,制定中小学班主任工作的具体实施办法。

第二十二条 本规定自发布之日起施行。

附录二 《中华人民共和国未成年人保护法》

《中华人民共和国未成年人保护法》已由中华人民共和国第十届全国人民代表大会常务委员会第二十五次会议于2006年12月29日修订通过,2006年12月29日中华人民共和国主席令第六十号公布,自2007年6月1日起施行。

第一章 总则

第一条 为了保护未成年人的身心健康,保障未成年人的合法权益,促进未成年人在品德、智力、体质等方面全面发展,培养有理想、有道德、有文化、有纪律的社会主义建设者和接班人,根据宪法,制定本法。

第二条 本法所称未成年人是指未满十八周岁的中国公民。

第三条 未成年人享有生存权、发展权、受保护权、参与权等权利,国家根据未成年人身心发展特点给予特殊、优先保护,保障未成年人的合法权益不受侵犯。

未成年人享有受教育权,国家、社会、学校和家庭尊重和保障未成年人的受教育权。

未成年人不分性别、民族、种族、家庭财产状况、宗教信仰等,依法平等地享有权利。

第四条 国家、社会、学校和家庭对未成年人进行思想教育、道德教育、文化教育、纪律和法制教育,进行爱国主义、集体主义和社会主义的教育,提倡爱祖国、爱人民、爱劳动、爱科学、爱社会主义的公德,反对资本主义、封建主义和其他腐朽思想的侵蚀。

第五条 保护未成年人的工作,应当遵循下列原则:

(一)尊重未成年人的人格尊严;

(二)适应未成年人身心发展的规律和特点;

(三)教育与保护相结合。

第六条 保护未成年人,是国家机关、武装力量、政党、社会团体、企业事业组织、城乡基层群众性自治组织、未成年人的监护人和其他成年公民的共同责任。

对侵犯未成年人合法权益的行为,任何组织和个人都有权予以劝阻、制止或者向有关部门提出检举或者控告。

国家、社会、学校和家庭应当教育和帮助未成年人维护自己的合法权益,增强自我保护的意识和能力,增强社会责任感。

第七条 中央和地方各级国家机关应当在各自的职责范围内做好未成年人保护工作。

国务院和地方各级人民政府领导有关部门做好未成年人保护工作;将未成年人

保护工作纳入国民经济和社会发展规划以及年度计划,相关经费纳入本级政府预算。

国务院和省、自治区、直辖市人民政府采取组织措施,协调有关部门做好未成年人保护工作。具体机构由国务院和省、自治区、直辖市人民政府规定。

第八条 共产主义青年团、妇女联合会、工会、青年联合会、学生联合会、少年先锋队以及其他有关社会团体,协助各级人民政府做好未成年人保护工作,维护未成年人的合法权益。

第九条 各级人民政府和有关部门对保护未成年人有显著成绩的组织和个人,给予表彰和奖励。

第二章 家庭保护

第十条 父母或者其他监护人应当创造良好、和睦的家庭环境,依法履行对未成年人的监护职责和抚养义务。

禁止对未成年人实施家庭暴力,禁止虐待、遗弃未成年人,禁止溺婴和其他残害婴儿的行为,不得歧视女性未成年人或者有残疾的未成年人。

第十一条 父母或者其他监护人应当关注未成年人的生理、心理状况和行为习惯,以健康的思想、良好的品行和适当的方法教育和影响未成年人,引导未成年人进行有益身心健康的活动,预防和制止未成年人吸烟、酗酒、流浪、沉迷网络,以及赌博、吸毒、卖淫等行为。

第十二条 父母或者其他监护人应当学习家庭教育知识,正确履行监护职责,抚养教育未成年人。

有关国家机关和社会组织应当为未成年人的父母或者其他监护人提供家庭教育指导。

第十三条 父母或者其他监护人应当尊重未成年人受教育的权利,必须使适龄未成年人依法入学接受并完成义务教育,不得使接受义务教育的未成年人辍学。

第十四条 父母或者其他监护人应当根据未成年人的年龄和智力发展状况,在作出与未成年人权益有关的决定时告知其本人,并听取他们的意见。

第十五条 父母或者其他监护人不得允许或者迫使未成年人结婚,不得为未成年人订立婚约。

第十六条 父母因外出务工或者其他原因不能履行对未成年人监护职责的,应当委托有监护能力的其他成年人代为监护。

第三章 学校保护

第十七条 学校应当全面贯彻国家的教育方针,实施素质教育,提高教育质量,注重培养未成年学生独立思考能力、创新能力和实践能力,促进未成年学生全面发展。

第十八条 学校应当尊重未成年学生受教育的权利,关心、爱护学生,对品行有缺点、学习有困难的学生,应当耐心教育、帮助,不得歧视,不得违反法律和国家规定开除未成年学生。

第十九条 学校应当根据未成年学生身心发展的特点,对他们进行社会生活指

附录二 《中华人民共和国未成年人保护法》

导、心理健康辅导和青春期教育。

第二十条　学校应当与未成年学生的父母或者其他监护人互相配合,保证未成年学生的睡眠、娱乐和体育锻炼时间,不得加重其学习负担,不得延长在校学习时间。

第二十一条　学校、幼儿园、托儿所的教职员工应当尊重未成年人的人格尊严,不得对未成年人实施体罚、变相体罚或者其他侮辱人格尊严的行为。

第二十二条　学校、幼儿园、托儿所应当建立安全制度,加强对未成年人的安全教育,采取措施保障未成年人的人身安全。

学校、幼儿园、托儿所不得在危及未成年人人身安全、健康的校舍和其他设施、场所中进行教育教学活动。

学校、幼儿园安排未成年人参加集会、文化娱乐、社会实践等集体活动,应当有利于未成年人的健康成长,防止发生人身安全事故。

第二十三条　教育行政等部门和学校、幼儿园、托儿所应当根据需要,制定应对各种灾害、传染性疾病、食物中毒、意外伤害等突发事件的预案,配备相应设施并进行必要的演练,增强未成年人的自我保护意识和能力。

第二十四条　学校对未成年学生在校内或者本校组织的校外活动中发生人身伤害事故的,应当及时救护,妥善处理,并及时向有关主管部门报告。

第二十五条　对于在学校接受教育的有严重不良行为的未成年学生,学校和父母或者其他监护人应当互相配合加以管教;无力管教或者管教无效的,可以按照有关规定将其送专门学校继续接受教育。

依法设置专门学校的地方人民政府应当保障专门学校的办学条件,教育行政部门应当加强对专门学校的管理和指导,有关部门应当给予协助和配合。

专门学校应当对在校就读的未成年学生进行思想教育、文化教育、纪律和法制教育、劳动技术教育和职业教育。

专门学校的教职员工应当关心、爱护、尊重学生,不得歧视、厌弃。

第二十六条　幼儿园应当做好保育、教育工作,促进幼儿在体质、智力、品德等方面和谐发展。

第四章　社会保护

第二十七条　全社会应当树立尊重、保护、教育未成年人的良好风尚,关心、爱护未成年人。

国家鼓励社会团体、企业事业组织以及其他组织和个人,开展多种形式的有利于未成年人健康成长的社会活动。

第二十八条　各级人民政府应当保障未成年人受教育的权利,并采取措施保障家庭经济困难的、残疾的和流动人口中的未成年人等接受义务教育。

第二十九条　各级人民政府应当建立和改善适合未成年人文化生活需要的活动场所和设施,鼓励社会力量兴办适合未成年人的活动场所,并加强管理。

第三十条　爱国主义教育基地、图书馆、青少年宫、儿童活动中心应当对未成年人免费开放;博物馆、纪念馆、科技馆、展览馆、美术馆、文化馆以及影剧院、体育场馆、动物园、公园等场所,应当按照有关规定对未成年人免费或者优惠开放。

第三十一条　县级以上人民政府及其教育行政部门应当采取措施,鼓励和支持中小学校在节假日期间将文化体育设施对未成年人免费或者优惠开放。

社区中的公益性互联网上网服务设施,应当对未成年人免费或者优惠开放,为未成年人提供安全、健康的上网服务。

第三十二条　国家鼓励新闻、出版、信息产业、广播、电影、电视、文艺等单位和作家、艺术家、科学家以及其他公民,创作或者提供有利于未成年人健康成长的作品。出版、制作和传播专门以未成年人为对象的内容健康的图书、报刊、音像制品、电子出版物以及网络信息等,国家给予扶持。

国家鼓励科研机构和科技团体对未成年人开展科学知识普及活动。

第三十三条　国家采取措施,预防未成年人沉迷网络。

国家鼓励研究开发有利于未成年人健康成长的网络产品,推广用于阻止未成年人沉迷网络的新技术。

第三十四条　禁止任何组织、个人制作或者向未成年人出售、出租或者以其他方式传播淫秽、暴力、凶杀、恐怖、赌博等毒害未成年人的图书、报刊、音像制品、电子出版物以及网络信息等。

第三十五条　生产、销售用于未成年人的食品、药品、玩具、用具和游乐设施等,应当符合国家标准或者行业标准,不得有害于未成年人的安全和健康;需要标明注意事项的,应当在显著位置标明。

第三十六条　中小学校园周边不得设置营业性歌舞娱乐场所、互联网上网服务营业场所等不适宜未成年人活动的场所。

营业性歌舞娱乐场所、互联网上网服务营业场所等不适宜未成年人活动的场所,不得允许未成年人进入,经营者应当在显著位置设置未成年人禁入标志;对难以判明是否已成年的,应当要求其出示身份证件。

第三十七条　禁止向未成年人出售烟酒,经营者应当在显著位置设置不向未成年人出售烟酒的标志;对难以判明是否已成年的,应当要求其出示身份证件。

任何人不得在中小学校、幼儿园、托儿所的教室、寝室、活动室和其他未成年人集中活动的场所吸烟、饮酒。

第三十八条　任何组织或者个人不得招用未满十六周岁的未成年人,国家另有规定的除外。

任何组织或者个人按照国家有关规定招用已满十六周岁未满十八周岁的未成年人的,应当执行国家在工种、劳动时间、劳动强度和保护措施等方面的规定,不得安排其从事过重、有毒、有害等危害未成年人身心健康的劳动或者危险作业。

第三十九条　任何组织或者个人不得披露未成年人的个人隐私。

对未成年人的信件、日记、电子邮件,任何组织或者个人不得隐匿、毁弃;除因追查犯罪的需要,由公安机关或者人民检察院依法进行检查,或者对无行为能力的未成年人的信件、日记、电子邮件由其父母或者其他监护人代为开拆、查阅外,任何组织或者个人不得开拆、查阅。

第四十条　学校、幼儿园、托儿所和公共场所发生突发事件时,应当优先救护未成年人。

第四十一条　禁止拐卖、绑架、虐待未成年人,禁止对未成年人实施性侵害。

禁止胁迫、诱骗、利用未成年人乞讨或者组织未成年人进行有害其身心健康的表演等活动。

第四十二条　公安机关应当采取有力措施,依法维护校园周边的治安和交通秩序,预防和制止侵害未成年人合法权益的违法犯罪行为。

任何组织或者个人不得扰乱教学秩序,不得侵占、破坏学校、幼儿园、托儿所的场地、房屋和设施。

第四十三条　县级以上人民政府及其民政部门应当根据需要设立救助场所,对流浪乞讨等生活无着未成年人实施救助,承担临时监护责任;公安部门或者其他有关部门应当护送流浪乞讨或者离家出走的未成年人到救助场所,由救助场所予以救助和妥善照顾,并及时通知其父母或者其他监护人领回。

对孤儿、无法查明其父母或者其他监护人的以及其他生活无着的未成年人,由民政部门设立的儿童福利机构收留抚养。

未成年人救助机构、儿童福利机构及其工作人员应当依法履行职责,不得虐待、歧视未成年人;不得在办理收留抚养工作中牟取利益。

第四十四条　卫生部门和学校应当对未成年人进行卫生保健和营养指导,提供必要的卫生保健条件,做好疾病预防工作。

卫生部门应当做好对儿童的预防接种工作,国家免疫规划项目的预防接种实行免费;积极防治儿童常见病、多发病,加强对传染病防治工作的监督管理,加强对幼儿园、托儿所卫生保健的业务指导和监督检查。

第四十五条　地方各级人民政府应当积极发展托幼事业,办好托儿所、幼儿园,支持社会组织和个人依法兴办哺乳室、托儿所、幼儿园。

各级人民政府和有关部门应当采取多种形式,培养和训练幼儿园、托儿所的保教人员,提高其职业道德素质和业务能力。

第四十六条　国家依法保护未成年人的智力成果和荣誉权不受侵犯。

第四十七条　未成年人已经完成规定年限的义务教育不再升学的,政府有关部门和社会团体、企业事业组织应当根据实际情况,对他们进行职业教育,为他们创造劳动就业条件。

第四十八条　居民委员会、村民委员会应当协助有关部门教育和挽救违法犯罪的未成年人,预防和制止侵害未成年人合法权益的违法犯罪行为。

第四十九条　未成年人的合法权益受到侵害的,被侵害人及其监护人或者其他组织和个人有权向有关部门投诉,有关部门应当依法及时处理。

第五章　司法保护

第五十条　公安机关、人民检察院、人民法院以及司法行政部门,应当依法履行职责,在司法活动中保护未成年人的合法权益。

第五十一条 未成年人的合法权益受到侵害,依法向人民法院提起诉讼的,人民法院应当依法及时审理,并适应未成年人生理、心理特点和健康成长的需要,保障未成年人的合法权益。

在司法活动中对需要法律援助或者司法救助的未成年人,法律援助机构或者人民法院应当给予帮助,依法为其提供法律援助或者司法救助。

第五十二条 人民法院审理继承案件,应当依法保护未成年人的继承权和受遗赠权。

人民法院审理离婚案件,涉及未成年子女抚养问题的,应当听取有表达意愿能力的未成年子女的意见,根据保障子女权益的原则和双方具体情况依法处理。

第五十三条 父母或者其他监护人不履行监护职责或者侵害被监护的未成年人的合法权益,经教育不改的,人民法院可以根据有关人员或者有关单位的申请,撤销其监护人的资格,依法另行指定监护人。被撤销监护资格的父母应当依法继续负担抚养费用。

第五十四条 对违法犯罪的未成年人,实行教育、感化、挽救的方针,坚持教育为主、惩罚为辅的原则。

对违法犯罪的未成年人,应当依法从轻、减轻或者免除处罚。

第五十五条 公安机关、人民检察院、人民法院办理未成年人犯罪案件和涉及未成年人权益保护案件,应当照顾未成年人身心发展特点,尊重他们的人格尊严,保障他们的合法权益,并根据需要设立专门机构或者指定专人办理。

第五十六条 公安机关、人民检察院讯问未成年犯罪嫌疑人,询问未成年证人、被害人,应当通知监护人到场。

公安机关、人民检察院、人民法院办理未成年人遭受性侵害的刑事案件,应当保护被害人的名誉。

第五十七条 对羁押、服刑的未成年人,应当与成年人分别关押。

羁押、服刑的未成年人没有完成义务教育的,应当对其进行义务教育。

解除羁押、服刑期满的未成年人的复学、升学、就业不受歧视。

第五十八条 对未成年人犯罪案件,新闻报道、影视节目、公开出版物、网络等不得披露该未成年人的姓名、住所、照片、图像以及可能推断出该未成年人的资料。

第五十九条 对未成年人严重不良行为的矫治与犯罪行为的预防,依照预防未成年人犯罪法的规定执行。

第六章 法律责任

第六十条 违反本法规定,侵害未成年人的合法权益,其他法律、法规已规定行政处罚的,从其规定;造成人身财产损失或者其他损害的,依法承担民事责任;构成犯罪的,依法追究刑事责任。

第六十一条 国家机关及其工作人员不依法履行保护未成年人合法权益的责任,或者侵害未成年人合法权益,或者对提出申诉、控告、检举的人进行打击报复的,由其所在单位或者上级机关责令改正,对直接负责的主管人员和其他直接责任人员依法给予行政处分。

第六十二条 父母或者其他监护人不依法履行监护职责,或者侵害未成年人合法权益的,由其所在单位或者居民委员会、村民委员会予以劝诫、制止;构成违反治安管理行为的,由公安机关依法给予行政处罚。

第六十三条 学校、幼儿园、托儿所侵害未成年人合法权益的,由教育行政部门或者其他有关部门责令改正;情节严重的,对直接负责的主管人员和其他直接责任人员依法给予处分。

学校、幼儿园、托儿所教职员工对未成年人实施体罚、变相体罚或者其他侮辱人格行为的,由其所在单位或者上级机关责令改正;情节严重的,依法给予处分。

第六十四条 制作或者向未成年人出售、出租或者以其他方式传播淫秽、暴力、凶杀、恐怖、赌博等图书、报刊、音像制品、电子出版物以及网络信息等的,由主管部门责令改正,依法给予行政处罚。

第六十五条 生产、销售用于未成年人的食品、药品、玩具、用具和游乐设施不符合国家标准或者行业标准,或者没有在显著位置标明注意事项的,由主管部门责令改正,依法给予行政处罚。

第六十六条 在中小学校园周边设置营业性歌舞娱乐场所、互联网上网服务营业场所等不适宜未成年人活动的场所的,由主管部门予以关闭,依法给予行政处罚。

营业性歌舞娱乐场所、互联网上网服务营业场所等不适宜未成年人活动的场所允许未成年人进入,或者没有在显著位置设置未成年人禁入标志的,由主管部门责令改正,依法给予行政处罚。

第六十七条 向未成年人出售烟酒,或者没有在显著位置设置不向未成年人出售烟酒标志的,由主管部门责令改正,依法给予行政处罚。

第六十八条 非法招用未满十六周岁的未成年人,或者招用已满十六周岁的未成年人从事过重、有毒、有害等危害未成年人身心健康的劳动或者危险作业的,由劳动保障部门责令改正,处以罚款;情节严重的,由工商行政管理部门吊销营业执照。

第六十九条 侵犯未成年人隐私,构成违反治安管理行为的,由公安机关依法给予行政处罚。

第七十条 未成年人救助机构、儿童福利机构及其工作人员不依法履行对未成年人的救助保护职责,或者虐待、歧视未成年人,或者在办理收留抚养工作中牟取利益的,由主管部门责令改正,依法给予行政处分。

第七十一条 胁迫、诱骗、利用未成年人乞讨或者组织未成年人进行有害其身心健康的表演等活动的,由公安机关依法给予行政处罚。

第七章 附则

第七十二条 本法自 2007 年 6 月 1 日起施行。

参 考 文 献

[1] 班华,王正勇.高中班主任[M].2版.南京:南京师范大学出版社,2007.
[2] 黄元棋,屠大华.班主任工作新论[M].武汉:湖北人民出版社,2003.
[3] 李学农,陈震.初中班主任[M].2版.南京:南京师范大学出版社,2007.
[4] 易连云.班主任工作[M].重庆:重庆出版社,2006.
[5] 陈洪庆,杜宇.新时期班主任工作指南[M].西安:陕西师范大学出版社,2007.
[6] 邓艳红.小学班级管理[M].上海:华东师范大学出版社,2010.
[7] 韩东才.班级基本功[M].广州:暨南大学出版社,2009.
[8] 教育部师范教育司,教育部基础教育司.班级管理[M].北京:北京师范大学出版社,2008.
[9] 曹长德.当代班级管理引论[M].2版.合肥:中国科学技术大学出版社,2010.
[10] 齐学红.新编班主任工作技能训练[M].上海:华东师范大学出版社,2007.
[11] 傅建明.班主任工作手册[M].广州:广东省出版集团,广东教育出版社,2009.
[12] 林岩.班主任工作的策略与艺术[M].北京:教育科学出版社,2011.
[13] 田恒平.班主任理论与实务[M].北京:首都师范大学出版社,2007.
[14] 戴胜利,徐雄伟,万瑾,等.班级管理技能[M].上海:上海教育出版社,2012.
[15] 熊华生.激情梦想同飞翔:班主任与每次活动[M].北京:教育科学出版社,2009.
[16] 熊华生.班级管理智慧案例精选[M].上海:华东师范大学出版社,2011.
[17] 庄传超.中小学班级主题活动40例[M].上海:华东师范大学出版社,2011.
[18] 林进材.班级经营[M].4版.上海:华东师范大学出版社,2011.
[19] 张新仁.班级经营——教室百宝箱[M].南京:南京师范大学出版社,2005.
[20] 吴明隆.班级经营与教学新趋势[M].上海:华东师范大学出版社,2006.
[21] 王立华.回归生命——一位班主任的生命教育实践[M].济南:山东教育出版社,2007.
[22] 陈晓华.班主任突围[M].上海:华东师范大学出版社,2009.
[23] 李迪.做学生欢迎的班主任[M].上海:华东师范大学出版社,2009.
[24] (美)卡罗尔·西蒙·温斯坦,(美)安德鲁·J·米格纳诺.小学课堂管理[M].3版.梁钫,戴艳萍,译.上海:华东师范大学出版社,2006.
[25] (美)Vernon F.Jones,(美)Louise S.Jones.全面课堂管理——创建一个共同的班集体[M].方彤,罗曼丁,刘红,等,译.北京:中国轻工业出版社,2002.